高等学校劳动与社会保障创新规划教材

劳动法与社会保障法

Labour Law and Social Security Law

孙 霞 主编

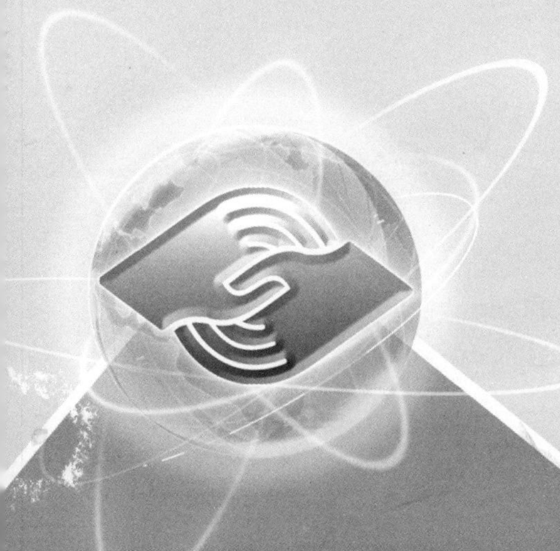

WUHAN UNIVERSITY PRESS
武汉大学出版社

图书在版编目(CIP)数据

劳动法与社会保障法/孙霞主编.—武汉：武汉大学出版社,2010.12
高等学校劳动与社会保障创新规划教材
ISBN 978-7-307-08406-3

Ⅰ.劳…　Ⅱ.孙…　Ⅲ.①劳动法—中国　②社会保障—行政法
Ⅳ.①D922.5　②922.182.3

中国版本图书馆 CIP 数据核字(2010)第 257374 号

责任编辑：舒　刚　　责任校对：黄添生　　版式设计：马　佳

出版发行：武汉大学出版社　　(430072　武昌　珞珈山)
（电子邮件：cbs22@whu.edu.cn　网址：www.wdp.com.cn）
印刷：湖北金海印务有限公司
开本：720×1000　1/16　印张：24.75　字数：428 千字　插页：1
版次：2010 年 12 月第 1 版　　2010 年 12 月第 1 次印刷
ISBN 978-7-307-08406-3/D·1062　　定价：35.00 元

版权所有，不得翻印；凡购我社的图书，如有质量问题，请与当地图书销售部门联系调换。

目　　录

上编　劳　动　法

第 1 章　劳动法概述 …………………………………………………… 3
　1.1　劳动法的调整对象和适用范围 ………………………………… 3
　1.2　劳动法的基本原则 ……………………………………………… 8
　1.3　劳动法的体系架构 ……………………………………………… 15
　1.4　劳动法的地位和作用 …………………………………………… 19
　本章小结 ……………………………………………………………… 22
　关键术语 ……………………………………………………………… 23
　思考题 ………………………………………………………………… 23

第 2 章　劳动法的产生和发展 ………………………………………… 24
　2.1　国外劳动法的产生和发展 ……………………………………… 24
　2.2　我国劳动法的产生和发展 ……………………………………… 28
　2.3　国际劳工组织和国际劳动立法 ………………………………… 34
　本章小结 ……………………………………………………………… 38
　关键术语 ……………………………………………………………… 39
　思考题 ………………………………………………………………… 39

第 3 章　劳动法律关系 ………………………………………………… 40
　3.1　劳动法律关系 …………………………………………………… 40
　3.2　附随劳动法律关系 ……………………………………………… 48

本章小结 ··· 56
关键术语 ··· 56
思考题 ··· 56

第 4 章　劳动就业 ··· 58
4.1　劳动就业概述 ··· 58
4.2　公平就业 ··· 63
4.3　就业服务和管理 ··· 69
4.4　政策支持体系 ··· 75
本章小结 ··· 78
关键术语 ··· 78
思考题 ··· 78

第 5 章　劳动合同 ··· 79
5.1　劳动合同概述 ··· 79
5.2　劳动合同的形式、内容和期限 ··· 86
5.3　劳动合同的订立、履行和变更 ··· 91
5.4　劳动合同的解除和终止 ··· 95
5.5　劳务派遣 ··· 102
5.6　非全日制用工 ··· 106
本章小结 ··· 110
关键术语 ··· 111
思考题 ··· 111

第 6 章　集体合同 ··· 112
6.1　集体合同概述 ··· 112
6.2　集体合同的订立 ··· 115
6.3　集体合同的内容、形式和期限 ··· 118
6.4　集体合同的效力 ··· 121
6.5　集体合同的履行、变更、解除和终止 ··································· 123
6.6　集体合同争议的处理 ··· 124
本章小结 ··· 125

关键术语 ………………………………………………………………… 126
思考题 …………………………………………………………………… 126

第 7 章　工作时间和休息休假 ………………………………………… 127
　7.1　工作时间和休息时间的立法演变 ……………………………… 127
　7.2　工作时间 …………………………………………………………… 131
　7.3　休息休假 …………………………………………………………… 139
　本章小结 ………………………………………………………………… 143
　关键术语 ………………………………………………………………… 144
　思考题 …………………………………………………………………… 144

第 8 章　工资 ……………………………………………………………… 145
　8.1　工资概述 …………………………………………………………… 145
　8.2　最低工资制度 …………………………………………………… 153
　8.3　工资支付保障 …………………………………………………… 159
　本章小结 ………………………………………………………………… 163
　关键术语 ………………………………………………………………… 163
　思考题 …………………………………………………………………… 163

第 9 章　劳动安全卫生 ………………………………………………… 165
　9.1　劳动安全卫生概述 ……………………………………………… 165
　9.2　劳动安全卫生法律制度 ………………………………………… 170
　9.3　特殊群体法律保护 ……………………………………………… 178
　本章小结 ………………………………………………………………… 182
　关键术语 ………………………………………………………………… 183
　思考题 …………………………………………………………………… 183

第 10 章　劳动争议的处理 …………………………………………… 184
　10.1　劳动争议概述 …………………………………………………… 184
　10.2　劳动争议基层调解 ……………………………………………… 189
　10.3　劳动争议仲裁 …………………………………………………… 191
　10.4　劳动争议诉讼 …………………………………………………… 199

本章小结 ··· 204
关键术语 ··· 204
思考题 ··· 204

第 11 章　劳动监察 ·· 205
11.1　劳动监察概述 ··· 205
11.2　劳动监察制度的发展历程 ····································· 210
11.3　我国劳动监察制度的基本内容 ································ 213
本章小结 ··· 221
关键术语 ··· 221
思考题 ··· 222

第 12 章　违反劳动法的法律责任 ···································· 223
12.1　劳动法责任概述 ··· 223
12.2　违反劳动法责任的种类 ·· 225
12.3　用人单位违反劳动法的法律责任 ····························· 229
12.4　劳动者违反劳动法的法律责任 ································ 234
12.5　其他主体违反劳动法的法律责任 ····························· 236
本章小结 ··· 238
关键术语 ··· 239
思考题 ··· 239

下编　社会保障法

第 13 章　社会保障法概述 ·· 243
13.1　社会保障与社会保障法律制度概述 ··························· 243
13.2　世界各国社会保障法律制度 ··································· 246
13.3　中国社会保障法律制度的发展演变 ··························· 251
13.4　中国社会保障法律制度的完善 ································ 260
本章小结 ··· 267
关键术语 ··· 268
思考题 ··· 268

第 14 章　社会保险法总论 ········· 269
14.1　社会保险概述 ········· 269
14.2　社会保险法概述 ········· 271
14.3　社会保险法的原则 ········· 275
14.4　社会保险法律关系 ········· 278
14.5　社会保险基金法律制度 ········· 281
14.6　社会保险法律责任 ········· 289
本章小结 ········· 291
关键术语 ········· 292
思考题 ········· 292

第 15 章　社会保险法分论 ········· 293
15.1　养老保险法律制度 ········· 293
15.2　医疗保险法律制度 ········· 301
15.3　失业保险法律制度 ········· 309
15.4　工伤保险法律制度 ········· 314
15.5　生育保险法律制度 ········· 326
本章小结 ········· 329
关键术语 ········· 330
思考题 ········· 330

第 16 章　社会救助法 ········· 331
16.1　社会救助概述 ········· 331
16.2　社会救助制度 ········· 337
16.3　社会救助法存在的问题及其完善 ········· 345
本章小结 ········· 347
关键术语 ········· 348
思考题 ········· 348

第 17 章　社会优抚法 ········· 349
17.1　社会优抚概述 ········· 349

17.2 社会优抚制度··········351
17.3 安置制度··········358
本章小结··········363
关键术语··········364
思考题··········364

第 18 章 社会福利法··········365
18.1 社会福利概述··········365
18.2 职业福利制度··········367
18.3 妇女、儿童和老人福利制度··········369
18.4 我国残疾人福利制度··········373
18.5 住房福利制度··········375
18.6 我国传统社会福利制度的主要弊端及改革··········378
本章小结··········380
关键术语··········380
思考题··········381

主要参考文献··········382

后　记··········387

上编
劳动法

第 1 章 劳动法概述

在我们即将开启劳动法的知识之门,去研习劳动法的基本知识和各项具体制度之际,让我们首先从宏观和整体的角度,了解一下劳动法的一些最基本的问题,诸如,什么是劳动法?劳动法调整的是哪些社会关系、适用于哪些领域?劳动法遵循的基本原则有哪些?劳动法是由哪些法律法规及规章等规范性法律文件构成的?劳动法在整个法律体系中居于怎样的地位,它对于人们的生活和社会的发展具有怎样的意义?等等。对所有这些最为基础而一般的问题作出解答,正是本章的任务。

1.1 劳动法的调整对象和适用范围

区分法律部门的最主要标志就是调整对象的不同,即不同的法律部门调整的社会关系各不相同。与之相联系,不同的法律部门亦有其独特的适用范围。正是这些具有不同调整对象和适用范围的法律部门互相区别又互相依存,形成了规范和调整全部重要社会关系的法律规范体系。劳动法因其调整对象的特殊性而成为一个独立的法律部门。

1.1.1 劳动法的概念

劳动法的概念,有广义和狭义两种理解。广义上的劳动法,是指调整劳动关系以及与劳动关系密切联系的其他社会关系的法律规范的总称。包括国家机关制定的全部劳动法律、法规和规章等。狭义上的劳动法,专指具有劳动法典地位的劳动基本法，即1994年7月5日第八届全国人民代表大会常务委员会第八次会议通过、1995年1月1日起施行的《中华人民共和国劳动法》（以下简称《劳动法》）。本书所称劳动法，除特别指明《劳动法》外，一般指广义理解的劳动法，即各种规范性文件中有关调整劳动关系以及与劳动关系密切联系的其他社会关系的法律规范的总称。

1.1.2 劳动法的调整对象

劳动法的调整对象是劳动关系以及与劳动关系密切联系的其他社会关系。劳动关系是劳动法调整的基本社会关系，是劳动法规范和调整的主要内容。此外，劳动法还调整那些与劳动关系有着密切联系的其他社会关系。

1. 劳动关系

一般意义上的劳动关系是一个含义比较宽泛的概念，指人们在劳动过程中发生的社会关系。这种关系可以分为两类：一类是劳动者与劳动者彼此之间的关系，即劳动的分工与协作关系，这种关系是劳动经济学研究的内容，不是劳动法的调整对象；另一类是劳动者与用人单位之间的关系，是在劳动过程中发生的劳动力与生产资料相结合的社会关系，此类关系才是劳动法所调整的对象。劳动力属于劳动者，生产资料由用人单位所有或经营，劳动力与生产资料的结合才会引起现实的生产过程，正是这种客观的必然性使得劳动者与用人单位必须也必然走到一起，形成提供劳动力与使用劳动力的社会关系。简言之，劳动法所调整的劳动关系是指劳动者（劳动力所有者和提供者）与用人单位（生产资料所有者或经营者）在实现劳动过程中发生的社会关系。

与其他社会关系相比，劳动关系具有一系列特征：

（1）劳动关系是劳动者与他人的生产资料相结合而形成的社会关系。劳动关系的主体，一方是劳动者，另一方是用人单位。"劳动者的劳动力与用人单位提供的生产资料相结合，完成劳动过程，是劳动关系产生的条件。劳动者运用自己的生产资料进行劳动，不产生劳动法中的劳动关系。"[1] 所以，个体经营者的个人劳动或者个体经营者与其家庭成员的共同劳动，不由劳动法调整。如果个体经营者请了雇工、带了学徒，那么，个体经营者与雇工、学徒之间的关系就属于劳动关系，应当由劳动法调整。

---

[1] 郭捷. 劳动法学 [M]. 北京：中国政法大学出版社，2007：7.

(2) 劳动关系是发生于劳动过程之中的社会关系。所谓劳动过程，是指劳动者参加用人单位组织的劳动所经过的程序。只有在这个过程中产生的劳动者与所在单位之间的关系才是劳动关系。明确这一点，就可以将劳动法调整的劳动关系与某些与劳动有关，但不是在实现劳动过程中发生的社会关系区别开来。例如，人们为了生产而去采购原料，或把劳动过程产生的成果——产品投入市场进行交易，从而形成的买卖关系，虽然与劳动有关，但这不是在实现劳动过程中发生的关系，而是在流通领域中发生的关系。因而这种关系是一种由民法调整的民事关系，而不是由劳动法调整的劳动关系。

(3) 劳动关系是兼有人身关系和财产关系双重属性的社会关系。劳动是劳动者运用和消耗自己的劳动力，并利用劳动资料改造劳动对象，使之符合人类需要的活动。一方面劳动与劳动者的人身须臾不可分离，所以劳动关系具有人身关系的属性，劳动法的一些内容便体现了对劳动者人身权利的保护，如劳动安全与卫生、劳动条件与劳动保护等。另一方面，劳动关系又具有财产关系的属性，劳动是劳动者谋生的手段，通过劳动获得生活资料是劳动者参与劳动的直接目的。因此，劳动法又要对劳动者的财产权利予以保护，比如，工资、劳动保险等制度便体现了这种保护。

(4) 劳动关系是具有平权关系与隶属关系不同特点的社会关系。在一些环节和领域，劳动关系主要体现为一种主体双方的平等关系，比如，在进入劳动力市场，双向选择，签订劳动合同，确立劳动关系，以及进行工资协商等领域，就表现出这种平等的地位和关系。而在劳动者进入用人单位，成为其内部职工之后，两者之间的关系则具有了隶属关系的性质，即成为一种管理与被管理、支配与被支配的关系。劳动者要服从所在单位的指挥和管理，要遵守该单位的规章制度和劳动纪律。正是这一特征，使得劳动关系既区别于民法所调整的完全平等的主体之间的人身关系和财产关系，也区别于行政法所调整的具有典型意义的不平等主体之间的隶属关系。

(5) 劳动关系是对抗性质与非对抗性质并存的社会关系。劳动关系的双方——劳动者和用人单位，是对立统一的关系，既彼此依存、相互合作，又可能彼此冲突、互相对抗。劳动者为谋生而加入用人单位，提供劳动力供用人单位使用，并取得一定报酬；用人单位则通过其拥有或掌管的生产资料支配和使用劳动力，创造价值，获取利润。两者的利益有一致的一面，职工的工资、保险和福利待遇水平最终取决于企业的效益，企业的发展也有赖于职工的忠诚和高素质。所以，企业文化中所弘扬的同舟共济、互利共赢、共存共荣便由此而来。但另一方面，两者有不同的利益诉求，可能发生冲突，客观上这两种利益存在着某种此消彼长的关系，职工待遇的提高会增加企业的成本，减少利润。因此就有了企业延长劳动时间、增加劳动强度、降低乃至克扣工资、福利待遇的行为，因此也就有了工人的斗争和法律的规制。

2. 与劳动关系密切联系的其他社会关系

劳动法除了主要调整劳动关系以外，还调整那些与劳动关系有着某种密切联系的其他社会关系，这种社会关系又被称为附随劳动关系。这里所说的具有密切联系，有多种表现形式，它或者表现为此类关系的当事人中有一方是劳动者或用人单位，或者表现为此类关系是随着劳动关系而附带产生的，或者表现为劳动关系的延伸和拓展——它们可能是劳动关系产生的前提，也可能是劳动关系运行的结果。总之，它们的存在，为劳动关系的健康发展和生产活动的正常进行提供了条件和保障。与劳动关系密切联系的其他社会关系主要包括以下几类：

（1）劳动行政关系，即行政机关和经授权具有行政职能的有关机构在履行劳动行政职能，监督、检查劳动法律、法规的执行过程中，与用人单位及其团体、劳动者及其团体以及劳动服务主体之间发生的社会关系。

（2）劳动服务关系，即劳动服务主体与用人单位和劳动者之间由于为劳动关系运行提供服务而形成的社会关系。如职业介绍、职业培训等开发、配置劳动力资源的活动中发生的社会关系。

（3）劳动团体关系，即劳动者与其团体——工会之间、用人单位与其团体——雇主联合会之间，劳动者团体与用人单位之间、劳动者团体与用人单位团体之间，为协调劳动关系和维护劳动关系当事人的利益而发生的社会关系。

（4）劳动争议处理关系，即劳动争议调解委员会、劳动争议仲裁委员会和人民法院等劳动争议处理机构，与劳动争议当事人之间因调解、仲裁、审理劳动争议而发生的社会关系。

1.1.3 劳动法的适用范围

与调整对象相联系，劳动法有着特殊的适用范围。这里所说的适用范围，主要指劳动法调整的劳动关系的范围，即劳动法的对象效力范围——劳动法调整哪些个人与哪些单位之间的关系，或者说，哪些个人与哪些单位之间的关系属于劳动关系的范畴，受劳动法的调整。这一范围，在不同的时期和不同的国度，不完全相同。自 1802 年英国颁布世界上第一部劳动法——《学徒健康与道德法》以来，劳动法的调整范围经历了一个不断扩大的过程，从最初的学徒到所有的劳动者，从纺织行业到各行各业。

我国《劳动法》第 2 条明确规定了该法的适用范围：在中华人民共和国境内的企业、个体经济组织（以下统称用人单位）和与之形成劳动关系的劳动者，适用本法。国家机关、事业组织、社会团体和与之建立劳动合同关系的劳动者，依照本法执行。

根据上述规定，我国劳动法对人的适用范围包括两种情况：一是适用于企业、个体经济组织和与之形成劳动关系的劳动者。这里的企业包括各种所有制、各种行业的企业。即凡在我国境内依法登记成立的企业、个体经济组织和与之形成劳动关系的劳动者，统一适用劳动法。二是适用于国家机关、事业组织、社会团体和与之形成劳动合同关系的劳动者。这里的劳动者包括三个方面：（1）国家机关、事业组织、社会团体的工勤人员；（2）实行企业化管理的事业组织的非工勤人员；（3）其他通过劳动合同（包括聘用合同）与国家机关、事业组织、社会团体建立劳动关系的劳动者。劳动法的适用范围排除了公务员和比照实行公务员制度的事业组织和社会团体的工作人员，以及农业劳动者、现役军人等。①

2007 年 6 月 29 日，由十届全国人大常委会第二十八次会议审议通过，于 2008 年 1 月 1 日起施行的《中华人民共和国劳动合同法》（以下简称《劳动合同法》）适应新的形势的需要，对劳动法的适用范围做出了调整。《劳动法》自 1995 年 1 月 1 日起施行后，随着社会的发展和客观情况的变化，一些新的用工主体、用工形式不断出现，要求劳动合同制度进行相应的改革。一是民办非企业单位、基金会、合作或合伙律师事务所等新的单位类型出现，对这类单位与其劳动者之间的权利义务关系如何规范缺乏法律规定，不利于维护这类单位的劳动者权益。二是一些国家机关、事业单位、社会团体在编制外招用劳动者，并且没有与招用的劳动者订立劳动合同或者聘用合同。而根据《劳动法》的规定，在国家机关、事业单位、社会团体中，只有与单位建立劳动合同关系的劳动者，才能依照《劳动法》执行。因此，这些劳动者往往既不能享受国家有关公务员法律和政策中规定的权利，也不能依据《劳动法》维护自身权益。三是随着我国社会主义市场经济体制的建立和加入世界贸易组织，迫切要

---

① 中华人民共和国劳动法 [M]. 北京：中国法制出版社，2006：2.

求转换事业单位用人机制，建立充满生机和活力的用人制度。为此，国家在事业单位试行人员聘用制度，以加快推进事业单位人事制度改革。事业单位人员聘用制度也是一种双向选择的用人制度，单位与劳动者之间合同的订立、履行、变更、解除、终止等行为也需要依法规范。鉴于以上新的情况，《劳动合同法》扩大了《劳动法》的适用范围：

一是规定中华人民共和国境内的企业、个体经济组织、民办非企业单位等组织与劳动者建立劳动关系，订立、履行、变更、解除或者终止劳动合同，适用本法。也就是在适用范围中增加了民办非企业单位等组织及其劳动者。民办非企业单位是指企业事业单位、社会团体和其他社会力量以及公民个人利用非国有资产举办的，从事非营利性社会服务活动的组织。如民办学校、民办医院、民办图书馆、民办博物馆、民办科技馆等。

二是规定事业单位与实行聘用制的工作人员订立、履行、变更、解除或者终止劳动合同，法律、行政法规或者国务院另有规定的，依照其规定；未作规定的，依照本法有关规定执行。也就是明确事业单位与实行聘用制的工作人员之间也应订立劳动合同，但考虑到事业单位实行的聘用制度与一般劳动合同制度在劳动关系双方的权利和义务方面、管理体制方面存在一定的差别，因此允许其优先适用特别规定。

三是规定国家机关、事业单位、社会团体和与其建立劳动关系的劳动者，订立、履行、变更、解除或者终止劳动合同，依照本法执行。也就是除公务员和参照公务员法管理的人员，以及事业单位中实行聘用制的工作人员外，国家机关、事业单位、社会团体与其他劳动者均应建立劳动关系，并执行本法。[①]

1.2 劳动法的基本原则

"法律原则是指可以作为规则的基础或本源的综合性、稳定性原理和准则。"[②] 法律原则被称为法律的灵魂，它凝固和体现了立法的根本精神，是统率全局的指导思想，为人们提供了最高的行为准则和实施法律的根本依据。具体的法律规范都必须体现和贯彻基本原则的精神实质和价值追求。劳动法的基

---

① 劳动和社会保障部.《中华人民共和国劳动合同法》宣传提纲 [J]. 载中华人民共和国劳动合同法 [M]. 北京：中国法制出版社，2007：119-120.
② 张文显. 法理学 [M]. 北京：中共中央党校出版社，2002：42.

本原则是劳动法所调整的劳动关系以及与劳动关系密切联系的其他社会关系的本质和规律的反映,是劳动法立法精神和宗旨的集中体现,是制定和适用具体劳动法律规范的指导性准则。

1.2.1 劳动法基本原则的特征

1. 它寓于各项劳动法律规范中

法律原则按其存在方式的不同可以区分为两种,即法定原则与法理原则。法定原则是法律条文中明确加以规定的原则,如我国民法中的"自愿、公平、等价有偿、诚实信用"原则,刑法中的"罪刑法定"、"刑法面前人人平等"、"罪刑相适应"原则,分别是在《民法通则》第4条和《刑法》的总则部分开宗明义地予以规定的。法理原则是法律并未明文规定,由学者们从具体法律制度中归纳出的原则,劳动法的基本原则便属此类。我国具有劳动基本法地位的《劳动法》没有关于法律原则的规定,但这并不意味着《劳动法》以及劳动法这个法律部门不存在统率全局的基本原则,它作为立法的指导思想,以无形而潜在的方式,蕴藏于具体的法律规范之中。所以,这些基本原则的产生有赖于对劳动法基本精神的把握,以及对具体条文和规范的解读。

2. 它是制定和适用具体劳动法律规范的指导性准则

法律原则的功能就在于对法的制定和实施起指导作用,这也正是在劳动法欠缺法定原则的情况下,学者们苦苦求索,力图概括、提炼出基本原则的缘故。劳动法的基本原则直接决定了劳动法律制度的基本性质和基本价值取向,体现着立法者及其代表的社会群体所追求的理想的劳动关系愿景,体现着他们对各种相互冲突的利益要求的基本态度,体现着他们判断是非善恶的根本准则。所以,各项劳动法律规范的立、改、废都必须以劳动法的基本原则为指导,都必须体现基本原则的精神,都不得与基本原则相抵触、相冲突,而且要通过各项具体规范和制度的科学设计和安排,使基本原则的精神得以贯彻落实。在劳动法实施的领域,劳动法基本原则为法律实施提供了根本依据。由于法律原则是具体规范的总的指导思想,法律的具体条款都是基本原则的具体体现,因此,只有透彻地把握法律原则,才能正确地理解和适用法律规范。劳动法的基本原则为国家机关及其工作人员执行、适用劳动法以及当事人从事劳动法律活动规定了准绳和根本标准。此外,劳动法的基本原则还是弥补法律缺漏的重要手段，是确定自由裁量是否合法的标准。

3. 它具有全面的涵盖性

劳动法的基本原则是在各项具体的劳动法律、法规、规章等规范性文件及其具体制度和规范的基础上抽象概括而成的，所以，它在劳动法律部门中居于统率全局的地位，具有高度的权威性、普遍的适用性和宏观的指导性，是调整劳动关系以及与劳动关系密切联系的其他社会关系的通则，是各层次、各领域劳动法规范制定和实施必须共同遵守的根本准则。

4. 它具有相当强的稳定性

由于基本原则是一定历史时期它所调整的社会关系本质和特征的反映，是由这个时期的社会经济、政治制度以及整个法律体系的性质决定的，所以它必然具有较强的稳定性。当今中国劳动法的基本原则，是适应社会主义初级阶段的现实国情，体现市场经济条件下劳动关系的一般规律，同时又借鉴国外成功经验并与我国批准实行的国际劳工公约相接轨的，所以它会在相当长的一个时期内持续地发挥其作用。它的变化不会像具体的劳动法律规范和制度那样频繁，在具体的劳动法律法规及其规定被修改和废止时，它会依然存在，继续发挥指导法律制定和实施的作用，并成为新法创制的依据和评判标准。

1.2.2 劳动法基本原则的内容

由于劳动法中没有通过法律条文明确加以规定的基本原则，所以，劳动法的基本原则究竟是哪些，必然是仁者见仁、智者见智。在我国劳动法学中，关于基本原则的具体内容的确是最为众说纷纭、意见不一的。本书根据劳动法的基本精神，借鉴和吸纳学界同仁的研究成果，试作如下归纳。

1. 倾斜保护劳动者权益与兼顾用人单位利益相结合的原则

保护劳动者的合法权益，而且是倾斜保护劳动者的合法权益，是劳动法的根本宗旨。这也是诞生于19世纪初的劳动法（工厂立法）与此前的代表资本家利益、加重和维护剥削的劳工法规的本质区别。尽管劳动法调整的是劳动者与用人单位双方的关系，对两者的权利义务安排也要贯彻权利义务一致性的原则，但是由于劳动者相对于用人单位处于弱势地位，处于强势地位的用人单位或雇主又有着追求利润最大化的天然倾向，因此，便会出现各种损害劳动者合法权益的行为。为了使劳动者和用人单位之间失衡的关系取得相对的平衡，一方面，以维持劳动者的生存和劳动力的再生产，另一方面，不致激化矛盾，引发社会冲突，就需要国家（乃至国际组织）通过具有强制力的法律予以调节。劳动法就是应这样的需要而产生的。所以，侧重对劳动者的保护正是劳动法设计者们的初衷。

我国劳动法也贯彻了同样的精神。它是劳动者的权利之法，一个个精心设计的法条，字里行间无不透露出对劳动者的呵护。它不仅赋予劳动者相当广泛的权利，为用人单位设定种种义务以保障这种权利，还时常可见那些明显倾斜的保护措施。例如，我国《劳动法》、《工会法》赋予劳动者组织工会的权利，以克服单个劳动者势单力薄，无法与用人单位相抗衡的弱点，借助于工会这种集体的力量去争取和维护权益；我国《劳动法》和《劳动合同法》对用人单位订立和解除劳动合同的自由作出有利于劳动者的限制，有关无固定期限劳动合同的规定，以及用人单位不得解除劳动合同的情形的规定等都是如此；我国《劳动争议调解仲裁法》在举证责任的分配，以及对裁决不服是否可以提起诉讼等方面，对劳动者和用人单位的区别对待，也体现了对劳动者倾斜保护的宗旨。

另一方面，劳动法在倾斜保护劳动者合法权益的同时，也兼顾到用人单位利益的维护。毕竟，企业的健康发展，无论对于劳动者还是整个社会都是有益的，雇主的积极性也应当得到保护。这一精神在我国劳动法中得到广泛的体现，比如，在充分赋予劳动者权利的同时，也明确规定了劳动者应当履行的义务，而劳动者的义务往往就是用人单位的权利；我国劳动法也赋予用人单位劳动用工自主权、工资分配自主权，以及劳动合同订立和解除等方面的契约自由。我国2007年颁布的《劳动合同法》，被公认为在原有《劳动法》的基础上，明显加大了对劳动者保护的力度，但就在这部法律中，也可以清晰地看出其对用人单位利益的兼顾。例如，考虑到用人单位工作交接的合理需要，规定将劳动者在试用期内可以随时通知用人单位解除劳动合同，变更为可以提前三日通知用人单位解除劳动合同；为了保护用人单位的合法权益，补充规定了一些用人单位可以随时解除劳动合同的情形，如劳动者同时与其他用人单位建立劳动关系，对完成本单位的工作任务造成严重影响的，或者经用人单位提出，拒不改正的，等等。此外，考虑到用人单位调整经济结构、革新技术以适应市场竞争的需要，还放宽了用人单位在确需裁减人员时进行裁减人员的条件。

2. 劳动者平等保护与特殊保护相结合的原则

在人类追求历史进步和社会正义的旗帜上，始终飘扬着"平等"两个大字。"自有文字记载的历史以来，所有重大的社会斗争和改革运动都是高举正义大旗反对实在法中某些被认为需要纠正的不平等规定的。"① 在近现代以来的民主法治国家，平等已普遍成为一项宪政原则。我国《宪法》规定："中华人民共和国公民在法律面前一律平等。"劳动法中的平等原则正是此宪法原则的具体化。我国劳动法对所有劳动者一视同仁地予以同等的保护，任何劳动者均不因性别、年龄、种族、出身等与劳动无关的事由而受到差别对待。劳动者在劳动法上的法律地位一律平等，劳动法赋予劳动者的各项权利都平等地享有，劳动法所直接规定或要求达到的劳动标准都一律适用。其具体表现在这么几个方面：一是就业平等。它是指劳动者应该获得平等的就业机会，反对就业歧视。我国《劳动法》和《就业促进法》均贯彻了这一精神。《就业促进法》第3条开宗明义地作出规定："劳动者依法享有平等就业和自主择业的权利。劳动者就业，不因民族、种族、性别、宗教信仰等不同而受歧视。"并在第3章"公平就业"中，具体规定了禁止任何基于性别、民族、残疾、传染病病原携带者、农民工等因素对劳动者进行歧视的行为。二是待遇平等。待遇平等包括劳动者在职业培训、职务晋升和劳动报酬、劳动保险等方面享有同等的权利，其中主要指报酬平等或同工同酬。我国《劳动法》第46条规定："工资分配应当遵循按劳分配原则，实行同工同酬。"根据《关于〈中华人民共和国劳动法〉若干条文的说明》（劳办发〔1994〕289号）的解释，"同工同酬"是指用人单位对于从事相同工作，付出等量劳动且取得相同劳动业绩的劳动者，支付同等的劳动报酬。同工同酬防止分配中的歧视，尤其是性别歧视。三是劳动条件平等。劳动条件的平等是指劳动者的工作环境以及劳动保护平等，它表现为对于处在相同岗位、从事相同工作的劳动者应该提供相同的劳动条件和劳动保护，让他们得到同等的劳动安全卫生的待遇。②

劳动法在对劳动者提供平等保护的同时，也对一些特殊劳动者予以特别保护。这体现了人道主义价值，是一种合乎正义的制度安排。美国哲学家、伦理

---

① ［美］E·博登海默. 法理学法律哲学与法律方法［M］. 邓正来译. 北京：中国政法大学出版社，2004：315.

② 林嘉. 劳动法和社会保障法［M］. 北京：中国人民大学出版社，2009：21-22.

学家约翰·罗尔斯在其代表作《正义论》中提出，正义的制度要安排得"适合于最少受惠者的最大利益"。在我们的语境中，就是要向弱势群体倾斜。我国劳动法特殊保护的对象是女职工、未成年工、残疾劳动者、少数民族劳动者及退役军人劳动者等。劳动法律、法规在就业、从事职业、安全卫生、解除劳动合同等方面对不同的特殊劳动者群体分别做出了不同的保护规定。例如，《就业促进法》第28、29条规定，用人单位招用人员，应当依法对少数民族劳动者给予适当照顾；各级人民政府应当对残疾人就业统筹规划，为残疾人创造就业条件。《劳动法》第7章专门规定了对女职工和未成年工的特殊保护。

3. 劳动自由与规则约束相结合的原则

与平等一样，自由也是人类永恒的价值追求，是现代文明社会法律制度普遍维护和促进的重要价值之一。劳动自由是法律自由价值在劳动法领域的体现，劳动和劳动关系的人身性特点决定了劳动者劳动自由权利保护的必然性和必要性。"自由"有两种含义，英国思想家格林把自由区分为"免于……的自由"（be free from……）和"从事……的自由"（be free to do……），前者指的是不受他人的干预和限制，即排除外部约束，摆脱奴役和束缚；后者指的是"自己依赖自己，自己决定自己"，即主体能自主地决定从事符合于其能力的有益工作和建设性活动，实现其人格和价值。我国学者把前者称为"消极的自由"（negative liberty），把后者称为"积极的自由"（positive liberty）。劳动法对劳动自由的保护也突出地表现在这两个方面。一是禁止强迫劳动。强迫劳动是指通过暴力手段，迫使劳动者在非自愿的情况下从事劳动，这是一种直接侵犯劳动者的劳动自由的行为。我国《劳动法》严厉禁止各种形式的强迫劳动。该法第32条规定，用人单位以暴力、威胁或者非法限制人身自由的手段强迫劳动的，劳动者可以随时通知用人单位解除劳动合同。第96条规定，用人单位以暴力、威胁或者非法限制人身自由的手段强迫劳动的；或者侮辱、体罚、殴打、非法搜查和拘禁劳动者的，由公安机关对责任人员处以15日以下拘留、罚款或者警告；构成犯罪的，对责任人员依法追究刑事责任。二是契约自由。劳动法领域的契约自由包括两个方面：缔约自由和辞职自由。缔约自由是指劳动者可以自由地选择职业，自由地决定和谁签订劳动合同，以平等的地位自觉自愿地和用人单位协商确定合同的内容等。我国《劳动法》第17条规定：订立和变更劳动合同，应当遵循平等自愿、协商一致的原则。《劳动合同法》第3条也规定：订立劳动合同，应当遵循合法、公平、平等自愿、协商一致、诚实信用的原则。辞职的自由即解除劳动合同的自由,劳动者与用人单位协商一致,或者提前30日以书面形式通知用人单位,或者出现其他法定情形,都可以解除劳动合同,终止劳动关系。

在强调和保障劳动自由时,必须看到规则约束的重要性。当代美国法哲学家富勒认为:"法律是使人的行为服从规则治理的事业。"① 劳动者的劳动自由只有在法律的保障下才有可能得以实现,它有赖于通过立法作出明确、周密的制度安排,包括赋予劳动者尽可能广泛的自由和权利,明确用人单位应尽的义务以及在违反此义务,侵犯了劳动者劳动自由权利时应承担的责任;有赖于用人单位的自觉守法和监督管理机构的监管和制裁。劳动者自身在享受劳动自由时亦应遵守规则,任何法律意义上的自由都是既受保障亦受约束的自由。劳动者的行为要遵循权利义务一致性原则,在享受自由、行使权利时,也应自觉履行义务,包括法律规定的义务、合同约定的义务,以及用人单位依照法定程序制定的、不与法律法规相冲突的规章制度中的义务,等等。况且,劳动者的劳动自由不同于民法中的契约自由,劳动关系也有别于民商法调整的私法关系,因此,劳动法也不属于纯粹的私法,而是兼有公法和私法双重属性的法律部门。它不像民商法那样以任意性规范为主,把大量事务的决定权留给当事人自己,而是需要国家强制力的干预,所以劳动法中有大量体现国家意志的、不允许当事人自行选择和改变行为模式的法律规范,即强制性规范,比如劳动法中关于工作时间和休息休假、劳动安全卫生和保护,以及社会保险等方面的规定就是如此。对这些规范,劳动关系双方当事人,特别是用人单位,必须遵照执行。即便在最体现自由的劳动合同领域,人们的自由也是有限的。尽管合同双方的权利、义务是在平等自愿、协商一致的基础上确定的,主要体现了当事人的意志,但由于劳动关系的特殊性,双方当事人在约定权利义务时,不能违反国家的强行性规定,否则将不能产生预期的法律后果。

4. 双方协商和三方合作相结合的原则

如前所述,劳动关系兼有对抗性和非对抗性的双重属性,正是这一特点决定了双方协商和三方合作相结合原则的产生。劳动者和用人单位之间利益的一致性,以及在某些领域法律地位的平等性,使得双方有协商、合作的必要和可能,而双方实际上的不平等和利益的内在冲突,使得有必要引入两者之外的第

---

① 沈宗灵. 现代西方法理学 [M]. 北京:北京大学出版社,1992:69.

三方,来协调关系、维护劳动者的合法权益,三方合作原则应运而生。

双方协商指劳动者和用人单位之间的对话、协商、合作,这里所说的劳动者,实际上是指劳动者一方,既包括劳动者个人,也包括代表劳动者利益的劳动者集体即工会组织。在我国劳动法关于劳动合同、集体合同,以及对劳动争议的调解制度中随处可见劳动者或工会与用人单位的对话、协商机制。

三方合作原则最早由国际劳工组织提出,一般称为"三方性原则"。《国际劳工组织章程》规定,出席国际劳工大会的代表应由每个成员国各派4名代表组成,其中两人为政府代表,另外两人分别代表该国的工人和雇主。按照三方性原则的要求,国际劳工组织的一切主要机构,包括理事会、地区性会议、地区性顾问委员会、产业委员会等,都由成员国的政府、工人和雇主三方代表组成。目前,三方合作原则已被绝大多数国家所接受,成为各国劳动法的一个基本原则。

在我国,三方合作原则也已成为劳动法的一项基本原则。从根本上说,国家通过一系列强制性规范设定劳动标准,规定用人单位的义务,并通过劳动监察制度,监督检查用人单位对劳动法的执行,这本身就体现了国家公权力对劳动关系运行的干预。从更直接的意义上说,我国劳动法的一些具体制度的设计,也贯彻了三方合作原则。比如,根据原劳动部颁发的《企业最低工资规定》第6条,最低工资标准应当由省、自治区、直辖市人民政府劳动行政主管部门会同同级工会、企业家协会研究确定;在劳动争议处理制度中,按照《劳动法》和《劳动争议调解仲裁法》的规定,劳动争议仲裁委员会是由劳动行政部门代表、同级工会代表和用人单位方面的代表三方面共同组成的,说明劳动争议的解决有赖于三方的精诚合作。[1]

1.3 劳动法的体系架构

我国劳动法作为一个法律部门,既是整个国家法律体系的有机组成部分,其本身又是一个由各种具体的法律规范、法律制度、法律文件构成的有机联系的整体,即劳动法系统或体系。这个体系,也有着它固有的内在结构。从不同的角度分析劳动法的体系结构,有助于我们从不同的侧面去了解它,并最终形成有关这个体系的全景式知识。

---

[1] 贾俊玲. 劳动法学[M]. 北京:北京大学出版社,2009:16-17.

1.3.1 劳动法的渊源体系

法的渊源，也称"法源"或"法律规范的渊源"，是指法律规范首次出现的地方，因此，首创法律规范的文件就是法律的渊源；作为法律渊源的文件都是法律规范的表现形式，所以，学界也把法的渊源叫作法的表现形式。在中外法学家的著作以及法的历史发展中，作为具有法的效力和意义的法的外部表现形式，法的渊源主要有制定法、判例法、习惯法、国际协定和条约、法理等。① 在不同的历史时期和不同的国家，具有法的效力的法的表现形式往往各不相同。在人类的早期，习惯法曾是主要的法律渊源，随着社会的发展，成文法则越来越占据主导地位。法学家的理论在古罗马时期曾经是法的渊源之一，在其他的时代和国度一般都不认为其具有正式的法律效力。在以法国、德国为代表的大陆法系，法的渊源主要是制定法，判例法不是正式的法律渊源；而在英国、美国为代表的英美法系，则以判例法为主要的法律渊源，此外也包括成文法。当代中国采用的是以各种制定法为主的法律渊源。

劳动法的渊源体系，就是调整劳动关系以及与劳动关系密切联系的其他社会关系的规范性法律文件构成的体系，这些法律文件所包含的全部规范的总和，就是劳动法所指向的对象必须遵守和服从的法律依据。劳动法的渊源，按其效力层次与范围的不同，可以分为以下几类：

1. 宪法中有关劳动问题的规定

宪法是国家的根本大法，在法律体系中具有最高的法律地位和法律效力，是其他一切法律、法规、规章等规范性法律文件的效力根据和来源。我国宪法中有关劳动问题的规定，构成全部劳动法律规范的立法基础。新中国成立以来我国四部宪法均规定了公民的劳动权，现行宪法即1982年《宪法》第42条规定："中华人民共和国公民有劳动的权利和义务。"

2. 全国人大或全国人大常委会制定的有关劳动问题的法律

在我国，由全国人民代表大会负责制定和修改基本法律，全国人民代表大会常务委员会负责制定和修改除应当由全国人民代表大会制定的法律以外的其他法律，两者统称为"法律"，其效力仅次于宪法。属于这一层次的劳动法的

---

① 张文显. 法理学 [M]. 北京：中共中央党校出版社，2002：50.

渊源，最为重要的是《中华人民共和国劳动法》，此外还有《中华人民共和国劳动合同法》、《中华人民共和国工会法》等。

3. 国务院制定的劳动行政法规

国务院是我国的最高行政机关，它有权根据宪法和法律制定和发布行政法规。行政法规的内容不得和宪法、法律相抵触。在我国，国务院颁布的劳动行政法规在量上远远多于法律，成为调整劳动关系的重要依据。比如《劳动合同法实施条例》、《职工带薪年休假条例》、《失业保险条例》、《工伤保险条例》等。

4. 国务院各部委制定的劳动规章

按照宪法规定，国务院所属各部、各委员会，有权根据法律和行政法规，在法定权限内制定规章，此类规章学术界一般称为"部委规章"或"部门规章"。如《违反和解除劳动合同的经济补偿办法》、《工伤认定办法》、《最低工资规定》、《集体合同规定》等。在我国，国务院有关部委制定的劳动规章面广量大，也是调整劳动关系的重要法律渊源。但其法律地位和效力低于宪法、法律和行政法规。

5. 地方性劳动法规和地方性劳动规章

在当代中国法的渊源中，地方性法规是一种数量最大的法律渊源。地方性法规是指省、自治区、直辖市以及省、自治区的人民政府所在地的市、经济特区所在地的市和经国务院批准的较大的市的人大及其常委会制定的规范性文件。地方政府规章是指省、自治区、直辖市以及省、自治区的人民政府所在地的市、经济特区所在地的市和经国务院批准的较大的市的人民政府制定的规范性文件，此类文件一般称为"政府规章"。这些地方性法规和政府规章中有关劳动问题的规定都是劳动法的渊源。按照我国宪法的规定，地方性法规的效力低于宪法、法律和行政法规。地方政府规章的效力低于宪法、法律、行政法规和地方性法规，并不得同国务院各部委制定的"部门规章"相抵触。

6. 国际劳工公约

国际劳工组织通过的劳工公约属于国际劳动法的范畴，其主要是就某一项劳动权或某一劳动权的某一方面作出保护规定。经我国政府批准的国际劳工公约在我国具有法律效力,因此也是我国劳动法的渊源之一。我国作为国际劳工组织的成员国,先后批准了二十多项公约。例如,1984年5月,我国承认的旧中国政府批准的14个国际劳工公约,1990年11月我国政府批准的《男女工人同工同酬公约》(第100号公约)等。

7. 最高人民法院关于审理劳动争议案件的司法解释

这里的司法解释是指"最高人民法院对人民法院在审判过程中具体应用法律问题所作的解释,这种解释对全国的审判工作有指导意义,具有法律效力,可以作为法院办案的依据"[①]。20世纪90年代以来,我国最高人民法院颁布了许多有关劳动法适用问题的司法解释,这些司法解释也是劳动法的重要渊源。如最高人民法院《关于审理劳动争议案件适用法律若干问题的解释(一)》(法释〔2001〕14号)、《关于审理劳动争议案件适用法律若干问题的解释(二)》(法释〔2006〕6号),等等。

1.3.2 劳动法的内容结构

从内容上说,劳动法规范体系是由各种不同的具体法律规范和法律制度构成的有机联系的整体。从各种不同的角度对法律规范进行分类,便使劳动法体系呈现出各不相同的内在结构,并分别从不同的侧面展示劳动法的内容、功能及其特色。比如,以劳动法律规范所调整的劳动关系的所有制性质为标准,形成劳动法的所有制结构模式;以劳动法律规范的职能为标准,形成劳动法的职能结构模式;以法律规范的调整机制为标准,形成劳动法的调整机制结构模式;以劳动过程的实现顺序为标准,形成劳动法的劳动过程结构模式。[②] 目前国内学者通常采用的方法是从职能角度进行分类,这一方法有着明显的优点。劳动法中的所有法律规范和制度都有着各自不同的功能、作用和任务,从这个角度进行分类整合,可以清晰地反映劳动法体系的内容结构。本书以此方法为主,兼及劳动过程的实现顺序,把全部劳动法律规范分为以下几类:

(1) 劳动就业法。其功能主要在于促进和保障劳动者劳动权利的实现。具体包括就业促进法、就业服务法、就业管理法、职业培训法,等等。

(2) 劳动关系协调法。其功能主要在于在劳动关系运行中,围绕劳动者

---

① 张文显. 法理学 [M]. 北京:中共中央党校出版社,2002:242.
② 王全兴. 劳动法 [M]. 北京:法律出版社,2004:58-60.

和用人单位之间的关系这个核心，保护劳动者的相关权益。具体包括劳动合同法、集体合同法、工会法，等等。

（3）劳动标准法。劳动标准，亦称劳动基准，是国家为保护劳动者的利益而制定的有关劳动条件与劳动待遇的最低标准。劳动标准法主要包括工作时间与休息休假、工资、劳动安全与卫生和特殊劳动保护，等等。

（4）社会保险法。它是劳动者生活保障权的体现，是保障劳动者在丧失劳动能力或有其他特殊情形需要得到扶助时的权益的法律。具体包括养老保险法、医疗保险法、失业保险法、工伤保险法和生育保险法，等等。

（5）劳动保障法。其主要是劳动关系当事人的权益实现和救济的法律规范，具体包括劳动争议处理法、劳动监察法，等等。

1.4 劳动法的地位和作用

对劳动法进行宏观把握的一个重要方面，是了解其在整个法律体系中的地位，以及它所具有的功能和对于社会进步可能或实际发挥的作用。概而言之，劳动法是我国法律体系中的一个重要的法律部门，发挥着不可或缺、也无可替代的独特作用；它对于人们的生活和整个社会的进步和发展具有重要的作用。

1.4.1 劳动法的地位

劳动法的地位，即它在整个法律体系中的地位。所谓法律体系，是指"一个国家按照一定的原则和标准划分的同类法律所组成的法律部门而构成的一个有机联系的整体，即部门法体系"[1]。划分法律部门的主要标准是法律所调整的对象即社会关系。劳动法因其调整对象（劳动者和用人单位在劳动过程中发生的社会关系）的特殊性，而成为一个与民商法、行政法、经济法、刑法等法律部门相并列的一个独立的法律部门，承担着自己独特的使命和任务。这种使命和任务是任何其他法律部门所无法完成的，劳动法作为一个法律部门的形成、发展过程便说明了这一点。劳动法是伴随着资本主义的工业化和以机器为主体的工厂制度而于19世纪初诞生的。起初，劳动关系同时由民法和工厂法调整。一方面，调整雇佣劳动关系的法律规范被列入民法的债篇之中。1804年，拿破仑亲自主持制定的资本主义世界第一部民法典《法国民法

---

[1] 沈宗灵. 法理学 [M]. 北京：北京大学出版社，2003：296.

典》诞生。它将雇佣关系称为"劳动力的租赁",意指"当事人约定,一方为他方完成一定的工作,他方约定支付报酬的契约"(第1710条),使之与物的租赁并列,适用租赁的一般规定。此后各资本主义国家的民法典纷纷效仿,均把雇佣关系作为一种契约关系纳入民法的调整范围。另一方面,1802年英国颁布了旨在维护劳工权益的工厂法——《学徒健康与道德法》,这是世界上第一部劳动法。此后,其他一些资本主义国家也相继颁布了工厂法。由于劳动关系具有与一般民事关系相区别的特殊性,它不仅有当事人之间平等关系的属性,还有命令与服从、管理与被管理的关系属性,因此,在进一步的发展中,原来规定于民法中的"劳动力租赁"的内容逐渐分化出来,与工厂法的内容相融合,形成了一个兼有"当事人平等协商"和"国家干预"双重特点,旨在保护劳动者合法权益的法律部门——劳动法。①

1.4.2 劳动法的作用

如前所述,劳动法的调整对象为劳动者与用人单位在实现劳动过程中所形成的与劳动有密切联系的关系,即劳动关系。由此调整对象可以看出,劳动法在建立和完善符合市场经济要求的劳动制度、保护劳动者的合法权益、促进社会生产力的发展和实现社会的和谐稳定等方面均发挥着重要的作用。

1. 建立和完善新型劳动制度

劳动法所确立的法律制度就是劳动制度,劳动制度或体制是整个经济体制的组成部分,两者相辅相成,互相促进。这里所说的新型劳动制度是相对于计划经济体制下的劳动制度而言的,指符合市场经济要求的劳动制度。伴随着经济体制的改革,我国劳动用工、工资分配、社会保险等方面的劳动制度也经历了一系列改革,这些改革以培育和发展劳动力市场为中心,把各方面劳动关系纳入市场运行的轨道,实现劳动力开发、配置和使用的市场化,逐步建立起符合市场经济要求的新型劳动关系。20世纪80年代以来我国劳动制度改革的决策与措施都体现于这一阶段我国颁布的劳动法律、法规之中。它们以立法的形式确认了这些改革所取得的成果,反映了我国从计划经济体制向市场经济体制转换过程中劳动法律关系各个方面的内容。比如,自主择业、双向选择的就业机制,平等自愿、协商一致确定权利义务的劳动合同制度,以及工效挂钩的工

---

① 王全兴. 劳动法 [M]. 北京:法律出版社,2004:4-5.

资分配制度等,确立了劳动关系双方在劳动力市场的主体地位,突出了劳动关系双方的自主性、竞争性,体现了价值规律,促进了劳动力的合理流动和优化配置。可见,劳动法的形成和发展对于建立、维护和巩固适应市场经济要求的劳动制度,进而促进整个市场经济体制的建立和完善具有重要的意义。

2. 保护广大劳动者的合法权益

劳动法首要的立法宗旨就是保护劳动者的合法权益。而受劳动法调整和保护的劳动者面广量大,不仅包括企业、个体经济组织、民办非企业单位中的从业人员,还包括国家机关、事业单位、社会团体中与之建立劳动关系的人员。而且,按照《劳动合同法》的精神,随着事业单位人事制度改革的深化,其与实行聘用制的工作人员之间的关系也将逐步纳入劳动法的调整范围。可见劳动法是与千家万户,与绝大多数社会成员有着直接利害关系的法律部门。就劳动者个人而言,劳动法对于他(或她)的一生至关重要。每一位劳动者,从其参加劳动始直至死亡,劳动法的保护将伴随其漫长人生。我国宪法明确规定了公民的劳动权,《劳动法》第3条把它具体化为平等就业和选择职业的权利、取得劳动报酬的权利、休息休假的权利、获得劳动安全卫生保护的权利、接受职业技能培训的权利、享受社会保险和福利的权利、提请劳动争议处理的权利以及法律规定的其他劳动权利。这些权利直接联系着劳动者物质和文化生活水平的提高,关乎他们的生存和发展。劳动法正是劳动者享有上述各项权利与利益的重要保障。

3. 促进社会生产力的发展

劳动法调整的劳动关系是劳动者与用人单位之间的关系,进一步说,这种关系是劳动力与生产资料这两种生产要素相结合过程中形成的或与这一结合有密切联系的关系。显然,这些关系处理得如何,将直接影响和制约生产力的发展,影响和制约我国的经济建设乃至整个社会的进步。劳动法把对劳动者实行倾斜保护作为基本原则贯穿其中,而劳动者是所有生产要素中独具能动性的因素,劳动法对劳动者合法权益的维护,体现了国家对劳动者作为国家主人翁的尊重和对劳动关系弱势一方的特别关照,同时也是为了调动劳动者的积极性和热情,最终为国家建设服务。此外,稳定和谐的劳动关系、通过劳动力市场而实现的劳动力与生产资料的优化配置,以及工效挂钩的工资关系等都是推动生产力发展的重要因素。

4. 维护社会的和谐与稳定

劳动是人类社会最基本的社会活动，劳动关系是最基本的社会关系，所以以人为本，最重要的是以劳动者为本；社会和谐最重要的是劳动关系的和谐，劳动关系的和谐稳定，是保证企业正常的生产经营秩序，促进经济社会和谐发展的前提和基石。换一个角度说，劳动法与社会保障法又被称为弱者保护法，是保障劳动者、失业者、丧失劳动能力的人和其他需要扶助的人之权益的法律，它是社会的稳定器或安全网。市场经济是一种竞争经济，激烈的市场竞争激励人们进取与拼搏，因而竞争带来了效率与效益。然而，无情的竞争时常伴随着企业的兴衰、人生的沉浮，所以市场经济也潜藏着巨大的风险。每年数百万高校毕业生能否顺利就业？下岗失业的工人如何实现再就业？关、停、并、转企业中的老弱病残职工的出路何在？他们的退休金、医疗费等由谁来负责支付？这些问题解决不好，势必影响市场经济的健康运行和社会的和谐稳定。市场经济又是一种强者经济，激烈的市场竞争带来的往往是富者愈富、贫者愈贫，同时不断有一批又一批竞争者陷入失败的境地，被抛向社会。市场竞争中的失败者、弱者涌向社会，将给社会带来不安和动荡，也给市场参与者带来不安全感和不稳定感。一个实行市场经济的社会不仅要有激烈的竞争机制，还必须有相应的风险规避机制。这也正是劳动法等弱者保护法存在的价值之所在。

本章小结

劳动法是指调整劳动关系以及与劳动关系密切联系的其他社会关系的法律规范的总称。劳动关系是劳动法调整的基本社会关系，是劳动法规范和调整的主要内容。此外，劳动法还调整与劳动关系有着密切联系的其他社会关系。劳动法广泛适用于中华人民共和国境内的所有企业、个体经济组织、民办非企业单位等组织与其劳动者之间的关系，以及国家机关、事业单位、社会团体和与其建立劳动关系的劳动者之间的关系。劳动法的创制和实施应当遵循倾斜保护劳动者权益与兼顾用人单位利益相结合的原则、劳动者平等保护与特殊保护相结合的原则、劳动自由与规则约束相结合的原则、双方协商和三方合作相结合的原则等劳动法基本原则。我们可以从法律渊源和职能结构等不同角度去把握劳动法的内在结构。劳动法在法律体系中有着无可替代的独特地位；在建立和完善新型劳动制度、保护广大劳动者的合法权益、促进社会生产力的发展、维护社会的和谐与稳定等方面发挥着重要的作用。

关键术语

劳动法　　劳动法调整对象　　劳动法适用范围　　劳动关系
劳动附随关系　　劳动法基本原则　　劳动法渊源　　劳动法作用

思考题

1. 什么是劳动法？劳动法的调整对象是什么？
2. 劳动法适用于哪些单位和哪些个人？
2. 劳动法的基本原则有哪些？
3. 劳动法的渊源有哪些？
4. 劳动法的地位和作用如何？

第 2 章 劳动法的产生和发展

研究劳动法应当掌握劳动法的历史知识。从劳动法的产生与发展过程中,了解劳动法产生的社会经济基础以及各国劳动法发展的历史过程,从中看到劳动法发展的历史轨迹和劳动法产生的历史意义。本章着重阐述国外劳动法的产生和发展、我国劳动法的产生和发展以及国际劳工组织和国际劳动立法的基本情况。

2.1 国外劳动法的产生和发展

在人类历史上,长期以来并没有专门调整劳动关系的法律。作为独立的法律部门,劳动法产生于 19 世纪初的资本主义国家,与产业革命的蓬勃发展及工人运动的日益壮大密切相关。

2.1.1 劳动法的产生

劳动关系是劳动法产生的社会经济基础。在劳动力与生产资料归同一主体所有的条件下,劳动力与生产资料的结合不致发生社会关系。纵观人类社会历史可知,原始社会、奴隶社会和封建社会中的劳动过程,都是在劳动力和生产资料归同一主体所有的条件下实现的,因而不存在劳动关系。当人类社会步入资本原始积累阶段,劳动力与生产资料分别归属于不同主体的现象才首次出现,即劳动力归无产者所有、生产资料归资本家所有,于是产生了雇佣劳动关系。随着劳动关系的出现,就产生了调整劳动关系的法律规范。

资本主义国家的劳动法发端于几个先进的资本主义国家的工厂立法。在资本主义制度产生最早的英国，为了强制被剥夺土地的农民从事雇佣劳动，以满足新兴的工场手工业对劳动力的迫切需要，出现了历史上最早的调整雇佣劳动关系的法规。如英国亨利八世时期的法规曾明文规定，对流浪者给予鞭打；若再度流浪，则予以逮捕；三度流浪就要当做重罪犯人而处死。在许多强制工人接受苛刻劳动条件的法律中，有些是延长工作时间的，有些是限制最高工资的。当时人们把这种"血腥立法"统称为"劳工法规"，这不是现代意义上的劳动法。现代意义上的劳动法是以限制资本家对劳动者剥削程度为内容的"工厂立法"。

英国议会于1802年通过的《学徒健康与道德法》标志着现代意义上劳动立法的开端。资本主义工业革命首先在英国取得成功，空前高涨的工业生产必然需要大量的劳动力，著名的"圈地运动"就使因丧失土地的农村劳动力成为以出卖自己劳动力为生的城市劳动者。不仅如此，资本家为了最大限度地榨取高额利润，还雇用大量的童工。童工艰难的处境受到了社会各界的普遍关注。因此，首先在英国通过了旨在保护童工劳动权益的《学徒健康与道德法》。该法规定，纺织系统不能雇用九岁以下的儿童；童工的工作时间每天不得超过十二小时，并限定在上午六点到晚上九点之间，禁止做夜工等。后来该法的适用范围从童工扩大到女工。自英国开创了从劳动者的角度制定工厂法的先河后，欧洲其他国家也相继效仿。如德国于1839年颁布了《普鲁士工厂矿山条例》，规定禁止未成年工从事每天十小时以上的劳动和夜间工作；法国于1841年制定了《童工、未成年工保护法》等。美国具有现代意义的劳动立法是1813年康涅狄格州和1836年马萨诸塞州通过的童工保护法，它们均规定了童工的雇佣条件及童工教育问题。

2.1.2 劳动法的发展

1. 自由资本主义时期的劳动立法

19世纪中叶后，西方各国相继进入自由资本主义阶段，国家对经济的发展采取不干预的政策，但在劳动关系的调整上要求国家进行干预的呼声却日益高涨。自由资本主义时期的劳动立法主要表现为以下几个方面：

（1）制定工厂法的国家不断增加

由19世纪初的英、法、德等几个发达资本主义国家颁布工厂法，发展到19世纪中叶后的其他资本主义国家如挪威、瑞典、丹麦、意大利、俄国和美国也相继颁布了工厂法。与此同时，工厂法的适用范围和内容也不断扩大，如原适用于纺织系统的童工和女工的工厂法，逐渐扩大到适用于各种工矿企业。工厂法的内容也从原来的工作时间扩展到安全卫生、工人教育、工资支付和防止伤亡事故及职业病的发生等。

（2）有了承认工会组织合法地位的法律

1824年英国议会承认工人有组织工会和罢工的权利，并于1859年、1871年和1875年先后3次修正和补充了有关工会和罢工的法律。法国于1864年也解除了对工会组织罢工的禁令。其他一些国家也有类似的规定。

（3）出现了社会保险法

1883年德国宰相俾斯麦为了缓和国内阶级矛盾，对工人运动实行"大棒加胡萝卜"的政策，一方面颁布反社会主义的法令，另一方面积极推行改善工人劳动条件、提高工人福利的举措。1883年至1889年通过了《疾病保险法》、《工伤保险法》和《老年与残疾保险法》三项保险法案，由此拉开了西方国家建立社会保险制度的序幕。

2. 垄断资本主义时期的劳动立法

19世纪末20世纪初，主要资本主义国家已进入垄断阶段，包括劳资矛盾在内的资本主义社会固有的矛盾进一步尖锐化。尤其是在第二次世界大战期间和以后的一段时间内，资产阶级劳动法的发展经历了一个曲折和反复的过程。这一时期的劳动立法，大致经历了两个阶段：

（1）19世纪末至20世纪前半叶的劳动立法

①劳动法的适用范围进一步扩大。英国1937年新《工厂法》的适用范围由过去雇用五十人以上的工厂扩大为在制造过程中雇用体力劳动者的所有企业。法国、德国也把工厂法扩大到适用于交通、建筑、商业等行业。

②劳动立法内容更加充实。第一，到20世纪初，有的资本主义国家如法国、德国和瑞士等开始实行八小时工作制。第二，出现了带薪休假制度。如瑞士的法律规定：职业妇女，工作满一年的，可以连续休息六天，满两年的八天，满三年的十二天，在休假期内工资照付。美国法律规定：联邦政府下属工厂工人和公用事业雇员实行每年两周带薪休假的制度。英国规定根据工龄长短每年休假两至三周等。第三，出现了最低工资保障立法。在19世纪末，新西

兰和澳大利亚就开始对工资较低的行业试行最低工资制,但到20世纪才形成立法。英国、德国、法国、瑞士、意大利和美国等国家也相继制定和颁布有关最低工资的法律。第四,社会保险和社会保障立法的普及。在20世纪初,许多资本主义国家实行了疾病、伤害、老年等社会保险。第五,劳资关系立法取得了长足的进展。19世纪末,欧洲的一些国家制定了工会组织和劳动争议的法律,工会组织的合法性开始得到认可,但对工会的权利还是有所限制。到了20世纪初期,这种情况得到了改变。

(2)20世纪后半叶及之后的劳动立法

①各国宪法普遍对公民的劳动权作出规定。各国普遍从宪法上确定劳动权是发生在第二次世界大战之后。如法国1946年宪法、意大利1947年宪法、西班牙1945年宪法、瑞士1947年宪法和日本1945年宪法等。

②劳动法体系趋于完整。20世纪60年代之后,资本主义国家的劳动立法侧重于改善劳动条件和规定劳动标准。如英国在1961年修订了《工厂法》,进一步改善劳动条件,1971年至1980年先后颁布了《劳资关系法》、《劳动安全与卫生法》、《雇佣保障法》、《社会保障法》和《雇佣法》等;美国在1963年通过了《同工同酬法》,1964年颁布了有关就业机会均等的《公民权利法案》,1970年颁布了《职业安全卫生法》;日本于1976年重新修订《劳动标准法》,之后又颁布了《最低工资法》、《雇佣保险法》、《职业训练法》等;法国也颁布了关于劳动条件、同工同酬和反歧视等方面的法律。

3. 社会主义国家劳动法的发展

社会主义国家的劳动立法始于前苏联。苏维埃政权于1918年通过了第一部社会主义国家的劳动法典《苏俄劳动法典》。该法典共17章190条,对集体合同、劳动合同、内部劳动规则、工资、工时、女工和未成年工、工会、劳动保护、劳动保险以及劳动争议处理等方面都作了规定。1970年苏联最高苏维埃主席团又通过了《苏联和各加盟共和国劳动立法纲要》,共15章,107条,每章都专门规定劳动立法的一个方面。进入80年代,苏联最高苏维埃主席团通过法令,对《劳动立法纲要》作了修订。除制定与修订劳动法典之外,前苏联还发布了一些单行劳动法规,如1972年的《标准内部劳动规则》,1974年的《劳动纠纷审理程序条例》,1983年的《劳动集体法》,1989年的《工会及其权利和活动保障法》等。

第二次世界大战结束后,东欧各社会主义国家均颁布了一系列改善劳动条件、解决就业、实行工人监督等法令，以后又相继制定并颁布了内容比较完备的劳动法典。如阿尔巴尼亚于1947年颁布的《劳动法典》；匈牙利于1950年颁布的《劳动法典》；保加利亚于1951年颁布的《劳动法典》；前东德也于1977年颁布了新的《劳动法典》。当时的东欧各社会主义国家，除颁布劳动法典之外，还分别制定了一系列单行的劳动法规。

此外，在亚洲的各社会主义国家也都先后颁布了劳动法典，如蒙古于1941年颁布《劳动法典》；越南于1947年发布劳动法令并于1976年制定并颁布《劳动法典》；朝鲜于1946年颁布《劳动法典》。

2.2 我国劳动法的产生和发展

我国的劳动立法产生于20世纪20年代，经历了从萌芽到壮大的过程。中华人民共和国的建立使我国的劳动立法进入了一个崭新的历史时期。

2.2.1 旧中国的劳动立法

1. 中国工人阶级为争取劳动立法的斗争

1840年鸦片战争后，中国工人阶级深受帝国主义、封建主义和资本主义三重剥削与压迫，其劳动条件之恶劣和生活境遇之悲惨，在世界各国的工人中是罕见的。1879—1891年，在上海、香港等地发生多起大规模的罢工运动。北洋军阀政府为了维护地主买办资产阶级的利益，进行了反劳工立法。于1912年颁布的《暂行新刑律》和1914年的《治安警察条例》，把同盟罢工列为犯罪，对罢工的领导人处以严厉的刑罚等。"五四运动"后，工人运动不断高涨，将争取劳动立法作为工人运动的目标之一。在中国共产党的领导下，于1922年5月在广州举行了第一次全国劳动大会，通过了《八小时工作制案》。1922年6月又发表了对于时局的主张，提出斗争目标二十一条，其中包括废止压迫罢工的刑律。1922年8月，中国劳动组合书记部开展了争取劳动立法的运动，制定了《劳动法大纲》，其主要内容：一是承认劳动者有集会结社权、同盟罢工权、缔结团体契约权、国际联合权；二是每日工作时间不得超过八小时，不得雇用十六岁以下的男女工人；三是制定最低薪金保障法；四是一年中应有一个月、半年中应有两个星期的有薪休假；五是以法律保障劳动者享受补习教育之机会；六是应设立劳动检察局。1925年5月，在第二次全国劳动大会上成立了中华全国总工会，通过了《中华全国总工会章程》和《经济斗争的决议案》。

2. 北洋政府和国民政府的劳动立法

北洋政府在工人运动和社会各界的压力下，于 1923 年颁布《暂行工厂规则》，规定了最低就业年龄、最高工时、对女工和童工的劳动保护等。还颁布了《矿工待遇规定》、《煤矿爆发预防规则》、《国有铁路职员征缴特别保证金规则》等法令。不过上述法规都是徒有虚名，并未付诸实施。

1922 年 2 月孙中山先生以大总统名义颁布了《工会条例》，该条例共 20 条，它是我国第一部承认和保障工会权利的法律性文件。1924 年 1 月，有中国共产党参加的国民党第一次全国代表大会在广州召开，在通过的宣言中，提出了制定劳动法、保护劳动者、改善劳动者生活状况和保障劳工团体等主张。1926 年 1 月在广州召开的国民党第二次全国代表大会上通过的《工人运动决议案》，提出实行八小时工作制，制定最低工资标准，保护女工、童工，改善工厂卫生，对工人进行教育等要求。同年还颁布了《劳工仲裁条例》、《国民政府组织解决雇主雇工争执仲裁会条例》等法规，为当时劳动关系的调整提供了法律依据。

1927 年，南京国民政府成立后，于同年 7 月 9 日成立了劳动法起草委员会。后来，立法院决定以单行劳动法规的方式颁布劳动法。至抗战爆发前，国民政府颁布的主要劳动法律和法规有：《工会法》、《工厂法》、《劳动争议处理法》、《团体协约法》、《劳动契约法》、《最低工资法》等。抗战爆发后，国民政府迁至重庆，颁布了《职工福利金条例》、《职工福利委员会组织规程》、《职工福利社设立办法》、《非常时期工会管制暂行办法》，取消了工会的罢工权。

3. 革命根据地的劳动立法

中央苏区于 1931 年制定了《中华苏维埃共和国劳动法》，共 11 章 75 条，主要内容为：雇用工人须经劳动介绍所介绍，禁止私人设立工作介绍所和雇佣代理处；实行集体合同和劳动合同制度；每天的工作时间不超过八小时，十六岁至十八岁的未成年工不得超过六小时；十四岁至十六岁的童工不得超过四小时；工人工作六个月以上者至少能享受两周的带薪休假；实现最低工资制，对女工、青工和童工给予特殊保护；实行全体劳动者的社会保险制度；建立劳动争议处理制度，劳动争议由人民法院或劳动法庭判决，或者由劳资双方代表组成的评判委员会及设在劳动部的仲裁委员会处理。由于该法制定的标准过高，与工业落后而且正处于武装斗争中的革命根据地的实际情况不相符，最终难以执行。

抗日战争时期，革命根据地的劳动立法有了新的发展。各边区政府制定了自己的劳动政策和法律。如《陕甘宁边区施政纲领》、《晋察冀边区施政纲领》和《劳动保护条例》等规定，为各解放区劳动关系的调整提供了政策指导。

解放战争期间，制定劳动政策和法规的指导思想和原则，一方面是保护工人利益，根据情况的不同，实行八小时到十小时的工作制以及适当的失业救济和社会保险，保障工会的权利；另一方面是保证国家企业、私人企业和合作社企业在合理经营下的正当赢利，使公私、劳资双方共同为发展工业生产而努力。1948年8月，在哈尔滨举行了第六次全国劳动大会，大会通过了《关于中国职工运动当前任务的决议》，其中提出了劳动立法的建议。

2.2.2 新中国的劳动立法

1. 初创时期的劳动立法（1949—1956年）

在国民经济的恢复时期，国家颁布了一系列重要的劳动法律、法规，主要有：1949年的《全国年节及纪念日放假办法》；1950年的《工会法》、《关于失业人员统一登记办法》、《关于国营、公营工厂建立工厂管理委员会的指示》、《失业技术员工登记介绍办法》、《救济失业工人暂行办法》、《市劳动争议仲裁委员会组织及工作规则》、《关于在私营企业中设立劳资协商会议的指示》、《关于劳动争议解决程序的规定》、《工厂卫生暂行条例（草案）》；1951年的《劳动保险条例》、《关于各地招聘职工的暂行规定》、《关于搬运危险性物品的几项办法》、《工业交通及建筑企业职工伤亡事故报告办法》；1952年的《关于劳动就业问题的决定》、《关于防止沥青中毒的办法》等。

1954年《宪法》对我国公民的劳动权利和劳动关系的调整作了规定。宪法关于我国劳动的性质和国家对待劳动的态度、公民的劳动权和国家对待职工工资待遇与改善劳动条件的原则、公民的休息权及物质帮助权、公民有遵守劳动纪律的义务等方面的规定，成为我国以后制定劳动法律、法规的根本准则。这一阶段颁布的主要劳动法律、法规有：1954年政务院颁布的《关于工资改革的决定》和《关于工资改革中若干具体问题的规定》；1956年颁布的"三大规程",即《工厂安全卫生规程》、《建筑安装工程安全技术规程》和《工人职员伤亡事故报告规程》。

2. 低谷时期的劳动立法（1957—1977年）

从1957年到1976年，经历了反右斗争、"大跃进运动"和十年浩劫的"文化大革命"。在这期间，我国的劳动立法基本上处于停滞状态，已有的劳动法律、法规也被停止执行。那时工厂流行这样一个口号："砸碎管、卡、压"，意指工人是工厂的主人而不需要劳动纪律，企业生产陷入混乱和无序的状态。在1958年至"文革"前，我国颁布的劳动法律、法规主要有：1958年国务院颁布的《关于工人、职员退休处理的暂行规定》、《关于企业事业单位和国家机关中普通工和勤杂工的工资待遇的暂行规定》、《关于国营、公私合营、合作社营、个体经营的企业和事业单位的学徒的学习期限和生活补贴的暂行规定》和《关于工人职员回家探亲的假期和工资待遇的暂行规定》，1963年颁布了《关于加强企业生产中安全工作的几项规定》和《防止矽尘危害工作管理办法》等。

3. 恢复与全面发展时期的劳动立法（1978年至今）

（1）1978年至1985年

党的十一届三中全会确立了改革开放的基本方针，我国进入了新的历史发展时期。在劳动立法上，一方面要恢复"文革"之前行之有效的劳动制度，另一方面要进行劳动制度改革的试点和探索。这一阶段的立法成就：一是颁布了一部富有时代精神的新宪法，1982年《宪法》对公民的劳动权、劳动报酬权、休息权、劳动保护权、获得物质帮助权和接受教育权等作了多项原则性规定；二是健全了职工的养老制度，其主要体现于1982年的《关于安置老弱病残干部的暂行办法》、《关于工人退休、退职的暂行办法》之中；三是改革了劳动用工制度，其体现于1983年的《关于积极实行劳动合同制的通知》、《关于招工考核择优录用的暂行规定》、《关于认真整顿招收退休、退职职工子女工作的通知》等法律文件中；四是加强了劳动保护，其体现于1979年的《工业企业设计卫生标准》，1982年的《矿山安全条例》、《矿山安全监察条例》、《锅炉压力容器安全监察暂行条例》、1984年的《企业职工奖惩条例》之中；五是调整和改革职工的工资分配，其体现于1978年的《关于实行奖励和计件工资制度的通知》、1979年的《关于职工升级的几项具体规定》和《关于制止滥发奖金和津贴的紧急通知》、1981年的《关于正确实行奖励制度，坚决制止滥发奖金的几项规定》、1982年的《关于加强奖金管理，严格控制奖金发放的通知》、1985年的《关于国营企业工资改革问题的通知》和《关于国家机关和事业单位工作人员工资制度改革问题的通知》之中；六是休息休假方面，主要见之于1981年颁布的《关于职工探亲待遇的规定》。

(2) 从1986年至1994年《劳动法》颁布前

我国的劳动制度进入全面改革时期。在这一阶段主要的劳动法律、法规有：1986年的《国营企业实行劳动合同制暂行规定》、《国营企业招用工人暂行规定》、《国营企业辞退违纪职工暂行规定》和《国营企业职工待业保险暂行规定》等，这些暂行规定的颁布实施，标志着我国劳动制度全面改革的开始；1987年的《国营企业劳动争议处理暂行规定》，标志着被中止了几十年的劳动争议处理制度正式恢复；1988年国务院颁布了《女职工劳动保护规定》；1989年的《全民所有制企业临时工管理暂行规定》；1990年的《残疾人保障法》、《关于加强城镇集体所有制企业职工工资收入管理的意见》、《职业介绍暂行条例》、《工人考核条例》、《关于高级技师评聘的实施意见》和《关于工资总额组成的规定》；1991年的《全民所有制企业招用农民合同制工人的规定》、《禁止使用童工的规定》、《企业职工伤亡事故报告和处理规范》、《关于企业职工养老保险制度改革的决定》和《城镇集体所有制企业工资总额同经济效益挂钩办法》；1992年的《工会法》、《矿山安全法》、《妇女权益保障法》、《关于深化企业劳动人事、工资分配、社会保险制度改革的意见》、《股份制试点企业劳动工资管理暂行规定》、《使用童工罚款标准的规定》、《劳动合同鉴证实施办法》和《境外就业服务机构管理规定》等；1993年的《国有企业富余职工安置规定》、《国有企业职工待业保险规定》、《企业劳动争议处理条例》、《关于加强企业职工工资总额宏观调控的实施意见》、《职业技能鉴定规定》、《企业职工养老保险基金管理规定》、《劳动争议仲裁委员会办案规则》、《劳动争议仲裁委员会组织规则》、《企业劳动争议调解委员会组织及工作规则》和《关于职工工作时间的规定》等。

(3)《劳动法》颁布以后

1994年颁布的《劳动法》，是我国第一部劳动法典，它确立了我国社会市场经济条件下劳动力市场的基本法律规则，标志着我国的劳动立法进入了成熟阶段。此后，国务院、劳动部及其他有关部门颁布了一系列保障《劳动法》实施的配套法规。2007年是我国劳动法制建设取得突出成就的一年。这一年，第十届全国人大常委会先后制定了三部重要的劳动法律，分别是 6 月 29 日颁布的《中华人民共和国劳动合同法》，8 月 30 日颁布的《中华人民共和国就业促进法》，以及 12 月 29 日颁布的《中华人民共和国劳动争议调解仲裁法》。这三部法律的出台，使得我国在就业、劳动合同以及劳动争议的解决三个重要的领域有了最高权力机关制定的效力很高的统一的基本法。

①综合性的主要有：1994 年的《关于〈中华人民共和国劳动法〉若干条文的说明》、《外商投资企业劳动管理规定》，1995 年的《关于贯彻执行〈中华人民共和国劳动法〉若干意见的意见》和《违反〈中华人民共和国劳动法〉行政处罚办法》等。

②劳动合同和集体合同方面有：1994 年的《违反和解除劳动合同的经济补偿办法》、《集体合同规定》（已废止），1995 年的《实施〈劳动法〉中有关劳动合同问题的解答》、《违反〈劳动法〉有关劳动合同规定的赔偿办法》，1996 年的《关于实行劳动合同制度若干问题的通知》、《关于订立劳动合同有关问题的通知》、《关于逐步实行集体协商和集体合同制度的通知》和《关于加强集体合同审核管理工作的通知》等，2004 年的《集体合同规定》，2007 年的《劳动合同法》，2008 年的《劳动合同法实施条例》。

③劳动力的管理方面有：1996 年的《关于企业职工流动若干问题的通知》、《外国人在中国就业管理规定》，1997 年的《关于加强科技人员流动中技术秘密管理的若干意见》，2000 年的《劳动力市场管理规定》等。

④工时和劳动保护方面有：1994 年的《关于企业实行不定时工作制和综合计算工时工作制的审批办法》，1999 年的《全国年节及纪念日放假办法》，2007 年的《职工带薪年休假条例》以及 2008 年的《企业职工带薪年休假实施办法》、《矿山安全法实施条例》、《矿山建设工程安全监督实施办法》、《建设项目（工程）劳动安全卫生监察规定》、《重大事故隐患管理规定》、《企业职工劳动安全卫生教育管理规定》和《未成年工特殊保护规定》，2004 年的《劳动保障监察条例》等。

⑤工资方面有：1994 年的《工资支付暂行规定》、1995 年的《对〈工资支付暂行规定〉有关问题的补充规定》、1997 年的《外商投资企业工资收入管理暂行办法》等。

⑥就业促进和职业培训方面有：1994 年的《就业登记规定》、《职业指导办法》、《农村劳动力跨省流动就业管理暂行规定》、《就业训练规定》、《职业培训实体管理规定》及 1995 年的《职业介绍规定》，1996 年的《企业职工培

训规定》，2000年的《劳动预备制培训实施办法》，2001年的《中外合资中外合作职业介绍机构设立管理暂行规定》，2007年的《就业促进法》和《就业服务与就业管理规定》等。

⑦社会保险方面有：1994年的《企业职工生育保险试行办法》，1996年的《企业职工工伤保险试行办法》，1997年的《关于建立统一的企业职工基本养老保险制度的决定》，1999年的《失业保险条例》，2001年的《职业病防治法》，2003年的《工伤保险条例》、《非法用工单位伤亡人员一次性赔偿办法》、《因工死亡职工供养亲属范围规定》、《工伤认定办法》、《社会保险费征缴暂行条例》、《社会保险稽核办法》、《关于建立城镇职工基本医疗保险制度的规定》和《社会保险费申报缴纳管理暂行办法》等。

⑧劳动监察方面有：1994年的《劳动监察员管理办法》，1995年的《劳动监察程序规定》（已失效）、《劳动监察员准则》等。

⑨工会和劳动争议方面有：2001年的《工会法》，2007年的《劳动争议调解仲裁法》等。

2.3 国际劳工组织和国际劳动立法

国际劳工组织是联合国负责国际劳动立法的专门机构，它以公约和建议书的形式制定国际劳工标准。这些国际劳工公约和建议书为各会员国劳动立法提供了标准，为促进各国劳动立法的发展发挥了积极的作用。在我国目前已经具备了与国际劳工标准全面接轨的条件，应以国际劳工标准为基准完善国内劳动立法。

2.3.1 国际劳工组织

1. 国际劳工组织的成立

国际劳工组织（International Labor Organization，简称ILO）是在1919年第一次世界大战结束后召开的和平大会上成立的。在和平大会上，各国政府通过了《国际劳工组织章程》，一致同意成立由政府、雇主和工人三方代表参加的国际劳工组织。1919年6月，国际劳工组织正式宣告成立。根据《国际劳工组织章程》序言的表述，成立国际劳工组织是基于以下几个方面的原因：第一，出于人道的目的。工人的工作条件日益苛刻，大量的工人遭受剥削，雇主根本不考虑他们的身体、家庭生活和他们的个人发展。第二，出于政治目的。如果不改善工人的工作条件，那么随着工业化进程的发展，工人的数量不断增加，可能因此而造成社会不安定，甚至出现革命。第三，出于经济目的。由于改善工作条件不可避免地给生产成本带来影响，任何进行社会改良的行业或国家都可能会发现自己被置于与竞争选手相比不利的地位。

国际劳工组织从 1919 年成立至今，已有 90 余年的历史。在 1919 年至 1939 年，国际劳工组织属于国际联盟的附设机构，在 1940 年至 1945 年第二次世界大战期间，其作为一个独立性组织存在。1946 年 12 月 14 日，则成为联合国的一个专门机构，总部设在瑞士日内瓦。

2. 国际劳工组织的机构

国际劳工组织主要通过三个组织机构开展工作，这三个机构都体现了该组织的特征，即三方结构（政府、雇主、工人）。

（1）国际劳工大会

国际劳工组织的成员国于每年 6 月聚集在日内瓦参加国际劳工大会。每个成员国派两名政府代表、一名雇主代表和一名工人代表参会。通常由各国负责劳工事务的内阁部长担任团长，并代表其政府在大会上发言，阐述其政府的观点。国际劳工大会起着非常重要的作用，它制定和通过国际劳工标准，并作为一个论坛讨论全球重要的劳工和社会问题。大会也负责审议通过本组织的预算和选举理事会成员。

（2）理事会

理事会是国际劳工组织的执行机构，每年在日内瓦召开三次会议，讨论决定国际劳工组织的政策。理事会制订计划和预算，再提交国际劳工大会讨论通过。理事会还负责选举国际劳工局局长。理事会由 28 位政府理事、14 位雇主理事和 14 位工人理事组成。其中的 10 个政府理事席位由主要工业国担任，其他政府理事则每三年由劳工大会在考虑区域平衡的基础上选举产生。雇主和工人分别选举自己的代表。

（3）国际劳工局

国际劳工局是国际劳工组织的常设秘书处和所有活动的联络处，它受理事会的监督并接受局长的领导，局长的任期每届为 5 年，可以连选连任。劳工局雇用的官员有 1900 多人，来自 110 多个国家，他们在日内瓦总部和全球 40 个办事处工作。此外，还有 600 多位专家分布在世界各地执行技术合作项目。劳工局还拥有一个研究和文献中心以及一个出版社,广泛出版专题研究论著、报告和期刊。

2.3.2 国际劳动立法

1. 国际劳动立法的形式

(1) 国际劳工组织的劳动立法

国际劳工组织的劳动立法形式主要表现为国际劳工公约和建议书。国际劳工公约是国际性条约,由国际劳工局起草,然后提交国际劳工大会讨论,经出席代表的2/3多数通过,再由国际劳工组织成员国批准。如果会员国批准了相应的公约,应将正式批准书送交国际劳工局局长,并通过国内立法,保证公约的贯彻执行;如果会员国不批准相应的公约,则公约对会员国不生效,但会员国须将本国有关公约所涉及事项的法律法规、惯例和现状报告国际劳工局局长。建议书系无法律约束力的文书,仅供会员国制定相应的法律、法规时参考。

(2) 非国际劳工组织的劳动立法

非国际劳工组织的劳动立法主要包括有:联合国文件尤其是联合国关于人权问题的某些文件;区域性组织的文件;双边条约等。

2. 国际劳动立法的内容

(1) 国际劳工标准

国际劳工组织通过制定公约和建议书的形式确立国际劳工标准。在劳工的基本权利方面,包括结社自由、废除强迫劳动、机会均等和待遇平等等公约和建议书;在劳动关系方面,包括劳动契约、团体协约、调解仲裁、企业合作等公约和建议书;在就业方面,包括就业政策、就业促进措施、禁止就业歧视和保障残疾人就业等公约和建议书;在工资方面,包括最低工资保障和工资支付保障等公约和建议书;在工作条件方面,包括工时、休息休假、劳动安全和卫生等公约和建议书;在社会保障方面,包括疾病、养老、工伤、失业、家庭津贴、生育、残疾津贴和遗嘱津贴等公约和建议书;在特殊劳动保护方面,主要包括女工、童工、未成年工和老年工人的特殊劳动保护的公约和建议书。

(2) 核心劳工标准

在国际劳工组织制定的公约和建议书中,有八个公约涉及劳动者结社自由、废除强迫劳动、平等和消除童工劳动等方面的基本人权的内容。国际劳工组织认为，这八个公约对于保护劳工的基本人权至关重要，要求本组织各成员国全部予以批准和实施。这些公约成为国际劳工组织的核心公约，被称为"核心劳工标准"。另有四个对于劳动制度和政策至关重要的公约被称为"优先公约"，涉及三方协商、劳动监察和劳动政策等方面的内容。八个核心公约具体为：第29号：《强迫劳动公约》（1930年）；第87号：《结社自由和保护组织权利公约》（1948年）；第98号：《组织和集体谈判权利公约》（1949年）；第100号：《同工同酬公约》（1951年）；第105号：《废除强迫劳动公约》（1957年）；第111号：《消除就业和职业歧视公约》（1958年）；第138号：《最低就业年龄公约》（1973年）；第182号：《最恶劣形式的童工劳动公约》（1999年）。

3. 我国与国际劳动立法

我国是国际劳工组织的创始会员国，也是该组织的常任理事国。但在新中国成立后的相当长的时间内，我国和该组织没有发生关系，在国际劳工组织中代表中国的是台湾当局。1971年我国恢复在联合国的合法席位后，我国也开始参加国际劳工组织的活动，并且批准一系列国际劳工组织的条约。

截至2009年，我国共批准的22个国际劳工公约为：第7号：《确定准许儿童在海上工作的最低年龄公约》（1920年）；第11号：《农业工人的集会结社权公约》（1921年）；第14号：《工业企业中实行每周休息公约》（1921年）；第15号：《确定准许使用未成年人为扒炭工或司炉工的最低年龄公约》（1921年）；第16号：《在海上工作的儿童及未成年人的强制体格检查公约》（1921年）；第19号：《本国工人与外国工人关于事故赔偿的同等待遇公约》（1925年）；第22号：《海员协议条款公约》（1926年）；第23号：《海员遣返公约》（1926年）；第26号：《制定最低工资办法公约》（1928年）；第27号：《航运的重大包裹标明重量公约》（1929年）；第32号：《船舶装卸工人伤害防护公约》（1932年）；第45号：《各种矿场井下劳动使用妇女公约》（1935年）；第59号：《确定准许使用儿童于工业工作的最低年龄公约》（1937年）；第80号：《最后条款修正公约》（1946年）第100号：《男女工人同工同酬公约》（1951年）；第122号：《就业政策公约》（1964年）；第138号：《准予就业最低年龄公约》（1973年）；第144号：《三方协商促进实施国际劳工标准公约》（1976年）；第150号：《劳动行政管理公约》（1978年）；第159号：

《残疾人职业康复与就业公约》(1983年)；第167号：《建筑业安全卫生公约》(1988年)；第170号：《作业场所安全使用化学品公约》(1990年)。今后，我国还将继续批准一些国际劳工公约，承担更多的国际义务，这将会对我国的劳动法产生深远的影响。

我国作为世界上最大的劳动市场正在快速转型和发展。在复杂多变的劳动市场中，如何参照国际劳工标准，吸收各国先进经验，从本国国情和法律环境出发，建立健全劳动法制，以促进经济和社会同步协调发展，是摆在我们面前的重要课题。

本章小结

随着劳动关系的出现，产生了调整劳动关系的法律规范。劳动法作为独立的法律部门，产生于19世纪初的资本主义国家，以限制资本家对劳动者的剥削程度为内容。1802年英国通过的《学徒健康与道德法》标志着现代意义上劳动立法的开端。19世纪中叶后，西方各国相继进入自由资本主义阶段，在劳动关系的调整上要求国家进行干预的呼声日益高涨。19世纪末20世纪初，主要资本主义国家进入了垄断阶段，劳资矛盾进一步尖锐化，资产阶级劳动法的发展经历了一个曲折和反复的过程。第二次世界大战之后，各国普遍从宪法上确认劳动权，劳动立法侧重于改善劳动条件和规定劳动标准。社会主义国家的劳动立法始于前苏联。苏维埃政权于1918年通过了第一部社会主义国家的劳动法典《苏俄劳动法典》。第二次世界大战之后，东欧及亚洲各社会主义国家也都先后颁布了劳动法典。我国的劳动立法产生于20世纪20年代，经历了从萌芽到壮大的过程。中华人民共和国的建立使我国的劳动立法进入了一个崭新的历史时期。1994年颁布的《劳动法》是我国第一部劳动法典，它确立了我国社会市场经济条件下劳动力市场的基本法律规则，标志着我国劳动立法进入了成熟阶段。此后，国务院、劳动部及其他有关部门颁布了一系列保障《劳动法》实施的配套法规。国际劳工组织是联合国负责国际劳动立法的专门机构，它以公约和建议书的形式制定国际劳工标准。这些国际劳工公约和建议书为各会员国劳动立法提供了标准，为促进各国劳动立法的发展发挥了积极的作用。我国目前已经具备了与国际劳工标准全面接轨的条件，应以国际劳工标准为基准完善国内劳动立法。

关键术语

"工厂立法"　　《学徒健康与道德法》
《中华人民共和国劳动法》　　国际劳工组织
国际核心劳工标准

思考题

1. 现代意义上的劳动法是如何产生的？
2. 新中国成立以后，我国劳动法经历了哪些发展阶段？
3. 如何理解国际核心劳工标准？
4. 我国批准的国际劳工公约有哪些？

第3章 劳动法律关系

法律关系是法律规范在调整人们行为过程中所形成的权利义务关系，劳动法律关系就是劳动法规范在调整劳动关系过程中所形成的法律关系。此外，劳动法规范在调整与劳动关系密切联系的其他社会关系过程中所形成的法律关系，称为附随的劳动法律关系。

3.1 劳动法律关系

劳动法律关系是劳动关系在法律上的体现，是劳动法规范调整劳动关系的结果。劳动法律关系由劳动法律关系的主体、内容和客体等要素构成，并由一定的劳动法律事实产生、变更和消灭。明确劳动法律关系的概念、构成要素和运行规则，对于我们正确适用劳动法规范，公正合理地处理劳动关系问题，具有重要意义。

3.1.1 劳动法律关系的概念

劳动法律关系是指劳动法律规范在调整劳动关系过程中形成的以法律上的劳动权利和劳动义务为表现形式的社会关系。劳动法律关系是劳动关系在法律上的体现，是用人单位和劳动者之间发生的符合劳动法规范、具有一定权利和义务内容的法律关系。

劳动法律关系是人与人之间的关系，而不是人与自然或人与物的关系。同其他法律关系一样，劳动法律关系属于思想社会关系。劳动法律关系是思想社会关系,主要表现为劳动法律关系是人们有意识去建立的,也是能够根据人们的意识发生变化的。劳动法律关系的意志属性表现为两个方面:第一,劳动法律关系是按照劳动法规范的具体要求产生的,体现着国家意志。正因为劳动法规范规定了劳动法律关系的主体和客体,劳动法律关系主体的权利和义务以及劳动法律关系产生、变更和消灭的条件,当某种条件出现时,主体之间就以客体为中介形成劳动法律关系,享有劳动权利和承担劳动义务。第二,劳动法律关系是劳动者和用人单位的权利义务关系,体现着用人单位和劳动者双方的意志,劳动法律关系的产生、变更和消灭,都是以当事人双方的意志为转移的。在劳动法律关系中,国家意志处于首位,当事人意志不得违反国家意志。

劳动法律关系是法律关系的一种,法律关系是一般,劳动法律关系是特殊。劳动法律关系具有以下特征:第一,劳动法律关系的产生以劳动法规范为前提。劳动法规范用各种调整方法将劳动关系转化为劳动法律关系,用人单位和劳动者按照劳动法规范享有一定的权利、承担一定的义务,在劳动法律关系运行过程中,如出现违约行为,劳动法规范将对劳动法律关系继续进行调整,以保证劳动法律关系的顺利运行。第二,劳动法律关系是劳动法规范的具体化。在劳动法律关系中,用人单位和劳动者既是权利主体,又是义务主体,任何一方在自己未履行义务的前提下都无权要求对方履行义务,否则就违背了劳动法律关系主体地位平等的要求。第三,劳动法律关系是以国家强制力作为保障手段的社会关系,劳动者和用人单位任何一方,未经另一方同意,不得变更或废除劳动法律关系的内容,不得侵犯另一方的权益。任何一方不履行义务,另一方有权请求相应的国家机关强制对方履行或者承担不履行义务而产生的法律责任。

劳动法律关系是劳动关系在法律上的体现,但劳动法律关系与劳动关系又有区别。劳动关系是劳动者与用人单位在劳动过程中发生的关系。劳动法律关系与劳动关系的区别表现在:第一,劳动关系是一种社会物质关系,属于经济基础范畴,一定的劳动关系最直接地联系着一定的生产关系,是生产关系的组成部分,劳动法律关系是一种思想关系,属于上层建筑范畴,它依据国家制定的劳动法规范而形成,具有国家意志性;第二,劳动关系的形成以劳动为前提,劳动法律关系的形成则是以劳动法规范的存在为前提;第三,劳动关系的内容是劳动,劳动法律关系的内容则是法定的劳动权利和劳动义务。劳动法律关系虽然不同于劳动关系,但它们之间有着密切联系。劳动关系是劳动法律关系产生的基础，劳动法律关系则是劳动关系在法律上的反映。

劳动法律关系是劳动关系在法律上的体现，但并不是所有的劳动关系都是劳动法律关系。国家通过立法方式对劳动关系做出规定，并以国家强制力对符合劳动法规范的劳动关系加以保护，只有纳入劳动法调整范围，并符合劳动法规范的劳动关系，才是劳动法律关系。"劳动法律关系的成立以法律规定的形式和条件为构成要件，即劳动者适格、用人单位适格、劳动合同不违法等。"[①]在现实生活中，人们为了生产和生活，可能会形成一定的劳动关系，这些劳动关系如果不在劳动法的调整范围内，或者不符合劳动法规范所规定的法定要件，就不是劳动法律关系。例如，用人单位使用童工，在用人单位和童工之间就不能产生劳动法律关系。但用人单位因违反劳动法的禁止性规定使用童工，用人单位与劳动行政管理机关之间就产生了劳动行政法律关系，用人单位将承担劳动行政责任。与此问题有关的一个概念是事实劳动关系，它是指用人单位与劳动者建立的劳动关系不符合法定要件，如签订的劳动合同无效，但双方实际履行了劳动权利和劳动义务而形成的劳动关系。在事实劳动关系中，劳动者受用人单位的管理、指挥、监督，从事用人单位安排的有报酬的劳动，劳动者必须接受用人单位劳动纪律和规章制度的约束，用人单位向劳动者提供基本劳动条件。但是，事实劳动关系不符合劳动法规定的法定要件，因此，事实劳动关系如果不能依法转化为劳动法律关系，就要强制其终止。

3.1.2 劳动法律关系的构成要素

劳动法律关系由劳动法律关系的主体、劳动法律关系的内容和劳动法律关系的客体三个要素构成。

1. 劳动法律关系的主体

法律关系的主体，是在法律关系中享受权利、承担义务的人。劳动法律关系的主体就是依据劳动法律规范，参与劳动法律关系，并享有劳动权利、承担劳动义务的人。这里所说的人，包括自然人和法人，即公司、企业、个体经济组织、国家机关、事业单位、社会团体等用人单位和与之建立劳动关系的劳动者。任何劳动法律关系至少有两个主体，一方是劳动者，另一方是用人单位。有的时候，劳动法律关系的用人单位可能是两个，如劳务派遣法律关系中，与

---

① 李炳安. 劳动和社会保障法 [M]. 厦门：厦门大学出版社，2010：81.

劳动者发生关系的用人单位就有两个，在劳务派遣中，雇佣劳动者的单位（我国法律称之为"用人单位"）和使用劳动者的单位（我国法律称之为"用工单位"）是两个独立的主体。劳动法律关系的主体是劳动法律关系的要素，没有主体，劳动法律关系就无从谈起，在很多情况下，劳动法律关系的主体直接决定劳动法律关系的产生、变更和消灭。

劳动法律关系的主体是由劳动法律规范决定的，因此劳动法律关系的主体具有法律属性，劳动法规范对一定社会成员或组织确认其为劳动法律关系的主体是通过对其能力的确认来完成的，这种能力表现为劳动权利能力和劳动行为能力两种。

劳动者成为劳动法律关系主体的前提是必须具有劳动权利能力和劳动行为能力。劳动权利能力是劳动法律关系主体依法享有劳动权利和承担劳动义务的资格；劳动行为能力是劳动法律关系主体能以自己的行为依法行使劳动权利和履行劳动义务，使劳动法律关系建立、变更和消灭的能力。一般情况下，法律确定行为能力的依据是主体的意志自由，即主体能够理解自己的行为并能够控制自己的行为，因此，有权利能力的人不一定有行为能力。比如，公民的民事权利能力始于出生，但公民的民事行为能力只有达到一定年龄以后才可能具备。需要说明的是，公民在劳动法上的劳动权利能力和劳动行为能力与公民的民事权利能力和民事行为能力是不同的。公民享有民事权利能力，但不一定享有或不一定完全享有民事行为能力，但是，公民享有劳动权利能力必然同时享有劳动行为能力，劳动权利能力和劳动行为能力具有统一性。因为劳动权利和劳动义务的实现有赖于劳动者通过自身的劳动行为去实现，在该公民不具有劳动能力时，他说不能实现劳动权利和劳动义务。在我国，公民的劳动权利能力和劳动行为能力，从年满16周岁开始，年满16岁的公民，依据劳动法的规定，可以与企业、事业、机关团体签订劳动合同，参加工作，从而产生劳动法律关系。根据劳动法规范，公民的劳动权利能力和劳动行为能力，只能由本人依法行使，不允许他人代理公民行使劳动权利能力和劳动行为能力，他人代理公民行使劳动权利能力和劳动行为能力，不仅是无效的，而且是非法的。

用人单位成为劳动法律关系主体的前提是必须具备用工权利能力和用工行为能力。所谓用工权利能力是指用人单位依法享有用工权利和承担用工义务的资格；所谓用工行为能力是指用人单位依法能以自己的行为行使用工权利和承担用工义务的资格。包括能够提供给劳动者进行劳动的物质、技术和组织条件，其他符合国家法定最低标准以上的劳动安全卫生条件，支付劳动报酬，缴纳社会保险并能承担相应的民事责任。用人单位作为劳动法律关系的主体资格一般依存于它的民事主体资格，即必须有自己的名称、住所、财产和组织机构，用人单位依法成立后，确定了招工的规模和范围时，就具有劳动法上的权利能力和行为能力。用人单位的用工权利能力和行为能力通常依据一定的法律程序由其职能部门代理行使，用人单位对其职能部门在法律规定范围内行使劳动法中的权利能力和行为能力的后果负完全责任。

在市场经济体制下，用人单位作为生产资料的支配者为组织生产劳动的需要，要求获得更多的用人自主权，劳动者也要求享有充分的择业自由，双方将在平等、自愿、公平的原则下缔结劳动关系，劳动力市场愈来愈活跃。为保障劳动法律权利义务的实现，特别是保障劳动者合法权益的需要，国家有必要构建劳动法律关系主体资格体系，以保障劳动法律关系的正常发展。

2. 劳动法律关系的内容

劳动法律关系的内容，是指劳动者和用人单位依法享有的权利和承担的义务。劳动法律关系的内容是劳动法律关系的基础，没有劳动法律关系的内容，劳动法律关系就没有实际意义。劳动法律关系的权利和义务，由劳动法律规范、劳动合同和集体合同确定。在劳动法律关系中，劳动者的基本义务是参加用人单位的劳动，完成劳动任务，并要提高劳动技能，执行劳动安全、劳动卫生规定，遵守劳动纪律和职业道德；劳动者的基本权利是取得劳动报酬和其他物质待遇，并享有平等就业和选择职业的权利、休息休假的权利、获得劳动安全卫生保护的权利、接受职业技能培训的权利、享受社会保险和福利的权利、提请劳动争议处理的权利以及法律规定的其他劳动权利。用人单位的基本权利是获得劳动者的劳动，基本义务是支付劳动者报酬，依法建立和完善各项规章制度，保障劳动者享有劳动权利和履行劳动义务。

在劳动法律关系中，劳动者和用人单位都享有权利和负有义务，双方的权利和义务相互对应、彼此依存，一方的权利以对方的义务为保证，一方的义务也是对方权利的体现。需要说明的是，劳动法律关系主体的权利和义务与劳动法规范的权利和义务不同：首先，劳动法规范的权利和义务是有待实现的法律权利和法律义务，属于应有的法律权利和义务，劳动法律关系主体的权利和义务是劳动法律关系主体在实施劳动法的过程中所实际享有的法律权利和正在履行的法律义务，属于实有的法律权利和义务。在社会生活中，法律上所规定的权利和义务，只有转化为法律关系主体实有的权利和义务，才能使法律对社会的调整达到有效的结果。其次，劳动法上的权利和义务由于针对的是不特定的主体，属于一般化的法律权利和法律义务，具有普遍的效力，而劳动法律关系主体的权利和义务针对的是特定的法律主体，属于个别化的法律权利和法律义务，仅对特定的法律主体有效，不具有普遍的效力。

3. 劳动法律关系的客体

劳动法律关系的客体是指劳动法律关系主体的权利和义务所共同指向的对象。没有客体，劳动法律关系的权利和义务就失去目标，因此劳动法律关系的客体是劳动法律关系构成的基本要素之一，是劳动法律关系产生和存在的前提和基础。

关于劳动法律关系的客体，劳动法学界有不同的观点。一种观点认为，劳动法律关系的客体是劳动力;[1] 另一种观点认为，劳动法律关系的客体是劳动活动;[2] 还有一种观点认为，劳动法律关系的客体是劳动行为和劳动条件。[3] 我们认为，劳动力是一个抽象的概念，法律无法对劳动力进行规范，只能对劳动行为进行规范，把劳动力当做劳动法律关系的客体这一观点不利于对劳动法立法精神的理解。第二种观点把劳动关系的客体仅仅限定为劳动行为，不利于对劳动者的保护，因为劳动法律关系中不仅有财产关系，更为重要的是它还包含有劳动者的人身关系，在劳动法中，劳动者的权利义务、用人单位的权利义务都与劳动者的人身利益具有密切关系。因此，第三种观点把劳动行为和劳动条件当做劳动法律关系的客体比较合理。

劳动行为是劳动者为完成用人单位安排的任务而付出劳动力的活动。劳动条件是劳动者付出劳动而有权获得的、用人单位因使用劳动而有义务提供的为劳动力使用和再生产所必需的各种条件。劳动行为和劳动条件之所以能成为劳动法律关系客体，是因为劳动行为和劳动条件是劳动权利和劳动义务的直接体现。劳动法规范对劳动法律关系的调整，主要是针对劳动行为和劳动条件进行的。用人单位有要求劳动者为或不为一定劳动行为的权利，劳动者因劳动行为的进行而享有工资请求权、休息权、要求用人单位提供相应劳动保护条件的权利等。在劳动法中，要求用人单位为劳动者提供劳动条件，往往同劳动行为的

---

[1] 董保华. 试论劳动法律关系的客体 [J]. 法商研究，1998 (5)：37.
[2] 关怀. 劳动法 [M]. 北京：中国人民大学出版社，2000：82.
[3] 王全兴. 劳动法 [M]. 北京：法律出版社，2008：66.

具体形式相适应，要求劳动者遵守劳动规则，也要符合劳动行为的特点，对劳动者职业技能、劳动报酬分配标准等方面的要求，都因劳动行为的质量不同而有所区别。劳动法对劳动条件也有规范，包括为劳动力使用所必需的生产资料条件，在劳动力使用过程中不损害劳动力再生产所必需的劳动安全卫生条件，为劳动力再生产所必需的工资、福利、保险等劳动力消耗补偿条件，以及休息条件、培训条件等。劳动条件有的表现为行为，有的表现为物，还有的表现为技术。劳动条件受制于劳动行为，或者是实施劳动行为的必要条件，或者是实施劳动行为的必然后果。劳动条件由用人单位提供，归劳动者获取或支配，体现了劳动者的利益，离开这些条件，劳动者的合法权益就得不到保障。

3.1.3 劳动法律关系的运动

劳动法律关系的运动，是劳动法律关系从形成到终止的动态过程，它由一定的劳动法律事实引起，并对劳动法律关系的内容起着决定和制约作用。

1. 劳动法律关系运动的含义

劳动法律关系的运动指劳动法律关系的产生、变更和消灭。

劳动法律关系的产生是指劳动者同用人单位依据劳动法律规范，明确相互间的权利义务，形成劳动法律关系。劳动法律关系的产生是劳动法律关系运动的起点，是双方当事人在劳动过程中行使权利和履行义务的前提。劳动法律关系的产生，是劳动法律关系主体双方意思表示一致的结果，不符合劳动法规范的行为，不可能产生劳动法律关系。在计划经济体制时期，劳动法律关系主要通过行政方式产生，即劳动者和用人单位按照行政机关的指令确立劳动法律关系。在市场经济体制下，劳动者和用人单位通过协商达成一致，建立劳动法律关系。用人单位的实际用工即可视为双方达成一致，因此，用人单位自用工之日起即与劳动者建立劳动关系，这种劳动关系如若合乎法律的规范，便成为劳动法律关系。显然，劳动者和用人单位对是否确立劳动法律关系都有自主选择权，劳动法律关系的内容，由双方协商确定。

劳动法律关系的变更是指劳动者与用人单位依据劳动法规范，变更其原来确定权利义务的内容。一般是劳动者在用人单位的岗位、职务、工种、工资等级等内容发生变动。劳动法律关系的变更，可以是双方当事人协商一致的结果，也可以是当事人一方的决定，或者由行政机关的行政决定、仲裁机关的仲裁裁决或法院的判决而变更。需要说明的是，劳动法律关系的变更，是劳动法律关系内容的变更，不是劳动法律关系主体的变更。劳动法律关系主体的变更，是原当事人劳动法律关系的消灭和新当事人劳动法律关系的产生。此外，有的劳动法律关系在期限届满后可能会继续存续一定期限，这种情况称为劳动法律关系的延续，如职工在规定的医疗期、孕期、产假期或哺乳期内，劳动合同期限已届满，则应顺延到医疗期、孕期、产假期或哺乳期届满时终止，在此期限内，双方当事人继续享有和承担原定的权利和义务。还有的劳动法律关系存续过程中，双方当事人的权利和义务在一定期限内暂停行使，暂停期限届满后恢复以前的正常状态，这种情况称为劳动法律关系的暂停，如职工停薪留职、借调等就属于这种情形。

劳动法律关系的消灭是指劳动者与用人单位依据劳动法律规范，终止其相互间的劳动权利义务关系。一般情况下，劳动法律关系双方当事人的权利和义务，在劳动法律关系终止后自动消灭。但是，劳动法律关系中一些保护劳动者特定权益的权利和义务，在劳动法律关系终止后仍会存续一定时间。

2. 劳动法律事实

劳动法律关系的产生、变更和消灭，需要具备一定的条件，其中最主要的条件有两个，一是法律规范，二是法律事实。劳动法律关系是根据劳动法规范而产生的，没有劳动法规范，就不可能有劳动法律关系的产生、变更和消灭。但是，劳动法规范不会自行产生劳动法律关系，只有在一定的劳动法律事实出现后，才会引起劳动法律关系的产生、变更和消灭。劳动法规范所确认的劳动主体双方的权利义务，只是表明劳动法律关系主体依法享有这种权利和承担义务的资格和可能性，并不是现实存在的实际的权利义务关系。要使这种可能性变为现实，必须通过一定的劳动法律事实，才能引起劳动法律关系的产生。因此，劳动法律事实是劳动法律关系产生、变更和消灭的原因，劳动法律关系的产生、变更和消灭则是劳动法律事实引起的结果。

劳动法律事实，是劳动法规定的、能够引起劳动法律关系产生、变更和消灭的客观现象。法律事实是一种客观存在的外在现象，而不是人的心理活动。同时法律事实是由法律规定的、具有法律意义的事实，因此并不是任何事实都可以成为劳动法律事实，只有依据劳动法的规定，带来一定劳动法律后果的事实才能成为劳动法律事实。产生劳动法律关系的事实必须是合法事实，双方意思表示必须一致。变更、消灭劳动法律关系的事实一般也需双方意思表示一致，但是在一些场合，单方的意思表示以及违法行为或事件也能使劳动法律关系变更或消灭。

根据我国劳动法的规定，能够引起劳动法律关系产生、变更和消灭的法律事实是多种多样的。按照它们的发生是否以行为人的意志为转移来划分，劳动法律事实可以分为两类。一是劳动法律行为，二是劳动法律事件。

劳动法律行为是指以当事人的意志为转移，能够引起劳动法律关系产生、变更和消灭，具有一定法律后果的活动。劳动法律行为可分为合法行为和违法行为两种，合法行为是指符合法律规定或为法律认可，能够产生行为人所预期的积极法律后果的行为。违法行为是指行为人违反法律规定，必须承受消极法律后果的行为。合法行为和违法行为都能引起一定的法律后果，因而都是劳动法律事实。但是，在劳动法律关系中，只有合法行为才能产生劳动法律关系，违法行为不能产生劳动法律关系，违法行为或单方行为只能使劳动法律关系变更或消灭。例如劳动者辞职或严重的违约行为，用人单位单方解除劳动合同等可以导致劳动法律关系的变更或消灭。

劳动法律事件是指不以当事人的主观意志为转移，能够引起一定的劳动法律后果的客观现象。劳动法律事件虽然不以行为人的意志为转移，但是能够引起劳动法律关系的变更或消灭。事件包括自然现象，也包括劳动者劳动能力的丧失，例如企业破产，劳动者疾病、伤残、死亡等现象。

3.2　附随劳动法律关系

附随劳动法律关系包括劳动行政法律关系、劳动服务法律关系、劳动团体法律关系和劳动争议处理法律关系等。附随劳动法律关系与劳动法律关系既有联系又有区别，是劳动法规范在调整与劳动关系具有密切联系的其他社会关系时形成的法律关系。

3.2.1　劳动行政法律关系

行政法律关系是行政法律规范在调整行政关系时而产生的权利义务关系。我国劳动领域中的一部分行政关系由劳动法调整，从而形成了劳动行政法律关系。

1. 劳动行政法律关系的概念

劳动行政法律关系是劳动行政主体在劳动行政管理过程中与劳动行政相对

人之间所发生的权利义务关系,是劳动法在调整劳动行政关系时所形成的权利义务关系。

劳动行政法律关系和劳动法律关系都是由劳动法规范调整所形成的法律关系,两者有着密切联系。劳动行政法律关系附随劳动法律关系的存在而存在,劳动行政法律关系的内容,应当体现劳动法律关系主体的自主意志;劳动法律关系的内容,不能违反寓于劳动行政法律关系中的国家意志。

劳动行政法律关系与劳动法律关系具有以下区别:第一,劳动行政法律关系主体一方是国家劳动行政管理机关,另一方是劳动者和用人单位;劳动法律关系的主体一方是劳动者,另一方是用人单位。第二,劳动行政法律关系的内容是劳动行政法律关系主体双方依法享有的权利和承担的义务;劳动法律关系的内容是劳动法律关系主体双方依法享有的权利和承担的义务,包括劳动者的权利义务,用人单位的权利义务。第三,劳动行政法律关系的客体是行为和物;劳动法律关系的客体是劳动行为和劳动条件。第四,劳动行政法律关系是劳动法规范确定的,当事人一般没有选择和商量的余地,劳动法律关系的内容一般是劳动者和用人单位双向选择和协商一致的结果。

2. 劳动行政法律关系的要素

劳动行政法律关系由劳动行政法律关系的主体、内容和客体构成。

劳动行政法律关系的主体是劳动行政主体和劳动行政相对人。劳动行政主体是劳动行政法律关系中处于管理地位的一方,包括劳动行政管理机关和兼有劳动行政职能的其他行政机关。另外,经授权具有一定劳动行政职能的机构,在代理一定劳动行政职能时,也属于劳动行政主体。劳动行政相对人,是劳动行政法律关系中处于被管理者地位的一方当事人,主要是劳动者和用人单位。

劳动行政法律关系的内容是劳动行政主体与劳动行政相对人之间的权利和义务。包括劳动力管理、劳动报酬管理、劳动安全卫生管理、社会保险管理等方面的内容。劳动行政主体代表国家依法进行劳动管理,其劳动管理行为对劳动行政相对人具有约束力;劳动行政相对人负有服从劳动行政主体管理的义务,应按照劳动行政主体的要求进行活动。

劳动行政法律关系的客体是劳动行政主体和劳动行政相对人的权利和义务所共同指向的对象。主要是劳动行政相对人按照劳动行政主体的管理要求实施的行为以及所支配的物和无形资产。如,劳动者与用人单位确立劳动关系的行为、订立、变更和解除劳动合同的行为;又如,用人单位使用劳动力的行为,即用人行为。

3.2.2 劳动服务法律关系

1. 劳动服务法律关系的概念

劳动服务法律关系是劳动服务主体与劳动者和用人单位之间，在劳动服务过程中依据劳动法律规范和有关民事法律规范所形成的劳务法律关系。

劳务法律关系是当事人之间以劳务为标的的法律关系，即当事人一方向另一方提供劳务的权利义务关系，属于民事法律关系范畴。劳务法律关系不同于劳动法律关系，劳动法律关系的当事人一方是劳动者，另一方是用人单位，劳动者要参加到用人单位中去劳动，所以劳动法律关系具有人身从属关系，即劳动者向用人单位提供劳动，就是将其劳动在一定限度内交给用人单位支配。劳务法律关系的双方可以都是单位或者个人，提供劳务的劳动者不限于提供劳动，还可以提供自有生产资料，劳务法律关系中提供劳务的劳动者并不是用人单位的成员，他们不需要以用人单位职工的身份从事劳动，不受用人单位管理和支配。

劳动服务法律关系具有劳务法律关系的一般属性，但与一般民事劳务法律关系相比，又具有自身的特点。第一，它的双方当事人分别固定为特定的主体，其中，劳务提供方固定为依法取得特定劳动服务资格的社会组织，而劳务接受方固定为劳动者和用人单位。第二，它以实现劳动关系为目的；否则就不能称其为劳动服务法律关系。第三，它的标的限定为劳动服务行为，而这种服务是一种特殊劳务。第四，它的运行受到国家较强力度的宏观控制，不得违反法律规定和公共利益。

劳动服务法律关系包括就业服务法律关系、职业培训服务法律关系、劳动保护服务法律关系、社会保险服务法律关系、社会福利服务法律关系等。

2. 劳动服务法律关系的要素

劳动服务法律关系的构成要素包括主体、内容和客体三个方面。

劳动服务法律关系的主体是指依照劳动法律规范参与劳动服务法律关系，并享有权利和承担义务的当事人。劳动服务法律关系的主体包括劳动服务主体、劳动者和用人单位。劳动服务主体是为劳动者和用人单位提供劳动服务的一方当事人。劳动服务主体必须具备一定的资格，劳动服务主体资格的取得，除了要具备民法所规定的主体资格条件外，还应当具备劳动法所规定的与特定劳动服务项目相对应的专职人员和条件，并履行劳动法所规定的特殊程序，报政府有关部门审批，经劳动和社会保障部门许可、确认或备案方可。劳动者和用人单位是接受劳动服务的当事人，只不过劳动者和用人单位接受的劳动服务有所不同。

劳动服务法律关系的内容是指劳动服务主体与劳动者和用人单位之间关于提供和接受劳动服务的权利和义务。劳动服务法律关系的内容，大多由劳动法规范或劳动部门直接规定。劳动服务主体一经设立，就负有提供特定劳动服务的义务，劳动者和用人单位无须约定就享有要求劳动服务主体提供劳动服务的权利。有些场合，劳动者或用人单位与劳动服务主体之间要通过签订合同才能确立双方的权利义务，但其中有些权利义务的确定要受国家干预，不能由双方任意约定。

劳动服务法律关系的客体是指劳动服务主体与劳动者和用人单位之间的权利和义务所共同指向的对象，包括提供劳动服务和收取服务费两个方面。提供劳动服务是劳动服务法律关系的基本客体，表现为提供一定劳务或完成一定工作。劳动法和劳动行政部门针对不同的劳动服务项目，规定了不同的标准，劳动服务主体的劳动服务必须符合这一标准。收取与劳动服务相对应的服务费，是劳动服务法律关系的重要客体，其项目和标准，由劳动行政部门和物价部门依法规定和核定。

3.2.3 劳动团体法律关系

1. 劳动团体法律关系的概念

劳动团体法律关系，是指劳动法规范在调整劳动者团体与用人单位之间的劳动关系的过程中所形成的法律关系。在我国，劳动者团体主要指工会，所以劳动团体法律关系即是指劳动法规范在调整工会与劳动者和用人单位活动过程中所形成的法律关系。

调整劳动团体法律关系的法律，除了劳动法以外，还包括工会法，这些法律规范具体规定了劳动团体法律关系的权利义务和运行规范。在市场经济体制下，劳动团体法律关系的形成并以团体劳动关系法对之予以调整，是市场经济劳动法的一个重要特点。我国早在1950年就颁布施行了《中华人民共和国工会法》，现行《工会法》于1992年4月3日由第七届全国人民代表大会第五次会议通过，2001年10月27日第九届全国人民代表大会常务委员会第二十四次会议《关于修改〈中华人民共和国工会法〉的决定》进行了修正，2009年8月27日第十一届全国人民代表大会常务委员会第十次会议根据《关于修改部分法律的决定》进行了第二次修正。工会法是规定工会的权利和义务，保障工会在国家政治、经济、文化和社会生活中的地位，保障工人阶级和广大劳动群众合法权益的一部重要法律。近年来，全国各地不断加强企业特别是非公有制企业的工会组建工作，并不断探索社会主义市场经济条件下的工会组织新形式，为解决小型、分散、职工流动性强的企业职工建会、入会难的问题，一些地方探索建立了新型工会组织。同时还采取灵活方式吸纳农民工入会，一些地方采取在项目工地、施工队、劳务输出地或输入地集中入会等多种灵活方式，方便农民工加入到工会中来。工会法的颁布实施及工会组织的建设，对于保护职工民主权益、劳动经济权益，维护职工切身利益具有重要意义。

2. 劳动团体法律关系的要素

劳动团体法律关系的构成要素包括主体、内容和客体三个方面。

劳动团体法律关系的主体是工会和用人单位。在我国，工会是职工自愿结合的工人阶级的群众性组织，具有社会团体法人资格。在市场经济体制下，承认工会的团体法人资格，有利于工会在经济活动中独立行使民事权利和承担民事义务，体现了工会在国家政治、经济和社会生活中的重要地位。劳动者和用人单位也是劳动团体法律关系的主体。需要说明的是，我国工会是一元体制而非多元体制，即中华全国总工会是唯一的工会组织，劳动者不得在此工会组织体系外再组织和参加工会。我国工会已形成一套比较完整、覆盖各个地方和产业的组织体系，绝大多数地方和企业已经建立了工会组织，对已有工会组织的企业而言，劳动者实际上只有参加和不参加工会的权利，对于尚未建立工会的企业而言，劳动者才有组织和参加工会的权利。

劳动团体法律关系的内容，是劳动团体法律关系主体的权利和义务。工会作为劳动团体法律关系的主体，其权利义务包括以下三个方面的内容：一是参与权。劳动法规范赋予了工会参与协调劳动关系的权利。用人单位在制定、修改或者决定有关劳动报酬、工作时间、休息休假、劳动安全卫生、保险福利、职工培训、劳动纪律以及劳动定额管理等直接涉及劳动者切身利益的规章制度或者重大事项时，应当经职工代表大会或者全体职工讨论，提出方案和意见，与工会或者职工代表平等协商确定。在规章制度和重大事项决定实施过程中，工会或者职工认为不适当的,有权向用人单位提出,通过协商予以修改完善。作为职工利益表达者和维护者的工会,与用人单位之间并不是对立和对抗的关系,而是协商合作、互利共赢的关系。因此,工会要帮助用人单位完善规章制度,在规章制度和重大事项决定实施过程中,工会或者职工认为不适当的,有权向用人单位提出,通过协商予以修改完善。二是维护权。劳动法规范明确规定,维护职工合法权益是工会的基本职责。工会应当熟练掌握与职工利益密切相关的有关规定,切实增强法制观念和维权意识,自觉履行法律规定的义务。在签订劳动合同时,工会要积极指导和帮助职工签订劳动合同,对劳动合同订立形式是否合法有效、劳动合同条款是否有侵害劳动者合法权益内容、是否存在违反国家法律法规情况、劳动合同期限情况以及合同效力等情况进行全程跟踪与监督。同时,工会还应代表职工与用人单位签订集体合同。在履行劳动合同过程中,工会应积极促进劳动合同正确、全面履行。一方面,工会要组织引导职工认真履行合同,遵守企业规章制度,不断提高生产技术水平,圆满完成合同约定的劳动任务;另一方面,工会也要督促企业履行合同,特别是认真履行劳动条件、安全生产、职工劳动报酬等义务,如果在合同履行过程中出现需要解除合同或者企业裁员等情况,工会要督促合同双方严格按照法律规定办法,防止出现侵权事件。在出现劳动纠纷时,工会应代表和帮助职工寻求救济,依法维护劳动者的合法权益,对用人单位履行劳动合同的情况进行监督。在劳动合同履行过程中,用人单位和劳动者发生纠纷时,工会参与争议调解,并代表职工积极与企业方面协调,及时化解矛盾纠纷,维护劳动关系和谐稳定。三是工会的监督权。工会监督权包括知情权和处分权两个方面。用人单位单方解除劳动合同,应当事先将理由通知工会,用人单位经济性裁员,必须提前三十天向工会或者全体职工说明情况,听取工会或者职工的意见。处分权是工会对监督内容进行评价,向有关单位和人员提出意见、建议及督促监督对象矫正违法行为的权利。如用人单位违反法律、行政法规规定或者劳动合同约定的,工会有权要求用人单位纠正。用人单位应当研究工会的意见,并将处理结果书面通知工会。用人单位违反劳动法律、法规和劳动合同、集体合同的,工会有权提出意见或者要求纠正。对于用人单位来说,工会的权利,就是用人单位的义务。工会的义务,就是用人单位的权利。

  劳动团体法律关系的客体是劳动团体法律关系权利义务指向的对象,包括维权行为、参与行为、组织行为和教育行为等。工会是劳动者合法权益的维护者,工会要密切联系劳动者,听取和反映劳动者的意见和要求,全心全意为劳动者服务。工会要通过各种途径和形式,参与政府及用人单位的管理事务,协助用人单位开展工作。工会要组织职工依法行使民主权利,参与用人单位的民主管理和民主监督,组织职工完成生产任务、提高生产效率。工会还应教育职工认真劳动,遵守劳动纪律,提高职工的道德修养和业务素质。

3.2.4 劳动争议处理法律关系

1. 劳动争议处理法律关系的概念

劳动争议处理法律关系,是指劳动法规范在调整劳动者与用人单位之间的劳动争议处理过程中所形成的法律关系。劳动争议处理法律关系发生在劳动争议处理过程中,劳动争议又称劳动纠纷或劳资纠纷,是指劳动关系双方当事人因实现劳动权利和履行劳动义务而发生的纠纷。劳动争议处理法律关系存在于劳动争议处理机构和劳动争议处理的参与人之间。在我国,劳动者和用人单位发生劳动争议,可以通过四种途径解决,即协商、调解、仲裁和诉讼。其中,仲裁不仅是一种解决争议的有效途径,更是提起诉讼的前置程序,因此劳动争议仲裁在解决劳动争议过程中有着非常重要的作用。

在市场经济条件下,劳动关系不再是劳动者同国家之间的关系,而是劳动者与用人单位之间的关系,劳动关系的具体内容不再由国家直接规定,而是由双方当事人通过市场选择谈判、协商决定。劳动关系不仅在不同的用人单位之间存在差异,在同一个用人单位内部,不同劳动者同用人单位之间的劳动关系也不尽相同。劳动争议的状况往往是反映劳动关系状况的重要指标,近年来,劳动争议数量明显增加,特别是诉讼到法院的劳动争议案件增多,从判决结果来看,劳动者胜诉的案件较多。这说明,一方面劳动者的法律意识不断增加,劳动者已经学会用法律手段维护自己的劳动权利,另一方面,用人单位侵害劳动者合法权益的情况较为普遍。在劳动争议案件中,诉讼请求以劳动报酬、经济补偿和社会保险问题为主,显示劳动者基本权益的保障依然是劳动关系领域最核心的问题。我国正处于社会转型期,利益之冲突、文化之多元、制度之变革和个体权利之伸张,使得社会矛盾比较突出,而当前劳动关系的这种契约化趋向和复杂化局面决定了劳动争议必然不断增加,原有政治化、说服性的劳动争议处理方式远远不能满足解决纠纷、消弭冲突的需要。因此,理顺劳动争议处理法律关系,及时、公正地处理劳动争议,具有重要意义。

2. 劳动争议处理法律关系的构成

劳动争议处理法律关系由劳动争议处理的主体、内容和客体构成。

劳动争议处理法律关系的主体是劳动争议处理法律关系权利义务的承担者，包括劳动争议的双方当事人和劳动争议处理机关。劳动争议处理法律关系的主体与劳动争议的主体不同，劳动争议的主体，一方为劳动者或其团体，另一方为用人单位；而劳动争议处理法律关系的主体，一方是劳动争议的双方当事人，包括劳动者和用人单位，另一方是劳动争议处理机关。劳动争议的当事人是劳动争议处理法律关系的当然主体，劳动争议发生后，一方当事人要求劳动争议处理机关处理，在当事人与劳动争议处理机关之间就发生一种法律关系；劳动争议处理机关受理后，通知另一方当事人处理劳动争议，在劳动争议处理机关与另一方当事人之间又形成一种法律关系。劳动争议的处理机关，大致可以分为三类，即调解机关、仲裁机关和法院。在我国，劳动争议的调解机构包括基层人民调解组织和企业内部设立的劳动争议调解委员会。劳动争议的仲裁机关是劳动争议仲裁委员会，它是依法设立的、独立仲裁处理劳动争议案件的专门机关，劳动争议仲裁委员会裁决劳动争议案件实行仲裁庭制度，按照一案一庭的原则组成仲裁庭处理劳动争议案件。劳动争议仲裁委员会作出仲裁裁决后，当事人对裁决不服的，可以向法院起诉，法院的审理是处理劳动争议的最后阶段。在我国，人民法院处理劳动争议以民事诉讼的方式进行，实体上适用劳动法，程序上适用民事诉讼法。劳动争议处理机构要摆脱行政干预，突出其社会性、中立性和公正性，并简化劳动争议处理环节，缩短劳动争议处理时间，降低劳动争议处理的社会成本，以保证在扩大劳动法适用范围的情况下，提高争议处理的效率。

劳动争议处理法律关系的内容是劳动争议处理法律关系主体依法享有的权利和承担的义务。劳动争议的当事人的权利表现为劳动争议处理的请求权，即请求劳动争议处理机关依法解决劳动争议并保护其合法权益的权利。劳动争议处理的请求权包括程序意义上的权利和实体意义上的权利两个方面。程序意义上的请求权是指一方当事人在发生劳动争议或合法权益受到侵害后，向劳动争议处理机关请求保护的权利；实体意义上的请求权是劳动争议的当事人请求劳动争议处理机关以仲裁或审判方法，保护其实体权利的权利。劳动争议的当事人在享有权利的同时，也负有遵守劳动争议处理机关有关规定的义务。劳动争议处理机关享有依法调解、仲裁和审理劳动争议的权利，并负有作出合法、公正处理结果的义务。

　　劳动争议处理法律关系的客体是劳动争议处理法律关系权利义务所指向的对象。包括劳动争议的案件事实和劳动争议的劳动实体法律关系。劳动争议的当事人请求劳动争议处理机关处理劳动争议，目的是要劳动争议处理机关对劳动争议的事实和劳动法律关系进行判断并作出处理意见；劳动争议处理机关要正确处理劳动争议，必须查明争议的案件事实和劳动关系，才能作出合法、公正的处理意见。

本章小结

　　本章主要研究了劳动法律关系和附随劳动法律关系。劳动法律关系是指劳动法律规范在调整劳动关系过程中形成的以法律上的劳动权利和劳动义务为表现形式的社会关系。它是人们有意识去建立，也是能够根据人们的意识发生变化的。劳动法律关系由劳动法律关系的主体、劳动法律关系的内容和劳动法律关系的客体三个要素构成，劳动法律关系的主体就是依据劳动法律规范，参与劳动法律关系，并享有劳动权利、承担劳动义务的人，劳动法律关系的内容，是指劳动者和用人单位依法享有的权利和承担的义务，劳动法律关系的客体是劳动行为和劳动条件。劳动法律关系根据劳动法规范并由一定的劳动法律事实产生、变更和消灭。劳动法规范在调整与劳动关系密切联系的其他社会关系过程中所形成的法律关系，称为附随的劳动法律关系。附随劳动法律关系包括劳动行政法律关系、劳动服务法律有关系、劳动团体法律有关系和劳动争议处理法律关系等。

关键术语

　　劳动法律关系　　劳动法律关系的要素　　劳动法律关系的运动
　　劳动法律事实　　劳动行政法律关系　　劳动服务法律关系
　　劳动团体法律关系　　劳动争议法律关系

思考题

1. 什么是劳动法律关系？它有哪些特征？

2. 劳动法律关系与劳动关系有什么区别?
3. 劳动法律关系有哪些构成要素?
4. 什么是劳动法律关系的运动?
5. 什么是劳动法律事实?
6. 试述劳动行政法律关系的含义和构成。
7. 试述劳动服务法律关系的含义和构成。
8. 试述劳动团体法律关系的含义和构成。
9. 试述劳动争议法律关系的含义和构成。

第 4 章 劳动就业

劳动权作为公民基本生存权利,只有通过劳动就业途径才能实现。面对就业这一世界性难题,国际劳工组织和各主权国家都采取促进就业的经济政策、社会政策和政治政策,努力实现劳动者充分就业,尽力减少失业,实现经济增长和扩大就业的良性互动。

4.1 劳动就业概述

劳动就业涵盖就业和失业两个方面,劳动就业权是各国宪法、法律确认和保护的一项公民的基本权利,劳动就业的实现应当遵循国家促进就业和市场调节就业两项原则。

4.1.1 劳动就业的概念

法律意义上的劳动就业是指符合法定年龄、具有劳动能力及劳动愿望的公民从事具有报酬或者经营性收入的社会职业的过程和活动。原劳动和社会保障部《关于落实再就业政策考核指标几个具体问题的函》(劳社厅函〔2003〕227号)指出"就业"是,在法定劳动年龄内(男16~60岁,女16~55岁),从事一定的社会经济活动,并取得合法劳动报酬或经营收入。劳动就业法律概念的特征如下:

1. 劳动者必须符合法定条件

劳动者符合法定条件的标准是:(1)符合法定年龄范围。

我国规定劳动者必须是 16 周岁的公民，其中年满 16 周岁不到 18 周岁的，不得安排从事矿山井下、有毒有害、国家规定的四级体力劳动强度的劳动和其他禁忌从事的劳动；（2）须具有劳动能力。劳动能力是劳动者以自己的体力、脑力活动亲自从事社会活动的资格和条件。

2. 劳动者必须有就业愿望

劳动权属于权利范畴，行使抑或放弃都是权利行使、实现的方式。如果没有从事劳动的愿望，即使劳动者主体符合法定条件，国家、社会也不能强迫、强制其劳动。实践中，就业登记或失业登记就是劳动者具有就业愿望的意思表示。

3. 具有劳动报酬的活动

劳动报酬或者经营性收入是维持劳动者及家庭生活、发展的需要，公民只有从事具有劳动报酬或经营性收入的社会活动才可为就业。在我国，公民在一定期限内参加社会劳动所取得的劳动报酬和劳动收入足以构成其主要生活来源，才能作为实现就业的一种标志。若公民在一定期限内虽从事零星劳动，但劳动所得不能成为其生活主要来源的，就不认为已实现就业。[①]

4. 劳动就业的范围限制

劳动者从事的社会职业应具有合法性、行业限制性及劳动时间量度性。合法性是指劳动者必须从事法律不予禁止及不违背社会公共道德、公序良俗的社会职业。行业受限制性是指劳动就业仅限于国民经济领域，即就业应在国民经济范围内。不在国民经济领域之内，从事的劳动不属于就业范畴。时间量度性是指一定期限内公民从事劳动的时间应达到一定量。国际劳工组织统计会议规定，在规定时间内正规从事 1/3 以上时间工作的，才视为就业。

4.1.2 失业的概念

失业是和就业相对应的概念。国际劳工组织《1988 年关于促进就业和失业保护的公约》（第 168 号）规定，失业是指有劳动能力并且确实在寻找工作的人，由于无法得到适当的工作，以致没有经济收入这样一种情况。该公约将失业分为全失业和半失业。原劳动和社会保障部《关于落实再就业政策考核

[①] 郑尚元. 劳动法学 [M]. 北京：中国政法大学出版社，2004：172.

指标几个具体问题的函》（劳社厅函〔2003〕227号）指出，"失业人员是指在法定劳动年龄内，有工作能力，无业且要求就业而未能就业的人员。其中，虽然从事一定社会劳动，但劳动报酬低于当地城市居民最低生活保障标准的，视同失业"。我国普遍将失业称为待业。失业也一般仅限城镇户籍，不包括农村劳动者或者农业富余劳动力。可见，失业法律概念的特征如下：

（1）失业者应限于法规、政策范围内应就业的公民。不具有劳动能力者、不符合法定劳动年龄者以及无就业愿望者都不属于失业人员范围。在校学生、现役军人等均不属于失业人员。

（2）失业必须是未被雇佣也未自谋职业者，既包括从未获得工作，也包括失去原有工作后未获得新工作岗位。

（3）法律意义上失业不以未能获得就业岗位的原因为限，既包括自愿失业，也包括非自愿失业。

在我国，虽然公民从事一定社会劳动，但劳动报酬低于当地城市居民最低生活保障标准的，也视为失业。

4.1.3 劳动就业权

劳动就业权是指有就业资格的公民能够获得从事有报酬或收入的职业性劳动机会的权利。其内容包括：

1. 平等就业权

平等就业权即劳动者享有平等地获得就业机会和就业待遇的权利，劳动者就业不因民族、种族、性别、宗教信仰、年龄、文化等不同而受限制、歧视。妇女、残疾人、农业富余劳动力等特殊群体的平等就业权尤其应当受到重视。

2. 自主择业权

自主择业权即公民根据自己的意愿自由选择社会职业劳动的权利，包括是否从事职业劳动、选择用人单位、从事职业类别、从事职业的时间和地点等方面的选择权，这就要求禁止任何形式的强迫劳动，为劳动力的自由流动提供各种体制性、政策性制度。

3. 择业竞争权

择业竞争权即竞相争夺就业机会的权利，也就是劳动者进入人力资源市场,提出就业请求,参与就业竞争的权利。就业竞争权就是要求用人单位必须面向社会公开招工、招聘。

4. 职业安定权

职业安定权即劳动者享有免受违法辞退的权利,劳动者可抗辩用人单位的违法辞退以及获得合理的行政及司法救济。它既可以维护劳动者获得稳定劳动关系,又可以限制用人单位对辞退权的滥用,从而维持劳动关系的和谐稳定。

5. 公共就业保障权

公共就业保障权即公民享有获得国家提供的就业服务、职业培训和失业保险等公共保障的权利。

随着我国就业保障体系的逐步建立,劳动者就业权内涵逐步丰富,如劳动者获得职业培训的权利、就业训练的权利、职业介绍的权利、失业救济的权利等,就是就业权利的集中表现。上述就业权利逐步由抽象权利转变为具体权利。[1]

4.1.4 劳动就业的基本原则

劳动就业的基本原则是贯穿于整个劳动就业过程中,对劳动就业各项制度和规范起统率和指导作用的基本准则。它是劳动就业制度所特有的并区别于其他劳动制度的精神与灵魂。我们认为,劳动就业应遵循国家促进就业原则、市场调节就业原则。

1. 国家促进就业原则

国家促进就业的原则就是国家应采用帮助公民实现充分就业的产业政策、财政政策、就业政策等措施,创造就业条件与扩大就业机会,致力于解决就业、减少失业。

国际劳工组织《1964 年关于就业政策的公约》(第 122 号)规定:"为了促进经济增长和发展,提高生活水平,满足对人力的需求,并解决失业和不充分就业的问题,各会员国作为一项主要目标,应宣布并实行一项积极的政策,

---

[1] 李援."中华人民共和国就业促进法"释义及实用指南 [M]. 北京:中国民主法制出版社,2007:107.

其目的在于促进充分的、自由选择的、生产性就业。"该公约旨在确保所有有能力工作并在寻找工作的人都尽可能有生产性的工作可做；还要保证人人享有选择职业的自由，并且有尽可能充分的机会获得适合工作而需要的资格以及得以实现人尽其才，而不论他是什么种族、肤色、性别、宗教、政治观点、民族血统或社会出身。《1988年促进就业和失业保护公约》（第168号）重申了并进一步规定了促进就业的内容。

世界各国政府普遍实行促进充分就业的社会经济政策，致力于解决失业问题。如美国把充分就业作为政府对宏观经济干预和调节的目标。1946年的《就业法》规定政府要对控制社会就业承担责任，争取达到最大的就业。1964年的《就业法》规定，国家有责任保持高水平的就业、生产和贸易能力。1978年的《充分就业与平衡发展法案》要求为所有的求职者提供就业的可能性。美国还建立了失业率和膨胀率期望指标体系，作为制定政策的参考。①

我国《劳动法》对国家促进就业作了专章规定，《促进就业法》对国家促进就业予以具体化规定：国家要制定实施积极的就业政策体系，以发挥国家宏观经济社会政策对促进就业的作用；国家培育和完善人力资源市场及强化就业服务和管理制度，以促进劳动者通过市场实现就业；国家加强职业教育和培训提高职业技能，以增强劳动者的就业能力和创业能力；国家建立特殊群体就业保障和就业援助制度，以帮助他们公平就业。

2. 劳动就业的市场原则

劳动就业的市场原则就是指人力资源市场作为劳动力配置和使用的基础性手段，劳动就业主要通过用人单位和劳动者的主体平等性和竞争机制来实现。用人单位要实现追求经济利益最大化和社会效益最优化的组织生存目标，必然通过物质、人力、设备等优化整合来提高经济效益。用人单位的竞争力除了核心技术、品牌等因素外，劳动力及其成本也是影响其竞争力的重要因素。在人力资源市场中，劳动者的求职、职业训练及劳动报酬等通过市场机制来实现。作为劳动力的所有者，其有权根据自身实力，通过平等、公平的竞争机制获得理想的职业和工作岗位，获得理想的经济效益和实现人身价值。所以，劳动者有权根据自己的意愿、才能、结合社会需要选择用人单位和适合自己的工作，而且可以根据自身情况的变化或者就职岗位的情况，重新选择用人单位和工作

---

① 黎建飞. 劳动法的理论与实践[M]. 北京：中国人民大学出版社，2004：235.

岗位，实现劳动力市场的合理流动，所以应当给予劳动者充分的择业自主权。我国的劳动法规确认了劳动就业市场原则。

劳动就业的市场原则要求充分尊重人力资源市场的基本规律，充分尊重劳动者自主择业权和用人单位自主用工权，用人单位和劳动者应通过平等协商建立劳动、聘用关系，实行双向选择，用人单位享有在不违背法律强制性规范的前提下，从劳动力市场自由选择企业生产经营的技术人员、操作工等劳动者，劳动者享有选择用人单位、辞职权和重新选择权。

4.2 公平就业

实行公平就业，保障劳动者的平等就业权，既是受到社会广泛关注的重要问题，也是国家促进就业工作的一项重要原则。我国人口多，就业压力大，劳动力供给远远大于需求，性别歧视、年龄歧视、对残疾人的歧视、对乙肝病原携带者的歧视等诸多就业歧视现象非常突出。《就业促进法》设立专章来确立公平就业的相关规范，规定政府、用人单位和职业中介机构在维护公平就业中承担的职责，以及对就业困难人员的就业扶持和援助。

4.2.1 公平就业的概念

公平就业包含两层含义：就业机会公平和就业结果公平。就业机会公平就是指为劳动者提供平等的就业机会和公平的就业条件，劳动者就业不因民族、种族、性别、宗教信仰等不同而受歧视。就业结果公平就是要追求实质意义上的平等，对就业方面有困难或可能处于就业困境中的不利者，如妇女、残疾人、老年工人、长期失业者、传染病病原携带者和进城就业的农村劳动者，国家应尊重他们的平等就业权。

4.2.2 我国法律有关公平就业的规定

1. 政府维护公平就业的职责

《就业促进法》规定："各级人民政府创造公平就业的环境，消除就业歧视，制定政策并采取措施对就业困难人员给予扶持和援助。"所以政府应当承担促进就业公平、消除就业歧视的主要责任。政府创造公平就业环境、消除就业歧视主要体现为：首先，政府应当履行相关制度供给的职责，建立消除就业歧视完善的行政法规、规章和规范性文件,为创造公平就业的环境提供制度基础。其次,政府应当严格执法,加大监督检查力度,对用人单位就业歧视的行为及时查处和纠正。再次,政府要通过电视、报刊等媒体广泛宣传,营造良好的舆论监督氛围,提高劳动者依法维权的能力和意识,也促使用人单位消除就业歧视的意识和减少就业歧视的现象。最后,执法者应当首先守法。政府应当模范守法,遵守国际公约和法律有关公平就业的标准和要求,奉行公平就业的精神,在公务员招录和管理上发挥示范作用。实践中,政府在维护就业公平、消除歧视方面仍有改进的余地。①

2. 用人单位和职业中介机构维护公平就业的义务

《就业促进法》规定:"用人单位招用人员、职业中介机构从事职业中介活动,应当向劳动者提供平等的就业机会和公平的就业条件,不得实施就业歧视。""用人单位招用人员,不得以是传染病病原携带者为由拒绝录用。但是,经医学鉴定传染病病原携带者在治愈前或者排除传染嫌疑前,不得从事法律、行政法规和国务院卫生行政部门规定禁止从事的易使传染病扩散的工作。"《就业服务与就业管理规定》规定:"用人单位的招工简章、招聘广告以及职业中介机构发布的就业信息都不得包含歧视性内容。""用人单位在招用人员时,除国家法律、行政法规和国务院卫生行政部门规定禁止乙肝病原携带者从事的工作外,不得强行将乙肝病毒血清学指标作为体检标准。"

《就业促进法》规定:"违反本法规定,实施就业歧视的,劳动者可以向人民法院提起诉讼。"这为我国就业歧视的法律救济提供了立法依据。但该条款未对违法实施就业歧视的法律后果作出明确规定,并非完整性法律规范,具体实施仍需配套实施细则或司法解释。

4.2.3 特殊群体的公平就业

国家对特殊群体劳动权利通过立法倾斜性规定,保障特殊群体的实质性公平就业。

---

① 浙江大学农学系2003届毕业生周某某,2003年1月报名参加浙江省嘉兴市秀洲区人民政府的公务员招录考试,在顺利通过笔试、面试后,未能通过体检,因而怀疑招录工作的公正性,愤而行凶致使人事局两干部一死一伤,后周某某被判处死刑并依法执行。

1. 妇女的平等就业权

劳动就业是妇女谋取个人经济生活独立的先决条件，是实现其他权利的经济基础，因此，保证妇女的劳动就业权为实现男女平等具有重要的意义。联合国《消除对妇女一切形式歧视公约》第 11 条第 1 款规定："缔约各国应采取一切适当措施，消除在就业方面对妇女的歧视，以保证她们在男女平等的基础上享有相同的权利，特别是：（1）人人有不可剥夺的工作权利；（2）享有相同就业机会的权利，包括在就业方面相同的甄选标准；（3）享有自由选择专业和职业，提升和工作保障，一切服务福利和条件，接受职业训练和再训练，包括实习训练、高等职业训练和经常训练的权利；（4）同样价值的工作享有同等报酬包括福利和享有平等待遇的权利，在评定工作的表现方面，享有平等待遇的权利；（5）享有社会保障的权利，特别是在退休、失业、疾病、残废和老年或在其他丧失工作能力的情况下，以及享有带薪假的权利；（6）在工作条件中享有健康和安全保障，包括保障生育机能的权利。"

我国法律规定的妇女平等就业权主要内容包括：（1）就业机会相同。单位在录用职工时，除不适合妇女的工种或者岗位外，不得以性别为由拒绝录用妇女或者提高对妇女的录用标准；用人单位录用女职工，不得在劳动合同中规定或约定限制女职工结婚、生育的内容。（2）男女同工同酬。男女劳动者在工资的定级、升级和调整、职称评聘等方面应当同等对待，不得实行差别待遇；在分配住房和享受福利待遇方面男女平等。（3）劳动范围和时间之特殊规定。任何用人单位均应根据妇女的特点，依法保护妇女在工作和劳动时的安全和健康。禁止安排女职工从事矿山井下、国家规定的第四级体力劳动强度的劳动和其他禁忌从事的劳动，不得安排女职工在经期从事高空、低温、冷水作业和国家规定的第三级体力劳动强度的劳动。不得安排女职工在怀孕期间从事国家规定的第三级体力劳动强度的劳动和孕期禁忌从事的劳动。对怀孕 7 个月以上的女职工，不得安排其延长工作时间和夜班劳动，不得安排女职工在哺乳未满 1 周岁的婴儿期间从事国家规定的第三级体力劳动强度的劳动和哺乳期禁忌从事的其他劳动，不得安排其延长工作时间和夜班劳动。（4）职业稳定权之特殊规定。女职工在孕期、产期、哺乳期的，任何单位不得解除劳动合同，即使劳动合同期限届满，也应当延续到孕期、产期和哺乳期满时。

2. 残疾人的劳动权利

残疾人是指在心理、生理、人体结构上，某种组织、功能丧失或者不正常，全部或者部分丧失以正常方式从事某种活动能力的人，包括视力残疾、听力残疾、言语残疾、肢体残疾、智力残疾、精神残疾、多重残疾和其他残疾的人。我国残疾人达 8300 多万，涉及 2.6 亿家庭人口。所以，促进残疾人事业发展，维护残疾人合法权益，实现全体人民共享改革发展成果，实现经济社会又好又快发展，体现人权事业的发展和社会主义制度的优越性，树立我国良好的国际形象。

我国保障残疾人平等就业的法律规定和政策措施主要有：

（1）残疾人集中安排就业和分散就业。政府和社会举办残疾人福利企业、盲人按摩机构和其他福利性单位，集中安排残疾人就业。集中使用残疾人的用人单位中从事全日制工作的残疾人职工，应当占本单位在职职工总数的 25% 以上。

国家机关、社会团体、企业事业单位等用人单位应当按照不低于本单位在职职工总数 1.5% 的比例安排残疾人就业，并应为其选择适当的工种和岗位，鼓励用人单位超过规定比例安排残疾人就业。达不到其所在地省、自治区、直辖市人民政府规定比例的，应当缴纳残疾人就业保障金，专项用于残疾人职业培训以及为残疾人提供就业服务和就业援助。

（2）保障措施。县级以上人民政府应当采取措施，拓宽残疾人就业渠道，开发适合残疾人就业的公益性岗位，保障残疾人就业。国家对集中使用残疾人的用人单位依法给予税收优惠，并在生产、经营、技术、资金、物资、场地使用等方面给予扶持。县级以上地方人民政府及其有关部门应当确定适合残疾人生产、经营的产品、项目，优先安排集中使用残疾人的用人单位生产或者经营，并根据集中使用残疾人的用人单位的生产特点确定某些产品由其专产。在同等条件下，政府采购应当优先购买集中使用残疾人的用人单位的产品或者服务。国家对从事个体经营的残疾人，有关部门应当在经营场地等方面给予照顾，免除行政事业性收费。自主择业、自主创业的残疾人在一定期限内给予小额信贷等扶持。

（3）就业服务。国家和社会应当为就业困难的残疾人提供有针对性的就业援助服务，鼓励和扶持职业培训机构为残疾人提供职业培训，并组织残疾人定期开展职业技能竞赛。中国残疾人联合会及其地方组织所属的残疾人就业服务机构应当免费为残疾人就业提供发布残疾人就业信息；组织开展残疾人职业培训；为残疾人提供职业心理咨询、职业适应评估、职业康复训练、求职定向指导、职业介绍等服务；为残疾人自主择业提供必要的帮助；为用人单位安排残疾人就业提供必要的支持；受劳动保障部门的委托，残疾人就业服务机构可以进行残疾人失业登记、残疾人就业与失业统计；经所在地劳动保障部门批准，残疾人就业服务机构还可以进行残疾人职业技能鉴定；当地法律援助机构应当依法为其提供法律援助，各级残疾人联合会应当给予支持和帮助。

3. 传染病病原携带者的公平就业

传染病病原携带者是无临床症状但能排除病原体的人。用人单位招工过程中应当尊重他们的劳动就业权。用人单位在招工、招聘体检中，不得将"乙肝五项"检查列入体检标准，也不得要求应聘者提供"乙肝五项"检测报告。除报经卫生部核准的特殊职业外，用人单位不得以劳动者携带乙肝表面抗原为理由拒绝招（聘）用，不得以携带乙肝表面抗原为理由辞退或解聘劳动者。因职业特殊确需在就业体检时检查"乙肝五项"的，应由行业主管部门提出研究报告和书面申请，经卫生部核准后方可进行。传染病病原携带者是否治愈或排除传染嫌疑的判断标准必须以医学鉴定为依据，而非用人单位或者劳动者的主观猜测。

为了保护社会公众健康，传染病病原携带者在治愈前或者排除传染嫌疑前，不得从事法律、行政法规和国务院卫生行政部门规定禁止从事的易使传染病扩散的工作。易使传染病扩散的工作主要有：食品生产经营中从事接触直接入口食品的工作；饮用水生产、管理、供应的工作；公共场所直接为民众服务的工作；托幼机构中保育、教育的工作；美容、整容的工作；直接从事化妆品生产的工作；以及其他在日常工作中通过一般接触就可能造成传染扩散的工作。

4. 进城务工农村劳动者的公平就业

农业富余劳动力向非农产业和城镇转移，是世界各国工业化、城镇化的普遍趋势。我国农村劳动力数量众多，在工业化、城镇化加快发展的阶段，越来越多的富余劳动力将逐渐转移出来，大量进城就业农村劳动者在城乡之间流动就业的现象在我国将长期存在，所以，解决进城就业的农村劳动者问题是建设中国特色社会主义的战略任务。现实中，进城就业的农村劳动者在城市从事的大多是城市居民不愿意干的脏、累、苦的工作，而且常常遭受各种各样的不公平待遇和歧视，基本劳动权益也得不到保护：用人单位不依法和他们签订书面的劳动合同，不为他们办理相关养老、医疗、工伤等社会保险，拖欠劳动报酬的现象也比较突出。要保障农村劳动者进城就业享有与城镇劳动者平等的劳动权利，就要求：（1）国家和用人单位应当尊重和维护进城就业农村劳动者的合法权益，不得对农村劳动者进城就业设置歧视性限制，使他们和城市职工享有同等的权利和义务。（2）国家逐步实行城乡平等的就业制度，消除对农民进城务工的歧视性规定和体制性障碍，改革城乡分割的就业管理体制，建立城乡统一、平等竞争的劳动力市场，逐步形成市场经济条件下促进农村富余劳动力转移就业的机制。（3）进一步做好农民转移就业服务工作，为城乡劳动者提供平等的就业机会和服务，加强进城就业农村劳动者职业技能培训，完善进城就业农村劳动者社会保障制度等。

5. 少数民族人员的公平就业

少数民族人员在就业领域中多处于弱势地位。一方面，少数民族劳动力受教育水平普遍较低，劳动能力不高；另一方面，少数民族劳动力也缺乏与用人单位相联系的渠道。① 少数民族劳动力与生产资料相结合的能力不强，加上独特的经济、社会和人口学特征，导致少数民族成员出现就业渠道狭窄，就业收入较低等就业贫困问题。我国高度重视少数民族就业问题，积极采取法律保障、资金扶持等多种措施为促进少数民族地区劳动者就业提供保障，帮助少数民族地区劳动者公平就业。少数民族人员公平就业保障散见于《劳动法》、《促进就业法》《民族区域自治法》等法规、文件中。主要内容有：适当照顾少数民族成员，用人单位招用人员，应当依法对少数民族劳动者给予适当照顾。民族自治地方录用公务员时，依照法律和有关规定对少数民族报考者予以适当照顾。民族自治地方企事业单位在招收人员时，要优先招用少数民族人员。国家对少数民族专项就业资金的划拨和转移等措施。

---

① 王天玉. 少数民族就业促进问题研究：兼议《就业促进法》的实施 [J]. 社科纵横，2008（6）：75.

4.3 就业服务和管理

就业服务是指政府职能部门对于求职人员提供各项帮助和服务，包括职业介绍、专业训练、就业援助、失业救济等内容，是国家帮助劳动者在市场就业中实现平等竞争的重要手段，也是保障劳动者比较充分就业的重要条件。我国就业服务的载体包括公共就业服务机构和职业中介机构。

4.3.1 公共就业服务机构

基于劳动力不是商品，不应将为劳动者介绍工作作为商业行为从中谋利的理念，国际劳工组织只支持政府开办的公共职业介绍所，对于收费私营职业介绍所采取限制和禁止的态度。我国规定劳动保障行政部门和公共就业服务机构的相关职责，落实免费就业服务项目，充实职业指导服务、为用人单位服务以及为残疾人服务的内容，要求推进人力资源市场信息化建设，并明确要求公共就业服务机构不得从事经营性活动、招聘会不得向劳动者收取费用等。

1. 公共服务机构的性质

公共服务机构，是指各级政府部门举办，承担公共就业服务职能的公益性机构。公共就业服务机构使用全国统一标志。

2. 公共服务机构的服务内容

公共就业服务机构应当免费为劳动者提供以下服务：就业政策法规咨询；职业供求信息、市场工资指导价位信息和职业培训信息发布；职业指导和职业介绍；对就业困难人员实施就业援助；办理就业登记、失业登记等事务及其他公共就业服务。

公共就业服务机构根据用人单位需求可拓展其他服务功能：招聘用人指导服务；代理招聘服务；跨地区人员招聘服务；企业人力资源管理咨询等专业性服务；劳动保障事务代理服务；为满足用人单位需求开发的其他就业服务项目。公共就业服务机构从事劳动保障事务代理业务，须经县级以上劳动保障行政部门批准。

3. 公共服务机构的保障

公共就业服务机构的保障包括经费、人员等方面。公共就业服务经费纳入同级财政预算，其可以按照就业专项资金管理相关规定，依法申请公共就业服务专项扶持经费，也可以接受社会各界提供的捐赠和资助。公共就业服务机构的职业指导人员、职业信息分析人员、劳动保障协理员等专业人员应参加相应职业资格培训。

4.3.2 职业中介管理

职业中介是国家有关部门依法批准的机构，依法为劳动者和用人单位提供用工、咨询等方面的信息，从而促成劳动者获得工作和用人单位招工的一种居间服务。职业中介机构是职业中介的载体。职业中介机构，是指由法人、其他组织和公民个人举办，为用人单位招用人员和劳动者求职提供中介服务以及其他相关服务的经营性组织。《就业促进法》规定，县级以上人民政府及其有关部门应当加强对职业中介机构的管理，提高职业中介机构的服务质量，并对职业中介机构设立的条件、程序，以及职业中介机构从事职业中介活动的原则作出规定。

1. 职业中介机构设立的条件和程序

设立职业中介机构应具备下列条件：（1）有明确的章程和管理制度；（2）有开展业务必备的固定场所、办公设施和一定数额的开办资金；（3）有一定数量具备相应职业资格的专职工作人员；（4）法律、法规规定的其他条件。

国家对职业中介实行行政许可制度。设立职业中介机构或其他机构开展职业中介活动，须经劳动保障行政部门批准，并获得职业中介许可证。经批准获得职业中介许可证的职业中介机构，应当持许可证向工商行政管理部门办理登记。未经依法许可和登记的机构，不得从事职业中介活动。

2. 职业中介机构的业务范围

职业中介机构可以从事下列业务：为劳动者介绍用人单位；为用人单位和居民家庭推荐劳动者；开展职业指导、人力资源管理咨询服务；收集和发布职业供求信息；根据国家有关规定从事互联网职业信息服务；组织职业招聘洽谈会及经劳动保障行政部门核准的其他服务项目。

3. 职业中介的行为规范

（1）职业中介的义务性行为规范

从事职业中介活动，应当遵循合法、诚实信用、公平、公开的原则。职业中介机构应当建立服务台账，记录服务对象、服务过程、服务结果和收费情况等，并接受劳动保障行政部门的监督检查。职业中介机构租用场地举办大规模职业招聘洽谈会，应当制定相应的组织实施办法和安全保卫工作方案，并向批准其设立的机关报告。职业中介机构应当对入场招聘用人单位的主体资格真实性和招用人员简章真实性进行核实，提供职业中介服务不成功的，应当退还向劳动者收取的中介服务费。

（2）职业中介的禁止性行为规范

职业中介机构禁止有下列行为：提供虚假就业信息；发布的就业信息中包含歧视性内容；伪造、涂改、转让职业中介许可证；为无合法证照的用人单位提供职业中介服务；介绍未满16周岁的未成年人就业；为无合法身份证件的劳动者提供职业中介服务；介绍劳动者从事法律、法规禁止从事的职业；扣押劳动者的居民身份证和其他证件，或者向劳动者收取押金；以暴力、胁迫、欺诈等方式进行职业中介活动；超出核准的业务范围经营及其他违反法律、法规规定的行为。

4.3.3 人力资源市场管理制度

国家应当培育和完善统一、开放、竞争、有序的人才和劳动力市场，规范市场秩序，创造公平的就业环境，促进劳动者通过市场实现就业，建立劳动力调查统计制度和就业登记、失业登记制度；建立失业预警制度，预防、调节和控制可能出现的较大规模的失业。

1. 劳动力调查制度

劳动力调查是对符合劳动年龄人口就业状态进行的一项抽样调查，是国家劳动就业管理的重要手段。调查范围为我国大陆地区的城镇和乡村的16周岁以上人口。采用抽样调查方式，组织调查员入户进行调查。调查内容包括调查对象的年龄、性别、居住地、受教育程度、就业状况、所从事的职业和所在的行业、工作时间、失业原因、失业时间、收入以及参加社会保障情况等。调查工作所需经费由中央和省级财政共同负担，并列入相应年度的财政预算。为满足地方人民政府经济管理工作的需要，各地区可增加调查样本，所需调查经费由地方人民政府负担。劳动力调查每次调查需抽取样本 40 万户，调查工作涉及千家万户，技术要求高，工作难度大。

2. 失业预警与调控

失业预警是通过对反映就业、失业状况的调查、统计及监测指标动态分析，当失业率等指标达到或接近预警线时，有关部门应及时进行事先预报，发出失业预警报告。失业预警期间，政府部门应采取经济、法律与行政的等多项合法应对措施，调控失业源头，对人员进行合理安置与分流，避免一定时期集中的较大规模失业的出现，影响社会稳定。一般来说，在失业预警期间，正常生产企业不得无故裁减职工，不得无故解除劳动合同未到期的职工，对合同到期的应至少续签半年以上期限的劳动合同。用人单位可以通过与工会、职代会协商，采用适当缩短工时、降低工资、轮流上岗、组织实施待岗转岗培训等多种方式，防范较大规模失业的风险。

失业调控是失业调节和失业控制的统称。国家通过综合运用多种财政、税收、社会保障等综合性政策措施，对产生失业的源头进行必要的调控，有效控制较大规模失业人员，避免一定时间和地区分布过于集中失业群体，促进失业人员的再就业及基本生活保障，缓解较大规模失业可能引发的各种矛盾。

当一个地区的就业形势十分严峻，无法承受过多的失业人员时，政府应实施失业调控，采取调整企业关闭破产计划、严格审批条件等措施，甚至可以根据当地实际，采取限制企业规模性裁员或暂停对可能导致较大规模失业的关停并转项目进行审批等超常规的对策措施，从源头上抑制失业规模急剧扩大，防止给当地就业稳定带来新的冲击。

3. 就业登记与失业登记

为了准确掌握劳动力供求状况，实现劳动力社会化管理，保证就业服务各项工作的实施，我国建立了就业登记和失业登记制度。参加登记的就业和失业劳动者可以免费获得登记证，作为享受相应扶持政策的凭据。

（1）就业登记

用人单位负有办理就业登记的义务，用人单位在招用劳动者后应当于录用之日起 30 日内到公共就业服务机构为其办理就业登记。从事个体经营或灵活就业的劳动者,由本人到街道社区公共就业服务机构办理就业登记。就业登记的内容主要包括劳动者个人信息、就业类型、就业时间、就业单位以及订立、终止或者解除劳动合同情况等。用人单位招用劳动者和与劳动者终止或者解除劳动关系,应当到当地公共就业服务机构备案,于15日内为劳动者办理就业登记手续。

(2) 失业登记

在法定劳动年龄内,有劳动能力,有就业要求,处于无业状态的城镇常住人员,可以到公共就业服务机构进行失业登记。其中,没有就业经历的城镇户籍人员,在户籍所在地登记;农村进城务工人员和其他非本地户籍人员在常住地稳定就业满6个月的,失业后可以在常住地登记。

失业人员凭失业登记证明享受公共就业服务、就业扶持政策以及可以按照规定申领失业保险金。

我国正在逐步建立覆盖各类失业人员的失业登记制度,将失业人员尽量纳入政府促进就业工作的对象范围。失业登记的范围包括下列失业人员:①年满16周岁,从各类学校毕业、肄业的;②从企业、机关、事业单位等各类用人单位失业的;③个体工商户业主或私营企业业主停业、破产停止经营的;④承包土地被征用,符合当地规定条件的;⑤军人退出现役、且未纳入国家统一安置的;⑥刑满释放、假释、监外执行或解除劳动教养的;⑦各地确定的其他失业人员。可见,现在的失业登记对于劳动者有了更多选择余地:没有就业经历的城镇户籍人员在户籍所在地进行登记,而非本地户籍人员常住地稳定就业满6个月的,失业后可以在常住地登记,也可以在户籍所在地登记,而且将农村进城务工人员也纳入失业登记范围。

城镇登记失业率难以全面反映城镇失业状况,存在一定的局限性,国家正逐步采取调查失业率作为就业指标。

4.3.4 就业援助

就业援助就是国家对就业困难人员和零就业家庭实施优先扶持和重点帮助的援助措施和制度,充分体现国家政府对就业困难人员的关怀。对困难群体实施就业援助,是保障公民实现劳动就业权,维护和改善劳动者生存状况,促进社会公平和和谐的基本要求。《就业促进法》规定各级人民政府应建立健全就业援助制度,对就业困难人员给予扶持和帮助。

1. 就业援助的对象

就业困难对象包括就业困难人员和零就业家庭。就业困难人员是指因身体状况、技能水平、家庭因素、失去土地等原因难以实现就业，以及连续失业一定时间仍未能实现就业的人员。省、自治区、直辖市人民政府根据本行政区域的实际情况规定具体范围。零就业家庭是指法定劳动年龄内的家庭人员均处于失业状况的城市居民家庭。援助对象的认定办法，由省级劳动保障行政部门依据当地人民政府规定的就业援助对象范围制定。

2. 就业援助的方法

国家采取税费减免、贷款贴息、社会保险补贴、岗位补贴等办法，对就业困难人员实行就业援助。

3. 就业援助的途径

就业援助的途径就是国家通过提供岗位和就业服务等使就业困难人员实现就业。我国通过公益性岗位安置和有针对性的就业服务等途径，对就业困难人员实行优先扶持和重点帮助。

（1）公益性就业岗位安置

政府投资开发的公益性岗位，应当优先安排符合岗位要求的就业困难人员。就业困难人员被安排在社区公益性岗位工作的，按照国家规定给予岗位补贴。① 政府采取多种就业形式，拓宽公益性岗位范围，开发就业岗位，确保城市有就业需求的家庭至少有一人实现就业。

（2）有针对性的就业服务

国家鼓励和支持社会各方面为就业困难人员提供职业指导、技能培训、岗位信息等服务。国家对就业压力大的特定地区予以扶持，鼓励资源开采型城市和独立工矿区发展与市场需求相适应的产业，引导劳动者转移就业。对因资源

---

① 《国务院关于进一步加强就业再就业工作的通知》（国发〔2005〕36号）指出：在公益性岗位安排就业困难对象，并与其签订1年以上期限劳动合同的，按实际招用的人数，在相应期限内给予社会保险补贴。社会保险补贴标准按单位应为所招人员缴纳的养老、医疗和失业保险费计算。上述"4050"人员在公益性岗位工作超过3年的，社会保险补贴期限可相应延长（超过3年的社会保险补贴所需资金由地方财政解决）。

枯竭或者经济结构调整等原因造成就业困难人员集中的地区，其上级人民政府应当给予必要的扶持和帮助。国家应采取特别扶助措施，促进残疾人就业，并要求用人单位应当按照国家规定安排残疾人就业。公共就业服务机构应当建立就业困难人员帮扶制度，通过落实各项就业扶持政策、提供就业岗位信息、组织技能培训等有针对性的就业服务和公益性岗位援助，对就业困难人员实施优先扶持和重点帮助。

4. 就业援助的程序

就业困难人员和零就业家庭可以向所在地街道、社区公共就业服务机构申请就业援助。经街道、社区公共就业服务机构确认属实的，纳入就业援助范围。街道、社区公共就业服务机构应当对辖区内就业援助对象进行登记，建立专门台账，实行就业援助对象动态管理和援助责任制度，提供及时、有效的就业援助。

4.4 政策支持体系

劳动就业和经济增长都是人类发展的重要组成部分，两者关系密切。一般来说，经济增长是解决就业问题的根本出路，也是扩大就业的前提条件。但经济增长并不一定转化为就业机会的扩大和增加。为了实现经济增长和扩大就业的良性互动，我国实行积极就业政策，建立促进就业的政策支持体系。《就业促进法》将经过实践检验行之有效的积极就业政策转化为法律规范，规定了有利于促进就业的产业政策、财税政策、金融政策、统筹政策、灵活就业和再就业政策、援助困难群体就业政策等。

4.4.1 促进就业的产业政策

产业政策，是指国家根据国民经济发展的内在要求，调整产业结构和产业组织形式，提高供给总量的增长速度，使供给结构有效适应需求结构要求的政策措施。尤其是国家对经济进行宏观调控的重要机制。《就业促进法》规定，县级人民政府应当把扩大就业作为重要职责，统筹协调产业政策和就业政策。国家鼓励各类企业在法律、法规规定的范围内，通过兴办产业或者拓展经营，增加就业岗位。国家鼓励发展劳动密集型产业、服务业，扶持中小企业，多渠道、多方式增加就业岗位。国家鼓励、支持、引导非公有制经济发展，扩大就业,增加就业岗位。

4.4.2 促进就业的财税政策

我国实行有利于促进就业的财政政策。促进就业是政府的重要职责,也是公共财政投入的重要方向。《就业促进法》规定,加大资金投入,县级以上人民政府在财政预算中安排就业专项资金用于促进就业工作,就业专项资金用于职业介绍、职业培训、公益性岗位、职业技能鉴定、特定就业政策和社会保险等的补贴,小额贷款担保基金和微利项目的小额担保贷款贴息,以及扶持公共就业服务等。这样规定,有利于保证各级政府对就业工作的财政投入,建立起政府财政投入的保障机制。

我国实行促进就业的税收优惠政策。税收优惠政策是促进就业政策中最有效的重要手段之一。《就业促进法》规定,国家鼓励企业增加就业岗位,扶持失业人员和残疾人就业,对符合法定条件的下列企业和人员依法给予税收优惠:吸纳符合国家规定条件的失业人员达到规定要求的企业;失业人员创办的中小企业;安置残疾人员达到规定比例或者集中使用残疾人的企业;从事个体经营的符合国家规定条件的失业人员;从事个体经营的残疾人以及国务院规定给予税收优惠的其他企业、人员。促进就业的税收优惠政策通过法律形式固定下来,而且扩展适用范围和适用对象,有利于促进就业的税收优惠政策发挥更大的作用。

4.4.3 促进就业的金融政策

我国中小企业吸纳大量社会劳动力,为解决就业和减少失业做出较大贡献。加大金融信贷支持是促进中小企业发展和劳动者自主创业的关键。所以,使金融支持常规化、普惠化,有利于促进中小企业发展更多吸纳就业,有利于发挥劳动者自主创业带动就业的倍增效应。《就业促进法》规定,国家实行有利于促进就业的金融支持政策,增加中小企业的融资渠道;鼓励金融机构改进金融服务,加大对中小企业的信贷支持,并对自主创业人员在一定期限内给予小额信贷等扶持。

4.4.4 促进就业的统筹政策

促进就业的统筹政策包括城乡统筹、区域统筹和群体统筹等。

促进就业的城乡统筹政策是国家建立健全城乡劳动者平等就业的制度,引导农业富余劳动力有序就近转移就业和向城市转移就业。实现城乡统筹就业是缩小直至消除劳动者城乡就业差别，实现平等就业的基础性内容，对于改善城乡二元经济结构、促进城乡统筹发展具有重要意义。《就业促进法》规定，国家实行城乡统筹的就业政策，建立健全城乡劳动者平等就业的制度，引导农业富余劳动力有序转移就业。县级以上地方人民政府推进小城镇建设和加快县域经济发展，引导农业富余劳动力就地就近转移就业。在制定小城镇规划时，将本地区农业富余劳动力转移就业作为重要内容。引导农业富余劳动力有序向城市异地转移就业；劳动力输出地和输入地人民政府应当互相配合，改善农村劳动者进城就业的环境和条件。

促进就业的区域统筹是指国家支持区域经济发展，鼓励区域协作，统筹协调不同地区就业的均衡增长；支持民族地区发展经济，扩大就业。实现区域统筹就业是促进我国不同区域就业均衡增长和区域经济协调发展的重要方面。《就业促进法》规定国家在统筹协调不同地区就业方面应担负的责任，有利于实现区域和民族的就业均衡。

促进就业的群体统筹是指国家统筹做好城镇新增劳动力、农业富余劳动力转移就业和失业人员等三类人群的就业工作。

4.4.5 灵活就业和再就业政策

灵活就业已成为促进就业的重要途径，为缓解就业压力发挥重要作用。针对当前灵活就业工作中劳动关系不稳定、社会保障制度不健全等薄弱环节，《就业促进法》规定，国家采取措施，逐步完善和实施与非全日制用工等灵活就业相适应的劳动和社会保险政策，为灵活就业人员提供帮助和服务。国家采取措施，逐步完善和实施与非全日制用工等灵活就业相适应的劳动和社会保险政策，为灵活就业人员提供帮助和服务。

国家为失业人员重新走上工作岗位建立失业保险和提供再就业服务等。失业保险是指国家通过立法强制实行的，由社会集中建立基金，对因失业而暂时中断生活来源的劳动者提供物质帮助的制度。其有失业人员基本生活保障和就业促进双重功能。《就业促进法》规定，国家建立健全失业保险制度，依法确保失业人员的基本生活，并促进其实现就业。地方各级人民政府和有关部门应当加强对失业人员从事个体经营的指导，提供政策咨询、就业培训和开业指导等服务。

本章小结

　　劳动就业是指符合法定年龄、具有劳动能力及劳动愿望的公民从事具有报酬或者经营性收入社会职业的过程和活动，其实质是劳动力和生产资料的结合。劳动就业权作为基本权利，涵盖公共就业保障权等内容。劳动就业遵循市场就业和国家促进的基本原则。我国采取特殊保障措施实现公平就业，消除就业歧视，促进妇女、残疾人、传染病病原携带者、进城务工农村劳动者等特殊群体的劳动就业。就业服务和管理是国家帮助劳动者在市场就业中实现平等竞争的重要手段，也是保障劳动者充分就业的重要条件。我国规定了公共就业服务的机构、场所和途径，强化对职业中介管理，实行职业中介机构的行政许可制度，并细化了职业中介的义务性行为规范和禁止性规范。国家对人力资源市场管理手段还包括劳动力调查、就业登记、失业登记、失业预警制度等。各级人民政府也建立了就业援助制度，对就业困难人员和零就业家庭给予扶持和帮助。

关键术语

劳动就业　　失业　　公平就业　　就业服务　　职业中介
就业援助　　就业管理

思考题

1. 如何理解劳动就业和失业的概念？
2. 如何理解我国劳动就业的基本原则？
3. 政府在劳动就业方面应履行何种职责？
4. 特殊群体就业保障和公平就业的关系？
5. 如何理解公共就业服务机构及其管理？
6. 如何理解职业中介机构及其管理？

第5章 劳动合同

劳动合同制度作为劳动法的核心制度,是调整劳动关系必不可少的法律制度。20世纪80年代中期,我国正式开始实行劳动合同制度。《劳动法》第一次以法律的形式确认劳动合同制度,《劳动合同法》对劳动合同制度又作了进一步的规范和完善。我国《劳动法》和《劳动合同法》规定用人单位和劳动者之间建立劳动关系应当签订劳动合同,劳动合同是用人单位和劳动者发生劳动争议而主张权利时最为重要的依据。本章主要阐释劳动合同的基本理论,介绍劳动合同的订立、履行和变更、解除和终止、劳务派遣和非全日制用工等制度,以期对劳动合同有一个全面的了解。

5.1 劳动合同概述

我国《劳动法》和《劳动合同法》规定,用人单位和劳动者之间建立劳动关系,应当签订劳动合同。通过订立劳动合同,明确用人单位和劳动者的权利与义务,有助于保障劳动者的合法权益,促进劳动关系的有序运行。

5.1.1 劳动合同的概念与法律特征

劳动合同,亦称劳动契约,是劳动者与用人单位明确双方权利和义务的协议。劳动合同是一种特殊的合同,与民事合同相比较,劳动合同主要具有如下法律特征:

1. 劳动合同是平等性与从属性兼有的合同

（1）平等性。劳动者与用人单位之间通过相互选择和平等协商，以合同的形式明确权利义务关系，并通过协议来续延、变更、暂停、终止劳动关系。

（2）从属性。劳动者作为用人单位的一员，在履行合同中必须服从用人单位的管理，但是，用人单位对劳动者的人身不能强制。劳动关系的从属性，使得劳动者处于弱势的地位，所以劳动法律制度的立法宗旨主要是保护劳动者的合法权益。

2. 劳动合同具有人身性和财产性双重属性

劳动力的存在和支出与劳动者的人身不可分离。劳动关系的人身性决定了劳动合同的专属性，即用人单位未经劳动者同意，不得将其在劳动合同中的权利让与第三人，而劳动者未经用人单位同意，也不得由第三人代为给付劳务。劳动合同的人身性还决定了劳动者给付劳务的自主权，即任何人均不得强制劳动者给付劳务，不得强迫劳动者订立、履行劳动合同。

3. 劳动合同是继续性合同，在具有稳定性的同时，具有不确定性

劳动者在订立合同时所掌握的信息是有限的，也不可能预见今后的变化，劳动合同的内容也有可能随着各种情况的不同而不断变化，如劳动者升职、工作岗位调动等，用人单位的经营情况也会发生变化，所以劳动合同的条款具有一定的弹性。因此，在处理劳动关系时，不仅仅依据劳动合同，还要适用《劳动法》、《劳动合同法》以及集体合同的规定。

4. 劳动合同权利义务的延续性

劳动合同权利义务的延续性渊源于劳动者劳动力再生产的自然属性。这种延续性表现在两个方面：

（1）在劳动合同的有效期内，劳动者即使未向用人单位提供劳动，在一定条件下对用人单位仍有劳动报酬的请求权，用人单位仍有支付劳动报酬的义务；

（2）在劳动合同终止或解除后，用人单位仍对劳动者负有相应的责任。

5. 劳动合同内容的法定性

合同的基本要义在于当事人双方的合意,这在劳动合同中也一样。有所不同的是,劳动合同的内容具有更多的法定性。

5.1.2 劳动合同的种类

劳动合同按照不同的标准可以有不同的分类。

1. 按照法律对劳动合同的期限的要求的不同,将劳动合同划分为固定期限的劳动合同、无固定期限的劳动合同和以完成一定的工作为期限的劳动合同,这是多数国家劳动立法的通常做法,我国《劳动法》和《劳动合同法》也不例外。

(1) 固定期限劳动合同,是指用人单位与劳动者约定合同终止时间的劳动合同。用人单位与劳动者协商一致,可以订立固定期限劳动合同。

(2) 无固定期限劳动合同,是指用人单位与劳动者约定无确定终止时间的劳动合同。

(3) 单项劳动合同,即没有固定期限,以完成一定工作任务为期限的劳动合同,是指用人单位与劳动者约定以某项工作的完成为合同期限的劳动合同。

2. 依据劳动合同的特征,劳动合同可以分为一般劳动合同和特殊劳动合同。一般劳动合同只需要按照劳动法的一般规定订立;特殊劳动合同是由《劳动合同法》专门加以规定的,包括以下几种:

(1) 集体合同,是指工会(未建立工会的用人单位,由上级工会指导劳动者推举的职工代表)代表企业职工(集体)一方与用人单位通过平等协商,就劳动报酬、工作时间、休息休假、劳动安全卫生、保险福利等事项订立的合同。集体合同草案应当提交职工代表大会或者全体职工讨论通过。

(2) 劳务派遣合同,是劳务派遣单位(用人单位)与劳动者订立的派遣劳动者到用工单位工作,由劳务派遣单位支付劳动者报酬的劳动合同。劳务派遣一般在临时性、辅助性或者替代性的工作岗位上实施。

(3) 非全日制用工合同(小时工),是指用人单位与劳动者签订的以小时计酬为主,劳动者在同一用人单位一般平均每日工作时间不超过四小时,每周工作时间累计不超过 24 小时的劳动合同。非全日制用工双方当事人不得约定试用期。非全日制用工双方当事人可以订立口头协议。

3. 按照劳动合同产生的方式来划分，劳动合同可分为三种：

（1）录用合同，以职工录用为目的，由用人单位与被录用者之间依法签订的，缔结劳动关系并约定劳动权利与义务的合同。它是劳动合同的基本类型。

（2）聘用合同，也叫聘任合同，它是指用人单位通过向特定的劳动者发聘书的方式，直接建立劳动关系的合同。这种合同一般适用于招聘有技术业务专长的特定劳动者。

（3）借调合同，也叫借用合同，它是借调单位、被借调单位与借调职工个人之间，为借调职工从事某种工作，明确相互责任、权利和义务的协议。借调合同一般适用于借调单位有急需之用的工人或职工。当借调合同终止时，借调职工仍然回原单位工作。

5.1.3 劳动合同的立法概况

西方工业化国家的劳动合同立法经历了一个由民法到劳动法的过程。20世纪以前，劳动合同被载入民法，完全适用自由原则，如1804年制定的《法国民法典》中就有关于劳动合同的专门条款。在该法典的影响下，欧洲、亚洲的一些国家都把劳动合同列为其民法典的内容。20世纪初，基于国家协调劳动关系的需要，劳动合同才由民法调整转入由劳动法调整。比利时于1900年3月制定的《劳动契约法》，开启了从劳动法的角度进行劳动合同立法的先河。在现代，关于劳动合同的立法有三种模式：一是在劳动法典等劳动基本法中将劳动合同单列为一章或一篇，如德国、日本、加拿大等；二是制定关于劳动合同的专项法规，如意大利、丹麦、印度等；三是少数国家仍然沿用民法的合同法或者按普通法由判例对劳动合同进行规范，如英国、美国等。[①]

我国的劳动合同立法，有一个长期的发展过程。主要经历了以下几个发展阶段：

1. 土地革命时期：劳动合同立法的萌芽阶段

早在土地革命时期，中央苏区1931年发布的《中华苏维埃共和国劳动法》中，就设有劳动合同专章。抗日战争时期《陕甘宁边区劳动保护条例

---

① 王全兴. 劳动法 [M]. 北京：法律出版社，2008：128.

（草案）》也对劳动合同作了规定。这个阶段属于劳动合同立法的萌芽阶段。

2. 新中国成立初期：劳动合同立法的初创时期

中华人民共和国成立以来，劳动合同立法一直是劳动立法的一个重要组成部分。1949年11月，中华全国总工会《关于劳资关系暂行办法》第2条规定："私营企业与被雇用工人、职员、学徒及勤杂人员之间的关系属本法规定者，得由劳资双方协议，签订集体合同或劳资契约规定之。"1951年5月，劳动部颁布了《关于各地招聘职工的暂行规定》。此后，劳动部还制定了《关于建筑工程单位赴外地招用建筑工人订立劳动合同的办法》（1954年）和《关于订立建筑工人借调合同办法》（1959年）。1962年10月国务院制定了《关于国有企业使用临时工的暂行规定》，规定"各单位招用临时工，必须签订劳动合同"。

3. 十一届三中全会以后至20世纪90年代初期：劳动合同立法的突破性发展阶段

党的十一届三中全会以后，国家的工作重心转移到经济建设上来，在全国进行经济体制改革的同时，对劳动制度也逐步进行了改革，劳动合同制度重新得到了肯定和发展。这个阶段制定的法规、规章主要包括：1982年2月，劳动人事部发布的《积极推行劳动合同制的通知》；此后，国务院和有关部委先后发布了《国有企业实行合同工制度的试行办法》（1982年）、《国有建筑企业招用农民合同制工人和试用农村建筑队暂行办法》（1984年）、《矿山企业实行农民轮换工制度试行条例》（1984年）、《交通、铁路部门装卸搬运作业实行农民轮换工制度和使用承包工试行办法》（1984年）等重要法规、规章。1986年7月，国务院发布了《国有企业实行劳动合同制度暂行规定》，要求全民所有制企业在招用常年性工作岗位的工人时，统一实行劳动合同制。此后，《全民所有制企业临时工管理暂行规定》（1989年），《全民所有制企业招用农民合同制工人的规定》（1991年）；《关于股份制试点企业临时工管理暂行规定》（1993年）等法规，都有关于订立劳动合同的规定。

4. 20世纪90年代中期至2007年，劳动合同立法进入新的发展阶段

以1994年7月颁布，1995年1月1日《劳动法》的施行为前提，劳动合同立法进入新的发展阶段。1994年的《劳动法》，全面肯定了劳动合同制度，

为推行全员劳动合同制提供了基本法律依据。为了配合《劳动法》的贯彻实施，劳动部于1994年12月3日和1995年5月10日分别发布了《违反和解除劳动合同的经济补偿办法》和《违反〈劳动法〉有关劳动合同规定的赔偿办法》，作为《劳动法》的配套法规执行。

5.《劳动合同法》的颁布和施行：劳动合同立法的里程碑阶段

为了具体地规范劳动合同，促进《劳动法》的有效实施，全国人大常委会于2007年6月29日十届人大常委会二十八次会议通过了《劳动合同法》，该法自2008年1月1日起施行。《劳动合同法》对劳动合同的订立、履行、变更、终止、解除作了详细规定，同时对急需规范的非全日制用工、劳务派遣等问题也首次以法律的形式作了规定。《劳动合同法》的颁布和施行，对于我国劳动法的发展具有里程碑意义。

5.1.4 《劳动合同法》的适用范围

1. 主体适用范围

根据《劳动合同法》第2条的规定，劳动合同的主体适用范围包括两个方面：一是用人单位，二是劳动者。

我国《劳动合同法》将用人单位限定为境内企业、个体经济组织、民办非企业单位。同时规定国家机关、事业单位、社会团体和与其建立劳动关系的劳动者建立劳动关系，也适用《劳动合同法》，即国家机关、事业单位、社会团体在特定的情况下，也可以作为用人单位构成劳动合同的主体。

《劳动法》和《劳动合同法》对劳动者的范围没有界定，它是从与用人单位建立劳动关系的角度来界定劳动者。此外，作为劳动者还必须符合两个条件：一是年满16周岁。《劳动法》第15条第1款规定："禁止用人单位招用未满16周岁的未成年人。"第15条第2款规定："文艺、体育和特种工艺单位招用未满16周岁的未成年人，必须依照国家有关规定，履行审批手续，并保障其接受义务教育的权利。"《劳动法》第58条规定："未成年工是指年满16周岁未满18周岁的劳动者。"二是有劳动能力。劳动能力是指劳动者凭借自己的智力或体力完成某项工作的能力。只有具备劳动能力的人，才能成为劳动者。①

---

① 黎建飞. 劳动合同法热点、难点、疑点问题全解 [M]. 北京：中国法制出版社，2007：9.

关于外国人是否属于我国《劳动合同法》的调整范围？根据《劳动合同法》第2条的规定可以推断出，如果外国人与我国境内的用人单位签订劳动合同的，应该适用我国《劳动合同法》。

2. 空间上的适用范围

空间上的适用范围，是指《劳动合同法》在什么地域范围内有效。《劳动合同法》第2条第1款规定："中华人民共和国境内的企业、个体经济组织、民办非企业单位等组织（以下称用人单位）与劳动者建立劳动关系，订立、履行、变更、解除或者终止劳动合同，适用本法。"即只要在中华人民共和国境内，都属于《劳动合同法》的调整范围。

3. 时间上的适用范围

时间上的适用范围包括：劳动合同法的生效时间、失效时间以及有无法律溯及力。

关于生效时间，《劳动合同法》第98条明确规定："本法自2008年1月1日起施行。"关于失效时间，只要没有新的法律对它作出修正，该法律就是有效的。

《劳动合同法》的法律溯及力是指《劳动合同法》能否适用于其生效以前的发生的劳动关系？关于法律的溯及力，一般采取从旧的原则，但《劳动合同法》有特别规定的除外。《劳动合同法》第97条第1款规定："本法施行前已依法订立且在本法施行之日存续的劳动合同，继续履行；本法第14条第2款第3项规定连续订立固定期限劳动合同的次数，自本法施行后续订固定期限劳动合同时开始计算。"即施行前已依法订立固定期限劳动合同，施行后续订固定期限劳动合同，属于连续订立两次固定期限劳动合同，适用《劳动合同法》的规定。

《劳动合同法》第97条第2款："本法施行前已建立劳动关系，尚未订立书面劳动合同的，应当自本法施行之日起一个月内订立。"即在此情况下适用《劳动合同法》的规定。

《劳动合同法》第97条第3款规定："本法施行之日存续的劳动合同在本法施行后解除或者终止，依照本法第46条规定应当支付经济补偿的，经济补偿年限自本法施行之日起计算；本法施行前按照当时有关规定，用人单位应当向劳动者支付经济补偿的，按照当时有关规定执行。"

5.1.5 《劳动合同法》与相关法律的关系

1. 《劳动合同法》与《劳动法》的关系

在劳动法体系中，一方面，从内容来看，《劳动法》属于调整劳动关系的基本法，《劳动合同法》则属于单项劳动法律制度。从这一角度分析，《劳动合同法》在立法目的上应以《劳动法》为依据，并在此基础上加以细化和补充。另一方面，从法律的效力来看，《劳动法》与《劳动合同法》都是由全国人大常委会制定的法律，处于同一位阶，依据新法优于旧法的原则，在两者不一致的情况下，优先适用《劳动合同法》的规定。①

2. 《劳动合同法》与《合同法》的关系

《劳动合同法》与《合同法》都是由全国人大常委会制定的法律，处于同一位阶，它们的关系属于特别法与一般法的关系。劳动合同除了具备民事合同的一般特征，还具有自身的法律特征，所以需要用专门的法律加以规定。在法律适用上原则上适用特别法（在这里即《劳动合同法》）的规定，如果特别法没有规定，而一般法（在这里为《合同法》）有规定的情形下，在不违背特别法的立法目的前提下可适用一般法的规定。

5.2 劳动合同的形式、内容和期限

劳动合同的形式、内容和期限，是劳动法律制度中非常重要的问题，《劳动法》和《劳动合同法》对此做出了明确规定。当事人订立的劳动合同，只有符合劳动法规定的形式要件和实质要件才能合法有效。

5.2.1 劳动合同的形式

劳动合同的形式是指劳动合同当事人双方意思表示一致的外部表现方式，即用什么样的方式将双方达成一致的协议固定下来。劳动合同的形式包括口头形式和书面形式。各国关于劳动合同的形式，都是由立法来明确规定的，我国也不例外。根据我国《劳动法》和《劳动合同法》的规定，劳动合同应当采

---

① 王全兴. 劳动法 [M]. 北京：法律出版社，2008：129.

用书面形式，非全日制用工除外。

《劳动法》第16条第2款规定："建立劳动关系应当订立劳动合同。"该法第19条进一步规定："劳动合同应当以书面形式订立。"可见《劳动法》关于劳动合同的形式采用了强制性规范的形式，规定其应当采用书面形式。但这种规范在实践中经常流于形式，实践中存在大量的事实劳动关系，却很少受到查处，这显然不利于保护劳动者的合法权益。

《劳动合同法》强调劳动合同的书面化，原则上不管订立、变更、解除、终止劳动合同都应当采取书面形式。《劳动合同法》第10条规定："建立劳动关系，应当订立书面劳动合同。已建立劳动关系，未同时订立书面劳动合同的，应当自用工之日起一个月内订立书面劳动合同。"根据该规定，如果没有采用书面形式的，并非劳动合同当然无效，而是给予一个月的宽限期，要求自用工之日起一个月内订立书面劳动合同。这说明书面形式不是劳动合同的成立要件或生效要件。

《劳动合同法》相比于《劳动法》的进步在于用立法的形式确认未订立书面合同的法律后果，这样能更好地保护劳动者的合法权益。《劳动合同法》第14条第3款规定："用人单位自用工之日起满一年不与劳动者订立书面劳动合同的，视为用人单位与劳动者已订立无固定期限劳动合同。"《劳动合同法》第82条第1款规定："用人单位自用工之日起超过一个月不满一年未与劳动者订立书面劳动合同的，应当向劳动者每月支付两倍的工资。"

此外，《劳动合同法》还部分承认了非书面形式劳动合同的效力，《劳动合同法》第69条规定："非全日制用工双方当事人可以订立口头协议。"

5.2.2 劳动合同的内容

劳动合同的内容，即劳动合同的条款，是指双方当事人在劳动合同中必须明确的权利义务及其他问题，根据《劳动合同法》的规定，我国劳动合同的条款分为法定必备条款和约定条款。

1. 法定必备条款

法定必备条款，是指依据法律规定劳动合同必须具备的条款。《劳动合同法》第17条第1款规定："劳动合同应当具备以下条款：（1）用人单位的名称、住所和法定代表人或者主要负责人；（2）劳动者的姓名、住址和居民身份证或者其他有效身份证件号码；（3）劳动合同期限；（4）工作内容和工作地点；(5) 工作时间和休息休假；(6) 劳动报酬；(7) 社会保险；(8) 劳动保护、劳动条件和职业危害防护；(9) 法律、法规规定应当纳入劳动合同的其他事项。"

2. 约定条款

约定条款是指法定条款以外依据当事人的约定而确立的条款，它是法定必备条款的必要补充。《劳动合同法》第17条第2款规定："劳动合同除前款规定的必备条款外，用人单位与劳动者可以约定试用期、培训、保守秘密、补充保险和福利待遇等其他事项。"

3. 关于劳动合同条款的特殊规定

（1）试用期条款

根据《劳动合同法》，试用期条款必须符合以下规定：①试用期应包含在劳动合同期限内，劳动合同仅约定试用期的，试用期不成立，该期限为劳动合同期限；②以完成一定工作任务为期限的劳动合同或者劳动合同期限不满三个月的，不得约定试用期；③同一用人单位与同一劳动者只能约定一次试用期；④试用期不能超过法定的最长期限；⑤试用期的工资不得低于用人单位所在地的最低工资标准。

关于试用期的期限，《劳动合同法》第19条第1款规定："劳动合同期限三个月以上不满一年的，试用期不得超过一个月；劳动合同期限一年以上不满三年的，试用期不得超过两个月；三年以上固定期限和无固定期限的劳动合同，试用期不得超过六个月。"

（2）服务期条款

《劳动合同法》第22条对用人单位和接受专业技术培训的劳动者之间约定服务期的问题做出了明确规定，内容涉及服务期的适用条件、工资待遇及约定服务期的情况下的违约金等。《劳动合同法》对服务期的期限未作出规定，由当事人双方协商确定。

约定服务期的前提条件是用人单位为劳动者提供专项培训费用，对其进行专业技术培训。这里的专业技术培训，不包括面向一般劳动者的通用性的知识和技能培训，如上岗和转岗培训、劳动安全卫生培训等。

关于服务期的工资待遇，《劳动合同法》规定：在服务期内不影响按照正常的工资调整机制提高劳动者的劳动报酬。

关于劳动者违反服务期约定的,《劳动合同法》规定:应当按照约定向用人单位支付违约金。违约金的数额不得超过用人单位提供的培训费用。用人单位要求劳动者支付的违约金不得超过服务期尚未履行部分所应分摊的培训费用。

(3) 保密条款

《劳动合同法》第23条第1款规定:"用人单位与劳动者可以在劳动合同中约定保守用人单位的商业秘密和与知识产权相关的保密事项。"

具体的保密措施主要是约定竞业限制条款。对此《劳动合同法》第23条第2款规定:"对负有保密义务的劳动者,用人单位可以在劳动合同或者保密协议中与劳动者约定竞业限制条款,并约定在解除或者终止劳动合同后,在竞业限制期限内按月给予劳动者经济补偿。劳动者违反竞业限制约定的,应当按照约定向用人单位支付违约金。"

对于承担保密义务的劳动者,用人单位应当给予相应的补偿,如在职期间的保密津贴以及劳动合同解除后的竞业限制补偿金。对于违反保密义务的劳动者,用人单位有权依据保密条款追究其违约责任,要求其支付违约金。

(4) 竞业限制条款

竞业限制,是用人单位对员工采取的以保护其商业秘密为目的的一种法律措施,是根据法律规定或双方约定,限制并禁止员工在本单位任职期间同时兼职于业务竞争单位,限制并禁止员工在离职后从事与本单位竞争的业务,包括不得在生产同类产品或经营同类业务且有竞争关系或其他利害关系的其他业务单位任职,不得自行建立与本单位业务范围相同的企业,不得自己生产、经营与本单位有竞争关系的同类产品或业务。

《劳动合同法》对竞业限制作出了明确规定,主要内容包括:①竞业限制的人员限于用人单位的高级管理人员、高级技术人员和其他负有保密义务的人员,而不是普通员工或职工,更不能是全体员工;②竞业限制的范围、地域、期限由用人单位与劳动者约定,竞业限制的约定不得违反法律、法规的规定;③竞业限制的时间限制,要根据劳动者所从事的不同行业,企业所在的不同区域,技术更新的不同时间而确定,《劳动合同法》规定最长不得超过两年。④竞业限制必须要有合理的补偿。竞业限制协议中最重要的就是有关合理补偿的内容,没有约定补偿的竞业禁止协议是无效的。《劳动合同法》没有对竞业限制的经济补偿数额作出规定,由当事人自由约定。《劳动合同法》只是规定补偿的方式:在解除或者终止劳动合同后,在竞业限制期限内按月给予劳动者经济补偿。

5.2.3 劳动合同的期限

根据劳动合同的期限来划分,劳动合同分为固定期限劳动合同、无固定期限劳动合同和以完成一定工作任务为期限的劳动合同。

1. 固定期限劳动合同

固定期限劳动合同,是指用人单位与劳动者约定合同终止时间的劳动合同。

2. 无固定期限劳动合同

无固定期限劳动合同,是指用人单位与劳动者约定无确定终止时间的劳动合同。根据《劳动合同法》第14条第2款的规定,用人单位与劳动者协商一致,可以订立无固定期限劳动合同。有下列情形之一,劳动者提出或者同意续订、订立劳动合同的,除劳动者提出订立固定期限劳动合同外,应当订立无固定期限劳动合同:

(1) 劳动者在该用人单位连续工作满十年的;

(2) 用人单位初次实行劳动合同制度或者国有企业改制重新订立劳动合同时,劳动者在该用人单位连续工作满十年且距法定退休年龄不足十年的;

(3) 连续订立两次固定期限劳动合同,且劳动者没有本法第39条和第40条第1项、第2项规定的情形,续订劳动合同的。

《劳动合同法》第14条第3款规定:"用人单位自用工之日起满一年不与劳动者订立书面劳动合同的,视为用人单位与劳动者已订立无固定期限劳动合同。"

根据《劳动合同法》的规定,无固定期限的劳动合同,当法定的终止情形出现时,劳动合同终止,当法定的解除条件出现时,劳动合同可以被解除。

3. 以完成一定工作任务为期限的劳动合同

以完成一定工作任务为期限的劳动合同,是指用人单位与劳动者约定以某项工作的完成为合同期限的劳动合同。用人单位与劳动者协商一致,可以订立以完成一定工作任务为期限的劳动合同。

5.3 劳动合同的订立、履行和变更

劳动合同的订立、履行和变更，是劳动合同制度中非常重要的问题，劳动合同的订立是否合法，依法订立的劳动合同能否得到全面、合法的履行、劳动合同的变更是否以平等自愿、协商一致为前提，直接关系到劳动合同双方当事人尤其是劳动者权益能否得到保护。《劳动合同法》在总结《劳动法》及有关配套规定的基础上，对劳动合同的订立、履行和变更作出了更为全面、细密的规定。

5.3.1 劳动合同的订立

1. 劳动合同订立的概念和原则

劳动合同的订立，是指劳动者和用人单位依法就双方的权利义务协商一致，设立劳动合同关系的法律行为。

劳动合同订立的原则是指劳动合同订立过程中双方当事人应当遵循的法律准则。《劳动合同法》第3条第1款规定："订立劳动合同，应当遵循合法、公平、平等自愿、协商一致、诚实信用的原则。"根据法律规定订立劳动合同必须遵守下列原则：

（1）合法原则。合法原则是指劳动合同的订立必须符合法律规定，不得与法律、法规相抵触。这是劳动合同有效的前提条件。它的基本内容包括以下五点：①订立劳动合同的主体必须合法；②订立劳动合同的目的必须合法；③订立劳动合同的内容必须合法；④订立劳动合同的程序与形式必须合法；⑤订立劳动合同的行为必须合法。

（2）公平原则。公平原则是指劳动合同的内容应当公平、合理。就是在符合法律规定的前提下，劳动合同双方公正、合理地确立双方的权利和义务。有些合同内容，相关劳动法律、法规往往只规定了一个最低标准，在此基础上双方自愿达成协议，就是合法的，但有时合法的未必公平、合理。公平原则是社会公德的体现，将公平原则作为劳动合同订立的原则，可以防止劳动合同当事人尤其是用人单位滥用优势地位，损害劳动者的权利，有利于平衡劳动合同双方当事人的利益，有利于建立和谐稳定的劳动关系。

（3）平等自愿原则。平等自愿原则包括两层含义，一是平等原则，二是

自愿原则。所谓平等原则就是劳动者和用人单位在订立劳动合同时在法律地位上是平等的，没有高低、从属之分，不存在命令和服从的关系。只有地位平等，双方才能自由表达真实的意思。当然在订立劳动合同后，劳动者成为用人单位的一员，受用人单位的管理，处于被管理者的地位，用人单位和劳动者的地位是不平等的。这里讲的平等，是法律上的平等，形式上的平等。自愿原则是指订立劳动合同完全是出于劳动者和用人单位双方的真实意志，是双方协商一致达成的，任何一方不得把自己的意志强加给另一方。根据自愿原则，任何单位和个人不得强迫劳动者订立劳动合同。

（4）协商一致原则。协商一致就是用人单位和劳动者要对合同的内容达成一致意见。合同是双方意思表示一致的结果，劳动合同也是一种合同，也需要劳动者和用人单位双方协商一致，达成合意，一方不能凌驾于另一方之上，不得把自己的意志强加给对方，也不能强迫命令、胁迫对方订立劳动合同。

（5）诚实信用原则。就是在订立劳动合同时要诚实，讲信用，双方都不得有欺诈行为。《劳动合同法》第 8 条规定："用人单位招用劳动者时，应当如实告知劳动者工作内容、工作条件、工作地点、职业危害、安全生产状况、劳动报酬，以及劳动者要求了解的其他情况；用人单位有权了解劳动者与劳动合同直接相关的基本情况，劳动者应当如实说明。"

2. 劳动合同订立的效力

《劳动合同法》规定，依法订立的劳动合同具有约束力，用人单位与劳动者应当履行劳动合同约定的义务。劳动合同具有法律效力，必须具备法定的有效条件。一般包括：（1）劳动合同的主体合法；（2）劳动合同双方当事人的意思表示真实；（3）劳动合同的内容合法；（4）劳动合同的形式合法；（5）劳动合同的订立程序合法。

3. 劳动合同无效的确认及法律后果

无效劳动合同，是指劳动合同由于缺少有效要件而全部或部分不具有法律效力。① 根据《劳动合同法》的规定，下列劳动合同无效或者部分无效：

（1）以欺诈、胁迫的手段或者乘人之危，使对方在违背真实意思的情况下订立或者变更劳动合同的；

---

① 王全兴.劳动法[M].北京：法律出版社，2008：159.

(2) 用人单位免除自己的法定责任、排除劳动者权利的；

(3) 违反法律、行政法规强制性规定的。

劳动合同部分无效，不影响其他部分效力的，其他部分仍然有效。劳动合同无效或部分无效的确认机构是劳动争议仲裁机构或者人民法院。

劳动合同被确认无效，劳动者已付出劳动的，用人单位应当向劳动者支付劳动报酬。劳动报酬的数额，参照本单位相同或者相近岗位劳动者的劳动报酬确定。

5.3.2 劳动合同的履行

1. 劳动合同履行的概念和原则

劳动合同的履行，指的是劳动合同双方当事人按照劳动合同的约定，履行各自的义务，享有各自的权利。

《劳动合同法》规定了劳动合同履行的一般原则：

(1) 全面履行原则。劳动合同双方当事人在任何时候，均应当履行劳动合同约定的全部义务。《劳动合同法》第29条规定，用人单位与劳动者应当按照劳动合同的约定，全面履行各自的义务。

(2) 合法原则。指的是劳动合同双方当事人在履行劳动合同过程中，必须遵守法律法规，不得有违法行为。《劳动合同法》着重强调了三个方面，一是规定用人单位应当按照劳动合同约定和国家规定及时足额支付劳动报酬。用人单位拖欠或者未足额支付劳动报酬的，劳动者可以依法向当地人民法院申请支付令，人民法院应当依法发出支付令。二是规定用人单位应当严格执行劳动定额标准，不得强迫或者变相强迫劳动者加班。用人单位安排加班的，应当按照国家有关规定向劳动者支付加班费。三是规定劳动者对用人单位管理人员违章指挥、强令冒险作业有权拒绝，不视为违反劳动合同；劳动者对危害生命安全和身体健康的劳动条件，有权对用人单位提出批评、检举和控告。

2. 特殊情形下劳动合同的履行规则

除了遵循全面履行原则和合法原则外，《劳动合同法》还对以下特殊情形下的劳动合同的履行作了专门规定：

(1) 用人单位变更名称、法定代表人、主要负责人或者投资人等事项，不影响劳动合同的履行。

（2）用人单位发生合并或者分立等情况，原劳动合同继续有效，劳动合同由承继其权利义务的用人单位继续履行。

在用人单位变更名称、法定代表人、主要负责人，或者用人单位发生合并、分立等情况时，由于劳动合同必备条款中的用人单位名称、法定代表人、主要负责人等内容发生了变更，用人单位与劳动者应当从形式上变更劳动合同，但是，没有从形式上变更劳动合同的，原劳动合同也应当继续履行。

用人单位的变动，不仅仅涉及劳动合同的承继履行问题，还涉及劳动合同的变更和解除、社会保险责任的转移和劳动争议当事人的确定等问题。

5.3.3 劳动合同的变更

1. 劳动合同变更的含义和原则

劳动合同的变更是指劳动者与用人单位协商一致，对依法成立、尚未履行或者尚未完全履行的劳动合同条款所做的修改、补充和删减的法律行为。

法律规定，劳动合同依法订立后，双方当事人必须全面履行合同规定的义务，任何一方不得擅自变更劳动合同。《劳动合同法》第35条规定，用人单位与劳动者协商一致，可以变更劳动合同约定的内容。也就是说，协商一致原则是劳动合同变更的一般原则。

2. 劳动合同变更的形式、程序和法律后果

（1）劳动合同变更的形式

由于劳动合同的订立应当采用书面形式，劳动合同的变更也应当采用书面形式。《劳动合同法》第35条规定，变更劳动合同，应当采用书面形式。劳动合同的变更采用书面形式，是为了保护劳动者利益，在企业管理中变更劳动合同协议较为平常，提职、提高劳动报酬，改善工作条件和工作环境皆为劳动合同的变更，也常不会签订书面合同，送达给劳动者一份，若没采用书面合同，否认该行为的效力，对劳动者极为不利，也为用人单位反悔提供了法律依据，因此，这里的"应当采用书面形式"，不是合同的效力性禁止规范，而是管理性的倡导规范，只要有利于劳动者，劳动者没有提出异议，变更后的劳动合同继续有效。

没有书面变更协议可否适用《劳动合同法》第82条支付两倍工资的规定？该条规定的用人单位应当向劳动者支付两倍工资的前提是其"未与劳动

者签订书面劳动合同",这是指自始就没签订过书面劳动合同,无法证明劳动关系的存在,损害劳动者利益。变更劳动合同没有书面协议不属此范围,当然也就不能适用此条要求支付两倍工资。

(2) 劳动合同变更的程序和法律后果

劳动合同变更的程序一般要经过提议、协商、签订和鉴证或备案等四个阶段。

一是提议阶段。先由要求变更劳动合同的一方向对方提出变更建议,说明变更劳动合同的理由及修改内容。

二是协议阶段。如果一方同意接受另一方提出的变更建议,双方就可以签订新的协议;如果变更建议不能或不能全部被对方接受,双方需继续协商,直到意见一致,或维持或变更原劳动合同的相应条款。

三是签订书面协议阶段。在协商一致的基础上,双方在变更后的劳动合同文本上签字、盖章。变更后的劳动合同文本由用人单位和劳动者各执一份。

四是鉴证或备案阶段。凡是订立时经过鉴证或备案的劳动合同,变更劳动合同的协议签订后也要办理鉴证或备案手续。《变更劳动合同协议书》一式两份,送劳动行政部门鉴证或备案后,由双方当事人各持一份。[①]

劳动合同变更的法律后果,即合同当事人双方的权利义务,从变更合同的协议所约定之日起发生变更。

5.4 劳动合同的解除和终止

劳动合同的解除和终止,都是消灭劳动法律关系的行为,但二者之间有着明显的区别。劳动合同可以基于一定的法律事实而成立,也可以基于一定的法律事实而终止。广义的劳动合同终止包含了劳动合同的解除;狭义的劳动合同终止与劳动合同的解除是并行的制度。《劳动法》和《劳动合同法》采用了狭义的劳动合同终止的概念,分别对劳动合同的解除和终止作出了规定。

5.4.1 劳动合同的解除与终止的概念

劳动合同的解除,是指当事人双方或一方依法提前终止劳动合同的法律效

---

① 王全兴. 劳动法 [M]. 北京:法律出版社,2008:167.

力，解除双方的权利义务关系。

劳动合同的终止，是指劳动合同的法律效力依法被消灭，即劳动关系由于一定法律事实的出现而终结，劳动者与用人单位之间原有的权利义务不再存在。

从理论上来说，广义上的合同终止，应该包括合同的解除，这一点在我国《合同法》中就得到了体现。根据《合同法》第91条的规定，合同解除是合同终止的一种情形。但《劳动法》和《劳动合同法》所确立的却是劳动合同终止与解除并列存在的体制，也就是说二者之间有区别，劳动合同的解除基于当事人的行为而提前终止劳动合同的效力，劳动合同的终止一般是基于当事人行为以外的法律事实导致劳动合同效力的终结。根据《劳动合同法》，劳动合同解除和终止时，用人单位支付经济补偿金的规定不同。

5.4.2 劳动合同的解除

根据《劳动合同法》第四章的规定，劳动合同的解除分为三种，即双方协商解除劳动合同、劳动者单方解除劳动合同和用人单位单方解除劳动合同。

1. 双方协商解除劳动合同

双方协商解除劳动合同，是指劳动合同的双方当事人经过协商一致，提前终止劳动合同的效力。法律对于协商解除劳动合同的具体方式和程序并无强制性规定，可以遵循劳动合同订立的程序。

2. 劳动者单方解除劳动合同

（1）劳动者可以随时通知解除劳动合同

根据《劳动合同法》第38条的规定，用人单位有下列情形之一的，劳动者可以解除劳动合同：①未按照劳动合同约定提供劳动保护或者劳动条件的；②未及时足额支付劳动报酬的；③未依法为劳动者缴纳社会保险费的；④用人单位的规章制度违反法律、法规的规定，损害劳动者权益的；⑤因用人单位以欺诈、胁迫的手段或者乘人之危，使劳动者在违背真实意思的情况下订立或者变更劳动合同，或用人单位免除自己的法定责任、排除劳动者权利，以及劳动合同内容违反法律、行政法规强制性规定，致使劳动合同无效的；⑥法律、行政法规规定劳动者可以解除劳动合同的其他情形。

（2）劳动者试用期内解除劳动合同

根据《劳动合同法》第 37 条的规定，在试用期内，劳动者需提前 3 日通知用人单位，才可以解除劳动合同。

(3) 劳动者预告通知解除劳动合同

根据《劳动合同法》第 37 条的规定，劳动者提前 30 日以书面形式通知用人单位，可以解除劳动合同。也就是说，提前 30 日以书面形式通知用人单位，既是劳动者在一般情形下解除劳动合同的权利，也是劳动者在一般情形下解除劳动合同的义务。只要劳动者提前 30 日以书面形式通知了用人单位，就有权解除劳动合同，用人单位不得阻挠（依法约定了培训服务期的，劳动者应当按照依法约定的违约金承担违约责任）；但是，如果劳动者没有提前 30 日以书面形式通知用人单位，则属于违法解除劳动合同，给用人单位造成损失的，应当承担赔偿责任。

3. 用人单位单方解除劳动合同

(1) 用人单位可以随时解除劳动合同

根据《劳动合同法》第 39 条的规定，劳动者有下列情形之一的，用人单位可以解除劳动合同：①在试用期间被证明不符合录用条件的；②严重违反用人单位的规章制度；③严重失职，营私舞弊，给用人单位造成重大损害的；④劳动者同时与其他用人单位建立劳动关系，对完成本单位的工作任务造成严重影响，或者经用人单位提出，拒不改正的；⑤以欺诈、胁迫的手段或者乘人之危，使用人单位在违背真实意思的情况下订立或者变更劳动合同致使劳动合同无效的；⑥被依法追究刑事责任的。

(2) 用人单位预告通知解除劳动合同

根据《劳动合同法》第 40 条的规定，有下列情形之一的，用人单位提前 30 日以书面形式通知劳动者本人或者额外支付劳动者 1 个月工资后，可以解除劳动合同：①劳动者患病或者非因工负伤，在规定的医疗期满后不能从事原工作，也不能从事由用人单位另行安排的工作的；②劳动者不能胜任工作，经过培训或者调整工作岗位，仍不能胜任工作的；③劳动合同订立时所依据的客观情况发生重大变化，致使劳动合同无法履行，经用人单位与劳动者协商，未能就变更劳动合同内容达成协议的。

(3) 用人单位在法定情形下可以经济性裁员

根据《劳动合同法》第 41 条的规定，在下列情形下，用人单位可以裁减人员：①依照企业破产法规定进行重整的；②生产经营发生严重困难的；③企业转产、重大技术革新或者经营方式调整，经变更劳动合同后，仍需裁减人员的；④其他因劳动合同订立时所依据的客观经济情况发生重大变化，致使劳动合同无法履行的。

根据《劳动合同法》的规定，用人单位裁减人员，应当提前30日向工会或者全体职工说明情况，听取工会或者职工的意见后，裁减人员方案经向劳动行政部门报告，才可以裁减人员。用人单位裁减人员，应当优先留用下列人员：①与本单位订立较长期限的固定期限劳动合同的；②与本单位订立无固定期限劳动合同的；③家庭无其他就业人员，有需要扶养的老人或者未成年人的；用人单位裁减人员后，在6个月内重新招用人员的，应当通知被裁减的人员，并在同等条件下优先招用被裁减的人员。

（4）用人单位不得解除劳动合同的法定情形及相关规定

根据《劳动合同法》第42条的规定，劳动者有下列情形之一的，用人单位不得依照本法第40条、第41条的规定与其解除劳动合同：①从事接触职业病危害作业的劳动者未进行离岗前职业健康检查，或者疑似职业病病人在诊断或者医学观察期间的；②在本单位患职业病或者因工负伤并被确认丧失或者部分丧失劳动能力的；③患病或者非因工负伤，在规定的医疗期内的；④女职工在孕期、产期、哺乳期的；⑤在本单位连续工作满15年，且距法定退休年龄不足5年的；⑥法律、行政法规规定的其他情形。

劳动者患病或非因工负伤医疗期，根据原劳动部1994年发布的《企业职工患病或非因工负伤医疗期规定》的规定，企业职工因患病或非因工负伤，需要停止工作医疗时，根据本人实际参加工作年限和在本单位工作年限，给予3个月到24个月的医疗期。实际工作年限10年以下的，在本单位工作5年以下的为3个月；5年以上的为6个月。实际工作年限在10年以上的，在本单位工作5年以下的为6个月；5年以上10年以下的为9个月；10年以上15年以下的为12个月；15年以上20年以下的为18个月；20年以上的为24个月。

女职工的产假和哺乳期，根据《劳动法》、《女职工劳动保护规定》等法律、法规的规定。处在孕期、产期和哺乳期的女职工，用人单位不得将其辞退，除非用人单位能提供证据证明引起劳动合同解除的事由在法定禁止性条件的适用范围之外。①

---

① 关怀，郑爱青. 劳动合同法及其实施条例解读［M］. 北京：人民法院出版社，2009：94.

(5) 用人单位单方解除劳动合同的法定手续

根据《劳动合同法》第43条的规定，用人单位单方解除劳动合同，应当事先将理由通知工会。用人单位违反法律、行政法规规定或者劳动合同约定的，工会有权要求用人单位纠正。用人单位应当研究工会的意见，并将处理结果书面通知工会。

5.4.3 劳动合同的终止

1. 劳动合同终止的法定事由

劳动合同的终止必须符合法定的条件。根据《劳动合同法》第44条的规定，有下列情形之一的，劳动合同终止：

（1）劳动合同期满的；

（2）劳动者开始依法享受基本养老保险待遇的；

（3）劳动者死亡，或者被人民法院宣告死亡或者宣告失踪的；

（4）用人单位被依法宣告破产的；

（5）用人单位被吊销营业执照、责令关闭、撤销或者用人单位决定提前解散的；

（6）法律、行政法规规定的其他情形。

2. 劳动合同的延期终止

劳动合同的延期终止是指劳动合同期满时因存在法定的特殊情形，劳动合同应当续延至相应的情形消失时为止。①

根据《劳动合同法》第45条的规定，延期终止的法定事由包括：

（1）从事接触职业病危害作业的劳动者未进行离岗前职业健康检查，或者疑似职业病病人在诊断或者医学观察期间的；

（2）在本单位患职业病或者因工负伤并被确认丧失或者部分丧失劳动能力的；

（3）患病或者非因工负伤，在规定的医疗期内的；

（4）女职工在孕期、产期、哺乳期的；

---

① 王全兴. 劳动法 [M]. 北京：法律出版社，2008：183.

（5）在本单位连续工作满十五年，且距法定退休年龄不足五年的；

（6）法律、行政法规规定的其他情形。

劳动合同期满，发生以上情形之一的，劳动合同应当续延至相应的情形消失时终止。但是因在本单位患职业病或者因工负伤丧失或者部分丧失劳动能力劳动者的劳动合同的终止，按照国家有关工伤保险的规定执行。

5.4.4 劳动合同解除和终止的经济补偿

1. 劳动合同解除的经济补偿

（1）双方协商解除劳动合同的经济补偿

根据《劳动合同法》第46条规定，用人单位首先提出解除劳动合同并与劳动者协商一致解除劳动合同的，用人单位必须向劳动者支付经济补偿金；劳动者首先提出解除劳动合同并与用人单位协商一致解除劳动合同的，用人单位可以不支付经济补偿金。

（2）劳动者单方提出解除劳动合同的经济补偿

根据《劳动合同法》第46条的规定，劳动者依照本法第38条规定解除劳动合同的，也就是在用人单位存在违法行为的情况下劳动者提出解除劳动合同的，用人单位应当向劳动者支付经济补偿。

劳动者依照本法第37条规定解除劳动合同，即劳动者提前30日以书面形式通知用人单位解除劳动合同，以及劳动者在试用期内解除劳动合同的，用人单位不必向劳动者支付经济补偿。

（3）用人单位单方提出解除劳动合同的经济补偿

根据《劳动合同法》第46条的规定，下列情形下，用人单位单方解除劳动合同的，应当向劳动者支付经济补偿：

一是用人单位依照本法第40条规定解除劳动合同的。即劳动者患病或者非因工负伤，在规定的医疗期满后不能从事原工作，也不能从事由用人单位另行安排的工作；劳动者不能胜任工作，经过培训或者调整工作岗位，仍不能胜任工作的；劳动合同订立时所依据的客观情况发生重大变化，致使劳动合同无法履行，经用人单位与劳动者协商，未能就变更劳动合同内容达成协议的，用人单位在提前30日以书面形式通知劳动者本人或者额外支付劳动者1个月工资后解除劳动合同的。

二是用人单位依照本法第41条第1款规定解除劳动合同的。即用人单位依法裁减人员的。

2. 劳动合同终止的经济补偿

根据《劳动合同法》第46条的规定，除用人单位维持或者提高劳动合同约定条件续订劳动合同，劳动者不同意续订劳动合同的情形外，用人单位依照本法第44条第1项规定（即劳动合同期满）终止固定期限劳动合同的；用人单位被依法宣告破产或者用人单位被吊销营业执照、责令关闭、撤销或者用人单位决定提前解散而终止劳动合同的，用人单位应当向劳动者支付经济补偿。

3. 解除或者终止劳动合同的经济补偿的标准

根据《劳动合同法》第47条的规定，解除或者终止劳动合同的经济补偿按劳动者在本单位工作的年限，每满1年支付1个月工资的标准向劳动者支付。6个月以上不满1年的，按1年计算；不满6个月的，向劳动者支付半个月工资的经济补偿。劳动者月工资高于用人单位所在直辖市、设区的市级人民政府公布的本地区上年度职工月平均工资3倍的，向其支付经济补偿的标准按职工月平均工资3倍的数额支付，向其支付经济补偿的年限最高不超过12年。这里的月工资是指劳动者在劳动合同解除或者终止前12个月的平均工资。

根据《劳动合同法》第97条第3款的规定，《劳动合同法》施行之日存续的劳动合同在本法施行后解除或者终止，依照本法第46条规定应当支付经济补偿的，经济补偿年限自本法施行之日起计算；本法施行前按照当时有关规定，用人单位应当向劳动者支付经济补偿的，按照当时有关规定执行。

5.4.5 用人单位违法解除或终止劳动合同的后果

根据《劳动合同法》第48条、第87条的规定，用人单位违法解除或者终止劳动合同，劳动者要求继续履行劳动合同的，用人单位应当继续履行；劳动者不要求继续履行劳动合同或者劳动合同已经不能继续履行的，用人单位应当依照经济补偿标准的两倍向劳动者支付赔偿金。

5.4.6 劳动合同解除或终止后双方当事人的义务（后合同义务）

1. 劳动合同解除或者终止后，用人单位应当履行的义务

根据《劳动合同法》第50条的规定，劳动合同解除或者终止时，用人单位应当给劳动者出具解除或者终止劳动合同的证明，并在15日内为劳动者办理档案和社会保险关系转移手续；应当向劳动者支付经济补偿的，在办理工作交接时支付；对已经解除或者终止的劳动合同的文本，至少保存两年备查。

2. 劳动合同解除或者终止后，劳动者应当履行的义务

根据《劳动合同法》第50条的规定，劳动合同解除或者终止时，劳动者应当按照双方约定，办理工作交接；同时，在劳动合同解除或者终止后，劳动者应当按照劳动合同的约定，保守用人单位的商业秘密和与知识产权相关的保密事项，履行竞业限制义务。

5.5 劳务派遣

劳务派遣是一种新型的用工形式，它涉及派遣单位、派遣劳动者和用工单位三方主体，其最显著的法律特征是劳动力的雇佣与使用相分离。我国《劳动合同法》对劳务派遣制度作了专门规定，这有利于规范劳务派遣主体、规范劳务派遣当事人的权利和义务，有利于保障劳务派遣中劳动者的合法权益。

5.5.1 劳务派遣的概念、特点和适用范围

1. 劳务派遣的概念与特点

劳务派遣的基本内涵为：劳务派遣单位与劳动者签订劳动合同后，再与用工单位签订派遣协议，将劳动者派遣至用工单位工作，由劳务派遣单位向劳动者支付工资、福利及社会保险费用，用工单位负责提供劳动条件并对劳动者行

使指挥权与管理权。简言之，劳务派遣是劳务派遣单位根据用工单位的需要，派遣符合条件的员工到用工单位工作的一种新型用工方式。①

劳务派遣最显著的法律特征是劳动力的雇佣与使用相分离，它与传统用工相比，具有以下特点：

（1）用工关系中存在三方主体。一般劳动关系是在用人单位和劳动者之间订立的，用人单位直接招收和使用劳动者；劳务派遣是一种新型的用工形式，它涉及派遣单位、派遣劳动者和用工单位三方主体，即招工和用工行为相分离。

（2）劳务派遣单位和被派遣劳动者之间存在劳动合同关系。被派遣的劳动者是劳务派遣单位的职工，作为用人单位的劳务派遣单位应当依法履行用人单位对劳动者的义务。《劳动合同法》规定，劳务派遣单位应当与被派遣劳动者订立两年以上的固定期限劳动合同，按月支付劳动报酬；被派遣劳动者在无工作期间，劳务派遣单位应当按照所在地人民政府规定的最低工资标准，向其按月支付报酬。

（3）用工单位与被派遣劳动者之间是实际提供岗位和实施劳动的关系。被派遣劳动者到用工单位工作，在用工单位的管理下从事有偿劳动，这是一种特殊的劳动关系，但是不属于劳动合同关系，这种关系不适用劳动法来调整。②

（4）劳务派遣单位与用工单位是一种特殊的民事协议关系。劳务派遣单位与用工单位通过签订劳务派遣协议的方式，约定由劳务派遣单位向用工单位派出劳动者。一方面，该劳务派遣协议是在平等主体之间签订的，具有民事合同的性质；另一方面，该劳务派遣协议又不同于一般的民事合同，该协议因为涉及劳动者的劳动，不能仅仅适用民法的当事人意思自治原则，还必须适用一些劳动法中的强制性法律规范。即劳务派遣协议必须同时受《合同法》和《劳动合同法》的规范。《劳动合同法》规定，劳务派遣单位派遣劳动者应当与接受以劳务派遣形式用工的单位订立劳务派遣协议。劳务派遣协议应当约定

---

① 关怀，郑爱青．劳动合同法及其实施条例解读［M］．北京：人民法院出版社，2009：131．

② 黎建飞．劳动合同法热点、难点、疑点问题全解［M］．北京：中国法制出版社，2007：205．

派遣岗位和人员数量、派遣期限、劳动报酬和社会保险费的数额与支付方式以及违反协议的责任。①

2. 劳务派遣的适用范围

《劳动合同法》第 66 条规定，劳务派遣一般在临时性、辅助性或者替代性的工作岗位上实施。此项原则性的规定，目的是防止用工单位滥用劳务派遣，以此规避《劳动法》和《劳动合同法》。

5.5.2 劳务派遣中的法律关系

1. 劳务派遣中的法律关系主体

劳务派遣涉及派遣单位、派遣劳动者和用工单位三方主体。派遣单位是根据用工单位的要求招收劳动者并向用工单位派遣的单位；用工单位是与劳务派遣单位签订劳务派遣单位协议，直接使用和管理被派遣劳动者的单位；派遣劳动者是劳务派遣单位的员工，依据劳务派遣协议被派往实际用工单位工作，接受其管理。

为了规范劳务派遣制度，《劳动合同法》对劳务派遣单位的资质要求作了特别规定：

（1）最低注册资本限额

《劳动合同法》第 57 条规定："劳务派遣单位应当依照公司法的有关规定设立，注册资本不得少于 50 万元。"该规定高于我国《公司法》规定的最低注册资本的要求。根据《公司法》的规定，设立公司，法律、行政法规对注册资本的最低限额有特别规定的，从其规定。设立劳务派遣首先适用《劳动合同法》的规定，《劳动合同法》没有规定的，适用《公司法》的规定。

（2）对设立主体的限制

《劳动合同法》出台之前，劳务派遣单位自我派遣的现象较为严重，为了规范这一制度，防止用人单位滥用劳务派遣，逃避劳动法规定的义务，《劳动合同法》第 67 条规定："用人单位不得设立劳务派遣单位向本单位或者所属

---

① 关怀，郑爱青. 劳动合同法及其实施条例解读 [M]. 北京：人民法院出版社，2009：132.

单位派遣劳动者。"

2. 派遣单位与用工单位的义务

(1) 派遣单位的法定义务

根据《劳动合同法》对劳务派遣的特别规定，派遣单位对劳动者的法定义务有：①告知义务。订立劳动合同时，劳务派遣单位应当将劳务派遣协议的内容告知被派遣劳动者。②支付劳动报酬的义务。劳务派遣单位应当与被派遣劳动者订立两年以上的固定期限劳动合同，按月支付劳动报酬；被派遣劳动者在无工作期间，劳务派遣单位应当按照所在地人民政府规定的最低工资标准，向其按月支付报酬。劳务派遣单位不得克扣用工单位按照劳务派遣协议支付给被派遣劳动者的劳动报酬。③不得收费的义务。劳务派遣单位，可以向用工单位收取劳务费，不得向被派遣劳动者收取费用。

(2) 用工单位的义务

根据《劳动合同法》规定，用工单位应当履行下列义务：①执行国家劳动标准，提供相应的劳动条件和劳动保护；②告知被派遣劳动者的工作要求和劳动报酬；③支付加班费、绩效奖金，提供与工作岗位相关的福利待遇；④对在岗被派遣劳动者进行工作岗位所必需的培训；⑤连续用工的，实行正常的工资调整机制。

此外，用工单位还要承担以下不作为的义务：①不得向被派遣劳动者收取费用；②用工单位不得将被派遣劳动者再派遣到其他用人单位；③除依法辞退被派遣劳动者外，不得将派遣期未满的被派遣劳动者退回派遣单位。[1]

3. 派遣劳动者的权利

根据《劳动合同法》的规定，被派遣劳动者享有以下权利：①同工同酬权。被派遣劳动者与用工单位的劳动者同工同酬的权利。用工单位无同类岗位劳动者的，参照用工单位所在地相同或者相近岗位劳动者的劳动报酬确定。②参加工会组织的权利。被派遣劳动者有权在劳务派遣单位或者用工单位依法参加或者组织工会，维护自身的合法权益。

---

[1] 王全兴. 劳动法 [M]. 北京：法律出版社，2008：194.

5.5.3 派遣单位和用工单位违法的法律责任

1. 劳务派遣单位的行政责任

《劳动合同法》第 92 条规定，劳务派遣单位违反法律规定，由劳动行政部门和其他有关主管部门责令改正；情节严重的，以每人一千元以上五千元以下的标准处以罚款，并由工商行政管理部门吊销营业执照。

2. 派遣单位和用工单位的民事连带赔偿责任

由于劳务派遣单位和被派遣劳动者之间存在劳动合同关系，而被派遣劳动者和用工单位之间存在特殊劳动关系，劳动者的最终权益是通过派遣单位和用工单位的义务和责任来共同实现的。尽管劳务派遣中的劳动力雇佣和使用相分离，但派遣单位和用工单位实质上是被派遣劳动者的共同"雇主"，只要违反法律规定，给被派遣劳动者造成损害的，派遣单位和用工单位应当承担连带赔偿责任。《劳动合同法》第 92 条规定，违反法律规定给被派遣劳动者造成损害的，劳务派遣单位与用工单位承担连带赔偿责任。为了防止劳务派遣单位和用工单位相互推卸责任，《劳动合同法》第 59 条规定，劳务派遣协议应当约定劳动报酬和社会保险费的数额与支付方式以及违反协议的责任。

5.6 非全日制用工

相对于全日制用工而言，非全日制用工是一种较为灵活、便捷的用工形式，它是用来弥补全日制用工之不足的一种非主流的用工方式。从国际上看，非全日制用工已成为世界各国推广灵活就业的一种重要形式。我国《劳动合同法》对非全日制用工制度作了专门规定。

5.6.1 非全日制用工的概念和特点

国际劳工组织将非全日制就业定义为：非全日制就业是指其正常工作时间少于可比性正常工作时数的就业。[①] 我国《劳动合同法》第 68 条将非全日制

---

① 黎建飞. 劳动合同法热点、难点、疑点问题全解 [M]. 北京：中国法制出版社，2007：216.

用工定义为：非全日制用工，是指以小时计酬为主，劳动者在同一用人单位一般平均每日工作时间不超过4小时，每周工作时间累计不超过24小时的用工形式。

非全日制用工具有更多的灵活性，即与全日制用工相比，形成相对宽松的劳动合同关系，具体包括：

（1）非全日制的工作时间少于全日制用工；

（2）劳动合同形式不一定需要书面形式，允许订立口头劳动合同；

（3）劳动关系存续时间不确定性，合同双方均可随时解除劳动关系，不需要提前通知，用人单位也不需要支付经济补偿金；

（4）劳动关系的双重性甚至多重性，允许同一劳动者同时存在两个或者两个以上的非全日制劳动关系。

当然，非全日制用工中形成的是劳动合同关系，因此除了特别规定外，非全日制用工应遵循劳动合同法的一般原则和一般规定，劳动法中有关劳动安全保护、职业危害防护等保护性规定同样适用于非全日制用工。

5.6.2 非全日制用工的适用范围

《劳动合同法》没有对非全日制用工的适用范围作出专门规定，应该理解为非全日制用工的范围与《劳动合同法》的适用范围一致，即适用于中华人民共和国境内的企业、个体经济组织、民办非企业单位等组织与劳动者建立劳动关系，订立、履行、变更、解除或者终止劳动合同。

具体说来，非全日制用工的适用范围是劳动者向用人单位提供非全日制劳动以及劳动者通过依法成立的劳务派遣组织派遣为用工单位提供非全日制劳动的。而劳动者为家庭或个人提供非全日制劳动的，目前尚未纳入我国劳动法和劳动合同法的适用范围。

应该说，缺少对非全日制用工适用范围的限制性规定，是我国《劳动合同法》的一大缺憾，它使得用人单位可以利用非全日制用工的特殊规则，来规避自己应该履行的义务和应该承担的责任，从而损害劳动者的合法权益。法律应当将非全日制用工作为弥补全日制用工之不足的一种非主流的用工方式加以规定，并对其适用范围作出限制，以更好地保护劳动者的合法权益。

5.6.3 非全日制用工劳动合同的特殊规则

1. 非全日制用工合同订立的特殊规则

（1）非全日用工协议可以采用口头形式

《劳动合同法》规定，非全日制用工双方当事人可以订立口头协议。原劳动和社会保障部于2003年发布的《关于非全日制用工若干问题的意见》规定，非全日制用工，劳动合同期限在一个月以下的，经双方协商同意，可以订立口头劳动合同。但劳动者提出订立书面劳动合同的，应当以书面形式订立。其基本精神与《劳动合同法》的相关规定不相抵触，仍应当有效。

（2）劳动关系的双重性甚至多重性

为了保障用人单位和劳动者的合法权益，《劳动合同法》对全日制用工情形下劳动关系的双重性和多重性作了较为严格的规定。该法第39条规定，劳动者同时与其他用人单位建立劳动关系，对完成本单位的工作任务造成严重影响，或者经用人单位提出，拒不改正的，用人单位可以解除劳动合同。

基于非全日制用工临时性、灵活性的特点，《劳动合同法》规定，非全日制用工允许建立双重或多重劳动关系。该法第69条第2款规定："从事非全日制用工的劳动者可以与一个或者一个以上用人单位订立劳动合同；但是，后订立的劳动合同不得影响先订立的劳动合同的履行。"

（3）非全日制用工合同不得约定试用期

非全日制用工具有临时性、灵活性和非正规性的特点，而且任何一方都可以随时通知对方终止用工，因此没有必要设立试用期。《劳动合同法》第70条规定："非全日制用工双方当事人不得约定试用期。"

2. 非全日制用工合同终止的特殊规则

基于非全日制用工的短期性、灵活性、非正规性，《劳动合同法》第71条规定，非全日制用工双方当事人任何一方都可以随时通知对方终止用工。终止用工，用人单位不向劳动者支付经济补偿。

5.6.4 非全日制用工劳动者的权益保护

1. 关于工作时间和超时加班问题

《劳动合同法》第68条规定，非全日制用工，劳动者在同一用人单位一般平均每日工作时间不超过4小时，每周工作时间累计不超过24小时。这是对非全日制用工的法律界定，同时又是对非全日制用工的工作时间做出了限制性规定。

关于非全日制用工的超时加班问题，《劳动合同法》没有作出规定，用人单位应参照适用《劳动法》的有关规定，向非全日制员工支付超时加班工资。①

2. 关于工资支付方式和最低工资标准问题

非全日制用工的工资支付方式，《劳动合同法》有专门规定。该法第68条规定，非全日制用工，是指以小时计酬为主。该法第72条规定："非全日制用工小时计酬标准不得低于用人单位所在地人民政府规定的最低小时工资标准。非全日制用工劳动报酬结算支付周期最长不得超过十五日。"

由此可见，非全日制用工的工资支付方式及标准如下：①以小时计酬为主；②适用用工所在地最低小时工资标准；③支付周期最长不超过15天。

根据原劳动和社会保障部于2004年发布的《最低工资规定》的规定，确定和调整小时最低工资标准，应在当地颁布的月最低工资标准的基础上，考虑单位应缴纳的基本养老保险费和基本医疗保险费因素，同时还应适当考虑非全日制劳动者在工作稳定性、劳动条件和劳动强度、福利等方面与全日制就业人员之间的差异。

3. 关于社会保险问题

《劳动合同法》没有对非全日制用工形式下的社会保险作出规定，有关社会保险可以参照原劳动和社会保障部于2003年发布的《关于非全日制用工若干问题的意见》的规定。

---

① 黎建飞. 劳动合同法热点、难点、疑点问题全解［M］. 北京：中国法制出版社，2007：219-220.

关于养老保险。从事非全日制工作的劳动者应当参加基本养老保险,原则上参照个体工商户的参保办法执行。对于已参加过基本养老保险和建立个人账户的人员,前后缴费年限合并计算,跨统筹地区转移的,应办理基本养老保险关系和个人账户的转移、接续手续。符合退休条件时,按国家规定计发基本养老金。

关于医疗保险,从事非全日制工作的劳动者可以个人身份参加基本医疗保险,并按照待遇水平与缴费水平相挂钩的原则,享受相应的基本医疗保险待遇。

关于工伤保险,用人单位应当按照国家有关规定为建立劳动关系的非全日制劳动者缴纳工伤保险费。从事非全日制工作的劳动者发生工伤,依法享受工伤保险待遇;被鉴定为伤残 5~10 级的,经劳动者与用人单位协商一致,可以一次性结算伤残待遇及有关费用。

4. 关于非全日制用工的劳动争议的处理

从事非全日制工作的劳动者与用人单位因履行劳动合同引发的劳动争议,按照国家劳动争议处理规定执行。劳动者直接向其他家庭或个人提供非全日制劳动的,当事人双方发生的争议不适用劳动争议处理规定。

本章小结

劳动合同制度是劳动法律制度的核心内容,在《劳动法》中,有关劳动合同的条文占了近四分之一,其重要地位由此可见一斑。2007 年我国颁布《劳动合同法》,被认为是劳动法制建设中具有里程碑意义的大事,引起了社会各界的极大关注。劳动合同作为劳动关系双方当事人明确权利义务关系的协议,是国家法律强制性规定和集体合同得以贯彻落实的载体,是劳动者和用人单位行使权利、履行义务的直接依据,也是劳动争议处理机关据以判断是非的重要依据之一。认真学习劳动合同法律知识,了解法律法规关于劳动合同订立、变更、解除等方面的相关规定,对于劳动关系双方当事人都具有重要的意义。本章主要研究了劳动合同法律制度,从立法、司法实践以及劳动法理论的角度对劳动合同制度进行全面梳理。首先阐述了劳动合同的概念及特征、劳动合同的种类、劳动合同的立法概况、《劳动合同法》的法律溯及力等劳动合同制度的基本理论问题；在此基础上，阐释了劳动合同的形式、内容和期限以及劳动合同从订立到终止过程中双方当事人应遵循的法律规范；最后介绍了劳动合同的两种特殊形式：劳务派遣和非全日制用工。这两种新的用工形式具有临时性、灵活性、不稳定性的特点，属于对一般劳动关系的补充。

关键术语

劳动合同　　固定期限劳动合同　　无固定期限劳动合同
以完成一定工作为期限的劳动合同　　竞业限制
劳动合同的履行　　劳动合同的变更　　劳动合同的解除
劳动合同的终止　　劳务派遣　　劳务派遣单位　　派遣劳动者
用工单位　　非全日制用工

思考题

1. 什么是劳动合同？它有哪些特征？
2. 劳动合同应当包含哪些内容？
3. 订立劳动合同应当遵循哪些原则？
4. 劳动合同变更的形式、程序和法律后果如何？
5. 用人单位提前解除劳动合同的条件和程序是什么？
6. 如何理解劳动合同的解除和终止？
7. 什么是劳务派遣？它有什么特点？
8. 非全日制用工合同的订立和终止有哪些特殊规则？

第6章 集体合同

集体合同是劳资斗争和集体谈判的产物。在西方市场经济国家，通过工会运动的发展，人们观察到：个体谈判往往使工人处于不利地位，让个体成员结社成为集体，才可以创造雇员与雇主进行平等协商的地位。这种平等协商机制是工业民主的重要组成部分，也是劳动力市场健康运行的必要条件。

6.1 集体合同概述

集体合同制度源自西方工业国家。19世纪后期，随着工会运动的合法化，集体谈判的重要性日益增长，集体谈判和集体合同立法开始产生。英国在1871年颁布的《工会法》和1875年颁布的《雇主和雇员法》，均涉及集体谈判和集体合同的法律规范。瑞士在1900年、新西兰在1904年颁布了《集体合同法》。在20世纪60~80年代，集体合同立法得到普及和发展。中国1950年《工会法》规定了工会代表工人签订集体合同的权利，但随着"左倾"思想逐渐占统治地位，集体合同制度很快被取消。改革开放以后，工会便开始呼吁在中国建立集体合同制度。1992年中国《工会法》重新规定了工会代表职工与企事业单位签订集体合同的权利和责任，集体合同草案应当提交职工代表大会或者全体职工代表通过。1994年全国人大常委会制定的《劳动法》正式以法律的形式确立了集体合同制度。总结集体合同制度的实践经验，针对存在的问题，2007年中国《劳动合同法》对集体合同制度作了专章规定。

6.1.1　集体合同的概念

集体合同，又称集体协议、团体协约等，是集体协商双方代表根据法律、法规的规定就劳动报酬、工作时间、休息休假、劳动安全卫生、保险福利等事项在平等协商一致基础上签订的书面协议。内容可以包括：有关工资制度和奖励制度的问题；有关加强劳动保护、改善安全卫生状况的问题，确定如何使用劳动保护安全生产基金，以及劳动保护的具体措施与计划；职工技术培训的各种制度，举办技术培训班、技工学校等促进职工不断提高业务、技术水平的措施；有关提高职工生活水平和举办集体福利事业的具体措施，以及实施社会保险的办法；有关劳动纪律的问题，制定本企业的厂规，确定对违反劳动纪律的职工给予处分的措施和制度。

6.1.2　集体合同的特征

集体合同作为一种特殊的合同类型除了具备劳动合同的一般特征之外，还具备以下特征：

1. 集体合同主体的特定性

集体合同的当事人是特定的。集体合同的主体一方是劳动者团体，另一方是雇主或雇主团体。劳动者团体一般就是工会，在没有建立工会的情况下由劳动者推选代表与雇主订立集体合同。雇主团体是指由雇主联合组成的行业性或区域性的团体。

2. 集体合同内容的特定性

集体合同的内容，是指集体合同中规定的权利义务条款及必须明确的其他问题。集体合同的核心内容是劳动者的集体劳动条件和待遇，具体而言，包括劳动报酬、工作时间、休息休假、劳动安全卫生、保险福利等事项。

3. 集体合同的订立采用集体谈判的形式

集体谈判虽然也是一种协商，但是集体谈判并非一般意义上的协商，它是一种制度化、规范化的协商。为了保证集体谈判过程的顺利进行，法律通常对集体协商过程进行严格规范。

4. 集体合同是最低标准合同

集体合同是劳动者团体就劳动报酬、工作时间、休息休假、劳动安全卫生、保险福利等事项的最低标准和企业达成的协议。签订集体合同的核心，是依法确立合理公正的劳动标准，以便从整体上改善劳动条件，提高劳动者待遇，维护劳动者利益和权益。企业和职工个人签订的劳动合同所定的各种待遇不得低于集体合同的标准。

5. 集体合同义务的不均衡性

集体合同主要规定雇主一方对雇员一方承担的义务，对雇员一方的义务不作规定或作较少规定。而且规定雇主承担的义务都具有法律性质，雇主不履行义务，就要承担相应的法律责任。

6. 集体合同是要式合同

集体合同要以书面形式签订并经主管机关登记备案，才具有法律效力。集体合同的备案制度说明集体合同受到政府主管部门的严格监管。

6.1.3 集体合同的种类

1. 综合性集体合同与专项集体合同

集体合同按照合同涉及的内容，分为综合性集体合同和专项集体合同。综合性集体合同是就劳动关系的各个方面作出约定；专项集体合同是就劳动关系的某个方面的问题签订的书面协议。按照《集体合同规定》，用人单位与本单位职工可以就劳动关系的各个方面或某项内容进行集体协商，签订集体合同或专项集体合同。专项集体合同可以作为集体合同的附件，与集体合同具有同等效力。我国《劳动合同法》第52条规定："企业职工一方与用人单位可以订立劳动安全卫生、女职工权益保护、工资调整机制等专项集体合同。"《工资集体协商试行办法》规定，中华人民共和国境内的企业依法开展工资集体协商，签订工资协议；已订立集体合同的，工资协议作为集体合同的附件并与集体合同具有同等效力。

2. 行业性、区域性集体合同

随着社会主义市场经济的发展，我国非公有制企业迅速增多，这些企业大多规模较小，职工流动性较大，工会力量薄弱，职工合法权益受侵害的现象时有发生，劳动关系矛盾相对突出。一些地方的实践经验证明，在非公有制小企业或同行业企业比较集中的地区开展签订行业性、区域性集体合同工作，对维护职工和企业双方的合法权益，构建和谐稳定的劳动关系，营造有利于企业持续健康发展的良好环境，促进区域和行业经济的协调发展，具有重要的作用。为此，劳动和社会保障部、中华全国总工会和中国企业联合会、中国企业家协会于 2006 年 8 月联合发布《关于开展区域性行业性集体协商工作的意见》，指导和推动行业性、区域性集体合同订立工作。根据近一年来的实践经验和各方面的要求，《劳动合同法》把订立行业性、区域性集体合同以法律的形式确定下来，将进一步推动和规范行业性、区域性集体合同工作的健康发展。

根据《劳动合同法》第 54 条和《关于开展区域性行业性集体协商工作的意见》的规定，订立行业性、区域性集体合同，要把握好以下两个方面的内容：一是订立范围。订立行业性、区域性集体合同，要在县级以下区域内，在建筑业、采矿业、餐饮服务业等行业开展。一般在小型企业或同行业企业比较集中的乡镇、街道、社区和工业园区（经济技术开发区、高新技术开发园区）；具备条件的地区可以根据实际情况在县（区）一级开展行业性集体协商签订集体合同。二是合同内容。通过协商签订的行业性、区域性集体合同可以是综合性的，也可以是专项的。综合性的行业性、区域性集体合同的内容主要包括劳动报酬、劳动定额、工作时间、休息休假、劳动安全卫生、保险福利、女职工和未成年人特殊劳动保护等。

6.2 集体合同的订立

集体合同的订立不同于个别劳动合同的订立，它通过特别的集体协商机制而订立，而且订立集体合同要严格遵守订立集体合同的法定程序。这主要是因为集体合同一方当事人是劳动者的集合体或劳动者的代表，其集体意志的形成比较复杂，故特别强调法律规制。

6.2.1 集体合同的订立主体

集体合同的订约主体包括劳动者一方的订约人和用人单位一方的订约人。各国法律都将工会组织作为劳动者一方的订约当事人。我国也不例外,工会作为劳动者自己的组织,法律将订立集体合同的权利赋予工会。不过,如果用人单位没有建立工会组织,则允许劳动者推选的代表充当订约当事人。依据我国法律,用人单位一方订约人既可以是用人单位本身,也可以是用人单位的团体和组织,如各行业协会或行业的上级主管部门等。

6.2.2 订立集体合同的原则

《劳动合同法》和《集体合同规定》中对签订集体合同进行集体协商的原则都作了规定,用人单位与单位职工进行集体协商,签订集体合同或专项集体合同,应当遵循下列原则:

1. 合法原则

订立集体合同的双方应当遵守法律法规规章和国家有关规定所规定的程序和内容订立集体合同,也就是既要求程序合法又要求内容合法。程序合法是指当事人双方在集体合同的起草、协商、签字、备案等环节上,都要依照法律规定的程序进行。内容合法是指当事人在集体合同中确立的各项条款的内容必须符合法律的规定。虽然集体合同也是订约双方意思一致的表示,但集体合同的自治性以不得违反法律的强制性规定为前提,否则会导致集体合同的无效。

2. 相互尊重,平等协商

平等协商是指劳动关系双方当事人就集体合同的某项或某几项内容进行商谈,以求达成一致签订集体合同或专项集体合同的行为。平等协商一般包括以下工作:首先是确定协商代表,明确代表职责。平等协商职工一方的协商代表由本单位工会选派,未建立工会的,由本单位职工民主推荐,并经本单位半数以上职工同意;用人单位一方的协商代表,由用人单位法定代表人指派,首席代表由单位法定代表人担任或由其书面委托的其他管理人员担任。协商代表应履行下列职责:参加集体协商;接受本方人员质询,及时向本方人员公布协商情况并征求意见;提供与集体协商有关的情况和资料;代表本方参加集体协商争议的处理;监督集体合同或专项集体合同的履行等。其次是依法开展协商,严格遵守程序。集体协商任何一方均可就签订集体合同或专项集体合同以及相关事宜，以书面形式向对方提出进行集体协商的要求。一方提出进行集体协商要求的，另一方应当在收到集体协商要求之日起 20 日内以书面形式给予回应，无正当理由不得拒绝进行集体协商。集体协商应严格按照法定程序开展，达成一致的，应当形成集体合同草案或专项集体合同草案；未达成一致意见的，可以中止协商或者下次再协商。

3. 诚实守信，公平合作

诚信原则不仅是劳动合同订立的原则，同时也是集体合同订立的原则。集体合同当事人在订约过程中应当诚实守信，不隐瞒不欺诈，在平等的基础上达成公平的协议。

4. 兼顾双方合法权益

权益兼顾是指订约主体在协商过程中应当互谅互让，兼顾双方的利益。这要求当事人必须充分理解对方的意见和需求，不能只顾一方的利益而损害对方的利益，也不能只顾眼前的利益而忽视长远的利益。只有双赢，劳动关系才能持久。

6.2.3 订立集体合同的程序

按照《集体合同规定》所设置的原则，进行集体协商签订集体合同的程序大体包括四个阶段 8 个步骤：

第一，准备阶段：
(1) 工会代表职工提出订立集体合同的要求。
(2) 起草集体合同草案。
(3) 确定双方进行集体协商的代表。

第二，协商阶段：
(4) 双方对集体合同的条款内容进行协商。

第三，审议和签字阶段：
(5) 将经过双方协商后的集体合同草案提交职代会或职工大会审议。
(6) 双方首席代表在审议通过的集体合同正式文本上签字。

第四，备案和公布阶段：
(7) 将集体合同报送当地劳动行政部门审查、备案。

(8) 将产生的集体合同以适当的形式进行公布。

6.2.4　订立集体合同的注意事项

根据劳动法典、劳动合同法、集体合同规定等法规，总结十几年来集体合同制度实施中的经验教训，在集体协商签订集体合同的工作中应当注意这样一些问题：

(1) 做好订立集体合同前的沟通协商工作，在相互充分理解与合作的基础上平等协商订立集体合同；

(2) 集体合同内容不片面追求高条件、高标准，应从企业实际情况和可能出发，重点解决突出问题，解决劳动者最关心的亟待解决的问题；

(3) 总结集体合同履行过程中遇到的各类问题，充分研究各种新情况和新问题，认真积累资料和经验，为新一轮集体协商订立集体合同打下基础，做好充分准备。

6.3　集体合同的内容、形式和期限

集体合同的内容是集体协商的结果，但不能违反法律的规定，集体合同的条款主要是维护劳动者的权益。集体合同为要式合同，必须采取书面形式，而且一般必须经过备案。集体合同的期限也有法律限制。

6.3.1　集体合同的内容

按照法律法规和相关规定集体合同的内容包括：

1. 劳动报酬

劳动报酬主要包括：(1) 用人单位工资水平、工资分配制度、工资标准和工资分配形式；(2) 工资支付办法；(3) 加班、加点工资及津贴、补贴标准和奖金分配办法；(4) 工资调整办法；(5) 试用期及病、事假等期间的工资待遇；(6) 特殊情况下职工工资（生活费）支付办法；(7) 其他劳动报酬分配办法。

2. 工作时间

工作时间主要包括：(1) 工时制度；(2) 加班加点办法；(3) 特殊工种

的工作时间；（4）劳动定额标准。

3. 休息休假

休息休假主要包括：（1）日休息时间、周休息日安排、年休假办法；（2）不能实行标准工时职工的休息休假；（3）其他假期。

4. 劳动安全与卫生

劳动安全与卫生主要包括：（1）劳动安全卫生责任制；（2）劳动条件和安全技术措施；（3）安全操作规程；（4）劳保用品发放标准；（5）定期健康检查和职业健康体检。

5. 补充保险和福利

补充保险和福利主要包括：（1）补充保险的种类、范围；（2）基本福利制度；（3）医疗期延长及其待遇；（4）职工亲属福利制度。

6. 女职工和未成年人特殊保护

女职工和未成年人特殊保护主要包括：（1）女职工和未成年人禁忌从事的劳动；（2）女职工的经期、孕期、产期和哺乳期的劳动保护；（3）女职工和未成年人定期健康检查；（4）未成年人的使用和登记制度。

7. 职业技能培训

职业技能培训主要包括：（1）职业技能培训项目规划及年度计划；（2）职业技能培训费用的提取和使用；（3）保障和改善职业技能培训的措施。

8. 劳动合同管理

劳动合同管理主要包括：（1）劳动合同签订时间；（2）确定劳动合同期限的条件；（3）劳动合同变更、解除、续订的一般原则及无固定期限劳动合同的终止条件；（4）试用期的条件和期限。

9. 奖惩

奖惩主要包括：（1）劳动纪律；（2）考核奖惩制度；（3）奖惩程序。

10. 裁员

裁员主要包括：（1）裁员的方案；（2）裁员的程序；（3）裁员的实施办法和补偿标准。

除上述之外，集体合同还须包括集体合同期限、变更、解除集体合同的程序、履行集体合同发生争议时的协商处理办法、违反集体合同的责任、双方认为应当协商的其他内容。

6.3.2 集体合同的形式

根据集体合同立法的规定，集体合同是要式合同，必须采用书面形式。集体合同的内容是约定用人单位的劳动条件和劳动标准，涉及劳动关系的各个方面，只有采用书面形式才能做出明确具体的约定，才具有法律效力。

集体合同不仅需要采取书面形式，而且一般必须经过备案。依据我国《劳动合同法》的规定，集体合同订立后，应当报送劳动行政部门；劳动行政部门自收到集体合同文本之日起 15 日内未提出异议的，集体合同即行生效。

6.3.3 集体合同的期限

集体合同按照期限形式不同，可分为定期集体合同、不定期集体合同和以完成一定项目为期限集体合同。集体合同的期限应当适当，太短不利于劳动关系的稳定；太长不利于劳动者利益的保护，即难以保证劳动者利益随着社会、经济的发展而同步提高。各国一般采用定期集体合同并在立法中限制其最短期限（通常规定为 1 年）和最长期限（通常规定为 3~5 年）。也有些国家还采用不定期集体合同，立法中只规定其生效时间而不规定其终止时间，如法国、日本等。按照惯例，这种集体合同可以随时由当事人提前一定期限通知对方终止。还有少数国家采用以完成一定项目为期限的集体合同，如利比亚等。在实践中，当这种集体合同约定的工作（工程）未能在法定最长期限内完成时，一般将法定最长期限视为该集体合同的有效期限。

集体合同的期限，由当事人双方在法定最短期限和最长期限范围内自行协商约定。期满前经当事人协商一致可以延期，但延期也不得超过法定最长期限。

我国《集体合同规定》只就定期集体合同作了规定，期限为 1~3 年，期满或双方约定的终止条件出现，即行终止。在合同约定的期限内，双方代表可对合同履行情况进行检查,每年可对合同进行修订。集体合同或专项集体合同期满前3个月内,任何一方均可向对方提出重新签订或续订的要求。

6.4 集体合同的效力

集体合同的效力是指集体合同法律上的拘束力,包括集体合同的生效和效力范围两个方面。生效是效力的前提,不生效即无效力。效力范围是效力的体现,是集体合同约束力的作用对象和时空范围。

6.4.1 集体合同的生效要件

集体合同的生效是指依法订立的集体合同对当事人双方发生法律上的约束力。集体合同的生效要件一般包括:

1. 主体合法

集体合同当事人必须具备法定的主体资格。作为集体合同的当事人双方必须一方是工会或劳动者代表,另一方是用人单位方面的代表。工会必须是依法成立的法人,用人单位也必须是劳动法上的用人单位。

2. 内容合法

集体合同的内容必须符合国家法律法规的规定。集体合同所规定的各项劳动条件、劳动标准必须符合法律法规的规定,如关于劳动报酬、工作时间、休息休假、劳动安全卫生条件等均不得违反国家法律法规的强制性规定。

3. 当事人意思表示真实

当事人在订立集体合同时,必须严格遵循平等自愿、协商一致的原则,任何一方均不得以欺诈、威胁、恐吓等手段,违背当事人的真实意思,骗取或强迫对方接受集体合同的内容。

4. 形式及程序合法

集体合同不仅需要采取书面形式,而且一般必须经过备案和公布方能生效。

6.4.2 集体合同的效力范围

集体合同只要完全具备有效要件,即主体合格、内容和形式合法、意思表示真实、订立程序合法,就具有法律效力,其条款在一定范围内成为劳动关系的规范,并设立债权债务。集体合同的效力在于:

1. 空间效力

主要指集体合同在哪些地域、产业(职业)发生效力。通常以一定的行政区域、产业或企业为单位来划分。全国集体合同、地方集体合同分别在全国或特定行政区域范围内有效;产业集体合同对特定产业的用人单位及其职工有效;企业集体合同对本企业有效。根据我国《劳动合同法》及相关法律的规定,我国集体合同的空间效力范围因集体合同的不同种类而不同,企业集体合同在企业内部发生法律效力,而根据《劳动合同法》第53条签订的行业性和区域性集体合同则在一定地域和行业内发生法律效力。

2. 时间效力

即集体合同在多长的时间内具有约束力。它一般由集体合同依法自行规定,在有的情况下,由法律规定。就世界范围而言,其表现形式有三种类型:(1)当期效力,即集体合同在其存续期间内具有约束力。(2)溯及效力,即集体合同可追溯到对其成立前已签订的劳动合同发生效力。法不溯及既往是法治的基本原则,因此集体合同一般不具有溯及效力,但某些国家规定,当事人如有特别理由,并经集体合同管理机关认可,允许集体合同有溯及效力。(3)余后效力,即集体合同终止后对依其订立并仍然存续的劳动合同还有约束力。[1]

3. 对人效力

即集体合同对什么人具有约束力。一般认为,受集体合同约束的人包括集体合同的当事人(当事团体)和关系人。前者指订立集体合同并且受集体合同约束的主体,即工会组织和用人单位或其团体,后者指无权订立集体合同却直接由集体合同获得利益并且受集体合同约束的主体,即工会组织所代表的全

---

[1] 林嘉. 劳动法和社会保障法[M]. 北京:中国人民大学出版社,2009:179.

体劳动者和用人单位团体所代表的各个用人单位。

4. 集体合同对个别劳动合同的效力

对于签订集体合同的用人单位来说,集体合同对本用人单位全部劳动合同都具有约束力。集体合同的内容劳动合同未涉及的,对劳动者和用人单位都适用,都应按照集体合同的规定执行;劳动者个人与企业订立的劳动合同中有关劳动报酬和劳动条件等标准不得低于集体合同的规定,否则应确认为无效。集体合同规定的标准依法变更后,劳动合同的标准也应随之变更。

6.5 集体合同的履行、变更、解除和终止

生效集体合同应该全面履行,当然在履行过程中因情势变化,继续履行合同已经不合时宜时,集体合同双方可以通过协商变更或解除合同。集体合同在一定条件下终止,从而结束劳动关系。

6.5.1 集体合同的履行

集体合同的履行是指集体合同生效后,当事人双方按照合同约定的各项内容,全面地完成各自承担的义务,从而使合同的权利义务得到全部实现的整个行为过程。集体合同的履行是集体合同制度实现的基本形式。集体合同一旦生效,就具有法律效力,签约双方都要严格履行合同的协议,保证合同目标的实现。

集体合同的履行和其他合同一样,应当坚持实际履行、全面履行和协作履行的原则。集体合同的履行,应当针对不同的合同条款采用不同的履行方式。集体合同中规定的有关劳动标准方面的条款主要要求当事人在集体合同的有效期内按照集体合同规定的各项标准签订个人劳动合同,保证个人劳动合同的劳动标准不低于集体合同规定的标准。对于目标性条款,当事人应当按照要求,自觉地履行各自的义务。

6.5.2 集体合同的变更或解除

集体合同的变更,是指在集体合同生效以后,未履行或未履行完毕之前,因订立集体合同所依据的主客观情况发生变化,原合同内容已不适应变化了的情况时,当事人对原合同中某些条款进行补充和修改。集体合同的解除,则是

指集体合同未履行或未履行完毕之前，因订立集体合同所依据的主客观情况发生变化，致使合同履行成为不可能或不必要，当事人依据法律规定的条件和程序，提前终止合同。

依据《集体合同规定》，集体合同变更与解除的条件为：

（1）双方协商一致。即一方提出变更或解除的建议，经与对方当事人协商，达成一致意见，即可变更或解除集体合同。但变更后的合同内容不得违背国家法律、法规的规定。

（2）法定情形的出现。一是用人单位因被兼并、解散、破产等原因，致使集体合同或专项集体合同无法履行的；二是因不可抗力等原因致使集体合同或专项集体合同无法履行或部分无法履行的；三是集体合同或专项集体合同约定的变更或解除条件出现的；四是法律、法规、规章规定的其他情形。

集体合同变更或解除应当履行法定程序。变更或解除集体合同或专项集体合同适用集体协商程序。

6.5.3 集体合同的终止

集体合同的终止，是指合同期满、合同的目的已经实现或依法解除合同等而使合同法律效力消失。简单地说，就是结束集体合同关系。

我国《集体合同规定》第38条规定，集体合同或专项集体合同期满或双方约定的终止条件出现，即行终止。集体合同终止一般有以下几种情形：一是合同的期限届满；二是集体合同当事人一方不复存在；三是集体合同依法或依协商解除；四是当事人在集体合同中约定的合同终止条件成立。

6.6 集体合同争议的处理

集体合同订立和履行的过程中，由于利益冲突，双方当事人往往会产生一些争议。对于集体合同争议的处理，一般强调协商或调解优先，但对于不同性质的争议处理方式会有所不同，相关法律规定了两种情况和两种不同的处理方式。

6.6.1 集体协商过程中发生的争议处理

在集体协商过程中发生争议，双方当事人不能协商解决的，当事人一方或双方可以书面向劳动保障行政部门提出协调处理申请；未提出申请的，劳动保障行政部门认为必要时也可以进行协调处理。在管辖方面，集体协商争议处理实行属地管辖，劳动保障行政部门应当组织同级工会和企业组织等三方面的人员，共同协调处理平等协商争议。中央管辖的企业以及跨省、自治区、直辖市用人单位因集体协商发生的争议由劳动保障部指定的省级劳动保障行政部门组织同级工会和企业组织等三方面人员协调处理，必要时，劳动保障部也可以组织有关方面协调处理。在程序方面，协调处理集体协商争议，应当自受理协调处理申请之日起 30 日内结束协调处理工作，期满未结束的，最多可以延长 15 日。协调处理集体协商争议应当按照以下程序进行：（1）受理协调处理申请；（2）调查了解争议的情况；（3）研究制定协调处理争议的方案；（4）对争议进行协调处理；（5）制作《协调处理协议书》。《协调处理协议书》应当载明协调处理申请、争议的事实和协调结果，双方当事人就某些协商事项不能达成一致的，应将继续协商的有关事项予以载明。《协调处理协议书》由集体协商争议协调处理人员和争议双方首席代表签字盖章后生效，此后争议双方均应遵守生效后的《协调处理协议书》。

6.6.2 履行集体合同发生的争议处理

因履行集体合同发生争议的，当事人应当协商解决；当事人协商解决不成的，可以向劳动争议仲裁委员会申请仲裁；对仲裁裁决不服的，可以自收到仲裁裁决书之日起 15 日内人民法院提起诉讼。这一点和其他劳动争议的处理是有区别的，即不由劳动争议调解委员会进行调解。因为企业劳动争议调解委员会的一方组成人员为工会代表，而集体合同的一方当事人为工会组织。因此，不宜由企业劳动争议调解委员会调解集体合同争议。

为了充分发挥工会组织在集体合同履行中的作用，《劳动合同法》第 56 条规定："因履行集体合同发生争议，经协商解决不成的，工会可以依法申请仲裁、提起诉讼。"赋予了工会在集体合同履行争议处理中的主体地位。这样规定，有利于集体合同履行争议及时、有效、合法的解决。

本章小结

集体合同，是集体协商双方在平等协商一致基础上签订的书面协议。它借助于工会这种集体的力量去争取和维护权益，以克服单个劳动者势单力薄，无法与用人单位相抗衡的弱点，因此该制度在整个劳动法律制度中占有重要的地位。集体合同具有区别于劳动合同的一系列特点。集体合同的核心内容是劳动者的集体劳动条件和待遇，主要确定劳动报酬、工作时间、休息休假、劳动安全卫生、保险福利等事项的最低标准。集体合同的法律效力高于劳动合同，企业和职工个人签订的劳动合同所定的各种待遇不得低于集体合同的标准。我国劳动法律、法规对集体合同从订立到终止，乃至争议处理的整个运行过程做了全面的规范，内容包括：集体合同的订立主体、程序；集体合同的内容、形式和期限；集体合同的履行、变更、解除和终止；集体合同争议的处理，等等。合乎法律规定的主体，严格按照法律规定的内容、形式和程序等要求签订的集体合同才具有法律效力；集体合同的变更、解除等活动也必须按照法律的要求进行，否则不仅不能产生人们所期待的效果，还会产生法律责任。

关键术语

集体合同　　集体协商　　专项集体合同　　集体合同的订立
集体合同的形式　　集体合同的内容　　集体合同的效力
集体合同的履行　　集体合同的变更　　集体合同的解除
集体合同的终止　　集体合同争议的处理

思考题

1. 集体合同有哪些特征？
2. 集体合同如何订立？
3. 集体合同的生效要件有哪些？
4. 集体合同与个别合同的效力关系是怎样的？
5. 如何解除集体合同？

第 7 章 工作时间和休息休假

工作时间是指劳动者根据国家法律规定，在一昼夜之内或一周之内用于完成本职工作的时间。休息休假是指劳动者按法律规定不必从事生产和工作，而由自己自行支配的休息时间及法定节假日。工作时间是人们进行劳动生产，创造社会财富的必要条件。因此国家必须通过立法规定必要的工作时间长度，以确保生产和工作任务的完成。休息时间则是劳动者消除疲劳、恢复精力和体力、休养生息的必要条件。工作时间和休息时间密切联系、相辅相成、此长彼短。确定了工作时间的长度及范围，在一定意义上也就明确了休息时间的范围。休息权是我国《宪法》所规定的公民基本权利之一，劳动法中的工作时间和休息休假制度正是公民这种宪法权利法律保障的具体化。科学、合理的工时制度不仅有利于保障劳动者休息权的实现和身体健康，也有利于提高生产力，促进社会的进步和发展。因此，工时立法既要保护劳动者的身体健康又要保证完成生产和工作任务，有利于经济发展。就我国而言，既要与国际上缩短工作时间的趋势接轨，又要从我国具体国情出发，与我国现阶段的社会经济发展状况相适应。

7.1 工作时间和休息时间的立法演变

通过立法来限制工作时间，保障劳动者休息的权利，是各国早期劳动立法的重要内容。随着科学技术的发展和生产力水平的不断提高，法定的工作时间不断缩短，休闲时间则不断延长,直至最终普遍确立8小时最高工作时间,工时制度成为人类社会走向进步和文明的重要标志之一。国际劳工组织通常以提高工资和缩短工时为纲领,领导劳动者去争取休息权和生存权。在我国,新中国成立后即实行8小时工作制,1995年又进一步将周工作时间缩短为40小时。我国《劳动法》对工作时间进行强制性约束,使劳动者的正常休息权受到了法律保护。

7.1.1 工作时间和休息时间立法的发展过程

工时立法是劳动立法的雏形,它孕育在自由资本主义竞争时期,是工业革命之后,资本家与工人之间矛盾日益尖锐而不得不国家干预的产物。

最早的工时立法出现在产业革命的发源地英国。1802年英国国会通过罗伯特·皮尔勋爵(Sir Robert Peel)提出的《学徒健康与道德法》,其被视为世界上最早的一部工时立法。它以限制童工最高工时为核心内容。该法规定纺织厂18岁以下的学徒工每天工作时间不得超过12小时,禁止学徒在晚9时至次日早晨5时之间工作(该法仅适用于从救济院出来做工的儿童)。1819年,国会修订该法,规定禁止纺织厂使用9岁以下的童工,16岁以下的学徒每天工作时间不得超过12小时。

继英国之后,欧洲各国也相继颁布了类似的法律。如德国1853年的法律规定禁止12岁以下儿童工作并限定12~14岁童工的工作时间为6小时,1881年工人保护法进一步规定禁止13岁以下儿童工作,限定13~16岁童工及妇女工作时间为6小时;法国于1841年也颁布了限制童工工作时间的法律;瑞士1848年颁布了世界上第一部限制成年工工作时间的法律,限定工时为12小时;奥地利1885年规定工时为11小时。

工时立法最为显著的成果是8小时工作制的确立。8小时工作制是工人阶级与资本家之间长期斗争的结果。最早提出该设想的是英国空想社会主义者罗伯特·欧文(Robert Owen,1771—1858年),他在1817年将其作为"理想社会"制度的主要内容。同时,作为一名企业家、慈善家,他在自己的工厂中主动缩短工人的劳动时间,改善福利条件,提高工资。1884年,美国和加拿大的8个国际和全国性的工人团体在芝加哥城集会,决定举行总同盟罢工,争取8小时工作制的权利。1877年,美国铁路工人就展开了争取8小时工作日的斗争,直到1886年5月1日,美国1万多家企业的40多万工人为争取8小时工作日举行全国性大罢工,才迫使资本家承认了8小时工作日的权利。

8小时工作制的立法最早出现在1908年的新西兰,前苏联在十月革命后也实行了 8 小时工作制立法，而到第一次世界大战后，欧洲各国的劳工立法才大多以 8 小时为每个工作日的劳动时间，1919 年的"国际劳动宪章"中规定工厂的工作时间以每日 8 小时为标准，同年举行的第一届国际劳工大会通过了工业劳动一日 8 小时的公约。1921 年第 3 届国际劳工大会通过了工业实行每周休息公约，这两个公约得到许多国家的批准，这样 8 小时工作制才成为标准工时制度。

从 20 世纪三四十年代开始，有些国家开始实行每周 5 日 40 小时工作制。1935 年第 19 届世界劳工大会通过了每周工时减至 40 小时的第 47 号公约，许多发达国家参照执行，在 1985 年国际劳工组织统计中，150 个成员国，有 80 个成员国的周工时不到 48 小时，其中大部分为 40 小时。近年来一些发达国家的周工时已经减至 35 小时左右，但有部分发展中国家周工时仍在 40～44 小时，剩下的依然是 48 小时。

我国在新中国成立后即实行 8 小时工作制，并在 1994 年颁布的《劳动法》第 36 条规定周工作时间不得超过 44 小时，1995 年的《关于职工工作时间的规定》进一步将周工作时间缩短为 40 小时。

7.1.2　工作时间和休息时间立法演变的趋势

世界工时立法正沿着工作日不断缩短、工作班制日益趋向灵活化和多样化的方向演变。尽管演变十分缓慢，跌宕起伏，但总的趋势始终表现出这样两个特点：

1. 工作时间不断缩短

在我们的祖先从事农牧业生产时，由于生产力的低下，通常是"日出而作，日落而息"，这种"日光工作制"一直延续了很长时间。直到 18 世纪，即使工业比较发达的英国，工人还要工作 15～16 小时，有时甚至长达 19～20 小时。因为那时的资本家认为增加工时是降低产品成本、增加剩余价值的最经济的途径；机器已经减少了工人的体力消耗，多点劳动时间是理所当然的事；加之教会还认为闲散的头脑是"魔鬼的活动场所"，所以推行漫长的工时制就不足为奇了。

实行漫长的工时制，加大了资本家对工人的剥削，因此他不断遭受到工人阶级的强力抵制和反抗，也受到了包括医学界、作家在内的社会各界人士的批评和谴责。在这种情况下，雇主们被迫作出让步——小幅度地缩短了工作时间,但到19世纪中叶,西方国家中的工人工作时间仍然在14~15小时。为了政治和经济稳定,一些国家率先出面干预工时制度,并通过立法形式规定和推行统一的工时制度,如1848年英国就规定了10小时工作制。在美国,工人阶级经过英勇斗争,在19世纪末就开始享有8小时工作制权利,并成为世界各国工人阶级的奋斗目标。

20世纪初,英、美等西方国家的大部分工厂实行8小时工作制,少数企业的劳动者还争取到了44小时周工作制。到20世纪30年代,五天半工作制已经流行,周五天工作制开始受到重视,并在美国逐渐成为国家标准工作制。20世纪60年代以来,西方发达国家的周工时又平均缩短到35小时,在德国西部甚至把年工时降低到1557小时。在这个时期,带薪连续休假制度也逐渐盛行起来,为众多公司、工厂采用。

从世界工时演变过程来看,工时日趋缩短是历史发展的必然趋势。

2. 工作班制逐渐走向灵活化和多样化

过去劳动者的上下班时间都是由所在单位统一规定,但到了20世纪70年代初,在德国出现了日工作时不变、上下班时间由劳动者自定的弹性工作制。由于这一工作制具有方便劳动者生活、有利于提高出勤率和工作效率等优点,很快便风靡世界。尔后,在西方国家涌现出紧缩工作班制、间隔工作班制、分职制和变动工作班制等多样工作班制,充分反映了时代进步对工作班制多样性的需求。目前灵活多样的工作班制还在不断涌现,可见工作班制的灵活多样化是工时制度发展的又一大趋势。

7.1.3 工作时间和休息时间立法演变的原因

(1)生产力不断发展是工时缩短的根本动因。人类生产活动要能连续的进行,决定于人们在生产中所创造的价值量必须大于或至少等于社会和个人消费的价值总和。而增加工时与提高生产效率都能增加新创价值,只是时期不同所采用的方法不同而已。在生产效率低下的17、18世纪,是主要靠增加劳动者的工时来增加新创价值的,所以那时工人每天工作14~15小时是常事。然而由于工作时间过长,致使劳动者难以完全恢复劳动能力,最终降低了生产效率,所以力图通过增加工时来提高新创价值是行不通的。实践证明,促进科学技术进步,发展生产力以提高生产效率是增加新创价值的最有效途径。生产效率的迅速提高,劳动者在单位时间内的新创价值必然迅猛增长,社会新创价值就会远远超过社会消费总值。这时人们无须用过去那样多的工时就能创造出比消费多得多的产品来，缩短劳动者的工时才能得以实现。

（2）劳动者生活水平对工时制度的影响。生产力的不断发展，社会财富的日益丰富，劳动者物质生活也会随之改善，并对精神文化生活提出了新的要求。在这种需求的驱动下，劳动者对工时制度有两个层次的要求：第一是缩短工作时间，增加非工作时间，以满足心理、生理方面的需要；第二是在上述需要基本满足后，要求获得灵活多样的工作班制和集中非工作时间，以满足社会生活方面的深层次需要。应当指出，缩减工时的实质是劳动者分享社会财富的一种形式。据美国学者估计，美国因缩短工时而减少的新创价值等于人工生产力年增长价值幅度的25%。

（3）战争与经济衰退是影响工时制波动的重要因素。为了战争的供给和医治战争创伤，企业和劳动者不得不增加工时加紧生产，这是情理中的事情。如美国在第二次世界大战、朝鲜战争和越南战争期间平均工时就超过了一周五天工作制的时间。经济衰退对工时制的影响也不小，当经济危机发生时，社会购买力严重萎缩，企业一方面必须削减生产，另一方面又受到工会不允许大量辞退工人的压力，于是缩短工时成为雇主的唯一选择。

（4）劳工组织政策的影响。劳工组织通常以提高工资和缩短工时为纲领。正是在他们的领导下，劳动者才赢得了工作权和休息权，工时才能逐渐缩减。

（5）国家立法对工时制度进行强制性约束。例如我国的《劳动法》，就从法律上否定了某些企业的漫长的工作班制，使那里的劳动者的正常休息权受到了法律保护。

总之，缩短工时、工作班制灵活多样化是世界工时制度发展的必然趋势，也是社会进步的表现。而影响和决定这种趋势发生发展的根本因素是社会生产力，社会生产力发展的速度决定着工时制度变革的力度，世界工时制度的演变趋势必将规定和影响我国工时制度发展的方向。

7.2　工 作 时 间

劳动者的工作时间和强度直接影响着他们的身体健康和工作热情。在当下中国，无视法律，为追求利润而不惜牺牲劳动者健康乃至生命的事件屡见不鲜，这证明对工作时间加以强制性规定以保障劳动者恢复体力的休息时间的必要性。本节将对工作时间的概念、特征、种类及其法律规定进行详细阐述。

7.2.1 工作时间的概念和特征

1. 工作时间的概念

工作时间是指劳动者根据国家法律规定,在一昼夜之内和一周之内用于完成本职工作的时间。它的主要表现形式有工作小时、工作日和工作周。

工作日是指法律规定的劳动者在一昼夜内从事工作的小时数的总和;工作周是指劳动者在一周内从事工作的工作日的总和。

在工作时间的表现形式中工作日是工作时间的基本形式。

2. 工作时间的特征

工作时间具有以下主要特征:(1)工作时间法定,即一般由国家法律明确规定工作时间的长度,用人单位不得突破限制来安排劳动者工作;(2)工作时间为劳动者履行劳动义务的时间,即根据劳动者和用人单位签订的劳动合同,劳动者必须为用人单位提供劳动,劳动者为用人单位劳动的时间为工作时间;(3)工作时间是用人单位支付报酬的重要依据之一,工作时间的变化一般会带来劳动报酬的变化,如延长工作时间可依法获得加班工资。

3. 工作时间的范围

工作时间除包括劳动者实际从事工作的时间以外,还应该包括与正常工作密切相关的其他事项的从事时间以及法律法规视为提供正常工作的时间。主要包括以下几项:法定非劳动消耗时间,如必要的工间休息、工艺需要中断的时间、劳动者自然需要的中断时间等;必要的预备性工作时间和收尾性工作时间;法律法规视为提供正常工作的时间,如因用人单位安排离开工作岗位从事其他活动的时间,依法参加社会活动的时间等。

7.2.2 工作时间的种类

1. 标准工作时间

标准工作时间是指由国家法律规定,正常情况下劳动者从事工作的时间。这是最常见、适用范围最广的一种工作时间的形式,也是确定其他工作时间的基础。

标准工作时间分标准工作日和标准工作周两种形式。标准工作日是指法律规定的每个工作日的正常工作时间；标准工作周是指法律规定的每个工作周的正常工作时间。

我国《劳动法》第36条规定："国家实行劳动者每日工作时间不超过8小时。"我国最早实行的标准工作时间为每日8小时，每周48小时，每周工作6天，给予每周一天的休息日。随着社会发展和进步，缩短工时成为一种世界趋势，国际劳工组织1919年1号公约规定标准工作时间为每日8小时，每周48小时，1935年的47号公约缩减至每周40小时。因此，我国部分企业也进行了缩短工时的探索，1994年3月1日起根据《国务院关于职工工作时间的规定》第3条，我国开始实施职工每日8小时，平均每周工作44小时即5天半的标准工作时间。1995年3月国务院重新修订该《规定》，做出了进一步缩短工作周的规定："职工每日工作8小时，每周工作40小时。"即从1995年5月1日起，我国标准工作时间为每日工作8小时、每周40小时的5日工作周。

尤其值得注意的是我国规定的每日工作8小时、每周40小时的5日工作周，两项要求具有同时实质性限定意义，既不能超过每日8小时，又不能超过每周40小时，任何一个标准不符合法律规定，即构成对劳动者休息权的侵害。

2. 计件工作时间

计件工作时间是指以劳动者完成一定劳动定额为标准的工作时间。我国《劳动法》第37条规定："对实行计件工作的劳动者，用人单位应当根据本法第36条规定的工时制度合理确定其劳动定额和计件报酬标准。"根据这一规定，计件工作日应有合理的劳动定额和计件报酬标准。而合理的劳动定额，应当以职工在一个标准工作日（每日8小时）或标准工作周（每周不超过40小时）的工作时间内能够完成的计件数量为标准，超过这个标准等于变相延长了工作日时间，这就是侵犯了劳动者的休息权。因此，合理确定计件劳动定额是计件工作时间的关键，计件工作时间实际上是标准工作时间的特殊转化形式。

同时，计件工作时间又具有极大的灵活性，对实行计件工作时间的劳动者来说，用人单位合理确定了劳动定额和计件报酬后，在8小时工作时间内完成了当日的劳动定额，则可以把剩余时间作为休息时间，也可以多做定额以取得相应的延长工作时间的劳动报酬。而未完成当日的定额时，则可以在8小时的工作时间以外加班来完成定额。

劳动定额是指在一定的生产技术和生产组织条件下，为生产一定量合格产品或完成一定量的工作所预先规定的劳动消耗标准，或是在单位时间内预先规定的完成合格产品数量的标准。劳动定额水平计算，必须在正常生产情况下，大多数工人按照标准工作时间劳动能够完成定额。

3. 缩短工作时间

缩短工作时间是指在法定特殊条件或特殊情况下少于标准工作时间长度的工作时间。一般情况下主要适用于从事有毒有害作业工种、条件艰苦或高度紧张的工作，以及从事特别繁重体力劳动的劳动者。

《国务院关于职工工作时间的规定》第4条规定："在特殊条件下从事劳动和有特殊情况需要适当缩短工作时间的，按照国家相关规定执行。"

规定中指出了缩短工作时间的适用范围：

(1) 从事夜班工作的职工。夜班工作一般指当日晚上10时到次日早晨6时，由于夜班工作改变了劳动者的正常生活规律，使劳动者更加疲劳，因此从事夜班工作的劳动者，其日工作时间比标准工作日缩短1小时，并按照规定获取夜班津贴。

(2) 哺乳未满一周岁婴儿的女职工。按照《女职工劳动保护规定》，有不满一周岁婴儿的女职工，其所在单位应该在每日劳动时间给予两次哺乳时间，每次30分钟，多胞胎生育的，每多哺乳一个婴儿，每次哺乳时间增加30分钟。女职工每日劳动时间内的两次哺乳时间可以合并使用，并且哺乳时间和在本单位内哺乳往返途中的时间，算做劳动时间。

(3) 从事特殊工作岗位的劳动者。从事矿山井下、高山、有毒、有害、特别繁重和过度紧张的体力劳动者，以及纺织、化工、煤矿井下、建筑冶炼、地质勘查、森林采伐、装卸搬运等行业或岗位的劳动者，每日工作时间应当少于8小时。

(4) 其他依法可以缩短工作时间的劳动者。根据原劳动部、人事部1994年2月8日《国务院关于职工工作时间的规定的实施办法》第5条的规定，缩短工时制的审批按下述两种情况进行，属于中央直属企事业单位的劳动者，应经主管部门审核上报，由国务院劳动、人事行政部门批准；属于地方企业事业单位的职工，经由当地主管部门审核上报，由当地劳动、人事行政部门批准。

4. 不定时工作时间

不定时工作时间是指根据法律规定在特殊条件下实行的,每日无固定工作时间,即劳动者在一昼夜内工作时间不确定的工作时间制度。通常适用于工作范围和生产条件不能受固定时间限制的劳动者。

不定时工作制主要按照《企业实行不定时工作制和综合计算工时工作制审批办法》来确定,主要包括以下几类人员:企业中的高级管理人员、外勤人员、推销人员、部分值班人员和其他因工作无法按照标准工作时间衡量的劳动者;企业中的长途运输人员、出租车司机和铁路港口仓库的部分装卸人员以及因工作性质特殊,需要机动工作的人员;其他因生产特点、工作特殊需要或职责范围的关系,适合实行不定时工时制的劳动者。

在不定时工作制中需要注意的是,不定时工作制并非对工作时间毫无限制,而是基本上按照标准工作时间执行,只有在特别需要的情况下,其工作时间超过标准工作时间长度,可以不受限制,且超过部分也不算延长工作时间,也不需支付加班工资。

5. 综合计算工作时间

综合计算工作时间是指分别以周、月、季、年等为周期综合计算工作时间,但其平均日工作时间和平均周工作时间应与法定标准工作时间基本相同的工作时间制度。某一工作日或周的实际工作时间可超过 8 小时或者 40 小时,但综合计算周期内的总实际工作时间不应超过总法定标准工作时间。超过部分应视为延长工作时间并支付工资报酬。其中法定节假日安排劳动者工作的,按《劳动法》规定支付劳动报酬。

综合计算工作时间通常适用于从事受自然条件和技术条件影响或限制的季节性或特殊性的工作。根据《企业实行不定时工作制和综合计算工时工作制审批办法》,其主要包括:交通、铁路、邮电、水运、航空、渔业等行业中因工作性质特殊需要连续作业的劳动者;地质及资源勘探、建筑、制盐、制糖、旅游等受季节和自然条件限制的行业的部分劳动者;其他适合实行综合计算工时工作制的劳动者。

对于实行不定时工作制和综合计算工时工作制等其他工作时间和休息时间的劳动者,企业应根据《劳动法》的有关规定,在保障职工身体健康并充分听取职工意见的基础上,采用集中工作、集中休息、轮休调休、弹性工作时间等适当方式，确保劳动者的休息休假权利和生产、工作任务的完成。

7.2.3 延长工作时间

1. 延长工作时间的概念和形式

延长工作时间是指劳动者的工作时间长度超过法定标准时间长度的一种工时形式。通常在受自然条件或技术条件约束的特殊行业实行。

延长工作时间的表现有如下两种：加班，指劳动者应用人单位的要求，在法定节日或公休日从事生产或工作；加点，指劳动者应用人单位的要求，在标准工作时间以外继续从事生产或工作。

加班加点有一定的共同点，它们均延长了法定的标准工作时间长度；均占用了劳动者的法定休息时间；均受到法律的严格限制；均有权得到相应的加班加点工作报酬。加班加点也有一定的不同点，前者的时间是特定的，即在法定的节假日，加点则是即时发生，不特定的；加班的劳动者有得到补休的可能，加点则不能。

2. 限制延长工作时间的意义

工时制度的立法初衷是使劳动者的健康权、休息权不受追求利益最大化的资方的侵犯，因此各国劳动立法多采用概括式或列举式对延长工作时间加以了限定，限制延长工作时间，有很大的积极意义。

（1）有利于保护劳动者的合法权益。劳动者的工作强度直接影响着他的身体健康和工作热情，过劳死也逐渐成为法学界不断讨论的话题，无视法律，为追求利润不惜以牺牲劳动者健康乃至生命为代价的案件频发，这证明保障劳动者有足够的休息和恢复体力的时间，对劳动时间加以限定的必要，也对更好地确保该制度的实施提出了新的要求。

（2）有利于节约能耗，促进技术更新，提高管理效能。限制延长工作时间的经济意义在于促使用人单位把提高效益的关注点转移到其他的途径，社会的发展和科学技术的进步为此提供了可能，使用节能技术，改进工艺流程，引进科学的管理模式，既提高了劳动生产率，也提高了企业的经济效益，从而提高了劳动者的劳动技能和收益，对社会的贡献增强，是双赢，更是多赢。

（3）有利于劳动关系的和谐发展，限制延长工作时间的社会意义在于改善因加班加点而日趋激化的不良劳动关系,由于延长工作时间而引发劳动争议的案件越来越多,劳动者自我保护意识增强,同时企业面临越来越难以应对的竞争压力,不得擅自延长工作时间的规定将缓解劳动者和用人单位之间紧张的劳动关系,使双方共同面对市场的压力。

3. 延长工作时间的限制

加班加点意味着对劳动者休息时间的挤占,同法定工时标准相矛盾,从国家对劳动者休息权的保障角度出发,工时立法本该取消加班加点;但从企业的生产经营难免出现预料不到的非常规情况或紧急任务的角度说,加班加点又在所难免,保证生产经营的正常进行也是劳动法的目的之一。所以在工时立法中,对加班加点是既允许又限制,并规定补偿标准,以防止加班加点的滥用。

(1) 一般情况下延长工时的限制

延长工作时间必须是生产经营确有必要,并且在法定的程序下进行,对此《劳动法》作了相关规定。

①生产经营要确有需要,8小时以外也必须有部分劳动者进行工作。延长工作时间适用于那些真正需要连续、长时间作业的特殊行业或生产经营的某些特殊情形。对生产经营确有需要的具体情形法律并没有具体的规定,可在集体合同中根据单位的具体情况加以特别规定。②取得工会的支持。延长工作时间应事先与工会协商,征求工会意见,工会作为劳动者的合法组织,依据我国《工会法》赋予它的合法权利享有对用人单位延长工作时间是否合法的审查权,发现违法,有权要求用人单位予以纠正,虽没有处罚权,但可以代表劳动者请求有处罚权的劳动行政部门受理,行政管理部门有警告权、责令限期改正权和处罚权。③征得劳动者的同意。延长工作时间必须与劳动者协商,劳动者对违反法律规定的加班加点有权拒绝,强迫劳动视为非法。④延长工时的主体限制。法律禁止用人单位安排未成年工、怀孕7个月以上的女工、哺乳未满一周岁婴儿的女工加班加点,如有违反,将承担相应的法律后果,除责令改正以外,将面临罚款。⑤延长工时的长度限制。我国《劳动法》规定,由于生产经营需要而延长工时的,在每周工作40小时的基础上,每日不得超过1小时;因特殊原因需要延长工作时间的,在保障劳动者身体健康的条件下延长工作时间每日不得超过3小时,且每月不得超过36小时。

(2) 延长工时不受一般规定限制的特殊情形

根据《劳动法》和《国务院关于职工工作时间的规定》及其《实施办

法》的规定,延长工时涉及国家利益、公共利益和安全保障等紧急事由的不受上述一般规定中程序、长度的限制,具体包括以下情形:发生自然灾害、事故或者其他原因,威胁劳动者生命健康和财产安全,需要紧急处理的;生产设备、交通运输线路、公共设施发生故障,影响生产和公众利益,必须及时抢修的;在法定节日和公休假日内工作不能间断,必须连续生产、运输或者营业的;必须利用法定节日和公休假日的停产期间进行设备检修、保养的;为完成国防紧急任务的;为完成国家下达的其他紧急生产任务的。

4. 延长工作时间的补偿

延长工作时间的劳动者付出了比其他劳动者更多的工作量和体力,《劳动法》规定了两种补偿方式:第一是补休;第二是支付高于日常标准的工资报酬。休息日安排延长工作时间的,以补休为主,法定休假日安排延长工作时间的,则不适用补休,应给予经济补偿,具体补偿标准如下:

(1) 安排劳动者延长工作时间的,支付不低于工资的150%的工资报酬;

(2) 休息日安排劳动者工作又不能安排补休的,支付不低于工资的200%的工资报酬;

(3) 法定节假日安排劳动者工作的,支付不低于工资的300%的工资报酬。

休息日安排劳动者工作的,应优先安排补休,不能补休的,则应支付不低于工资的200%的工资报酬,补休时间应等同于加班时间。法定节假日安排劳动者加班工作的,应另外支付不低于工资的300%的工资报酬,一般不安排补休。

计算加班加点工资的基数以正常工作时间的日工资或小时工资为标准。日工资为劳动者月工资标准除以平均每月法定工作天数所得的工资额;小时工资为日工资标准除以8小时所得的工资额。法定工作日的计算如下:

年工作日:365-104(休息日)-11(法定节假日)= 250 天

季工作日:250/4 = 62.5 天。

月工作日:250/12 = 20.83 天。

根据《劳动法》规定,有侵害劳动者休息和休假的行为的用人单位应当承担相应的法律责任,视情节严重程度及影响力大小等因素,承担行政责任或经济责任,给劳动者造成健康损害或经济损失的,应承担赔偿责任。

7.3 休息休假

在对工作时间确立基准的同时,劳动法也对保障劳动者恢复体力的休息休假时间予以明确的规定。通过这样正反两方面的规范,共同保障劳动者休息权的实现和生产、工作的正常进行。

7.3.1 休息休假的概念和特征

1. 休息休假的概念

广义上说,休息时间是指劳动者按法律规定不必从事生产和工作而由自己自行支配的时间。狭义上说,休息时间是指劳动者工作日内的休息时间、工作日之间的休息时间、周休日;而休假,则是广义休息时间的一部分,是休息中的一种,具体是指法定的节假日、探亲假和年休假等假期。休息和休假是公民的基本权利。为了保护劳动者身体健康和提高劳动效率,我国法律赋予劳动者休息和休养的权利。《宪法》第43条规定:"中华人民共和国劳动者有休息的权利。国家发展劳动者休息和休养的设施,规定职工的工作时间和休假制度。"

2. 休息休假的特征

休息休假的主要特征有:劳动者在休息时间内无须向用人单位提供劳动;休息时间由劳动者自行支配,是劳动者实现休息权的必要保证;在休假时间里,用人单位仍须向劳动者支付劳动报酬;用人单位不得非法占用劳动者的休息时间,如需依法占用,则应按规定给予补偿。

7.3.2 休息休假的种类

我国休息休假时间的种类,主要是依据生产工作的需要、劳动者基本活动的特点及民族传统习惯等因素,由立法加以规定的。主要可分为以下几种:

1. 一个工作日内的休息时间

一个工作日内的休息时间是指劳动者在一个工作日内进行工作过程中的必要的休息时间和用饭时间。在工作过程中,应当给予劳动者一定的休息时间和用饭时间，以使其精力得到恢复，有助于劳动生产率的提高。在我国，企事业单位要保证劳动者的工间休息，午休和用饭时间一般为1～2小时，特殊情况下不得少于半小时。工作不能中断的单位和企业，应保证职工在工作时间内有用饭和短暂的休息时间。

2. 两个工作日之间的休息时间

两个工作日之间的休息时间是指劳动者在一个工作日结束后至下一个工作日开始前的休息时间。这种休息时间一般应当是连续不间断的。在这段时间内，劳动者可以用来休息、照顾家庭以及进行学习或参加有关社会活动。

3. 公休日

公休日即周休息日，又称"工作之间的休息日"，是指劳动者工作满一个工作周以后的休息时间。《劳动法》第38条规定："用人单位应当保证劳动者每周至少休息一日。"劳动者在一周内，至少应当有一整日以上的休息时间。根据《国务院关于职工工作时间的规定》的规定，"国家机关、事业单位实行统一的工作时间，星期六和星期日为周休息日。企业和不能实行前款规定的统一工作时间的事业单位，可以根据实际情况灵活安排周休息日"。

4. 法定节假日

法定节假日是由国家法律统一规定的用于开展纪念、庆祝活动的休息时间。各国法定节日一般包括3种性质的节日：政治性节日，如国庆节、解放日等；宗教性节日，如西方国家的圣诞节等；民族传统习惯性节日，如我国的春节等。

为了满足劳动者对特定节日或事件进行纪念的庆祝需要，《劳动法》、1999年国务院修订后的《全国年节及纪念日放假办法》对法定节日作了较系统的规定，2007年12月14日国务院第二次修订后的《全国年节及纪念日放假办法》对全体公民放假的节日作了较系统的规定，具体内容有：属于全体公民放假的节日，包括：元旦，放假1天（1月1日）；春节，放假3天（农历除夕、正月初一、初二）；清明节，放假1天（农历清明当日）；劳动节，放假1天（5月1日）；端午节，放假1天（农历端午当日）；中秋节，放假1天（农历中秋当日）；国庆节，放假3天（10月1日、2日、3日）。属于部分公民放假的节日及纪念日，包括：妇女节（3月8日），妇女放假半天；青年节（5月4日），14周岁以上的青年放假半天；儿童节（6月1日），不满14周岁少年儿童放假一天；中国人民解放军建军纪念日（8月1日），现役军人放假半天。少数民族习惯的节日，由少数民族聚居地区的地方人民政府按照各该民族习惯，规定放假日期。其他纪念日，如二七纪念日、五卅纪念日、七七抗日纪念日、九一八纪念日、记者节、植树节、护士节、教师节等其他节日，均不放假。全体公民放假的假日，如果适逢星期六、星期日，应当在工作日补假；部分公民放假的假日，如果适逢星期六、星期日，则不补假。

5. 探亲假

探亲假是指与父母或配偶分居两地的职工，所享受的一定期限的带薪假期。根据1981年3月6日《国务院关于职工探亲待遇的规定》和财政部《关于职工探亲路费的规定》，享受探亲假的条件为：凡在国家机关、人民团体和全民所有制企业、事业单位工作满一年的固定职工，与配偶不住在一起，又不能在工休假日团聚的，可以享受规定的探望配偶的待遇；与父母都不住在一起，又不能在公休日团聚的，可以享受规定的探望父母的待遇。但职工与父亲或母亲一方能够在公休假日团聚的，不能享受规定探亲待遇。

探亲假期，是指职工与配偶、父母团聚的时间。具体时间规定如下：（1）职工探望配偶，每年给予一方探亲假一次，假期为30天。（2）未婚职工探望父母，原则上每年给假一次，假期为20天；如果因工作需要，本单位当年不能给予假期，或者职工自愿两年探亲一次的，可以两年给假一次，假期为45天。（3）已婚职工探望父母，每4年给假一次，假期为20天。（4）凡实行休假制度的职工，如学校的教职工，应在休假期间探亲；如果休假期较短，可由本单位适当安排，补足其探亲假的天数。上述假期之外，应另按实际需要给予路程假，假期中的公休假日和法定节日不再扣除和另行补假。

探亲假期间的待遇主要包括：职工在规定的探亲假期和路程假期内，按照本人的标准工资发给工资；职工探望配偶和未婚职工探望父母的路费，由所在单位负担。已婚职工探望父母的往返路费，在本人月标准工资30%以内的，由本人自理，超过部分由所在单位负担。

由于上述两项规定颁布的时间是在20世纪80年代初，体现出较浓厚的计划经济体制的色彩，与现实有较大差距。以后随着劳动法制建设的完善，一方面可以通过集体合同对劳动者享有探亲假的条件和待遇作出具体规定，另一方面在条件成熟时应对规定进行修改。

6. 年休假

年休假是指职工每年享有保留职务和工资的一定期限连续休息的假期。年休假一方面符合劳动者提高生活质量的要求，另一方面也能够用以扩大消费规模、刺激经济增长，因而年休假制度具有十分重要的意义。

新中国成立初期，曾在部分单位实行过年休假，但后来由于社会经济等方面的原因，年休假制度停顿下来。1991年6月15日《中共中央、国务院关于职工休假问题的通知》规定，"确定职工休假天数时，要根据工作任务和各类人员资历、岗位等不同情况，有所区别，最多不得超过两周"。《劳动法》第45条对年休假作了原则性规定："国家实行带薪年休假制度。劳动者连续工作1年以上的，享受带薪年休假。具体办法由国务院规定。"

2007年12月7日颁布的《职工带薪年休假条例》对年休假规定进行了充分细化，具体规定了年休假的适用范围、条件、休假期、工资待遇等内容。《职工带薪年休假条例》第2条对适用范围做了规定，具体表述为："机关团体、企业事业单位、民办非企业单位、有雇工的个体工商户等单位的职工连续工作1年以上的，享受带薪年休假。单位应当保证职工享受年休假。职工在年休假期间享受与正常工作期间相同的工资收入。"此外，《职工带薪年休假条例》还对年休假的条件和休假期做了具体规定：职工累计工作已满1年不满10年的，年休假5天；已满10年不满20年的，年休假10天；已满20年的，年休假20天。《职工带薪年休假条例》同时也对不享受年休假的情况做出了规定，若职工有下列情形之一的，不享受当年的年休假：

（1）职工依法享受寒暑假，其休假天数多于年休假天数的；

（2）职工请事假累计20天以上且单位按照规定不扣工资的；

（3）累计工作满1年不满10年的职工，请病假累计2个月以上的；

（4）累计工作满10年不满20年的职工，请病假累计3个月以上的；

（5）累计工作满20年的职工，请病假累计4个月以上的。

《职工带薪年休假条例》也充分考虑了单位和职工的具体情况，规定了"单位根据生产、工作的具体情况，并考虑职工本人意愿，统筹安排职工年休假"。年休假在1个年度内可以集中安排也可以分段安排，一般不跨年安排。单位因生产、工作特点确有必要跨年安排职工年休假的，可以跨1个年度安排。另外，《职工带薪年休假条例》对职工应休未休年休假的工资报酬也做了具体规定："单位确因工作需要不能安排职工休年休假的，经职工本人同意，可以不安排职工休年休假。对职工应休未休年休假天数，单位应当按照职工日工资收入的300%支付年休假工资报酬。"

自2008年1月1日起开始施行的《职工带薪年休假条例》弥补了我国原有关于年休假的法律规定过于原则化的不足，使年休假制度落在了实处，满足了我国经济发展和人民生活水平不断提高的要求。

7. 婚丧假

婚丧假是指职工本人结婚或直系亲属死亡时享受的假期。包括：结婚假和丧葬假。

我国目前婚丧假执行的依据是1980年原劳动总局和财政部颁布的《关于国营企业职工请婚丧假和路程假问题的规定》。该规定授权单位酌情批准决定1天到3天的假期。结婚双方不在一起工作的和外地直系亲属死亡需前往外地奔丧的，可根据路程远近另外给予路程假。批准婚丧假期间工资照发，费用自理。

从实际情况来看，关于婚丧假的规定并没有严格按照以上规定执行，尤其是婚假，各地往往和计划生育政策相结合，对符合晚婚条件的职工依法增加假期。如，根据《上海市计划生育条例》的规定，上海"符合晚婚年龄的夫妻增加婚假一周"。

有必要强调的是，劳动者依法享有的婚丧假期间，用人单位应当依法支付工资，不得以请婚丧假为由扣减工资。

8. 女职工的产假

《劳动法》第62条规定："女职工生育享受不少于90天的产假。"有关女职工产假待遇的具体规定，在女职工特殊劳动保护等章节中将详细阐述。

本章小结

通过立法来限制工作时间，保障劳动者休息的权利，一直是劳动立法的重要内容。随着科学技术的发展和生产力水平的不断提高，法定的工作时间不断缩短，休闲时间则不断延长，工时制度成为人类社会进步和文明的重要标志之一。我国《劳动法》及相关法律、法规、规章对工作时间和休息休假进行了全面规范，使宪法赋予劳动者的休息权受到了法律保护。工作时间的主要表现形式有工作小时、工作日和工作周。工作日是工作时间的基本形式。工作时间的形式有标准工作时间、计件工作时间、缩短工作时间、不定时工作时间和综合工作时间等种类，其中标准工作时间是最常见、适用范围最广的一种工作时间形式，也是确定其他工作时间的基础。延长工作时间是指劳动者的工作时间长度超过法定标准时间长度的一种工时形式。延长工作时间意味着对劳动者休息时间的挤占，同法定工时标准相矛盾，但在生产经营中又在所难免，所以工时立法对加班加点既允许又限制，并规定补偿标准，以防止加班加点的滥用。在对工作时间确立基准的同时，劳动法也对保障劳动者恢复体力的休息休假时间予以明确的规定。休息时间是指劳动者工作日内的休息时间、工作日之间的休息时间、周休日；而休假，则是广义休息时间的一部分，具体是指法定的节假日、探亲假、年休假、婚丧假和女职工产假等假期。工作时间和休息休假属于劳动基准的范畴，是体现国家意志的强制性标准，劳动关系双方当事人，尤其是用人单位必须服从。

关键术语

工作时间　　休息时间　　休息休假　　工时立法

标准工作时间　　计件工作时间　　缩短工作时间

不定时工作时间　　综合计算工作时间　　公休日

法定节假日　　探亲假　　年休假　　婚丧假　　女职工产假

思考题

1. 工作时间和休息时间立法的演变趋势如何？
2. 什么是工作时间？它有哪些类型？
3. 什么是休息休假？它有哪些类型？
4. 限制延长工作时间有何意义？
5. 什么是公民的休息权，劳动法是如何保障公民休息权的？

第 8 章 工 资

工资是劳动者的劳动报酬,也是维持其基本生活的主要物质来源。作为对生产要素的劳动力的物质性补偿,工资对劳动者积极性、劳动力市场、国民收入分配、产业结构变化都会产生直接和间接作用,其合理化水平关涉效率和公平的关系,关涉社会稳定和科学发展。所以工资立法一直是劳动立法的重要组成部分。

8.1 工资概述

我国积极稳妥地向前推进工资分配制度改革,初步建立了与社会主义市场经济体制相适应的工资分配制度。明确工资的概念、特征、功能、构成以及我国分配制度,对于我们正确理解工资立法规定,维护劳动者合法权益具有重要的意义。

8.1.1 工资的概念

工资是指用人单位依照法律法规的规定或劳动合同约定,直接以货币形式支付给劳动者的劳动报酬。其有广义和狭义之分。狭义上的工资仅指劳动者的基本工资;广义上的工资是指除基本工资外,还包括加班加点工资、奖金、津贴和补助等。和其他劳动收入相比,工资具有如下法律特征:

第一,工资是劳动者基于和用人单位之间的劳动关系所获得的劳动报酬。所谓劳动关系是指用人单位招用劳动者为其成员,劳动者在用人单位的管理下提供有报酬的劳动而产生的权利义务关系。劳动法律关系的存在,是用人单位支付职工工资的前提条件,工资是用人单位依法支付给其任用的劳动者的劳动报酬。

第二,工资数额以法规、规范性文件、集体合同和劳动合同为依据。在市场经济条件下,企业享有工资分配自主权,国家对此已不再直接干预,而是在实行宏观调控的前提下,由企业内部依据法律法规自行决定。劳动者工资数额主要依据用人单位和劳动者之间的约定,有关工资分配的一般问题往往通过集体协商的办法来确定,并通过一个个劳动者和用人单位签订的劳动合同得以具体化。但工资数额的确定还会受制于体现国家意志的法律法规,如最低工资制度就确立了任何用人单位不能突破的工资下限。

第三,工资必须以法定形式支付,一般只能用法定货币支付,并且应当是直接、足额、定期和连续支付。

第四,工资是劳动者在履行劳动义务后得到的物质补偿。用人单位对劳动者付出的劳动必须支付相应的劳动报酬作为对价。

在我国,下列项目不列入工资总额的范围:(1)根据国务院有关规定颁发的创造发明奖、自然科学奖、科技进步奖和支付的合理化建议和技术改进奖以及支付给运动员、教练员的奖金;(2)单位支付给劳动者个人的社会保险或福利费用,如丧葬抚恤救济费、生活困难补助费、计划生育补贴等;(3)离休、退休、退职人员的待遇和各项支出;(4)劳动保护的各项支出,如降温费、防寒费、工作服、解毒剂等;(5)稿费、讲课费及其他专门工作报酬;(6)出差伙食补助费、误餐补助费、调动时的旅费和安家费;(7)对自带工具、牲畜等来企业工作所支付的工具、牲畜等的补偿费用;(8)对购买本企业股票、债券的职工所支付的股息(包括股金分红)、利息;(9)解除劳动合同时支付的经济补偿金、医疗补助费等;(10)因录用临时工而在工资以外向提供劳动力单位支付的手续费或管理费。

8.1.2 工资的功能

工资主要具有以下功能:

1. 补偿功能

劳动的过程必然是体力和脑力耗费的过程,工资是对劳动者在劳动过程中所耗费的体力劳动和脑力劳动的补偿。劳动者体力和精力如果得不到足够的物质性补偿,劳动力资源就会枯竭,可持续劳动就无法实现。工资是劳动者的主要生活来源,是用以保障劳动者及其家庭的物质、精神等基本生活需要的物质条件。工资的补偿功能也决定了工资并非平均分配给劳动者,而应根据其提供的劳动数量和质量进行补偿,提供的劳动力质量高,身体消耗大,就应得到较多的补偿,反之就应当给予较少的补偿。同等质量下,劳动力耗费多,就应得到相应多的补偿,没有劳动,除法律规定的特殊情况外得不到补偿。

2. 激励功能

劳动在创造社会物质产品、精神产品的同时,也是劳动者为了获取生产资料和消费资料的对价和商品交换媒介。工资是劳动者物质文化生活需要的满足程度的最重要决定因素,劳动者的生活水平与其工资水平呈正比关系。工资是对劳动贡献的重要评价手段,也是提高劳动者工作积极性的重要因素。劳动者为了获得更丰厚的收入,就必须提供更高质量和数量的劳动力,创造为社会所承认的更多劳动价值。人有一系列的需求:生理需求、安全需求、社交需求、尊重需求和自我实现需求。工资数额多寡和不同需求层次满足之间具有较大关联性。因此工资是激励职工努力学习文化、钻研业务以及提高劳动积极性的重要手段,是通过个人消费品分配反作用于生产及各项工作的主要形式。①

3. 调节功能

薪酬高低、待遇好坏等会直接影响劳动者对用人单位的选择,这是人力资源市场的基本规律。行业、部门、企业之间存在劳动内容、劳动强度、分配水平的差异,趋利避害是人的本能,实现利益最大化也是理性劳动者所追求的。劳动者选择工资高、待遇好、劳动压力小、工作体面的行业、部门、企业去工作。出于企业利润考量,用人单位也愿意招收能创造更多价值的劳动者,劳动力市场就是用人单位和劳动者双向选择的开放、流动、通过供求关系调节机制,以促进人力资源市场的合理流动。发展潜力大、经济效益好的用人单位容易吸引高素质的劳动者创造更多的经济效益,从而推动企业发展。经济效益差、缺乏管理的企业必然面临员工重新选择问题,这样就能实现企业优胜劣汰。工资也可以调节单位内部的报酬分配关系,协调个人、组织、国家三者的关系。

---

① 高言,李军. 劳动法理解适用与案例评析 [M]. 北京:人民法院出版社,1996:148.

8.1.3 工资立法的原则

根据我国《劳动法》的规定，我国工资立法的原则主要有以下几项：

1. 按劳分配原则

国民收入的初次分配是在创造它的物质生产领域进行的分配。用人单位以工资形式根据一定工资分配原则支付给劳动者是国民收入初次分配的一部分，按劳分配是社会主义条件下分配制度的根本原则，也是工资分配应当遵循的原则。我国《劳动法》第46条规定，工资分配应当遵循按劳分配原则，实行同工同酬。其基本内容是用人单位根据劳动者劳动的数量和质量来决定其工资报酬，按劳分配原则很好地体现和发挥工资的补偿、激励和调节功能。作为对劳动者付出劳动的物质性补偿，职工个人工资水平应与其劳动贡献挂钩，应充分体现每个人劳动质量高低和数量多寡，实行多劳多得、少劳少得、有劳动能力不劳动者不得的一种分配原则。按劳分配体现了劳动者履行劳动义务与享受劳动报酬权利的一致性，体现脑力劳动和体力劳动、复杂劳动和简单劳动、熟练劳动和非熟练劳动、繁重劳动和非繁重劳动之间的差别，要以劳动贡献为依据，根据不同职工或同一职工不同时期的劳动贡献决定工资水平的差距，既不能平均分配，又不能论资排辈。

按劳分配本身意味着等量劳动获得等量的报酬，同工同酬是按劳分配原则的表现。

理解此项原则时，应当注意中国共产党执政政策和理念对工资立法原则的现实和潜在影响。改革开放以来，我国收入分配政策发生了一系列变革，主要表现为：一方面，从单一强调按劳分配原则，发展为按劳分配为主体、按劳分配和按生产要素分配相结合。另一方面，在处理收入分配中公平与效率关系上，从注重效率、兼顾公平，初次分配注重效率、发挥市场作用，再分配注重公平，到初次分配和再分配都要处理好效率和公平的关系、提高劳动报酬在初次分配中的比重。初次分配领域引入生产要素参与分配与分配实现效率和公平的统一，是我国收入分配制度改革的历史性重大突破。初次分配实现效率和公平的统一有利于提高广大低收入者的收入，有利于缩小贫富差距，有利于初次分配忽视公平原则形成的一系列严重社会问题的缓和与解决。

2. 工资水平随经济发展逐步提高原则

《劳动法》第46条第2款规定:"工资水平在经济发展的基础上逐步提高。"此规定有三层含义:劳动者工资水平应当随着经济增长而相应提高;工资水平的提高应建立在经济增长的基础上;工资水平和经济发展之间应具有对应性和协调性。社会主义生产目的就是不断满足人民日益增长的物质和文化生活需要,经济增长要以实现民众生活水平提高为宗旨。工资是消费品分配的一种方式,要让劳动者享受更多经济发展带来的成果,劳动者的工资水平应当随着经济增长而提高。工资是国民收入初次分配内容,分配所用的物品也来自于生产,分配的前提就是生产。生产力水平提高,经济发展才能提供更多的产品用于分配,工资水平才能提高。如果整个社会的生产水平上不去,可供分配的产品很少,工资水平就不能上升甚至会下降。故工资水平的提高应建立在经济增长的基础上。在社会主义市场经济中,应当建立促进经济增长与工资水平增长相协调的完善机制。从总的趋势来看,"工资水平提高与经济发展应当比例适当,切实做到工资总额增长幅度应当低于经济效益增长幅度,平均工资增长幅度应低于社会劳动生产率的增长幅度,使提高工资水平与增强经济发展后劲并行不悖,以保持国民经济的稳定、协调发展"①。

我国目前工资分配中存在劳动报酬和经济发展失衡的问题,在经济发展较快的情况下,普通职工工资水平多年来提高幅度不大。"从我国工资的变动情况来看,过去11年间,我国的工资总额在GDP中所占比重从17.28%下降到12.16%,在国民经济中的份额减少了将近1/3,工资水平的上升幅度大大落后于经济增长速度。"② 中国共产党十七大报告指出,应增加劳动报酬在初次分配中的比例。这无疑对转变经济发展方式、建立合理有序的收入分配格局提高人民生活水平具有重要意义。实现工资水平随经济发展逐步提高的微观途径就是遵循职工工资总体水平与企业经济效益挂钩的原则。

3. 国家对工资总量实行宏观调控原则

(1)国家对工资总量实行宏观调控的含义。我国正处于新旧经济体制转

---

① 马原. 劳动法条文精释[M]. 北京:人民法院出版社,2003:319.
② 王贵平. 适度提高职工劳动报酬在初次分配中的比例. http://www.sxgh.org.cn/particular.aspx?id=7824&parentID=34,2009年1月8日访问.

轨的历史时期,面对我国工资分配领域存在的问题,为了加大规范分配行为和分配秩序的力度,必须根据我国现阶段特点,在培育工资分配市场调节机制的同时,加强政府对工资分配的宏观调控,实现无形之手和有形之手互为补充,有机结合。《劳动法》第46条第2款规定:"国家对工资总量实行宏观调控。"工资总量是指用人单位在一定时期内直接支付给本单位劳动者的工资总额。企业工资总额是指企业按国家统计局规定在一定时期内,直接支付给本单位职工的全部劳动报酬。所谓工资总量的宏观调控,是指国家根据既定的宏观经济、社会目标,综合运用经济、行政和法律等多种手段对地区、部门、单位工资总量进行调节和控制,以确保工资总额与国民经济发展保持一个科学、合理、协调的比例。调控内容包括:企业工资总额提取决定调控、发放决定调控和使用调控。

(2) 工资总量的调控方法和措施。工资总量调控措施包括:①界定工资总额。界定工资总额的主要方式是国家用法规的形式明确规定工资总额的范围和组成项目,在全国范围内统一工资总额的统计口径。②调控地区、部门(行业)工资水平。调控地区、部门(行业)工资水平是工资总量宏观调控体系的主要层次,对实现工资总量宏观调控的总目标和调控用人单位工资总额的效果具有关键性意义。国家对地区、部门(行业)工资水平调控措施有弹性工资计划、工资指导线、工资控制线和工资指导价位。③调控用人单位工资总额。国家对用人单位工资总额的宏观调控,包括工资总额与经济效益挂钩、工资总额包干、工资总额计划指标控制、工资总额考核控制等方式,从用人单位微观个体层面的将工资总额保持在适当的范围内,促进市场均衡工资率的形成;同时也有利于用人单位工资宏观调控体系建设。

现代市场经济的实践表明,在充分发挥市场机制对工资分配的基础性调节作用的基础上,国家对工资总量实行宏观调控,从不同层次、采用不同措施对工资总额进行直接和间接的适度调控,有利于形成企业内部科学合理的工资分配关系,制约用人单位工资分配自主权、维护劳动者的物质权益,保持工资总额和经济发展相协调,以实现国民经济科学、可持续发展。

目前我国工资分配宏观调控体系、措施和手段还难以适应现代人力资源市场发展的要求,表现为:工资分配宏观调控的立法不健全,执法不完善;工资指导线、工资控制线和工资指导价位、人工成本信息发布等制度尚未发挥其应有的引导、调节作用;最低工资制度及实施尚待完善;国家对用人单位工资总额管理、不同用人单位工资水平之间协调、行业工资差距调控等尚未建立制度或形成机制。所以,我们要加大国家对工资总量实行宏观调控原则的理论研究和实践应用。

8.1.4 我国企业的工资分配制度

我国分别于 1985 年、1993 年和 2006 年进行三次较大范围的工资制度改革。1985 年工资制度改革实行国营(有)企业与机关事业单位工资分配脱钩,企业试行了浮动工资制、结构工资制、岗位工资制等基本工资制度。1993 年进一步改革企业内部工资分配制度,推行岗位技能工资制,探索按生产要素分配办法,确立了"市场机制决定、企业自主分配、职工民主参与,政府监控指导"的企业工资分配制度改革目标。2006 年的工资改革继续深化企业内部分配制度改革,建立以岗位工资为主的基本工资制度。

在现代市场经济条件下,国家不是工资收入分配的主体,企业作为市场主体,依法拥有包括工资分配自主权在内的经营管理权,用人单位根据本单位的生产经营特点和经济效益,依法自主确定本单位的工资分配方式和工资水平。目前企业工资制度形式多样。总的来说,企业内部分配是以岗位工资为主的基本工资制度,如岗位绩效工资制、岗位薪点工资制、岗位等级工资制等。中央提出各种生产要素按贡献参与分配的原则,要求把按劳分配与按生产要素分配结合起来。有的企业加大了对经营管理人员的激励力度,实行经营者年薪制,部分企业试行了股权激励办法、企业年金制度;部分企业实行科技人员收入分配激励机制,实行按岗位、按任务、按业绩定酬的办法;部分企业开展了企业内部职工持股、技术要素入股等试点。

8.1.5 工资构成

工资作为劳动者支出劳动力的物质补偿,同劳动力的质量结构、支出状况和使用效果的复杂性相对应,而具有结构性。即工资因取决或受制于多种因素,故而由若干工资单元所组成,各个单元部分都有其质和量的规定性以及特定的存在形式、作用对象和专门职能,各个单元部分之间具有内在的逻辑关系,互相联系、制约和补充,共同使工资职能得以充分发挥。我国立法所规定的工资,一般由基本工资和辅助工资两类单元所构成。①

---

① 王全兴. 劳动法 [M]. 北京:法律出版社,2008:288.

1. 基本工资

基本工资也叫标准工资，是指劳动者在法定或约定的工作时间内提供正常劳动所得的劳动报酬，它是劳动者所得工资额的基本组成部分。劳动者的岗位工资为基本工资，它由劳动合同、企业规章和集体合同决定。

用人单位计量基本工资有计时工资和计件工资两种方式。

(1) 计时工资

计时工资是按照单位时间工资标准和工作时间支付给职工个人的劳动报酬，它是目前最普遍、最基本的工资形式，在任何部门、用工单位和岗位（工种）都可适用。计时工资标准一般分为月工资标准、日工资标准和小时工资标准。其中，月工资标准是确定日（小时）工资标准的基础，即日工资标准为月工资标准除以月均法定工作日天数所得之商，小时工资标准为日工资标准除以日均法定工作时数（8小时）所得之商。依据原劳动和社会保障部于2008年1月3日发布的《关于职工全年月平均工作时间和工资折算问题的通知》，在根据《全国年节及纪念日放假办法》（国务院令第513号）的规定，全体公民的节日假期由原来的10天增设为11天后，我国职工全年月平均制度工作时间是20.83天，工作小时数的计算以月工作日乘以每日的8小时。按照《劳动法》第51条的规定，法定节假日用人单位应当依法支付工资，即折算日工资、小时工资时不剔除国家规定的11天法定节假日。据此，日工资、小时工资的折算为：日工资是以月工资收入除以月计薪天数（21.75天），小时工资是以月工资收入除以月计薪天数乘以8小时之积。

计时工资可作为计算工资的其他组成部分、计件工资的计件单价以及如社会保险待遇等项目的依据。但其缺点是不能完全和工资报酬与劳动贡献（数量和质量）相挂钩。

(2) 计件工资

计件工资是指根据劳动者完成的产品数量或工作量，按计件单价标准支付劳动报酬的一种工资形式。计件工资是计时工资的转化形式，其核心是计件单价，即生产某一单位产品或完成某一单位工作应得的工资额，在一定技术条件下，计件单价根据一定技术等级劳动者的工资标准和劳动定额计算出来，即计件单价=单位时间的标准工资/单位时间的劳动定额。当然计件工资也是某些工资形式的基础，如绩效工资制度的前身是计件工资，但它不是简单意义上的工资与产品数量挂钩的工资形式，而是建立在科学的工资标准和管理程序基础上的工资体系。

计件工资虽然能使劳动成果和劳动报酬直接联系,发挥劳动者生产积极性,提高劳动效率,但其不具有普遍适用性,一般只适用于产品生产过程相对独立、生产成果能被精确计算和科学测定的企业。

2. 辅助工资

辅助工资是指在工资构成中处于辅助地位的基本工资以外的组成部分。其通常是用人单位对特殊岗位或特殊情况或法定情形下的劳动者所给予的具有额外补偿、奖励等性质的劳动报酬。常见的有奖金、津贴、补贴、特殊情况下支付的劳动报酬等。

奖金是用人单位根据劳动者的工作表现、工作职责和工作业绩定期或不定期发放的奖励性质的工资形式。企业奖有多种类型:可分为月度奖金、季度奖金和年度奖金;经常性奖金和一次性奖金;集体奖金和个人奖金;综合奖金和单项奖金(如超产奖、安全奖、节约奖、新产品试制奖等)。

津贴是一种补充性劳动报酬,是员工在特殊工作环境下所付出的额外劳动消耗和生活费开支的一种物质性报酬。[①] 根据目的、作用,津贴可分为:①为补偿职工额外劳动消耗而建立的津贴,如高空津贴、高温津贴、夜班津贴;②为保障职工身体健康而建立的津贴,如有毒有害岗位津贴,林区、高原、水下工作津贴等;③为补偿职工生活费额外付出而建立的津贴,如外勤工作津贴、铁路乘务津贴;④为保障职工的实际生活水平而建立的津贴,如主要副食品价格补贴;⑤为补偿职工的特殊贡献而设立的奖励性津贴,如对作出突出贡献的专家、学者和科技人员的政府特殊津贴等。

补贴是为了保障职工的工资水平不受特殊因素的影响而支付给职工的补助性工资,如物价补贴等。

8.2 最低工资制度

最低工资是维持劳动者基本生活需要的最低限度的劳动报酬。国家为劳动者最低水平工资提供必要的法律保障是维护公平正义、实现社会和谐的重要举

---

① 姚先国、柴效武. 公共部门人力资源管理 [M]. 武汉:武汉大学出版社,2004:388.

措,正是由于这个缘故,最低工资制度成为国际公约和许多国家的制度选择。实践证明,最低工资制度有利于实现国家干预和市场就业的平衡,有利于社会可持续发展。

8.2.1 最低工资的定义

最低工资即工资的法定最低限额,是指国家依据法律规定的,劳动者在法定工作时间或约定工作时间内完成了正常劳动的前提下,用人单位应当支付的足以维持劳动者及其平均供养人口基本生活需要最低限度的劳动报酬。2004年原劳动和社会保障部的《最低工资规定》明确指出,最低工资指劳动者在法定工作时间或依法签订的劳动合同约定的工作时间内提供了正常劳动的前提下,用人单位依法应支付的最低劳动报酬。最低工资标准一般采取月最低工资标准和小时最低工资标准的形式。月最低工资标准适用于全日制劳动者,小时最低工资标准适用于非全日制劳动者。其包含三层含义:

(1) 最低工资标准是国家干预工资分配的一种形式,其是由国家立法规定、政府相关部门具体确定的。

(2) 最低工资是劳动者的最低工资强制性标准,只要劳动者提供正常劳动,用人单位支付的劳动报酬不得低于政府确定的最低工资标准。用人单位向本单位劳动者支付工资或通过劳动合同约定工资时,均不得低于确定的最低工资标准,否则,依法无效,并按最低工资标准执行。

(3) 劳动者在法定工作时间内提供了正常劳动是适用最低工资标准的前提条件。劳动报酬之外的收入、法定或约定工作时间之外的劳动报酬以及法定或约定工作时间内超出正常劳动部分的劳动报酬,都不属于最低工资的范围。

我国法律规定,以下各项不作为最低工资的组成部分:延长工作时间工资;中班、夜班、高温、低温、井下、有毒有害等特殊工作环境、条件下的津贴;国家法律、法规和政策规定的劳动者保险、福利待遇;用人单位通过贴补伙食、住房等支付给劳动者的非货币收入等。

8.2.2 最低工资的立法概况

国际劳工组织通过了若干项关于最低工资的公约和建议书,明确要求各成员国都应承担最低工资立法的任务。国际劳工组织《1928年确定最低工资办法公约》(第26号公约)规定,凡批准本公约的会员国,承允制订或维持一种办法,以便为那些在无法用集体协议或其他方法有效规定工资、且工资特别低的若干行业或部门（特别是在家庭工作的行业）中工作的工人，确定最低工资率。《1970年特别参照发展中国家情况确定最低工资公约》（第131号公约）规定，凡批准本公约的国际劳工组织会员国，承诺建立一种最低工资制度，其范围包括雇用条件适合于该范围的一切工资劳动者群体。各国主管当局应在征得有关的、有代表性的雇主组织和工人组织（如存在此种组织）的同意或与它们充分协商后，确定应包括在该范围内的工资劳动者群体。在国际劳工局的推动之下，最低工资制度作为国家干预分配，保障劳动者的基本权益的一种法律制度为国际社会所公认。

1993年11月，原劳动部制定了我国的第一部有关最低工资的全国性部委规章《企业最低工资规定》。《劳动法》明确规定国家实行最低工资保障制度，并对最低工资标准的制定权限、制约因素和法律效力作了原则性规定。2004年1月，原劳动和社会保障部颁布的《最低工资规定》对最低工资标准的制度要素作了更为完整和具体的规定。需要说明的是，最低工资标准仅适用于劳动法所调整的用人单位和劳动者。

8.2.3 最低工资标准的确定依据

国际劳工组织的《确定最低工资并特别考虑发展中国家建议书》（第135号建议书）提出，确定最低工资的目的为：应当成为旨在战胜贫困、保证满足全体工人及其家庭需要的政策的内容之一；确定最低工资的根本目的是为劳动者得到可容许最低水平工资提供必要的社会保护。因此，最低工资标准通常应当包含以下三个部分：（1）维持劳动者本人最低生活的费用，即对劳动者从事一般劳动时消耗体力和脑力给予补偿的生活资料的费用。（2）劳动者平均赡养人口的最低生活费。（3）劳动者为满足一般社会劳动要求而不断提高劳动标准和专业知识水平所支出的必要费用。

国际劳工组织《1970年特别参照发展中国家情况确定最低工资公约》（第131号公约）确立最低工资两项标准：（1）工人及其家庭的必需品，需考虑该国的一般工资水平、生活费、社会保障津贴，以及其他社会阶层的相应生活标准；（2）经济因素，包括经济发展的要求，生产率水平，获得和维持高水平就业的需要。

我国《最低工资规定》规定最低工资标准应考虑的因素：确定和调整月最低工资标准，应参考当地就业者及其赡养人口的最低生活费用、城镇居民消费价格指数、职工个人缴纳的社会保险费和住房公积金、职工平均工资、经济发展水平、就业状况等因素。确定和调整小时最低工资标准，应在颁布的月最低工资标准的基础上，考虑单位应缴纳的基本养老保险费和基本医疗保险费因素，同时还应适当考虑非全日制劳动者在工作稳定性、劳动条件和劳动强度、福利等方面与全日制就业人员之间的差异。

《最低工资规定》明确了最低工资标准的测算方法——比重法，即根据城镇居民的家境调查资料，确定一定比例的最低人均收入户为贫困户，统计出贫困户的人均生活费用支出水平，乘以每一就业者的赡养系数，再加上一个调整数。恩格尔系数法即根据国家营养学会提供的年度标准食物普及标准食物摄取量，结合标准食物的市场价格，计算出最低食物支出标准，除以恩格尔系数，得出最低生活费用标准，再乘以每一就业者的赡养系数，再加上一个调整数。以上方法计算出月最低工资标准后，再考虑职工个人缴纳社会保险费、住房公积金、职工平均工资水平、社会救济金和失业保险金标准、就业状况、经济发展水平等进行必要的修正。

8.2.4 最低工资标准的确定程序

最低工资标准的确定程序包括：

（1）拟订方案。最低工资标准的确定和调整方案，由省、自治区、直辖市人民政府劳动保障行政部门会同同级工会、企业联合会/企业家协会研究拟订，内容包括最低工资确定和调整的依据、适用范围、拟订标准和说明的方案。

（2）征求意见。劳动保障部在收到拟订方案后，应征求全国总工会、中国企业联合会/企业家协会的意见。劳动保障部对方案可以提出修订意见，若在方案收到后14日内未提出修订意见的，视为同意。

（3）报批、公告和备案。省、自治区、直辖市劳动保障行政部门应将本地区最低工资标准方案报省、自治区、直辖市人民政府批准，并在批准后7日内在当地政府公报上和至少一种全地区性报纸上发布。省、自治区、直辖市劳动保障行政部门应在发布后10日内将最低工资标准报劳动保障部。

（4）调整。最低工资标准发布实施后，如《最低工资规定》第6条所规定的相关因素发生变化，应当适时调整。最低工资标准每两年至少调整一次。

8.2.5 最低工资标准的主体范围

《1970年确定最低工资并特别考虑发展中国家公约》（第131号公约）明

确最低工资范围包括雇用条件适合于该范围的一切工资劳动者群体。《1970年确定最低工资并特别考虑发展中国家建议书》（第135号建议书）指出，未包括在上述范围内人数和群体数保持在最低限度。根据我国立法及实践，我们需要探讨一些特殊人群是否应在最低工资标准的效力范围内。

1. 下岗职工、退休职工

最低工资是正常劳动的对价，下岗职工和退休职工不适用最低工资。

2. 假期临时就业的学生

学界和实务界一般认为假期临时就业的学生不适用最低工资保障。原劳动部《关于贯彻执行〈中华人民共和国劳动法〉若干问题的意见》（劳部发[1995]309号）第12条规定，在校生利用业余时间勤工助学，不视为就业，未建立劳动关系，可以不签订劳动合同。

我们认为，该规定侵害了假期临时就业学生的合法利益，也不符合法律规定。假期临时就业学生虽然就业时间短，但他们和用人单位之间建立了劳动关系，即使没有书面劳动合同，也属于事实劳动关系，应受《劳动法》的调整和保护。根据《最低工资规定》，用人单位与劳动者形成、建立劳动关系都适用最低工资保障。所以，假期临时就业的学生应适用最低工资规定。2004年4月，北京市关于《北京地区普通高等学校学生勤工助学活动的规定》规定，用人单位可与学生双方协商劳动报酬标准，但不应低于北京市规定的最低工资标准，且不得克扣学生的合法劳动报酬。

3. 学徒工

一般认为学徒期间不能提供正常劳动，不受最低工资制保护。我们认为，最低工资是为劳动者得到可容许的最低水平工资提供必要的社会保护的制度，职工学徒期间是为企业创造更多的价值的必要过程，所以原劳动部《关于贯彻执行〈中华人民共和国劳动法〉若干问题的意见》（劳部发[1995]309号）第57条规定，劳动者与用人单位形成或建立劳动关系后，试用、熟练、见习期间，在法定工作时间内提供了正常劳动，其所在的用人单位应当支付其不低于最低工资标准的工资。所以，学徒工应当适用最低工资标准。

4. 残疾人

一般认为残疾人劳动能力低，如果适用最低工资保障可能会危及其就业机会，因此不适用最低工资标准。实践中，劳动保障部门一般认为，只要残疾人提供正常劳动就应当适用最低工资标准，没有提供正常劳动的不予适用。

我们认为，《残疾人就业条例》规定用人单位应当按照一定比例安排残疾人就业，并为其提供适当的工种、岗位。用人单位安排残疾人就业的比例不得低于本单位在职职工总数的1.5%。可见，机关、企事业按照行政法规要求安排残疾人就业是法定义务，并且有比例要求，适用最低工资并不会危及就业机会，将残疾人排除在最低工资保障范围之外反而不利于对他们权益的维护。所以，用人单位提供的适当工种和岗位的残疾人和普通劳动者一样，属于最低工资保障范围。

5. 公共、公益团体的工作人员

公共、公益团体（如宗教机构、慈善机构）的工作人员是否适用最低工资保障，学术界多认为不适用最低工资保障。① 我们认为，如果工作人员属于志愿者，其和服务组织之间非劳动关系，故不适用最低工资标准。但和公共、公益团体建立、形成劳动合同关系的工作人员，应依法适用最低工资标准的规定。

6. 国家公务员

按照我国《劳动法》及《最低工资规定》的规定，最低工资适用的是建立劳动关系的劳动者，国家公务员和国家之间不是劳动关系，因此并不适用最低工资标准。从实践来看，国家公务员工资水平一般高于其他行业工资，也大大高于维持基本生活的水平。

8.2.6 最低工资标准的法律效力

最低工资标准属于强制性规范，政府依法确定并公布后，即产生法律效

---

① 陈信勇. 劳动与社会保障法 [M]. 杭州：浙江大学出版社，2007：161；王全兴. 劳动法 [M]. 北京：法律出版社，2008：298；马原. 劳动法条文精释 [M]. 北京：人民法院出版社，2003：346.

力,普遍适用于该地区内,建立了劳动关系的用人单位和劳动者之间的工资关系。这种法律效力主要内容为:

(1) 劳动者只要在法定工作时间内提供了正常劳动,用人单位支付给劳动者的工资不得低于当地最低工资标准。劳动者在法定工作时间内未提供正常劳动,如果不是由于本人原因造成的,用人单位也应当按照不低于最低工资标准的要求向劳动者支付工资。劳动者依法享受带薪年休假、探亲假、婚丧假、生育(产)假、节育手术假等国家规定的假期,以及法定工作时间内依法参加社会活动期间,视为提供了正常劳动。

(2) 集体合同和劳动合同中所规定的工资标准,都不得低于当地最低工资标准。实行计件工资或提成工资等工资形式的用人单位,在科学合理的劳动定额基础上,其相应的折算额不得低于按时、日、周、月确定的最低工资标准。

(3) 用人单位应在最低工资标准发布后10日内将该标准向本单位全体劳动者公示。

(4) 县级以上地方人民政府劳动保障行政部门负责对本行政区域内用人单位执行最低工资规定情况进行监督检查。各级工会组织依法对本规定执行情况进行监督,发现用人单位支付劳动者工资违反最低工资规定的,有权要求当地劳动保障行政部门处理。

8.3 工资支付保障

生存权是劳动者实现其他权利的基础,劳动者工资保障实质是对劳动者生存权的保障,因此,不论是国际组织还是各主权国家都十分重视劳动者工资支付保障的立法。工资支付保障是指不论在任何情况下,保证劳动者能按时足额的取得工资的措施、方法和方式。我国的《劳动法》和《劳动合同法》对工资支付做了原则性、分散式规定,《工资支付暂行规定》及1995年的《补充规定》等对工资支付做了集中、具体规定,各地也制定了有关工资支付形式、标准等的地方性法规、规章及规范性文件。

8.3.1 工资支付一般规定

1. 货币支付

用人单位应当以货币形式支付劳动者工资,不得以实物、有价证券等形式替代。支付工资时不得附加条件，如用人单位支付工资时不得规定劳动者在指定地点、场合消费，也不得规定劳动者的消费方式。

2. 直接支付

用人单位应将工资直接支付给劳动者本人。国家鼓励和逐步推行用人单位为劳动者在银行开立个人账户，通过银行按月支付给劳动者工资。用人单位支付劳动者工资时应当向其提供一份其本人的工资支付清单。劳务派遣的劳动者的工资由派遣单位支付，也可以约定由用工单位直接向劳动者支付工资。工程总承包企业违反规定发包、分包给不具备用工主体资格的组织或个人，工程总承包企业承担清偿拖欠工资连带责任。业主或工程总承包企业未按合同约定与建设工程承包企业结清工程款，致使建设工程承包企业拖欠农民工工资的，由业主或工程总承包企业先行垫付农民工被拖欠的工资，先行垫付的工资数额以未结清的工程款为限。

3. 及时支付

工资必须在固定的日期支付。用人单位应当在与劳动者约定的日期支付工资；没有约定工资支付日期的，按照用人单位规定的日期支付工资。工资支付日期如遇法定节假日或者休息日，应当在此之前的工作日提前支付。用人单位可以按照小时、日、周、月为周期支付工资。以完成一定工作任务计发工资的，应当在工作任务完成后即时支付劳动者工资。用人单位与劳动者依法解除或者终止劳动关系的，应当在劳动关系解除或者终止之日起两个工作日内一次性付清劳动者工资。劳动关系依法终止时，用人单位应当一次性付清工资。工资支付周期最长不得超过一个月，非全日制用工劳动报酬结算支付周期最长不得超过十五日。

4. 全额支付

用人单位向劳动者支付工资应当按照规定日期足额支付，应当自劳动者实际履行劳动义务之日起计算劳动者工资。不得克扣或者无故拖欠，即使在法定允许扣除工资的情况下，每次扣除工资额也不得超出法定限度。

5. 优先支付

企业破产或依法清算时，职工应得工资必须作为优先受偿的债权。用人单位破产、终止或者解散的,经依法清算后的财产应当按照有关法律、法规、规章的规定优先用于支付欠付的劳动者工资和社会保险费。

8.3.2 工资支付特别规定

工资支付特别规定是指劳动者超出正常劳动时间,或未完全提供正常劳动但根据国家规定视为正常工作,从而按照计时工资标准或者一定比例支付工资的特别规定。

(1) 加班加点工资。用人单位安排劳动者加班加点,应当按照下列标准支付劳动者加班加点的工资:工作日延长劳动时间的,按照不低于本人工资的150%支付加班工资;在休息日劳动又不能在六个月之内安排同等时间补休的,按照不低于本人工资的200%支付加班工资;在法定休假日劳动的,按照不低于本人工资的300%支付加班工资。实行计件工资的劳动者,在完成计件定额任务后,由用人单位安排延长工作时间的,应根据上述规定的原则,分别按照不低于其本人法定工作时间计件单价的150%、200%、300%支付其工资。经劳动行政部门批准实行综合计算工时工作制的,其综合计算工作时间超过法定标准工作时间的部分,应视为延长工作时间,并应按本规定支付劳动者延长工作时间的工资。实行不定时工时制度的劳动者,不执行上述规定。

(2) 病假工资、疾病救济费。劳动者患病或者非因工负伤停止劳动,且在国家规定医疗期内的,用人单位应当按照工资分配制度的规定以及劳动合同、集体合同的约定或者国家有关规定,向劳动者支付病假工资或者疾病救济费。病假工资、疾病救济费不得低于当地最低工资标准的80%。

(3) 劳动者依法享有的法定节假日以及年休假、探亲假、婚丧假、晚婚晚育假、节育手术假、女职工孕期产前检查、产假、哺乳期内的哺乳时间、男方护理假、工伤职工停工留薪期等期间,用人单位应当视同劳动者提供正常劳动并支付其工资。

(4) 劳动者因依法参加下列社会活动占用工作时间的,用人单位应当视同劳动者提供正常劳动并支付其工资:①行使选举权或者被选举权;②人大代表、政协委员依法履行职责;③当选代表,出席政府、党派以及工会、青年团、妇联等召开的会议;④出任人民法院陪审员;⑤出席劳动模范、先进工作者大会;⑥基层工会非专职工作人员履行职责;⑦担任集体协商代表期间,参加集体协商、签订集体合同;⑧参加兵役登记等应征事宜和预备役人员参加军事训练;⑨法律、法规、规章规定的其他社会活动。

（5）用人单位非因劳动者原因停工、停产、歇业，在劳动者一个工资支付周期内的，应当视同劳动者提供正常劳动支付其工资。超过一个工资支付周期的，可以根据劳动者提供的劳动，按照双方新约定的标准支付工资；用人单位没有安排劳动者工作的，应当按照不低于当地最低工资标准的80%支付劳动者生活费。

（6）劳动者依法被取保候审、判处管制、适用缓刑或者被假释、监外执行期间，劳动合同未解除且劳动者继续在原单位正常劳动的，用人单位应当按照劳动合同的约定以及本单位的规章制度支付其工资。

8.3.3 克扣、无故拖欠工资之禁止

工资涉及公民及其家庭的基本生存权，所以工资支付中任何形式数量之减少或日期之迟延等必须有法律依据，否则就为违法。

"克扣"是指用人单位对履行了劳动合同规定的义务和责任，保质保量完成生产工作任务的劳动者，不支付或未足额支付其工资。用人单位在下列情况下减发工资不属于"克扣工资"：国家的法律、法规中有明确规定的；依法签订的劳动合同中有明确规定的；用人单位依法制定并经职代会批准的厂规、厂纪中有明确规定的；企业工资总额与经济效益相联系，经济效益下浮时，工资必须下浮的，（但支付给劳动者工资不得低于当地的最低工资标准）；因劳动者请事假等相应减发工资等。

无故拖欠系指用人单位生产经营正常，无正当理由超过规定付薪时间未支付劳动者工资。下列情况拖欠工资不属无故拖欠：用人单位遇到非人力所能抗拒的自然灾害、战争等原因，无法按时支付工资；用人单位确因生产经营困难、资金周转受到影响，在征得本单位工会同意后，可暂时延期支付劳动者工资，延期时间的最长限制可由各省、自治区、直辖市劳动行政部门根据各地情况确定。

按照我国相关法规，用人单位下列情形可以代扣劳动者工资：用人单位代扣代缴的个人所得税；用人单位代扣代缴的应由劳动者个人负担的各项社会保险费用和住房公积金；人民法院发生法律效力的法律文书中载明应当由劳动者承担的扶养费、抚养费、赡养费等；劳动者本人原因给用人单位造成经济损失依法需要赔偿的，可每月扣除不得超过劳动者当月工资的20%，若扣除后的剩余工资部分低于当地月最低工资标准，则按最低工资标准支付；法律、法规规定可以从劳动者工资中扣除的其他费用。

8.3.4 工资支付保障的程序救济

用人单位无故拖欠或克扣劳动报酬的,劳动者可通过下列途径寻求解决:协商、第三部门调解、劳动仲裁、司法诉讼、工资支付令等。详细论述见本书相关章节。

本章小结

工资是指用人单位依照法律、国家规定或劳动合同约定,直接以货币形式支付给劳动者的劳动报酬。其具有补偿、激励和调节功能。我国工资立法遵循按劳分配原则、工资水平随经济发展逐步提高原则及国家对工资总量实行宏观调控原则。我国工资基本制度一般由基本工资和辅助工资两类单元所构成。基本工资有计时工资和计件工资两种方式。最低工资是指国家依据法律规定的,劳动者在法定工作时间或约定工作时间内完成正常劳动的前提下,用人单位应当支付足以维持劳动者及其平均供养人口基本生活需要最低限度的劳动报酬。最低工资确定的依据、程序、主体范围及发布调整等都要遵守相关法律规定。保证劳动者能按时足额地取得工资的措施、方法和方式即工资支付保障措施非常必要。工资支付要遵循货币支付、直接支付、及时支付、全额支付及优先支付等一般规定,也要遵循法定情形下的特殊支付规定,禁止克扣及无故拖欠工资。

关键术语

工资　　工资立法　　基本工资　　计时工资　　计件工资　　最低工资　　工资支付

思考题

1. 简述工资的概念及特征。
2. 我国工资分配的原则有哪些?
3. 现行制度中工资基本分配形式有哪些?
4. 简述最低工资的定义及其意义。

5. 简述最低工资的确定依据、主体范围及法律效力。
6. 我国规定了哪些工资支付的保障措施？

第 9 章 劳动安全卫生

加强劳动保护，保障劳动者在生产中的安全和健康是我国的一项基本国策，也是经济与社会可持续发展的必然要求。重视和加强劳动保护是人类文明发展的潮流，劳动保护也成为各国劳动法的重要组成部分。我国颁布了一系列有关劳动安全卫生保护的法律、法规，充分体现了国家对劳动保护工作的高度重视。随着社会的不断发展进步，劳动保护逐渐形成了完整的科学体系和法律体系。劳动安全卫生制度作为劳动法律制度的一个重要方面，是对劳动者在生产过程中的人身安全和身体健康加以保护的制度，在劳动法中具有重要的地位和意义。

9.1 劳动安全卫生概述

劳动安全卫生保护是在劳动过程中对劳动者的人身安全与身体健康的保护，劳动安全卫生保护具有重要意义，体现了现代社会的文明程度，成为各国人权保护的重要内容。同时，预防生产安全事故、保护劳动者的安全与卫生也有利于推动生产力的提高，促进人与社会的可持续发展。另外，劳动安全卫生保护经历了一个发展的过程，世界各国正在努力构建与经济社会发展相适应的劳动保护法律体系。

9.1.1 劳动安全卫生的概念与特征

1. 劳动安全卫生的概念

劳动安全卫生也称为职业安全卫生（Occupational Safety

and Health，OSH），其中后者是一个国际通行的概念，20世纪80年代后期才引入我国。在我国，劳动安全卫生作为劳动保护的一个重要方面，也称为狭义的劳动保护。即指对劳动者在劳动过程中的安全和健康的保护。而广义的劳动保护通常是指对劳动者各个方面合法权益的保护，包括国家制定的有关劳动保护利益的全部法律规范。关于劳动安全卫生的定义多种多样，这里我们采用国家标准《职业安全卫生术语》的定义，劳动（职业）安全卫生是指以保障职工在职业活动中的安全与健康为目的的工作领域及在法律、技术、设备、组织制度和教育等方面所采取的相应措施。

2. 劳动安全卫生的特征

劳动安全卫生作为保护劳动者的重要内容，其具有以下四方面基本特征：

（1）劳动安全卫生的主体双方是用人单位与劳动者。承担保护义务的是用人单位，享有受保护权利的是劳动者。当劳动者与用人单位建立劳动关系之后，用人单位就开始承担对劳动者的安全与卫生等劳动保护义务。因而，劳动安全卫生保护是劳动者的权利和用人单位的义务。

（2）劳动保护的对象是劳动者的人身安全和身体健康。劳动者在劳动过程中，无论是体力劳动还是脑力劳动，都是附着在劳动者人身之上的，因而劳动者的人身安全、健康状况与劳动力的支出密切相关。只有在劳动者人身处于安全和健康的状况下，才能正常参加劳动过程并支出体力或脑力劳动。因此，劳动者的人身安全和身体健康是劳动保护的对象。

（3）劳动保护的期间是在劳动过程中或与劳动过程相关联。自然人的人身安全与身体健康存在各个阶段，用人单位的劳动保护是基于劳动关系产生的，用人单位只对劳动者在劳动过程中或与劳动过程相关的时间段的安全和健康负有保护义务①，而对劳动者在劳动过程之外的人身安全与身体健康则不承担保护义务。

---

① 用人单位对劳动者上下班期间的安全也承担责任，《工伤保险条例》对此作了明确规定，但2009年《国务院关于修改〈工伤保险条例〉的决定（征求意见稿）》拟对此进行修改，改变劳动者上下班过程中受伤害属于工伤的规定。如这一修改获得通过，意味着职工的上下班时间段将不作为劳动保护期间。

9.1.2 劳动安全卫生保护的意义

1. 是人权保护的基本要求

劳动安全与卫生是劳动者生命权与健康权的基本要求，是人权保障的重要组成部分，也是国家经济发展与社会进步的一个重要指标，反映了社会的文明化程度和国家在国际经济交往中的竞争实力。因此，我国将劳动安全卫生作为人权保护的重要内容纳入法律的规定，也是社会公平与正义的体现。劳动者的生命健康不仅关乎劳动者个人，同时也关乎整个国家劳动力资源的整体水平。人是社会、国家的源泉，是社会、国家最为宝贵的资源，是文明社会的最高价值。[1] 人身权是人与生俱来所固有的权利，是人赖以生存和发展的基础和前提。劳动过程中客观上存在着危害劳动者人身安全和身体健康的因素，因此必须对劳动者实施法律保护，保障劳动者的人身安全和身体健康，防止伤亡事故和职业病的危害，从而保护劳动者的基本人权。

2. 是保护人力资源、促进经济社会可持续发展的需要

劳动安全卫生保护是贯彻"安全第一、预防为主"理念的体现，是在生产安全事故与职业危害发生之前，积极采取组织管理措施和工程技术措施，尽可能地减少和消除工伤事故与职业危害赖以发生的条件，预防和遏制重大、特大事故、减少人民群众生命和财产损失，有效地保护劳动者的安全和健康。因此，保护劳动者安全卫生也是人力资源开发与保护的重要方面。人力资源的质量与劳动环境的安全卫生状况密不可分，良好的劳动环境能提高人力资源水平，从而进一步促进经济增长和社会可持续发展。因此，提高劳动环境质量，保障劳动安全卫生对于人力资源的可持续发展意义非凡。一方面对劳动者个体技能的提高和劳动力再生产大有裨益，另一方面，人力资源质量的提高更能促进经济社会协调发展，维护社会稳定。

3. 有利于提高劳动生产率和促进生产力的发展

马克思认为，只有活劳动才能创造价值，商品是活劳动的物化凝结。其中，活劳动只有劳动者才能提供，其表现形式就是劳动力的支出，而劳动力则

---

[1] 夏勇. 走向权利的时代 [M]. 北京：中国政法大学出版社，1995：390-391.

是生产要素中最具决定性作用的因素。因此,发展生产力、提高劳动生产率,需要充分发挥劳动者的聪明才智,提高劳动者的劳动积极性、主动性和创造性。劳动者的人身安全和身体健康则是其发挥这些作用的前提和基础。通过立法建立劳动安全卫生制度,要求用人单位严格执行国家劳动安全卫生标准,不断改善劳动条件,为劳动者创造安全、卫生、舒适的劳动条件和劳动环境;而改善劳动条件往往伴随着生产技术和生产工具的改进,有利于减轻劳动者的劳动负担、推动生产技术的进步。可见,加强劳动安全卫生保护,客观上为促进生产力的发展和劳动生产率的提高创造有利条件。

9.1.3 劳动安全卫生的法律保护

1. 国际劳动安全卫生法律制度的产生与发展

工业革命以后,特别是在 18 世纪中叶,资本家对雇工的剥削与压榨引发了工人运动的不断高涨,工人要求保护自身劳动合法权益的呼声越来越强烈,使得调整占有生产资料的雇主与雇员之间雇佣关系的一些规章制度得以产生,从而有利于保障劳动者的安全和健康。1802 年英国议会首先通过了一项限制纺织厂童工工作时间的《学徒健康与道德法》,这部法规是最早的劳动安全卫生法规。随后,英国于 1833 年颁布了《工厂法》,该法对工人的劳动安全、卫生、福利作了全面规定。到目前为止,世界上大部分国家都在其劳动法典中设专章规定劳动安全卫生方面的内容,许多国家还专门制定了劳动安全卫生保护基本法。美国于 1971 年颁布了《职业安全与卫生法》,日本 1972 年颁布了《劳动安全卫生法》,英国于 1974 年 10 月 1 日、1975 年 1 月 1 日、1975 年 4 月 1 日分三批颁布了《职业安全与卫生法》的全部条款,这部法律成为 20 世纪最全面的职业安全卫生法律。国际劳工组织 1919—1992 年制定的 170 多项国际劳动公约和建议书中,以劳动保护为主要内容的占一半左右。其中在职业安全卫生领域中所制定的直接标准总共为 17 个公约和 23 个建议书,特别是 1981 年《职业安全卫生公约》成为国际职业安全卫生立法的蓝本。

2. 国际劳动安全卫生标准

国际劳工标准是由国际劳工组织(International Labor Organization)制定的。从 1940 年到"二战"结束,它作为一个独立的国际组织开展工作;从 1946 年到现在,它作为联合国的专门机构之一存在。国际劳工标准从内容上分为核心劳工标准和一般劳工标准。其中核心劳工标准主要关注人权,包括基本的结社自由、废除强迫劳动、消除就业歧视和废除童工劳动。其他的劳工标准,如工作场所的安全和健康标准等,是和实际的劳动力市场相联系的,这些劳工标准有时也被称为可接受的工作条件,各国对于这类劳工标准还是颇有争论的,而核心劳工标准是全世界都一致公认的。1981年《职业安全卫生公约》是国际劳工职业安全卫生标准中的基础标准,具有广泛指导意义。其主要制度分为五类:

第一类是一般标准。用来指导成员国为了达到安全健康的工作环境,保证工人的福利与尊严制定方针和措施的政策指导性标准。第二类是特殊行业的预防标准。主要是针对某些行业如建筑业、矿业和码头等制定的预防标准。第三类是特殊危害的预防标准。主要针对特殊物质(如放射性物质或化学物品等)或工作环境中的特殊危害而制定的预防标准。第四类是重大工业事故的预防标准。公约就雇主、主管当局和工人的责任进行了规定,要求雇主在发生重大事故后,主管当局或负责机构应当采取的安全措施或办法。第五类是保护标准措施。主要是针对未成年人健康检查、生育保护、搬运最大负重量而制定的保护措施。

3. 我国劳动安全卫生法律制度

我国一贯重视和保护劳动者的职业安全与卫生,制定了一系列的有关劳动安全卫生方面的法律法规,已经形成了以宪法为基础,以劳动法为主体的职业安全卫生法律体系。

在劳动安全方面:1992年颁布了《中华人民共和国矿山安全法》;1996年颁布了《中华人民共和国矿山安全法实施条例》、2001年颁布了《国务院关于特大安全事故行政责任追究的规定》;2002年颁布了《中华人民共和国安全生产法》;2003年国务院颁布了《建设工程安全生产管理条例》;2004年国务院颁布了《安全生产许可证条例》、2004年国家安全生产监督管理局与国家煤矿安全监察局联合颁布了《煤矿企业安全生产许可证实施办法》、《危险化学品生产企业安全生产许可证实施办法》、2004年颁布了《工伤保险条例》、2007年颁布了《中华人民共和国劳动合同法》等。除此之外,《矿产资源法》、《煤炭法》、《环境保护法》、《水污染防治法》等法律中也有关于安全生产的规定。

在劳动卫生方面:1995年颁布了《企业职工劳动安全卫生教育管理规

定》，2001年颁布了《中华人民共和国职业病防治法》，2002年卫生部颁布了《职业病危害项目申报管理办法》、《建设项目职业病危害分类管理办法》、《职业健康监护管理办法》、《职业病诊断与鉴定管理办法》和《职业病危害事故调查处理办法》。

在劳动者的特别保护方面：1988年国务院颁布了《女职工劳动保护规定》，1988年劳动部颁布了《关于女职工生育待遇若干问题的通知》，1990年颁布了《女职工禁忌劳动范围的规定》，1992年通过了《妇女权益保障法》、1994年劳动部颁布了《未成年工特殊保护规定》，2002年颁布了《禁止使用童工规定》。

9.2 劳动安全卫生法律制度

劳动安全卫生法律制度以法律的刚性推动对劳动者人身安全与身体健康的保护，由于劳动者受雇于用人单位，劳动力的支出是在劳动过程中进行的，因而法律着重保护劳动者的权利，并加重用人单位的劳动保护义务以及劳动监管部门的监管职责。劳动安全卫生法律制度内容繁多，在实践中我国也在不断加强对劳动者的保护，促进社会稳定和谐。

9.2.1 劳动安全卫生法律制度概述

1. 劳动安全卫生法律制度概念

劳动安全卫生法律制度是指以保护劳动者在劳动过程中的人身安全和身体健康为内容的法律规范的总称。作为劳动法体系的重要组成部分，其包括劳动安全法律制度、劳动卫生法律制度和特殊群体法律保护制度。劳动安全卫生法的表现形式包括国家制定的关于劳动保护的各种规范性文件，如全国人大及其常委会制定的宪法、法律，国务院及其所属的部、委员会发布的行政法规、决定、命令、指示、规章以及地方性法规等，还表现为各种安全卫生技术规程，等等。

劳动安全卫生法是以保障职工在生产中的人身安全和身体健康为主要内容，明确规定了劳动者和用人单位之间的权利与义务。其反映了维护生产正常进行、保护劳动者安全与健康所必须遵循的客观规律，以法律的形式规定了劳动安全与卫生的行为规范，将生产安全、劳动卫生等技术要求法定化，从而使劳动安全卫生有法可依。

2. 劳动安全卫生法律关系

劳动安全卫生法律关系是在劳动过程中形成的劳动管理部门、劳动者及用人单位之间权利和义务关系；包括劳动管理部门与用人单位之间的监督与管理关系、用人单位与劳动者之间劳动保护关系。这一法律关系主体是劳动者、用人单位和劳动管理部门，内容是各主体之间的权利与义务配置。由于劳动保护是以保护劳动者为宗旨的，所以，在权利义务配置上侧重保护劳动者的权利和加重用人单位义务和劳动保护监管部门的职责。

（1）劳动者的劳动保护权

劳动者的劳动保护权利主要包括以下四个方面：

①安全卫生环境条件获得权。劳动者有在安全和卫生的生产环境中从事劳动的权利。用人单位必须建立、健全安全卫生制度，配置符合要求的安全卫生设施，提供相关劳动保护用品，使劳动工具、劳动场所和劳动环境保持安全和卫生的状态。

②知情权。劳动者对劳动过程中可能存在的危险或有损健康的情形享有知情权。《安全生产法》第36条规定："生产经营单位应当教育和督促从业人员严格执行本单位的安全生产规章制度和安全操作规程；并向从业人员如实告知作业场所和工作岗位存在的危险因素、防范措施以及事故应急措施。"《职业病防治法》第30条规定："用人单位与劳动者订立劳动合同时，应当将工作过程中可能产生的职业病危害及其后果、职业病防护措施和待遇等如实告知劳动者，并在劳动合同中写明，不得隐瞒或者欺骗。"

③拒绝权。劳动者对用人单位管理指挥人员违章指挥，强令冒险作业，有权拒绝执行；用人单位安排女职工和未成年劳动者从事国家规定禁忌范围内的劳动时，女职工和未成年劳动者有权拒绝接受。

④特殊劳动群体的特殊保护权。国家对女职工和未成年工实行特殊劳动保护，取得法律规定的特殊保护的各项待遇和条件。

（2）用人单位的劳动保护义务

用人单位保护劳动者的人身安全和身体健康是一项法定义务，主要包括以下四个方面：

①用人单位必须建立、健全劳动安全卫生制度，严格执行国家劳动安全卫生规程和标准，对劳动者进行劳动安全卫生教育，防止劳动过程中的事故，减

少职业危害。

②用人单位必须为劳动者提供符合国家规定的劳动安全卫生条件和必要的劳动防护用品,劳动安全卫生设施必须符合国家规定的标准,对从事有职业危害作业的劳动者应当定期进行健康检查。

③对劳动者进行安全技术培训。生产经营单位应当对从业人员进行安全生产教育和培训,保证从业人员具备必要的安全生产知识,熟悉有关的安全生产规章制度和安全操作规程,掌握本岗位的安全操作技能。用人单位还应当对劳动者进行职业卫生培训和教育,普及职业卫生知识,指导劳动者正确使用职业病防护设备和个人使用的职业病防护用品。

④依法参加工伤社会保险,为劳动者缴纳保险费。《安全生产法》第43条规定:"生产经营单位必须依法参加工伤社会保险,为从业人员缴纳保险费。"

(3) 劳动安全卫生行政管理部门职责

《劳动法》、《安全生产法》和《职业病防治法》等法律规定,劳动安全卫生行政管理部门的职责主要包括:

①根据管理权限制定统一执行的劳动安全卫生标准,使劳动安全卫生管理制度科学化、规范化。

②建立劳动安全卫生基础制度,如职业病统计报告制度、伤亡事故报告处理制度、劳动安全卫生教育制度、劳动安全卫生认证制度、劳动安全卫生监督检查与处罚制度等。

③对用人单位执行劳动安全卫生制度进行监督、检查以及对违反劳动安全卫生法规的单位或个人依法给予处罚。

④组织和推动劳动安全卫生科学研究。

9.2.2 劳动安全卫生法律制度的主要内容

我国劳动安全卫生法律制度主要包括劳动安全技术规程、劳动卫生技术规程和劳动安全卫生监督管理三个方面内容。

1. 劳动安全技术规程

安全技术规程是指国家为了防止和消除劳动过程中的伤亡事故而制定的以劳动安全技术规则为基础内容,旨在保护劳动者安全的法律规范。目前我国各行业用人单位需要共同遵守的劳动安全技术规程主要包括以下几个方面:

一是工厂安全技术规程，主要包括：厂房、建筑物和通道的安全、工作场所的安全、生产设备的安全、个人防护品的安全。

二是建筑安装工程安全技术规程，主要包括：施工现场的安全、脚手架的安全、土石方工程要求和拆除工程的安全、现场高空作业的安全、防护用品的安全。

三是矿山安全技术规程，主要包括三个方面：矿山建设的安全、矿山的开采安全、防护用品的安全，等等。

2. 劳动卫生技术规程

劳动卫生规程是指国家为了保护职工在生产和工作过程中的健康，防止、消除职业病和各种职业危害而制定的各种法律规范。包括各种工业生产卫生、医疗预防、职工健康检查等技术措施和组织管理措施的规定。主要包括：

一是防止有毒物质损害。凡散发有害健康的蒸汽、气体的设备应加以密闭，必要时应安装通风、净化装置；含毒物品和危险物品应分别储藏在专设处所，并严格管理有毒或有传染性危险的废料；等等。

二是防止粉尘危害。凡是有粉尘作业的用人单位，应设置吸尘、滤伞和通风设备。

三是防止噪音和强光危害。在有噪声、强光等场所操作的工人，应供给护耳器、防护眼镜等；要用低噪声的设备和工艺代替强噪声的设备和工艺，从声源上根治噪声危害；等等。

四是防止电磁辐射危害。凡是在电磁辐射的工作场所，应当设置电场屏蔽体或磁场屏蔽体将电磁能量限制在所规定的空间内，实行远距离控制作业和自动化作业，用能吸收能量的材料与屏蔽材料叠加一起，吸收辐射能量和防止透射，对作业人员采取必要的个人防护措施。

五是防暑降温、防冻取暖和防潮湿。工作场所应当保持一定温度和湿度。

六是通风和照明。工作场所的光线应当充足，采光部分不要遮蔽；生产过程应按要求保持自然通风或机械通风。

七是卫生保健。为增强从事有害健康作业的职工抵抗职业性中毒的能力，应满足其特殊营养需要，免费发给保健食品。

3. 劳动安全卫生监督管理制度

（1）劳动安全责任制度

劳动安全责任制度是指用人单位各级领导、职能部门、有关工程技术人员和生产工人在生产过程中，对安全生产应各负其责的制度。劳动安全责任制度主要包括以下两方面：一是生产经营单位的主要负责人对本单位的安全生产工作全面负责；二是生产经营单位分管安全的领导和专职人员对安全负直接责任。

（2）劳动安全教育制度

劳动安全教育制度是指用人单位帮助职工提高安全生产意识，普及安全技术知识，教育和培训职工掌握安全技术常识的一种经常性教育制度。劳动安全教育制度主要包括：

一是用人单位应当对从业人员进行安全生产的教育和培训，保证从业人员具备必要的安全生产知识，熟悉有关安全生产规章制度和安全操作规程，掌握本岗位的安全操作技能。

二是用人单位采用新工艺、新技术、新材料或使用新设备的，必须了解、掌握其安全技术特性，采取有效的安全防护措施，并对从业人员进行专门的安全生产教育和培训。

三是用人单位的特种作业人员必须按照国家有关规定进行专门的安全作业培训，取得特种作业操作资格证书后，方可上岗作业。

四是用人单位应当教育和督促从业人员严格执行本单位的安全生产规章制度和安全操作规程，并向从业人员如实告知作业场所和工作岗位存在的危险因素、防范措施以及事故应急措施。

五是用人单位应当安排安全生产培训的经费。

（3）劳动安全设施建设"三同时"制度

劳动安全设施建设"三同时"制度是指用人单位新建、改建、扩建工程项目、技术改造项目（工程）、引进的建设项目的安全措施，必须符合国家规定的标准，并与主体工程同时设计、同时施工、同时投入生产和使用。"三同时"制度的建立，是贯彻"预防为主"方针的具体体现，其目的在于从源头上消除建设项目可能造成伤亡事故的危险因素，保护职工的安全，保障建设项目的正常投产使用，防止事故损失，避免因安全问题引起返工或采取弥补措施造成不必要的投入。主要包括：一是安全设施投资必须纳入建设项目预算。二是建设单位在验收前应填写《建设项目职业安全卫生项目验收审批表》，并进行试生产，对其出现的问题和解决办法写出专题报告，供验收审查。三是设计单位要在设计主体工程时同时编制《职业安全卫生篇》，与主体设计同时提交审查、论证。四是施工单位对安全卫生设施要同主体工程同等对待，保证安全卫生设施的质量。五是建设单位、设计单位、施工单位都无权变更或削减已经会审确定的安全生产项目，确需变更或削减的，必须征得各方同意，并履行审批手续。六是建设单位应将有关文件、资料、图纸送有关部门进行审查，后经同级劳动部门、工会组织会审同意，方能施工和验收投产。

(4) 伤亡事故报告、调查处理和统计制度

伤亡事故是指职工在劳动过程中发生的人身伤害、急性中毒事故。根据伤害程度的不同，可将其分为轻伤事故、重伤事故、死亡事故、重大死亡事故和特别重大事故。在劳动过程中，劳动者发生伤亡事故要进行报告、调查处理和统计。其主要包括三方面内容：一是报告。生产经营单位发生生产安全事故后，应按照国家规定逐级上报职能部门或各级政府。二是调查处理。事故发生后应依法组织调查组进行调查，及时、准确地查清事故，并提出处理意见。三是统计。县级以上地方各级人民政府负责安全生产监督管理的部门应当定期统计分析本行政区域内发生生产安全事故的情况，并定期向社会公布。

(5) 职业病防治制度

职业病是指劳动者在职业活动中，因接触粉尘、放射性物质和其他有毒、有害物质等因素而引起的疾病。《职业病防治法》规定：职业病患病主体是企业、事业单位或个体经济组织的劳动者；必须是在从事职业活动的过程中因接触粉尘、放射性物质和其他有毒、有害物质等职业病危害因素引起的属于国家公布的职业病分类和目录所列的职业病。国家对职业病防治工作坚持预防为主、防治结合的方针，实行分类管理、综合治理。

《职业病防治法》规定了职业病的前期预防、劳动过程中的防护与管理、职业病诊断与职业病病人保障、职业病的监督检查和法律责任。按照《职业病目录》将职业病范围确定为 10 大类共 115 种，各地区、部门需要增补的职业病，应报经卫生部审批。职业病的确定应按卫生部颁发的《职业病诊断管理办法》及有关规定执行。凡被确定为职业病的，应由诊断机构发给《职业病诊断证明》。劳动者被诊断患有职业病后，应按规定享受相应的待遇，包括医疗待遇、疗养待遇、调整工作、调换工作岗位等。

(6) 安全生产检查制度

安全生产检查制度是指为了更好地总结安全生产的经验，揭露和消除事故隐患，对企业遵守劳动安全法律、法规的情况进行监督检查，以推动劳动保护工作的制度。主要包括：一是县级以上地方各级人民政府应对本行政区域内容

易发生重大安全生产事故的生产经营单位进行严格检查。二是安全生产监督检查人员应当对检查的时间、地点、内容、发现的问题及其处理情况，作出书面记录，并由检查人员和被检查单位的负责人签字后向负有安全生产监督管理职责的部门报告。三是安全生产检查应贯彻领导检查、专门机构检查和群众检查相结合，自查与互查相结合、检查和整改相结合的原则。

（7）劳动安全认证制度

劳动安全认证制度是对劳动安全中的各种制约因素是否符合劳动安全的要求进行严格审查并对其中符合要求者正式认可而允许进入生产过程的强制性认证制度。其认证对象主要包括三个方面：一是对与劳动安全联系特别密切的某些人员的从业资格进行资格认证；二是对与劳动安全联系特别紧密的某些单位的资格认证；三是对与劳动安全联系特别紧密的物质技术要素的质量认证。

（8）劳动防护用品管理制度

劳动防护用品管理制度是为了保障劳动者的劳动安全，对我国境内的劳动防护用品的研制、生产、经营、发放、使用和质量检验证进行管理的制度。其主要内容包括：一是劳动防护用品的研制；二是劳动防护用品的生产；三是劳动防护用品的经营；四是劳动防护用品的进口管理；五是劳动防护用品的发放和使用；六是劳动防护用品的教育。

9.2.3 劳动安全卫生法律责任

劳动安全卫生法律责任是劳动安全卫生法律关系主体违反劳动安全卫生法律制度的相关规定而应承担的不利后果。劳动安全卫生法律制度规定了违反劳动保护法律、法规应承担的法律后果。《劳动法》第92条规定："用人单位的劳动安全设施和劳动卫生条件不符合国家规定或者未向劳动者提供必要的劳动防护用品和劳动保护设施的，由劳动保障行政部门或者有关部门责令改正，可以处以罚款；情节严重的，提请县级以上人民政府决定责令停产整顿；对事故隐患不采取措施，致使发生重大事故，造成劳动者生命和财产损失的，对责任人员比照刑法有关规定追究刑事责任。"1994年12月，劳动部颁发了《违反〈中华人民共和国劳动法〉行政处罚办法》。该办法较具体地规定了对用人单位违反《劳动法》规定行为的处罚办法。此外，在《矿山安全法》、《煤炭法》、《乡镇企业法》、《尘肺病防治条例》等多部法律、法规中，对违反劳动保护法律、法规行为所应承担的责任，也都作了规定。违反劳动保护法律、法规主要承担下列法律责任：

1. 行政责任

行政责任是指违反劳动安全卫生行政法规的单位和个人承担的责任。它是劳动保护法律责任的基本形式。1994年12月劳动部发布的《违反〈中华人民共和国劳动法〉行政处罚办法》，全面规定了对违反《劳动法》各类行为的行政处罚办法。

根据国家和地方劳动法律、法规的规定，劳动保护监察机构在下列情况下，对有关企业、事业单位给予行政处罚：造成死亡、重伤、职业病等严重后果的；发生事故后故意隐瞒不报、谎报、故意延迟不报、故意破坏事故现场，或者无正当理由，拒绝接受调查以及拒绝提供有关情况和资料的；忽视劳动条件的改善，削减防护设施，忽视安全教育，导致严重危害职工安全健康的；强令职工冒险作业，或指派有职业禁忌者从事所禁忌的工作，或不按照规定给职工配备防护用品、用具，造成伤亡事故者；职业危害严重的新建、扩建、改建等工程不经劳动、卫生和工会审查设计或参加验收，擅自交付施工或投产的；其他违反劳动保护法律、法规造成严重后果的行为。处罚的种类可以有警告、责令限期整改、通报批评、注销或收回生产许可证、产品合格证、停产、整顿、封闭等。对违反劳动保护法律、法规的企业负责人和直接责任者给予相应的行政处分或行政处罚。

2. 民事责任

民事责任是指民事法律关系主体违反民事义务应承担的责任。用人单位由于违反劳动安全卫生法规给劳动者造成损害的，劳动者可以依法维护自身的民事权益。《劳动法》规定，用人单位违反法律、法规规定，对劳动者造成损害的；或用人单位违反《劳动法》对女职工和未成年工的保护规定，对女职工和未成年工造成损害的，应承担赔偿责任。

3. 刑事责任

刑事责任是指行为人实施刑事法律禁止的行为所必须承担的法律后果。刑事责任是强制手段最严厉的一种法律责任。《劳动法》规定："用人单位违反劳动保护规定，对事故隐患不采取措施，致使发生重大事故，造成劳动者生命财产损失的，对责任人比照刑法第187条规定追究刑事责任。""用人单位强令劳动者冒险作业，发生重大伤亡事故，造成严重后果的，对责任人员依法追究刑事责任。"《刑法》第 131 条至第 137 条和第 139 条也对违反法律、法规和规章制度,造成各类伤亡事故或其他严重后果,规定了相应的刑事责任。

9.3 特殊群体法律保护

女性劳动者和未成年工由于其生理的特殊性和身体发育的特别要求,需要在劳动过程中进行特殊保护,我国为了加强对女性劳动者和未成年工的特别保护,专门制定了一系列法律制度,对其进行了全面系统的劳动保护。做好特殊群体的法律保护既是维护特殊群体合法权益和特殊利益的具体体现,也是社会文明程度的重要标志。

9.3.1 女性劳动者的特别保护

女性劳动者的特别保护是整个劳动保护工作的重要组成部分,由于女性的身体结构与身体机能的特殊性以及女性孕育生命的特别要求决定了我们必须对女性劳动者进行特别保护。女性劳动者保护主要体现在女性"四期"的劳动保护和禁止女性从事的相关工作两个方面。

1. 女性"四期"劳动特别保护

(1) 女性生理周期特别保护

女性具有月经周期的生理特点,在此期间,生殖系统及身体其他系统的生理机能出现变化,因而应对女性劳动者给予特殊的劳动保护。女职工在月经期禁忌从事的劳动范围如下:

①高处作业,"高处"是指《高处作业分级》标准中第Ⅱ级(含Ⅱ级)以上的作业;

②低温冷水作业。"低温"是指食品冷冻库及冷水等低温作业;

③高强度作业。"高强度"是指《体力劳动强度分级》标准中第Ⅲ级体力劳动强度的作业。

(2) 孕期保护

孕期的女工生理机能发生一系列变化,此时女工的健康状况直接影响到胎儿的生长发育,影响到下一代的身体素质。为了保证孕期女工的健康和胎儿的正常发育,《劳动法》第 61 条规定:"不得安排女职工在怀孕期间从事国家规定的第Ⅲ级体力劳动强度的劳动和孕期禁止从事的劳动。对怀孕 7 个月以上的女职工，不得安排其延长工作时间和夜班劳动。"孕期女性禁忌从事的劳动范围如下：

①作业场所空气中铅及其化合物、汞及其化合物、苯、镉铍、砷、氰化物、氮氧化物、一氧化碳、二硫化碳、氯、己内酰胺、氯丁二烯、氯乙烯、环氧乙烷、苯胺、甲醛等有毒物质浓度超过国家卫生标准的作业；

②制药行业中从事抗癌药物及乙烯雌酚生产的作业；

③作业场所放射性物质超过《放射防护规定》中规定剂量的作业；

④人力进行的土方和石方作业；

⑤《体力劳动强度分级》标准中第Ⅲ级体力劳动强度的作业；

⑥伴有全身强烈振动的作业，如风钻、捣固机、锻造等作业，以及拖拉机驾驶等；

⑦工作中需要频繁弯腰、攀高、下蹲的作业，如焊接作业；

⑧《高处作业分级》标准所规定的高处作业。

除此之外，为更好地保护女性完成孕育工作，《女职工禁忌劳动范围的规定》还明确规定：已婚待孕女职工不得从事铅、汞、苯、镉等作业场所属于《有毒作业分级》标准中第Ⅲ、Ⅳ级的作业。同时，《女职工劳动保护规定》第7条还规定："怀孕7个月以上（含7个月）的女职工，一般不得安排其从事夜班劳动，在劳动时间内应安排一定的休息时间。怀孕的女职工，在劳动时间内进行产前检查，应当算作劳动时间。"这进一步保护了孕期女性的合法权益。

(3) 生育期保护

女性的分娩过程会给其身体乃至精神带来痛苦或改变，从而需要一段时间从产后逐渐恢复到怀孕前的状态，在这一期间内需要给予女性特别保护。《女职工劳动保护规定》中规定：女职工产假为90天，其中产前休假15天。难产的，增加产假15天，多胞胎生育的，每多生育一个婴儿，增加15天。

(4) 哺乳期保护

哺乳期是指婴儿出生后、未满1周岁时母亲喂养婴儿的期间。为保障婴儿健康成长，哺乳期女职工禁忌从事劳动的范围如下：

①哺乳期女工，在正常工作日以外，不得延长工作日，一般不得安排其从事夜班劳动，不得从事国家规定的第Ⅲ级体力劳动强度的作业。

②对哺乳女工，应暂时调离接触有毒物质的作业，不得从事作业场所中有毒有害物质浓度超过国家卫生标准的作业、制药行业中从事抗癌药物及乙烯雌

酚生产的作业。

③有不满 1 周岁婴儿的女职工，其所在单位应当在每班劳动时间内给予其两次哺乳（含人工喂养）时间，每次 30 分钟。多胞胎生育的，每多哺乳 1 个婴儿，每次哺乳时间增加 30 分钟。女职工每班劳动时间内的两次哺乳时间，可以合并使用，哺乳时间和在本单位内哺乳往返途中的时间，算作劳动时间。

2. 禁止妇女从事不利于身体健康的工作

根据《劳动法》、《女职工劳动保护规定》、《女职工禁忌劳动范围的规定》，我国禁止女职工从事的工作包括：

（1）矿山井下作业，不包括临时性的工作，如医务人员下矿井进行治疗和抢救等；

（2）森林业伐木、归楞及流放作业；

（3）《体力劳动强度分级》标准中第四级体力劳动强度的劳动（劳动强度系数大于 25）；

（4）建筑业脚手架的组装和拆除作业，以及电力、电信行业的高处架线作业；

（5）连续负重（指每小时负重次数在 6 次以上）、每次负重超过 20 公斤，或间接负重每次超过 25 公斤的作业。

9.3.2 未成年劳动者的特别保护

1. 未成年工的概念

未成年工是指被用人单位录用的、法定最低就业年龄以上的未成年人。我国《劳动法》规定"未成年工是指年龄已满 16 周岁未满 18 周岁的劳动者"。这里必须严格区分未成年工与童工。童工是指低于法定最低就业年龄而参加劳动的未成年人。我国《劳动法》明确规定禁止使用童工。未成年工与童工虽然都是未成年人，但二者的法律内涵不同。未成年工与童工的区别在于其年龄，未成年工的年龄是在法定最低就业年龄以上，其就业为法律所允许，在使用时应依法给予一些特殊保护；而童工的年龄是在法定最低就业年龄以下，其就业一般为法律所禁止，如有特殊情况确需招用此类未成年人的（如文艺、体育部门等），必须经法定的机关批准。对未成年工年龄的规定，一般还应考虑与国家颁布的义务教育法中受教育年龄相衔接。

未成年工不同于成年人，为保护其权益，各国劳动法中均设立了未成年工特殊保护制度。在我国，对未成年工的特殊保护具体体现在国际法和国内法两个方面。在国际法意义上，体现为批准了《儿童夜班工作公约（工业）》、《最低年龄公约（扒炭工和司炉工)》、《受雇于海上工作的儿童及未成年人的强制体格检查公约》、《最低年龄公约（工业）（修订）》、《最低年龄公约》、《最恶劣形式的童工劳动公约》等公约；在国内法上，则是以《宪法》为依托，以《劳动法》、《未成年人保护法》和《未成年工特殊保护规定》为主体，形成了未成年工特殊保护的法律体系。①

2. 未成年工劳动保护内容

未成年工的特殊保护是针对未成年工处于生长发育期的特点，以及接受义务教育的需要，采取的特殊劳动保护措施。《未成年工特殊保护规定》对此做了明确的规定。

（1）未成年工禁止从事的劳动范围

①《生产性粉尘作业危害程度分级》、《有毒作业分级》国家标准中第一级以上的接尘作业；《高处作业分级》、《冷水作业分级》国家标准中第二级以上的高处作业；《高温作业分级》、《低温作业分级》国家标准中第三级以上的高温和低温作业；《体力劳动强度分级》国家标准中第四级体力劳动强度的作业。

②矿山井下及矿山地面采石作业；森林业中的伐木、流放及守林作业。

③工作场所接触放射性物质的作业。

④有易燃易爆、化学性烧伤和热烧伤等危险性大的作业。

⑤地质勘探和资源勘探的野外作业。

⑥潜水、涵洞、涵道作业和海拔三千米以上的高原作业（不包括世居高原者）。

⑦连续负重每小时在六次以上并每次超过 20 公斤，间断负重每次超过 25 公斤的作业。

⑧使用凿岩机、捣固机、气镐、气铲、铆钉机、电锤的作业。

⑨工作中需要长时间保持低头、弯腰、上举、下蹲等强迫体位和动作频率

---

① 杜爱萍. 未成年工特殊保护的理论与实践［J］. 云南师范大学学报，2008（1）：21-25.

每分钟大于五十次的流水线作业。

⑩锅炉司炉。

(2) 未成年工定期健康检查

《劳动法》第65条规定:"用人单位应当对未成年工定期进行健康检查。"劳动部《未成年工特殊保护规定》对未成年工的定期健康检查制度作了具体规定。根据该规定,用人单位应在下列时间节点上为未成年工进行健康检查。

①安排工作岗位之前;

②工作满一年;

③年满18周岁,距前一次的体检时间已超过半年。

未成年工体检,由用人单位统一办理和承担费用;并且检查项目应按原劳动部统一制作的《未成年工健康检查表》列出的项目进行。

(3) 未成年工登记制度

①用人单位招收使用未成年工,除符合一般用工要求外,还须向所在地的县级以上劳动行政部门办理登记。劳动行政部门根据《未成年工健康检查表》、《未成年工登记表》,核发《未成年工登记证》。

②各级劳动行政部门须按劳动部《未成年工特殊保护规定》第3、4、5、7条的有关规定,审核体检情况和拟安排的劳动范围。

③未成年工须持《未成年工登记证》上岗。

④《未成年工登记证》由国务院劳动行政部门统一印制。

未成年工登记,由用人单位统一办理和承担费用。

本章小结

劳动安全卫生法律制度是国家制定的保护劳动者在劳动过程中的人身安全和身体健康的法律规范总称。世界各国对劳动者的保护都经历了一个发展的过程,西方发达国家劳动保护立法相对比较完善;虽然我国对劳动者保护立法起步较晚,但我国非常重视对劳动者的保护,因此,劳动保护立法发展迅速。我国劳动安全卫生法律制度包括劳动安全技术规程、劳动卫生技术规程以及劳动安全卫生监督管理制度等方面的法律、法规。此外,由于女职工的生理机能和身体结构以及未成年工的身体特点的特殊性,需要给这些特殊群体的劳动者以特殊保护。

关键术语

劳动安全卫生　　劳动保护　　劳动保护权　　人身权
劳动安全技术规程　劳动卫生技术规程　职业病防治　　女职工
未成年工

思考题

1. 什么是劳动安全卫生？劳动安全卫生有什么特征？
2. 为什么要对劳动者的劳动安全卫生进行特别保护？
3. 劳动者的劳动保护权有哪些？
4. 劳动安全卫生法律制度主要内容有哪些？
5. 如何对女职工和未成工进行特殊保护？

第 10 章 劳动争议的处理

劳动争议作为一种社会现象,是劳动关系内在利益差别与矛盾的外在表现,是劳动关系双方利益发生矛盾及冲突的必然结果。① 在我国由于用人单位所有制的不同,这种矛盾冲突的表现有着很大的差异,但不论其性质如何,妥善、合法、公正、及时处理劳动争议都是一致的要求,只有正确处理劳动争议,才能维护劳动关系双方当事人的合法权益,才能促进社会和谐有序的发展。

10.1 劳动争议概述

劳动争议作为一种常态的社会矛盾,与其他社会矛盾相比有其特殊性,它关乎着劳动关系维系、个人生活乃至社会生活稳定,因而为社会所日益关注。

10.1.1 劳动争议的概念及特征

劳动争议,又称劳动纠纷,在其他一些国家和地区则称劳资争议或劳资纠纷。其含义有广义和狭义之分,广义的劳动争议是指以劳动关系为中心所发生的一切争议,如劳动合同争议、劳动保险争议、劳动行政争议等。狭义的劳动争议则仅指劳动关系双方当事人之间关于劳动权利和劳动义务的争议,即

---

① 常凯. 劳动关系·劳动者·劳权:当代中国的劳动问题 [M]. 北京:中国劳动出版社,1995:450.

在用人单位与劳动者之间基于劳动权利和劳动义务而发生的争议。在我国劳动立法中，一般取其狭义。劳动争议具有如下几方面的特征：

(1) 从争议主体看，劳动争议是劳动关系双方当事人之间发生的争议

争议的双方一方为劳动者，另一方为用人单位。若争议不是发生在劳动关系双方当事人之间，即使争议内容涉及劳动问题，也不构成劳动争议。

(2) 从争议内容看，劳动争议的内容是劳动关系双方特定的劳动权利和劳动义务

劳动争议以劳动权利和劳动义务为标的。劳动权利和劳动义务有些是依据劳动法律、法规直接规定的，有些是由当事人合同意定的，甚至是双方在缔结合同时提出的权利要求。劳动权利和劳动义务的内容是相当广泛的，包括就业、工时、工资、劳动保护、保险福利、职业培训、奖励惩罚、民主管理等各个方面。凡是以劳动权利义务之外内容为标的的争议，均不属于劳动争议。

(3) 从争议形式看，劳动争议表现为当事人双方不同诉求的表达

其实劳动争议在一定意义上就是劳动者与用人单位之间的利益之争。其表现为双方对劳动权利和劳动义务各持己见，既包括当事人一方反驳或拒绝另一方的主张或要求，也包括当事人向国家机关、有关组织提出给予保护和处理争议的请求。就劳动争议的双方表达诉求的方式而言，它既可以表现为非对抗性的，也可以表现为对抗性的。在当今中国，劳动争议大多表现为非对抗性的，但是它非常容易激化，若处理不当或者不及时，会转化为对抗性的纠纷，给社会和经济带来很大的破坏性后果。因此，要防范对抗性劳动争议的发生，对抗性劳动争议一旦发生，就应当采取及时、合理有效的措施，促使其向非对抗性转化，从而最终化解纷争。

10.1.2 劳动争议的主要分类

(1) 以劳动争议涉及的人数为标准，可分为个别争议和集体争议

个别争议的主体通常是指劳动者个人与用人单位，争议的内容仅涉及个人的权利与义务。集体争议则发生于多个劳动者或工会与用人单位之间，争议的内容涉及多个劳动者或工会。集体争议一般包括两类：一类是多个劳动者因同样原因而引起的争议；另一类是因签订、履行集体合同发生的争议。

(2) 以劳动争议的客体为标准，可分为权利争议和利益争议

权利争议是指当事人的权利义务已由相关法律或合同予以确定，当事人因执行这些法律或合同，为实现这些已确定的权利和义务而发生的争议。因此，

权利争议也叫实现既定权利争议,也称为法律争议。利益争议则是指当事人主张的权利义务没有通过相关法律或合同事先确定,而是当事人在集体谈判中提出新的权利要求而发生的争议。利益争议也称为确定权利争议,有的也称事实争议或缔约争议。

(3) 以劳动争议发生的地域范围为标准,可分为用人单位劳动争议、区域劳动争议和行业劳动争议

用人单位劳动争议是指发生在同一用人单位中的劳动争议,通常这类争议数量较多,但它所波及的范围和影响面都相对较小,处理起来也相对容易。而区域和行业劳动争议则发生在一定区域和行业内,数量虽不多,但其影响面相当广,给社会带来的冲击力也相当大,处理起来也相当棘手。因此,劳动争议应尽可能控制在企业一级,尽量避免大范围的区域性或行业性劳动争议的爆发。

(4) 以有无涉外因素为标准,可分为国内劳动争议和涉外劳动争议

国内劳动争议,是指具有中国国籍的劳动者与用人单位之间的劳动争议。我国在国外(境)外设立的机构与我国派往该机构工作的人员之间、外商投资企业与中国职工之间所发生的劳动争议等,都属于国内劳动争议。

涉外劳动争议,是指当事人一方或双方具有外国国籍或无国籍的劳动争议。它包括:中国用人单位与外籍职工之间、外籍雇主与中国职工之间、在华外籍雇主与外籍职工之间的劳动争议。涉外劳动争议的处理,应当按照国际惯例,适用雇主所在地的法律。凡用人单位即雇主在我国境内的涉外劳动争议,都应当适用我国法律进行处理。①

10.1.3 劳动争议受案范围的界定

劳动争议受案范围是指哪些劳动争议属劳动争议处理机构的受理范围。下面根据不同时期的立法规定来考察界定劳动争议受案范围的发展变化。

1.《企业劳动争议处理条例》(1993 年,以下简称《条例》)的规定

《条例》在第 2 条将适用该条例的劳动争议界定为企业与职工之间的以下争议:(1) 因企业开除、除名、辞退违纪职工和职工辞职、自动离职发生的争议;(2) 因执行国家有关工资、保险、福利的规定发生的争议;(3) 因履

---

① 王全兴. 劳动法 [M]. 北京:法律出版社,2004:368.

行劳动合同发生的争议;(4)法律、法规规定的应当依照《条例》处理的其他劳动争议。

《条例》所界定的劳动争议范围显得过窄,争议当事人未包括已经形成事实劳动关系但还没有缔结劳动合同的用人单位和劳动者,而且所列举的事项未能覆盖劳动权利义务的全部。

2. 《劳动法》(1994 年)的规定

《劳动法》在《条例》的基础上扩大了劳动争议范围。《劳动法》第 3 条对劳动者的劳动权利作了进一步明确的规定,"劳动者享有平等就业和选择职业的权利、取得劳动报酬的权利、休息休假的权利、获得劳动安全卫生保护的权利、接受职业技能培训的权利、享受社会保险和福利的权利、提请劳动争议处理的权利以及法律规定的其他劳动权利"。用人单位如侵犯劳动者的权利,劳动者可依照上述规定,向劳动争议处理机构申请处理。同时《劳动法》第 18 条和第 84 条又规定,劳动合同的无效由劳动争议仲裁委员会和人民法院确认;因履行集体合同发生的争议,当事人协商不成的,由劳动争议仲裁委员会和人民法院负责处理。

《劳动法》颁布后,劳动部《关于贯彻执行《中华人民共和国劳动法》若干问题的意见》(1995 年)第 82 条作了补充说明:用人单位与劳动者发生劳动争议不论是否订立劳动合同,只要存在事实劳动关系,并符合《劳动法》的适用范围和《条例》规定的受案范围,劳动争议仲裁委员会均应受理。

3. 《集体合同规定》(2003 年)的规定

《集体合同规定》第 55 条规定:因履行集体合同发生的争议,当事人协商不成的,可以依法向劳动争议仲裁委员会申请仲裁。这一规定突破了以前的狭义劳动争议的范围,把履行集体合同的争议纳入受案范围。

4. 《劳动争议调解仲裁法》(2007 年)的规定

《劳动争议调解仲裁法》第 2 条将适用该法的劳动争议界定为用人单位与劳动者发生的下列争议:(1)因确认劳动关系发生的争议;(2)因订立、履行、变更、解除和终止劳动合同发生的争议;(3)因除名、辞职、辞退、离职发生的争议;(4)因工作时间、休息休假、社会保险、福利、培训以及劳动保护发生的争议;(5)因劳动报酬、工伤医疗费、经济补偿或者赔偿金等发生的争议；（6）法律、法规规定的其他劳动争议。

该法与其他立法相比，明显扩大了劳动争议受案范围：一是明确将因确认劳动关系发生的争议纳入受案范围；二是基于《劳动合同法》将事业单位聘用制劳动关系纳入其适用范围的规定；三是明确将因订立劳动合同发生的争议纳入受案范围。

10.1.4 劳动争议的处理方式及原则

1. 劳动争议的处理方式

各国处理劳动争议的具体方式，各有特色并且多种多样，归纳言之，可分为合意方式和裁判方式两大类。

劳动争议处理的合意方式，即当事人双方通过一定形式的协商、妥协，从而达成解决劳动争议的协议，因而又称为妥协方式或协议方式。其具体形式主要表现为：（1）和解。即当事人双方自行协商，达成解决劳动争议的协议。特征主要是，当事人面对面协商，无需第三人参与，协议的达成和遵守完全出自双方的自愿。（2）调解。即在第三人主持下，通过劝说、引导，使劳动争议在当事人双方互谅互让的基础上得到解决。我国立法中的劳动争议调解，包括劳动争议基层调解组织的调解、仲裁程序中调解和诉讼程序中调解。（3）调停。即当事人双方在第三人的居中调和下，按照第三人提出的关于解决有争议问题的建议，达成解决劳动争议的协议。调停与调解的主要区别在于，调解机构只促使当事人和解而不提出建议，调停机构则要提出调停方案并促使当事人接受。

劳动争议处理的裁判方式，即由特定机构对劳动争议依法进行审理并作出具有法律效力的处理决定，使纷争得以解决。其具体形式主要表现为：（1）裁决。即由仲裁机构或有关行政机构依法对劳动争议作出裁决；（2）判决。即由审判机构依法对劳动争议作出判决。

2. 劳动争议的处理原则

根据我国现行立法的规定，劳动争议处理机构处理劳动争议案件应当遵循的原则主要有：

（1）着重调解原则。即在处理劳动争议的过程中，应当注重运用调解方式解决劳动争议，不仅基层调解机构应当促使当事人双方达成调解协议，而且仲裁机构在裁决前、审判机构在判决前，对适于调解的劳动争议案件也应当先行调解，调解不成才进入下一个程序。

（2）合法、公正、及时处理原则。所谓合法，即处理劳动争议应当以法律为准绳，并遵循法定程序；所谓公正，即在处理劳动争议过程中，应当公正地对待双方当事人，在程序和结果上都不得偏袒其中任何一方；所谓及时，即受理劳动争议案件后，应当尽快查明事实，分清是非，并在此基础上尽快调解、裁决或判决，不得违背时限方面的法定要求。

（3）适用法律一律平等原则。即在劳动争议处理过程的各个阶段，不论是适用实体法还是适用程序法，对双方当事人都应当一视同仁，尤其是要确保双方当事人享有平等的法律地位，使双方当事人的实体法权利和程序法权利（诸如举证、辩解、陈述、要求回避等），都获得平等的保护。

10.2 劳动争议基层调解

劳动争议调解是解决纷争稳定劳动关系、社会关系的重要手段。在我国，除了有专门的基层劳动争议调解组织对劳动争议进行调解之外，在劳动仲裁、劳动诉讼中调解方式也始终发挥着重要作用。本节主要介绍劳动争议基层调解。

10.2.1 劳动争议基层调解的概念

劳动争议基层调解，是指劳动争议调解组织对当事人双方自愿申请调解的劳动争议，依据法律法规、政策的规定和劳动合同的约定，通过平等协商的方法，在互谅互让的基础上自愿达成协议，以消除纷争的活动。

劳动争议基层调解属于民间调解，它不同于官方调解（行政调解和司法调解）：一是其调解机构是社会组织，而不是国家机关；二是其调解活动具有任意性，基本上不受固定程序和形式的约束，也可将道德规范、社会习惯作为调解的依据；三是调解书仅具有合同性质，不具有强制执行的效力。

10.2.2 劳动争议调解组织

1. 企业劳动争议调解委员会

企业劳动争议调解委员会，是在用人单位内部依法设立的，负责调解本单位劳动争议的组织。其由职工代表和企业代表组成。职工代表由工会成员担任或者由全体职工推举产生，企业代表由企业负责人指定，调解委员会主任由工会成员或者双方推举的人员担任。成员名单应报送地方总工会和地方劳动争议仲裁委员会备案。

2. 基层人民调解组织

基层人民调解组织，是由村民委员会和居民委员会设立的调解民间纠纷的群众性组织。企业、事业单位根据需要也可设立人民调解委员会。

人民调解委员会由委员三至九人组成，设主任一人，必要时可以设副主任；委员除由村民委员会成员或者居民委员会成员兼任的以外由群众选举产生，每三年改选一次，可以连选连任；多民族居住地区的人民调解委员会中，应当有人数较少的民族的成员；委员不能任职时，由原选举单位补选；委员严重失职或者违法乱纪的，由原选举单位撤换。人民调解委员会在基层人民政府和基层人民法院指导下进行工作；基层人民政府及其派出机关指导人民调解委员会的日常工作。

此外，可在某些企业比较集中的乡镇、街道依法设立乡镇、街道劳动争议调解组织。

10.2.3 劳动争议基层调解的程序

1. 申请调解

劳动争议当事人向调解委员会申请调解，其条件有三：其一，申请的自愿性；其二，申请调解受时间限制，即应当自争议发生之日起30日内提出申请；其三，填写《劳动争议调解申请书》，申请形式既可以是口头也可以是书面。

2. 争议受理

调解组织接到调解申请后，应征询对方当事人的意见，对方当事人不愿意调解的，应做好记录，在3日内以书面形式通知申请人；对方当事人表示愿意调解的，要审查是否属于劳动争议，申请人是否合格，被申请人是否明确，是否符合受案范围，并在4日内决定是否受理。如不受理的，应向申请人说明理由，并告知应向何处申诉。

3. 调解前准备

劳动争议受理后，开始调解前，应做好准备工作，如进一步审查申请书内容，如果发现内容有欠缺，应当及时通知申请人补充；指派调解员对争议事项进行全面调查核实，收集有关证据；告知双方当事人调解时间和地点等。调解员中有符合回避条件的，应当回避，当事人也有权申请其回避。

4. 实施调解

《劳动争议调解仲裁法》第13条规定，调解劳动争议，应当充分听取双方当事人对事实和理由的陈述，耐心疏导，帮助其达成协议。

调解的方式，可根据具体情况灵活掌握。可以直接召集有争议双方当事人参加的调解会议，也可以分别与各当事人单独接触进行说服调解。调解到一定程度，可由调解组织提出解决建议或方案，供当事人协商讨论，以便达成调解协议。

调解应当自提出申请之日起30日内结束，到期未结束的，视为调解不成。当事人可以依法申请仲裁。

5. 调解协议的效力

调解协议书由双方当事人签名或者盖章，经调解员签名并加盖调解组织印章后生效。根据《劳动争议调解仲裁法》的规定，调解协议的效力可分为两种：一是一般效力。调解协议对双方当事人具有约束力，当事人应当履行。一方当事人在协议约定期限内不履行调解协议的，另一方当事人可以依法申请仲裁。二是特殊效力。因支付拖欠劳动报酬、工伤医疗费、经济补偿或赔偿金事项达成调解协议，用人单位在协议约定期限内不履行的，劳动者可以持调解协议书依法向法院申请支付令。法院应当依法发出支付令。

双方当事人应当自觉执行调解协议；如在执行调解协议时反悔的，调解委员会只能劝解说服当事人执行，无权强制执行。

10.3 劳动争议仲裁

劳动争议的处理要求做到及时、公正、稳妥，而仲裁制度正是适应这一要求，成为解决劳动争议最基本的手段和途径。在我国，劳动争议仲裁制度正得到进一步的完善和发展,在实践中发挥着越来越重要的作用。

10.3.1 劳动争议仲裁的概念

劳动争议仲裁,是指劳动争议仲裁机构对当事人请求解决的劳动争议,在查清事实、明辨是非、分清责任的基础上进行裁决的一系列活动。在我国的劳动争议处理体制中,仲裁是必经的法定程序,即诉讼的前置程序,当事人要通过诉讼途径解决劳动争议,必须先经过仲裁程序,对仲裁结果不服的,才可以向人民法院起诉。因此,劳动争议仲裁具有法定性和强制性,是处理劳动争议的一种主要方式。

劳动争议仲裁与其他处理方式相比具有下述特点:(1)仲裁机构具有半官方性质。它不是民间组织,也不是司法机构,而是经国家法律授权设立的依法独立处理劳动争议的专门机构。(2)处理争议的及时性。劳动争议与其他争议相比,对劳动者的生活、企业的正常运转、社会的稳定都有重大的影响,因此要求处理及时、稳妥。依据《劳动争议调解仲裁法》的规定,仲裁劳动争议案件,应当自劳动争议仲裁委员会受理仲裁申请之日起45日内结束。案情复杂需要延期的,经劳动争议仲裁委员会主任批准,可以延期,但延长期限不得超过15日。可见立法保证了劳动争议能在较短的时间内解决,从而促进了劳动关系和社会关系的稳定。(3)程序的简便性。劳动争议的特点决定了对其处理必须迅速及时,基于此,法律设计的仲裁审理程序不及诉讼程序严密复杂。(4)仲裁结果具有法律效力。仲裁机构在调解不成的情况下可作出裁决,裁决依法生效后具有强制执行的效力。

10.3.2 劳动争议仲裁机构和参加人

1. 劳动争议仲裁委员会

劳动争议仲裁委员会是经国家授权,依法设立,独立仲裁处理劳动争议案件的专门机构。

与其他处理劳动争议的机构相比,劳动争议仲裁委员会在人员构成方面有其突出的特点。劳动争议仲裁委员会由劳动行政部门代表、工会代表和企业三方面代表组成。这种三方组成处理劳动争议的形式,是国际上的通常做法,也符合劳动关系的内在规律。主任由劳动行政部门负责人担任;副主任由仲裁委员会委员协商产生。至于每方代表的具体人数,则由三方协商确定,其委员的确认或者更换，需报同级政府批准。

劳动争议仲裁委员会的基本职责有：（1）受理本辖区内的劳动争议案件；（2）聘任、解聘专职或者兼职仲裁员，对仲裁员进行管理；（3）领导和监督仲裁委员会办事机构和仲裁庭开展工作；（4）指导劳动争议调解委员会开展工作等。劳动争议仲裁委员会实行集体领导，在召开会议决定有关事项时应有2/3以上的委员参加，并且应当按照少数服从多数的原则作出决定。

2. 劳动争议仲裁委员会办事机构

劳动行政部门的劳动争议处理机构，作为劳动争议仲裁委员会的办事机构，负责办理日常事务。它在劳动争议仲裁委员会的领导下，处理劳动争议案件的日常工作；根据劳动争议仲裁委员会的授权负责管理仲裁员，组成仲裁庭、管理仲裁委员会的文书、档案、印鉴；负责劳动争议及其处理方面的法律、法规和政策咨询；向劳动争议仲裁委员会汇报、请示工作；办理劳动争议仲裁委员会授权或交办的其他事项。

3. 劳动争议仲裁庭

劳动争议仲裁庭是根据"一案一庭"的原则，由劳动争议仲裁委员会按照一定程序选出的仲裁员组成的专门处理劳动争议案件的机构。

仲裁庭的组织形式可分为独任制和合议制两种。独任制，是由仲裁委员会指定一名仲裁员独任审理仲裁，适用于事实清楚、案情简单、法律适用明确的劳动争议案件。合议制，是由劳动争议仲裁委员会指定三名或三名以上单数仲裁员共同审理仲裁。除简单劳动争议案件外，均应组成合议仲裁庭。它又可分为普通合议仲裁庭和特别合议仲裁庭。凡职工方在30人以上的劳动争议案件，应组成特别合议仲裁庭。普通仲裁庭由一名首席仲裁员和两名仲裁员组成，首席仲裁员由仲裁委员会负责人或授权其办事机构负责人指定，另两名仲裁员由仲裁委员会授权其办事机构负责人指定或者由当事人双方各选一名。其中不符合规定的，由仲裁委员会予以撤销，重新组成仲裁庭。

仲裁庭在劳动争议仲裁委员会领导下依法处理劳动争议。仲裁庭对重大或疑难案件，可以提交劳动争议仲裁委员会讨论决定；劳动争议仲裁委员会的决定，仲裁庭必须执行；仲裁庭处理劳动争议结案时，应报劳动争议仲裁委员会主任审批；劳动争议仲裁委员会主任认为有必要，也可提交劳动争议仲裁委员会审批。仲裁庭制作的调解书或裁决书，由仲裁员署名，加盖劳动争议仲裁委员会印章,以劳动争议仲裁委员会名义送达双方当事人。

4. 劳动争议仲裁员

劳动争议仲裁员,是指具有特定资格,并经过规定程序由劳动争议仲裁委员会依法聘任的,从事劳动争议仲裁工作的专门人员。它有专职仲裁员和兼职仲裁员两种。劳动争议仲裁委员会应当设仲裁员名册。

仲裁员应当符合下列条件之一:(1)曾任审判员的;(2)从事法律研究、教学工作并具有中级以上职称的;(3)具有法律知识、从事人力资源管理或者工会等专业工作满5年的;(4)律师执业满3年的。

仲裁员应当履行的主要法定职责:(1)接受仲裁委员会办事机构交办的劳动争议案件,参加仲裁庭;(2)进行调查取证,有权以恰当的方式向当事人及有关单位、人员进行调查;(3)根据有关法规和政策提出处理方案;(4)对争议当事人双方进行调解工作,促使其达成调解协议;(5)审查申诉人的撤诉申请;(6)参加仲裁庭合议,对案件提出裁决意见;(7)案件处理终结时,填报《结案审批表》;(8)及时做好调解、仲裁的文书工作及案卷的整理归档工作;(9)宣传劳动法规政策;(10)对案件涉及的秘密和个人隐私应当保密。

仲裁员私自会见当事人、代理人,或者接受当事人、代理人的请客送礼的,或者有索贿受贿、徇私舞弊、枉法裁决行为的,应当依法承担法律责任,仲裁委员会应当将其解聘。

5. 劳动争议仲裁的参加人

劳动争议仲裁的参加人包括:(1)劳动争议当事人,是发生劳动争议的劳动者和用人单位。(2)代表人,用人单位由其法定代表人或主要负责人参加仲裁活动;职工方当事人在十人以上并有共同理由的,应当推举代表参加仲裁活动,代表人数由仲裁委员会确定。(3)代理人,当事人可以委托代理人参加仲裁活动。(4)第三人。与劳动争议案件的处理结果有利害关系的第三人,可以申请参加仲裁活动或者由仲裁委员会通知其参加仲裁活动。

10.3.3 劳动争议仲裁管辖

劳动争议仲裁管辖,是指各级仲裁委员会之间、同级但不同地区仲裁委员会之间,受理劳动争议案件的分工和权限。仲裁管辖分为地域管辖、级别管辖、移送管辖和指定管辖。

1. 地域管辖

地域管辖是同级劳动争议仲裁委员会之间依行政区划横向确定仲裁机构对劳动争议案件的管辖。地域管辖又分为：（1）一般地域管辖，是指劳动争议案件由其发生地的仲裁委员会管辖。（2）特殊地域管辖，是指在特定情况下确定的管辖，是对一般地域管辖的补充。如立法规定，劳动争议由劳动合同履行地或者用人单位所在地的仲裁委员会管辖；双方当事人分别向劳动合同履行地和用人单位所在地的仲裁委员会申请仲裁的，由劳动合同履行地的仲裁委员会管辖；发生劳动争议的用人单位与劳动者不在同一个仲裁委员会管辖区域内，由劳动者工资所在地的仲裁委员会管辖。（3）涉外劳动争议的管辖，是指我国公民与国（境）外企业签订的合同履行地在我国领域内的劳动合同，因履行该合同发生争议的，由合同履行地仲裁委员会受理。

2. 级别管辖

级别管辖是指上下各级仲裁委员会按劳动争议案件的特征，纵向确定仲裁委员会对劳动争议案件的管辖。它主要根据案件的性质、影响范围和繁简程度确定。通常规定，省级仲裁委员会和设区的市仲裁委员会，负责处理外商投资企业发生的劳动争议案件和在全省、全市有重大影响的劳动争议案件。

3. 移送管辖

移送管辖是指仲裁委员会将已受理的自己无权管辖或不便于管辖的劳动争议案件，依法移送给有管辖权和便于审理此案的仲裁委员会受理。受移送的仲裁委员会对接受的移送案件不得自行再移送；如果认为自己对接受的移送案件确无管辖权，可以报告劳动行政部门决定由谁来管辖。

4. 指定管辖

指定管辖是指劳动行政部门依法将因管辖权发生争议的劳动争议案件决定由某仲裁委员会管辖。立法规定，仲裁委员会之间因管辖权发生争议，由双方协商解决，协商不成时，由共同的上级劳动行政部门指定管辖。

10.3.4 劳动争议仲裁时效

劳动争议仲裁时效，是指劳动争议发生后，劳动争议当事人在法定期限内不向劳动争议仲裁机构申请仲裁，而丧失请求劳动争议仲裁机构保护其权利实现之权利的制度。

1. 仲裁时效的起点和期间

根据《劳动争议调解仲裁法》第 27 条第 1 款的规定，劳动争议申请仲裁的时效期间为 1 年。仲裁时效期间从当事人知道或者应当知道其权利被侵害之日起计算。该法将仲裁时效期间由《劳动法》规定的 60 天延长至 1 年，从而使劳动争议当事人可以有充足的时间申请仲裁。此外，第 27 条第 4 款还规定了劳动报酬的特别仲裁时效，劳动关系存续期间因拖欠劳动报酬发生争议的，劳动者申请仲裁不受此时效期间的限制，但是劳动关系终止的，应当自劳动关系终止之日起 1 年内提出。

2. 仲裁时效的中断、中止

仲裁时效，因当事人一方向对方当事人主张权利，或者向有关部门请求权利救济，或者对方当事人同意履行义务而中断。从中断时起，仲裁时效期间重新计算。因不可抗力或者有其他正当理由，当事人不能在仲裁时效期间申请仲裁的，仲裁时效中止。从中止时效的原因消除之日起，仲裁时效期间继续计算。

3. 仲裁时效完成的法律后果

对于超过仲裁时效的仲裁申请，仲裁委员会可以作出不予受理的书面决定，当事人不服而依法向法院起诉的，法院应当受理；对确已超过仲裁时效期间的，依法驳回其诉讼请求。

10.3.5 劳动争议仲裁的程序

1. 申请

劳动争议发生后，当事人不愿自行协商解决或协商不成的，或者不愿申请调解或调解不成的，当事人均可在仲裁时效期间内，向有管辖权的仲裁委员会提出申请。申请人申请仲裁应当提交书面仲裁申请，并按照被申请人人数提交副本。委托他人代理参加仲裁的，还需要提交授权委托书。

2. 受理

仲裁委员会办事机构接到仲裁申请后应依法进行审查。对申诉材料不齐备和有关情况不明确的，应指导申诉人补齐；主要证据不齐的，要求申诉人补齐。

仲裁委员会办事机构收到仲裁申请之日起5日内，认为符合受理条件的，应当受理，并通知申请人；认为不符合受理条件的，应当书面通知申请人不予受理，并说明理由。对仲裁委员会不予受理或者逾期未作出决定的，申请人可以就该劳动争议事项向法院提起诉讼。

仲裁委员会受理仲裁申请后，应当在5日内将仲裁申请书副本送达被申请人。被申请人收到仲裁申请书副本后，应当在10日内向仲裁委员会提交答辩书。仲裁委员会收到答辩书后，应当在5日内将答辩书副本送达申请人。被申请人未提交答辩书的，不影响仲裁程序的进行。

3. 仲裁准备

仲裁委员会对决定受理的案件，应当在受理仲裁申请之日起5日内依法组成仲裁庭，并将仲裁庭的组成情况书面通知当事人。仲裁员符合回避条件的，应当回避，当事人也可申请相关人员回避。

仲裁庭成员应认真审阅申诉、答辩材料，调查、收集证据，查明争议事实，拟定处理方案。仲裁庭应当在开庭5日前，将开庭日期、地点书面通知双方当事人。当事人有正当理由的，可以在开庭3日前请求延期开庭。是否延期，由仲裁委员会决定。

4. 开庭审理

开庭审理是指在当事人和其他参与人的参加下，仲裁庭或仲裁员依照法律规定的程序在庭上对案件进行全面审查并做出裁决的活动。其要点有：（1）开庭的形式。劳动争议仲裁公开进行，但当事人协议不公开进行或者涉及国家秘密、商业秘密和个人隐私的除外。（2）证据的出示和鉴定问题。出示当事人提供的证据，经查证属实的，仲裁庭应当将其作为认定事实的根据；需要鉴定的，可以交由当事人约定的鉴定机构鉴定；当事人没有约定或者无法达成约定的,由仲裁庭指定的鉴定机构鉴定。根据当事人的请求或者仲裁庭的要求,鉴定机构应当派鉴定人出庭。当事人经仲裁庭许可,可以向鉴定人提问。(3)质证和辩论。当事人在仲裁过程中有权进行质证和辩论,终结时首席仲裁员或者独任仲裁员应当征询当事人的最后意见。(4)用人单位的举证责任。劳动者无法提供由用人单位掌握管理的与仲裁请求有关的证据,仲裁庭可以要求用人单位在指定期限内提供。用人单位在指定期限内不提供的,应当承担不利后果。(5)开庭笔录。仲裁庭应当将开庭情况记入笔录。当事人和其他仲裁参加人认为对自己陈述的记录有遗漏或者差错的,有权申请补正。如果不予补正,应当记录该申请。笔录由仲裁员、记录人员、当事人和其他仲裁参加人签名或者盖章。

5. 和解与调解

当事人申请劳动争议仲裁后,可以自行和解。达成和解协议的,可以撤回仲裁申请。

仲裁庭在作出裁决前,应当先行调解,即在查明事实的基础上促使双方当事人自愿达成协议。经调解达成协议的,仲裁庭应当根据协议内容制作仲裁调解书。调解书应当写明仲裁请求和当事人协议的结果,由仲裁员签名,加盖仲裁委员会印章,送达双方当事人。调解书经双方当事人签收后,发生法律效力。

6. 裁决及裁决效力

对当事人不同意调解或不宜调解,或经调解达不成协议,或达成调解协议但送达前当事人反悔,仲裁庭应及时休庭合议并做出裁决。合议庭做出裁决后应及时制作并送达裁决书。裁决书应当载明仲裁请求、争议事实、裁决理由、裁决结果和裁决日期。裁决书由仲裁员签名,加盖劳动争议仲裁委员会印章。对裁决持不同意见的仲裁员,可以签名,也可以不签名。当庭裁决的应在7日内发送裁决书,定期另庭裁决的当庭发给裁决书。

裁决的效力分为两种情况:其一是终局裁决,即裁决书自作出之日起发生法律效力。终局裁决的适用范围仅限于:(1)追索劳动报酬、工伤医疗费、经济补偿或者赔偿金,不超过当地月最低工资标准12个月金额的争议;(2)因执行国家的劳动标准在工作时间、休息休假、社会保险等方面发生的争议。但是,上述规定的案件的终局裁决不是绝对的,如果劳动者对仲裁裁决不服的，可以自收到仲裁裁决书之日起 15 日内向法院起诉。而用人单位对上述规定的案件的终局裁决不得提起诉讼。其二是其他裁决，当事人包括劳动者和用人单位对上述终局裁决案件以外的其他劳动争议案件的仲裁裁决不服的，可以自收到仲裁裁决书之日起 15 日内向法院提起诉讼；期满不起诉的，裁决书发生法律效力。

7. 仲裁先予执行

仲裁先予执行，是指在仲裁裁决之前，为了不影响作为申请人的劳动者的生活，对某些当事人之间权利义务关系明确的案件，仲裁庭根据当事人的申请在仲裁裁决之前作出先予执行的裁决，并及时移送法院执行的制度。

申请人申请先予执行的案件只能是为追索劳动报酬、工伤医疗费、经济补偿或者赔偿金的案件。仲裁庭裁决先予执行的，应符合两个条件：（1）当事人之间权利义务关系明确。（2）不先予执行将严重影响申请人的生活。

8. 强制执行

当事人对发生法律效力的调解书、裁决书，应当依照规定的期限履行。一方当事人逾期不履行的，另一方当事人可以依照《民事诉讼法》的有关规定向法院申请执行。受理申请的法院应当依法执行。

10.4 劳动争议诉讼

劳动争议诉讼制度是司法最终解决原则在劳动争议处理中的体现，是劳动争议当事人不服仲裁裁决寻求司法救济，从而保护其合法权益的法律制度。在当今各国劳动争议处理制度中都占有重要地位。

10.4.1 劳动争议诉讼的概念

劳动争议诉讼，是指劳动争议当事人不服劳动争议仲裁委员会的裁决，依法向法院起诉，由法院进行审理并做出裁判的活动。仲裁以裁决结案的，当事人不服裁决，有权在收到裁决书之日起 15 日内起诉；仲裁机构以超过仲裁时效等为由决定不予受理的，当事人也有权在收到不予受理的书面通知或决定之日起 15 日内起诉。仲裁以当事人撤回申诉或达成调解协议而结案的，当事人无权向法院起诉。

劳动诉讼作为解决劳动争议的最后手段,与劳动仲裁是既相互联系又彼此独立、相互区别。仲裁是诉讼前的必经程序,诉讼是仲裁后的最终处理方式。两者的区别主要体现在:(1)性质不同。劳动仲裁属法律授权的组织专门处理劳动争议的活动,适用《劳动法》和《劳动争议调解仲裁法》;劳动诉讼是法院审理劳动争议的活动,属司法活动,适用司法程序。(2)受理的条件不同。劳动争议仲裁委员会受理劳动争议案件不需前置程序;而法院受理劳动争议案件,则必须以经过劳动争议仲裁程序为条件。(3)审理的机关不同。仲裁机关为各地的劳动争议仲裁委员会;诉讼的审理机关为各级法院。(4)处理程序不同。劳动争议仲裁适用仲裁程序,实行一次仲裁制;而劳动诉讼适用民事诉讼程序,实行两审终审制。(5)处理结果的最终效力不同。两者的处理结果虽然都具有法律效力,但当事人如果对仲裁裁决不服,还可以在法定期限内向法院起诉,此时仲裁裁决不发生法律效力,而法院的判决则具有最终的法律效力①。

在我国,对于劳动争议诉讼并没有特别立法,长期以来,法院以民事诉讼的方式来审理和解决劳动争议案件,实体上适用劳动法,程序上适用民事诉讼法。但劳动争议毕竟不同于民事纠纷,劳动争议诉讼应当有别于民事诉讼。最高人民法院意识到这一点,在总结多年司法实践经验的基础上,先后于2001年4月和2006年8月出台了有别于民事诉讼规则的《关于审理劳动争议案件适用法律若干问题的解释(一)》和《关于审理劳动争议案件适用法律若干问题的解释(二)》。这两部司法解释成为我国劳动争议诉讼的重要法律依据。

10.4.2 受案范围

劳动争议诉讼的受案范围,是指法院受理劳动争议案件的范围,也称法院的主管范围,即法院受理哪些劳动争议案件。

法院受理劳动争议案件的一般范围。劳动者与用人单位之间发生的《劳动争议调解仲裁法》第2条规定的劳动争议(参见10.1.3 劳动争议受案范围的界定),当事人不服仲裁委员会作出的裁决,依法向法院起诉的,法院应当受理。

法院受理劳动争议案件的特殊情形,主要有:(1)仲裁委员会以当事人申请仲裁的事项不属于劳动争议为由,作出不予受理的书面裁决、决定或者通

---

① 姜颖. 劳动争议处理教程[M]. 北京:法律出版社,2003:168.

知,当事人不服,依法向法院起诉的,属于劳动争议案件的,应当受理;虽不属于劳动争议案件,但属于法院主管的其他案件,也应当依法受理。(2)仲裁委员会以当事人的仲裁申请超过仲裁时效期间为由,作出不予受理的书面裁定,当事人不服,依法向法院起诉的,法院应当受理;对确已超过仲裁申请期限,又无不可抗力或者其他正当理由的,依法驳回其诉讼请求。(3)仲裁委员会以申请仲裁的主体不适格为由,作出不予受理的书面裁决、决定或者通知,当事人不服,依法向法院起诉的,经审查,确属主体不适格的,裁定不予受理或者驳回起诉。(4)仲裁委员会为纠正原仲裁裁决错误重新作出裁决,当事人不服,依法向法院起诉的,法院应当受理。(5)仲裁委员会仲裁的事项不属于法院受理的案件范围,当事人不服,依法向法院起诉的,裁定不予受理或者驳回起诉。(6)当事人不服劳动争议仲裁委员会作出的预先支付劳动者部分工资或者医疗费用的裁决,向人民法院起诉的,人民法院不予受理。用人单位不履行上述裁决中的给付义务,劳动者依法向人民法院申请强制执行的,人民法院应予受理。(7)按照我国《劳动争议调解仲裁法》的规定,劳动争议仲裁委员会收到仲裁申请之日起5日内,应当作出受理与否的决定并通知申请人。对劳动争议仲裁委员会不予受理或者逾期未作出决定的,申请人可以就该劳动争议事项向人民法院提起诉讼。仲裁庭裁决劳动争议案件,应当自劳动争议仲裁委员会受理仲裁申请之日起45日内结束。案情复杂需要延期的,经劳动争议仲裁委员会主任批准,可以延期并书面通知当事人,但是延长期限不得超过15日。逾期未作出仲裁裁决的,当事人可以就该劳动争议事项向人民法院提起诉讼。这两种情形法院均应当受理。

10.4.3 审理范围

在劳动诉讼中,当事人的诉讼请求中如果包括有与劳动权利义务事项相联系的民事权利义务事项,法院则应当将其与劳动权利义务事项一并审理。如果当事人在诉讼请求中提出了超出仲裁请求的事项,而且这些事项是与仲裁请求事项不可分的劳动权利义务事项,法院应当将其列入审理范围。这不但方便了当事人,也节约了诉讼成本。

当事人的诉讼请求事项如果少于仲裁裁决的事项,法院只需将诉讼请求事项列入审理范围。法院受理劳动争议案件后,当事人增加诉讼请求的,如该诉讼请求与讼争的劳动争议具有不可分性,应当合并审理;如属独立的劳动争议,应当告知当事人向仲裁委员会申请仲裁。

10.4.4 诉讼管辖

由于仲裁与诉讼的规则不一样,诉讼管辖与仲裁管辖不可能是完全对应的关系。当事人不服仲裁裁决而起诉时,一般应当由当地基层法院管辖,除非该案件符合法定的高级法院、中级法院管辖的标准。

劳动争议案件由用人单位所在地或者劳动合同履行地的基层人民法院管辖。劳动合同履行地不明确的,由用人单位所在地的基层法院管辖。当事人双方就同一仲裁裁决分别向有管辖权的法院起诉的,由先受理的法院管辖,后受理的法院应当将案件移送给先受理的法院。

10.4.5 诉讼主体

劳动争议诉讼中的主体只能是劳动仲裁中的劳动者和用人单位。不服仲裁裁决的劳动者或用人单位向法院起诉的,只能以仲裁阶段的对方当事人为被告人,而不能以仲裁机构为被告人。当事人双方不服仲裁委员会作出的同一仲裁裁决,均向同一法院起诉的,先起诉的一方当事人为原告,但对双方的诉讼请求,法院应当一并作出裁决。

用人单位与其他单位合并的,合并前发生的劳动争议,由合并后的单位为当事人;用人单位分立为若干单位的,其分立前发生的劳动争议,由分立后的实际用人单位为当事人;用人单位分立为若干单位后,对承受劳动权利义务的单位不明确的,分立后的单位均为当事人;用人单位招用尚未解除劳动合同的劳动者,原用人单位与劳动者发生的劳动争议,可以列新的用人单位为第三人;原用人单位以新的用人单位侵权为由向法院起诉的,可以列劳动者为第三人;原用人单位以新的用人单位和劳动者共同侵权为由向法院起诉的,新的用人单位和劳动者列为共同被告。

10.4.6 举证责任

举证责任,解决了法官在案件真伪不明时如何裁决的问题。它是指负有证明义务的一方当事人不能提出证据证明自己的主张时,将要承担不利的法律后果。在劳动争议诉讼中的举证责任的分配,直接关系到争议当事人在争议处理过程中的优劣地位。

关于劳动争议案件的举证责任,分为两种情况:(1)在一般的情况下,举证责任由主张某一事实的当事人承担,即"谁主张,谁举证"。(2)在特殊情况下,强调用人单位的举证责任,即将举证责任确定为用人单位单方承担。这在有些案件中类似于民事诉讼的"举证责任倒置"——作为"谁主张,谁举证"原则的一种例外,是指提出主张的原告对自己所提出的主张不负举证责任,法定由被告方承担举证责任;在另外一些案件中,它又不同于举证责任倒置,而被称为举证责任专属①——指无论是哪一方提出主张,法律都规定用人单位方承担举证责任。如《工伤保险条例》(2003年)第19条规定,职工或其直系亲属认为是工伤而用人单位不认为是工伤的,由用人单位负举证责任。又如《工资支付暂行条例》规定,拖欠工资案件的举证责任由用人单位承担。

诉讼中有些事实可以免除当事人的举证责任,这些事实包括:众所周知的事实;自然规律及定理;根据已知事实或生活常识或定理法则推导出的另一事实;一方当事人对另一方当事人陈述的案件事实,明确表示承认接受的;已为法院生效判决所确认的或为生效的仲裁裁决所确认的或为有效公证文书所证明的事实。

10.4.7 劳动争议诉讼的裁判

法院通过对劳动争议案件的审理,根据不同情况,可以作出劳动争议裁定书、劳动争议调解书和劳动争议判决书。

(1) 劳动争议裁定书,是指法院在审理或执行的过程中,就程序问题或部分实体问题所制作的文书。其主要适用于下列情形:不予受理、驳回起诉、对管辖权有异议、准予或不准予撤诉、诉讼保全、中止或终结诉讼、先予执行等。

(2) 劳动争议调解书,是指在法院的主持下,通过法院的居中调解,当事人双方达成了协议,法院据此协议制作的文书。调解书经双方当事人签收后,即具有法律效力。

(3) 劳动争议判决书,是指法院代表国家行使审判权,就劳动争议案件的实体问题所作出的裁判文书。

调解书、裁定书、判决书具有同等的效力。生效的调解书、裁定书和判决书,当事人必须履行。一方拒绝履行的,对方当事人可以向法院申请强制执行。

---

① 王全兴. 劳动法 [M]. 北京:法律出版社,2008:455.

本章小结

现代社会劳动争议的产生有其必然性,它是劳动关系双方当事人围绕劳动权利和劳动义务而产生的纠纷。随着社会的进步和劳动法制的健全,及时稳妥处理劳动争议,越来越受到社会各方的重视。劳动争议调解仲裁法的出台,明显扩大了劳动争议受案范围,明确将因确认劳动关系发生的争议和因订立劳动合同发生的争议纳入受案范围。处理劳动争议的方式主要有调解、仲裁和诉讼。劳动争议的调解是解决矛盾纠纷的一种有效手段,不仅基层调解机构应当促使当事人双方达成调解协议,而且仲裁机构在裁决前、审判机构在判决前,对适于调解的劳动争议案件也应当先行调解,调解不成才进入下一个程序。劳动仲裁是解决劳动争议的最重要的途径,它是劳动争议进入诉讼阶段的前置程序。劳动争议当事人不服劳动仲裁委员会的裁决,可以依法向法院起诉,由法院依据民事诉讼法的相关规定及最高人民法院的司法解释对劳动争议进行审理。

关键术语

劳动争议　　受案范围　　劳动争议处理　　劳动争议调解
劳动争议仲裁　　劳动争议诉讼

思考题

1. 如何理解劳动争议的概念?它有何特征?
2. 如何界定劳动争议的受案范围?
3. 劳动争议仲裁与劳动争议诉讼有哪些区别?
4. 如何理解劳动争议调解协议的效力?
5. 劳动争议仲裁委员会是如何组成的?其职责是什么?
6. 法院受理劳动争议案件的特殊情形有哪些?

第11章 劳动监察

劳动监察是市场经济的产物,是现代国家根据法律授权对劳动关系进行法律调整与干预的重要手段。劳动监察制度体现了现代社会更多地关注社会弱势群体之权益的法制精神。建立、健全劳动监察制度,有利于监控劳动力市场秩序、维护社会稳定,有利于促进劳动事业发展,有利于维护劳动者的合法权益,对建立和谐的劳动关系具有十分重要的意义。本章阐述了劳动监察的概念特征、基本原则、主体客体、劳动监察制度的发展、劳动监察制度的基本内容以及劳动行政处罚等内容。

11.1 劳动监察概述

劳动监察作为一项劳动法律制度,是市场经济的重要产物,在劳动法律体系中具有特殊的地位,它负有保障整个劳动法体系全面实施的功能,为完善市场经济、构建和谐劳动关系起着保驾护航的作用。

11.1.1 劳动监察的概念及特征

劳动监察,是指劳动行政部门依法对用人单位遵守劳动法律、法规的情况进行监督检查,对违反劳动法律、法规的行为依法进行制止、责令其改正以及给予处罚的具体行政行为。各级劳动行政部门、劳动监察人员应依法对用人单位遵守劳动法律、法规的情况进行监督、检查,依据劳动法律、法规和国家标准来判断用人单位的行为是否违反规定,并采取相应措施,及时制止、纠正违反劳动法律、法规的行为，维护劳动者合法权益，预防劳动争议的发生，保证劳动法律、法规得到全面正确的贯彻。

劳动监察具有如下法律特征：

1. 法定性

劳动监察的依据、主体、对象和内容都是国家法律、法规直接规定的。《劳动法》第85条明确规定："县级以上各级人民政府劳动行政部门依法对用人单位遵守劳动法律、法规的情况进行监督检查，对违反劳动法律、法规的行为有权制止，并责令改正。"劳动监察规则直接为法律所规定，并且这种法律规定是强行性规范，监察主体严格依据法律实施监察活动，被监察主体不得以协议或其他任何方式逃避监察。劳动监察行为必须在法律规定的范围内，按法定程序操作，这样才是有效的执法行为。

2. 行政性

劳动监察属于行政执法和行政监督的范畴，是行使行政权力的具体行政行为。其做出的行政处理决定或行政处罚决定，被监察主体不服的，可以依法提起行政复议或行政诉讼。

3. 专门性

劳动监察不同于一般的监督检查，它是由专门的机关为保证劳动保障法律、法规、规章的贯彻实施所进行的专门监督。

4. 内容具有特殊性

劳动监察的内容是督促劳动关系当事人遵守劳动法律、法规，执行劳动标准。这是劳动监察行为与其他管理行为在内容上最本质的区别。

5. 强制性

劳动保障监察是代表政府实施的，具有国家强制力，被监察主体不得拒绝。

11.1.2 劳动监察的基本原则

劳动监察应遵循以下基本原则：

1. 合法性原则

合法性原则是指劳动监察权力的存在、运用必须依据法律、符合法律，而不能与法律相抵触。根据我国具体情况，合法原则的具体要求是：劳动监察职权都必须基于法律、法规授予才能存在；劳动监察职权的行使都必须依据并遵守法律、法规；劳动监察职权的委托及运用都必须具有法律依据，符合法律要旨。违反上述三点规定的劳动监察活动，非经事后法律、法规的认可，均应被宣告为"无管辖权"或"无效"。

2. 合理性原则

劳动监察要尽量做到公平、公正、合理。因此，一定要遵循比例原则，根据违法行为性质、情节、后果的轻重选择合理的处罚标准，合理地应用自由裁量权。

3. 公开原则

公开原则是指除法律有特殊规定外，劳动监察机构及其公务员的行为必须向社会公众公开，以便接受法律监督和人民群众的监督。执法行为要严格按照《行政处罚法》、《劳动保障监察条例》、《劳动监察规定》等法律法规的规定进行。包括执法行为的标准公开、条件公开，程序、手续公开等。公开劳动监察行为，是接受人民群众监督的前提条件，也是劳动监察机构及其公务员的工作准则。

4. 公正性原则

劳动监察主体在行政执法过程中必须严格遵循诚实信用原则、平等原则、人格尊严原则、信赖保护原则，既要对劳动行政执法相对人的法定权利给予保护，又要对其所作出的违法行为给予恰当的处罚。公正地行使劳动监察权力，做到法律面前，人人平等，同样的情况同样处理，不同的情况区别对待。劳动监察的行为公正原则是劳动法律、法规公正、公平地贯彻执行的重要体现。

5. 处罚与教育相结合原则

指劳动监察在处理违反劳动法律、法规行为的过程中，既要体现对违法当事人的惩罚或制裁，又要贯彻教育违法行为人自觉守法的精神，实现制裁与教育的双重功能。我国《行政处罚法》第 5 条明确规定："实施行政处罚，纠正违法行为，应当坚持处罚与教育相结合，教育公民、法人或者其他组织自觉守法。"劳动行政处罚是劳动监察工作的一项重要内容，劳动监察机构及其公务员应当严格遵循《行政处罚法》的规定，在说服教育的基础上实施处罚，让被处罚人认识到自己行为的危害性与违法性和承担责任的必然性。

6. 保障当事人权利原则

在劳动保障监察中，要注意保障行政相对人的合法权益。比如，我国《劳动保障监察条例》第 19 条规定："劳动保障行政部门对违反劳动保障法律、法规或者规章的行为作出行政处罚或者行政处理决定前，应当听取用人单位的陈述、申辩；作出行政处罚或者行政处理决定，应当告知用人单位依法享有申请行政复议或者提起行政诉讼的权利。"

7. 高效便民原则

劳动监察是我国行政执法中任务最为繁重的行政执法之一。这是由劳动法律关系的庞杂性、数量的巨大性等特点决定的，从本质上讲人类社会就是一个劳动着的社会。我国目前正处在一个社会急剧转型的过程之中，劳动领域的矛盾和问题也是最为复杂和频发的，所以劳动行政执法不可能不讲求效率。从一定意义上说，劳动行政执法的效率如何直接影响着劳动法律法规的落实和劳动领域内法治状况的好坏。

11.1.3　劳动监察的地位与作用

1. 劳动监察的地位

（1）劳动监察是保证劳动法律、法规得以贯彻的重要手段

劳动监察部门是代表劳动行政部门实施行政执法的唯一部门。劳动监察监督检查的内容包括用人单位遵守劳动法律、法规的情况，现行劳动法律法规所确定的劳动条件、劳动标准的贯彻落实情况；对于违反劳动法律、法规的行为，监督检查机关有权制止、纠正并加以处理。劳动法的监督检查制度，是保证劳动法律、法规贯彻执行的重要措施。劳动监察是确保劳动法律、法规得以贯彻的重要手段。

(2) 劳动监察是保护劳动者合法权益的重要方式

劳动法的主要调整对象是劳动关系，劳动法律、法规的核心是保护劳动者的劳动权益。围绕这个核心，劳动法律、法规不仅确立了劳动者在劳动关系中的主体地位，规定了劳动者享有的各项权利，而且规定了各级人民政府有关部门、工会、用人单位在保护劳动者权益方面的责任，提出了保障劳动者权益应当采取的措施及实现这些措施的基本途径。劳动监察正是通过国家行政机关对劳动法执行情况的监督检查，来保护劳动者合法权益的重要方式。

(3) 劳动监察是劳动行政部门的重要职责

《劳动法》第9条规定："国务院劳动行政部门主管全国劳动工作。县级以上地方人民政府劳动行政部门主管本行政区域内的劳动工作。"这一规定以法律形式明确了劳动行政部门的地位及职责。该条中的"劳动工作"包括劳动就业、劳动合同和集体合同、工时和休息休假、工资、劳动安全卫生、女职工和未成年工特殊保护、职业培训、社会保险和福利、劳动争议处理、劳动监督检查以及依照法律责任追究违法后果等。2004年国务院颁布的《劳动保障监察条例》第3条进一步明确规定："国务院劳动保障行政部门主管全国的劳动保障监察工作。县级以上地方各级人民政府劳动保障行政部门主管本行政区域内的劳动保障监察工作。"

2. 劳动监察的作用

(1) 有利于促进用人单位的公平竞争

随着《劳动法》及一系列配套性法律、法规的实施，劳动监察的执法从单纯的劳动执法扩大到劳动与社会保障两大领域。劳动监察的作用就在于通过监察手段，督促用人单位自觉遵守劳动与社会保障法律、法规。对违法的行为及时纠正、查处，使所有的用人单位在劳动与社会保障方面享有相同的权利，履行相同的义务，杜绝部分用人单位通过偷逃社会保障费等不法手段，降低产品或服务成本，达到不公平竞争的目的，从而为不同性质的用人单位在市场经济中参与竞争创造公平的环境。

(2) 有利于促进劳动关系的和谐与稳定

随着经济体制改革的深化，公有制实现形式的多样化，股份制经济的发展，外资企业和私营企业等各种所有制形式增多，劳动关系日趋复杂。一些企业，尤其是一些外商投资企业、私营企业，违反劳动法规政策，侵犯职工合法权益的现象时有发生；少数劳动者违反合同随意"跳槽"，影响企业生产经营,由此引起的劳动争议时有发生。因此,健全劳动监察制度,有利于及时发现和制止违法行为,维护用人单位和劳动者的合法权益,促进劳动关系的和谐与稳定。

(3) 有利于促进劳动力市场的规范和有序

在社会主义市场经济体制中,劳动力市场是重要的要素市场之一,劳动力市场发挥着劳动力资源配置的基础性作用,劳动者和用人单位按照市场规则进行自主公平的选择,通过价值规律的作用和竞争机制的功能,达到劳动力和生产资料的最佳结合。通过劳动监察对市场的监控,可以减少和排除妨碍市场健康运行的因素,维护正常的劳动力市场秩序。

(4) 有利于建立完善的社会保障体系

当用人单位守法自觉性相对较差的时候,依靠劳动监察,通过具体的监察、执法手段,督促用人单位,特别是大量的外商投资企业、港澳台商投资企业及私营企业,参加社会保险登记及缴费申报。在城镇强制执行以养老、失业、医疗为重点的社会保险,对违法单位依法严肃查处,确保社会保险扩面增率,促进完善的社会保障体系的顺利形成。

(5) 有利于保护劳动者合法权益

尽管我国的《劳动法》已颁布实施十多年,但在社会实际生活中,用人单位侵害劳动者合法权益的现象和问题仍大量存在,由此引起的劳动争议和突发事件总体呈上升趋势。通过开展劳动监察,可以对违反劳动法律、法规,侵犯劳动者合法权益的现象和问题及时予以制止和纠正。劳动监察对协调劳动关系,维护劳动者的合法权益,发挥着重要的作用。

11.2 劳动监察制度的发展历程

劳动监察经常被看做是一种事实上必需的国家干预方式,一种保护劳动者身心健康所必需的政府法定义务。因此,只要有保护劳动者的法律存在就必然要求有保证法律实现的劳动监察制度存在。

11.2.1 国外劳动监察的产生和发展

劳动监察法律制度的宗旨是维护劳动者的合法权益,它是随着19世纪欧洲产业革命进程中劳动立法的产生和发展而逐步建立起来的,其发源地是英国。从世界范围看,1802年英国议会就通过了历史上第一部劳动立法,即

《学徒健康与道德法》。在这部法律中首次确定由英国一些社会人士组成的自愿委员会对这部法律在工厂的实施情况进行监督,并由此建立了最早的劳动监察制度。到了19世纪末,一些欧美国家陆续组成了劳工部,劳动立法也得到了进一步发展,现代意义上的、由政府施行的劳动监察在各国得到普遍建立,其范围也开始逐步涉及劳动安全卫生、就业、工时、工资报酬和劳动关系调整等领域。德国、日本、法国、加拿大等国相继在劳动法典或者劳动标准法中规定了本国劳动监察机构的设置、监察范围、监察人员的职权以及监察程序等。进入20世纪后,劳动监察作为市场经济国家劳动行政管理的一项重要职能,得到了进一步的发展和完善,成为资本主义国家调整劳动力市场行为的有力武器。国际劳工组织先后通过了多项有关劳动监察方面的公约及建议书。

11.2.2 我国劳动监察制度的产生和发展

我国劳动监察制度始于新中国成立之初。新中国成立后,我国劳动系统开始建立劳动监察制度,其标志是1950年政务院发布的《关于各省人民政府劳动局与当地国营企业工作关系的决定》。随着改革开放的深入和社会主义市场经济的发展,劳动监察制度逐步完善。在20世纪80年代末期,我国市场经济发展比较快的沿海城市劳动行政部门率先对企业、劳动者遵守劳动管理、工资分配、社会保险、职业技能开发等方面法规的情况进行全面监察并取得了成功的经验。1982年国务院发布了《锅炉压力容器安全监察暂行条例》和《矿山安全监察条例》,从而建立起了我国劳动安全方面的监察制度。

为适应社会主义市场经济发展的需要,我国积极培育和发展劳动力市场,发挥市场配置劳动力资源的基础作用,通过采取劳动执法监管等措施,维持劳动力市场秩序,协调复杂的劳动关系,保障职工合法权益,维护社会的和谐稳定。在新形势下,各地劳动行政部门积极转变职能,借鉴国际劳动监察惯例,逐步探索开展了劳动监察工作。1993年原劳动部发布了《劳动监察规定》,对劳动安全监察以外其他方面劳动监察的一般规则做了规定,以行政规章的形式确认了全方位的劳动监察活动。1994年《劳动法》颁布,从劳动基本法的层面规定了劳动监察制度。同时,原劳动部发布了一系列与《劳动法》相配套的规章,至此建立起了一套比较完善的劳动监察制度。2004年国务院发布了《劳动保障监察条例》,在总结经验的基础上,对劳动保障监察的主体、对象、范围和程序,监察机构和监察员的职责,法律责任等方面做出了明确规定,完善了我国的劳动监察制度。该《条例》是目前我国劳动监察工作的主要法律依据。与此同时,劳动保障监察机构及队伍的建设也取得了长足的发展。2007年6月《劳动合同法》颁布,强化了监察的职责,进一步确立了监察的法律地位。在2008年国务院机构改革中,新组建的人力资源和社会保障部设立了劳动监察局,加强了政府依法监管人力资源市场、调整劳动关系、发展社会保险的职责,从中央政府层面完善了劳动保障监察组织体系建设,我国劳动保障监察进入了一个快速、健康的新的发展时期。我国劳动监察法治建设的成果主要表现在:

(1) 建立了一套劳动监察法规制度。按照社会主义市场经济发展和劳动法治建设的需要,我国制定了《劳动监察规定》、《劳动保障监察条例》、《违反〈中华人民共和国劳动法〉行政处罚办法》、《劳动行政处罚若干规定》、《关于加强劳动行政处罚管理的若干问题的通知》、《处罚举报劳动违法行为规定》、《劳动监察程序规定》、《劳动监察员管理办法》、《劳动监察员准则》等法规、规章,以及监察证件管理、监察工作情况报告和统计报表制度等相关规定,为我国开展劳动监察工作提供了比较系统的制度依据,对保障劳动法律、法规规章的执行、保障劳动者的合法权益发挥了积极的作用。

(2) 劳动监察活动全面展开。《劳动法》、《劳动保障监察条例》、《劳动合同法》等一系列法律、法规的颁布实施,有力地推进了全国各地劳动监察执法工作,不断改善着维护广大劳动者合法权益的法制环境。劳动行政部门以常规巡视检查、举报专查、劳动年审、对用人单位劳动规章制度备案审查、专项检查或大检查等方式开展了全面的劳动监察活动。

但是,由于社会经济发展的不平衡性以及劳动监察制度建立的时间尚短,我国目前劳动监察制度还存在一些问题。比如,劳动保障监察覆盖面不宽,劳动保障监察缺少强制手段,处罚措施难以完全到位,劳动监察机构与相关政府职能机构之间关系未理顺等,所以劳动监察法律制度尚需进一步完善。另一方面,目前又存在着片面强调和夸大劳动监察作用、过分依赖劳动监察的"劳动监察万能论"思想,主张继续扩大劳动监察的范围,好像只要劳动监察的人员增多,范围扩宽,劳动关系就会和谐,劳动领域的一切问题都会得到解决。这实质上是"行政万能论"思想在作祟。这样的理解也是片面的,劳动监察重要而非万能,解决劳动问题的法律途径,涉及立法、守法、执法、司法、法律监督等各个环节,劳动监察只是对劳动法执行情况进行监督检查的一种方式。

11.3 我国劳动监察制度的基本内容

我国劳动法律法规已经全面而系统地确立了劳动监察法律制度，其基本内容包括劳动监察的主体、对象和内容，劳动监察主体的职权、职责和义务，劳动监察的形式、劳动监察的管辖和程序等。

11.3.1 劳动监察的主体与客体

劳动监察是市场经济条件下政府对劳动法律关系的干预。以国家强力来保障劳工标准的实施，是劳动法中政府和雇主关系的最主要的内容。在这一法律关系中，政府是权利（权力）主体，行使的是劳动行政管理权。这一权利（权力）的直接目的是规范雇主行为，以排除对劳动者的侵害，企业即雇主必须遵守国家的劳动标准并接受政府的劳动监察，这是企业的义务。政府作为权利（权力）主体，一是利用劳工标准立法来规定雇主在个别劳动关系中的义务，同时限制雇主的财产权滥用，特别是解雇权的滥用；二是通过劳动行政来对雇主遵守劳动法的情况实施劳动监察；三是通过建立和实施不当劳动行为制度，对雇主侵害劳动者团结权的行为，给予权利人以行政救济和司法救济。

综合各国劳动监察实践，劳动监察主体一般有以下几种形式：一是机构。这是指由国家设立专门机构对用人单位执行劳动法的有关情况进行监督和检查。这些机构从属于国家劳动行政部门，是国家劳动行政部门的职能机构，其人员是由专职劳动监察员所组成。劳动监察员拥有国家公务员身份，这个专门机构统一受中央政府的领导和控制。如日本就实行这种制度。二是个人。这是指不设监察机构，而由劳动行政主管部门首长为劳动监察官（或劳动监察员）来监督检查劳动法的执行情况。如加拿大就实行该制度。三是机构与个人并列。这是指由监察机构和独立于监察机构的监察员对劳动法的执行情况进行监督检查，法律承认两者的独立性并用专门法律对两者的监察范围各自加以规定。采用过该制度的国家很少。四是委托专家。这是指有关国家针对在现代生产中某些专业化、科技化程度较高的行业或部门所采取的劳动监察措施或制度。由于对这些行业的劳动监察需要较高的专业知识和职业经验，在对这些行业进行劳动监察过程中，由国家劳动行政部门委托具有相关专业知识如技术、安全、卫生等方面的专家进行监察。如法国、新加坡等国就委托开业医生、建筑专家、工程师等专门性人才进行劳动安全卫生监察。五是特殊人员。这是指对国防及其他关系国家重大利益和机密的企业进行劳动监察时，需专门任命特殊人员（如部队军官或政府官员）进行劳动监察。①

我国目前实行的是以机构监察为主的劳动监察体制，主要由各级劳动保障行政部门内设的专门机构——劳动监察机构来完成。监察机构内部根据工作需要配备专职劳动保障监察员来实施监察工作。

在我国，国务院劳动保障行政部门主管全国的劳动保障工作，县级以上地方各级人民政府劳动保障行政部门都设有劳动保障监察机构，主管本行政区域内的劳动保障监察工作。此外，根据《矿山安全监察条例》和《锅炉压力容器安全监察暂行条例》的规定，在政府的劳动行政主管部门还设有矿山安全监察机构和锅炉压力容器安全监察机构。根据《劳动保障监察条例》的规定，县级、设区的市级人民政府劳动保障行政部门还可以委托符合监察执法条件的组织实施劳动保障监察，这些组织一经授权也成为劳动保障监察主体。

劳动保障监察员是具体执行劳动保障监察的专职或兼职人员。在我国，劳动保障监察员必须具备一定的任职条件，经过考核或者考试录用，并按法定的任命程序产生。1994年劳动部颁发的《劳动监察员管理办法》对劳动监察员的任职条件、培训、考核、任命程序和监督制度等作了明确规定。

劳动保障监察的客体即监察的对象、相对人。按照我国劳动法律法规的规定，劳动监察的主要对象是用人单位，但还包括一些劳动服务主体。《劳动保障监察条例》规定："对职业介绍机构、职业技能培训机构和职业技能考核鉴定机构进行劳动保障监察，依照本条例执行。"需要特别指出的是，劳动者不属于劳动监察的对象。尽管劳动者和用人单位一样具有守法义务，但劳动法主要是通过规定用人单位的义务和劳动者的权利，以实现保护劳动者的立法宗旨。劳动法贯彻落实的关键是用人单位履行各项劳动法规定的义务，尤其是执行各项强制性劳动基准，因此，对劳动法执行情况的监督也主要应当针对用人单位而进行。实践中，需要得到监督查处的违法行为主要也表现为用人单位在利益驱使下对劳动者权益的侵害，而劳动者在单位内部的被管理、被支配地位决定了其一旦有违法行为必将受到用人单位的严密监控。我国的立法演变正体现了这一精神。1993年《劳动监察规定》曾将劳动者也作为监察对象，但1994年的《劳动法》就将劳动者从劳动监察的对

---

① 庄林冲. 劳动监察：功能定位与法律规范［D］. 江苏：南京师范大学，2007：8-10.

象中剥离出去，2004年的《劳动保障监察条例》和2007年的《劳动合同法》均延续了这样的思路。①

11.3.2 劳动监察的内容

《劳动保障监察条例》第11条明确列举了9个方面的劳动监察内容：（1）用人单位制定内部劳动保障规章制度的情况；（2）用人单位与劳动者订立劳动合同的情况；（3）用人单位遵守禁止使用童工规定的情况；（4）用人单位遵守女职工和未成年工特殊劳动保护规定的情况；（5）用人单位遵守工作时间和休息休假规定的情况；（6）用人单位支付劳动者工资和执行最低工资标准的情况；（7）用人单位参加各项社会保险和缴纳社会保险费的情况；（8）职业介绍机构、职业技能培训机构和职业技能考核鉴定机构遵守国家有关职业介绍、职业技能培训和职业技能考核鉴定的规定的情况；（9）法律、法规规定的其他劳动保障监察事项。

《劳动合同法》第74条又列举了劳动合同监察的内容：（1）用人单位制定直接涉及劳动者切身利益的规章制度及其执行的情况；（2）用人单位与劳动者订立和解除劳动合同的情况；（3）劳务派遣单位和用工单位遵守劳务派遣有关规定的情况；（4）用人单位遵守国家关于劳动者工作时间和休息休假规定的情况；（5）用人单位支付劳动合同约定的劳动报酬和执行最低工资标准的情况；（6）用人单位参加各项社会保险和缴纳社会保险费的情况；（7）法律、法规规定的其他劳动监察事项。

11.3.3 劳动监察主体的职责、职权和义务

1. 劳动监察主体的职责

根据《劳动保障监察条例》第10条的规定：劳动保障行政部门实施劳动保障监察，履行下列职责：

（1）宣传劳动保障法律、法规和规章，督促用人单位贯彻执行；
（2）检查用人单位遵守劳动保障法律、法规和规章的情况；
（3）受理对违反劳动保障法律、法规或者规章的行为的举报、投诉；
（4）依法纠正和查处违反劳动保障法律、法规或者规章的行为。

---

① 林嘉. 劳动法和社会保障法 [M]. 北京：人民大学出版社，2009：250-251.

2. 劳动监察主体的职权

我国《劳动法》第 86 条对劳动监察机构及其人员的职权做了概括性规定："县级以上各级人民政府劳动行政部门监督检查人员执行公务，有权进入用人单位了解执行劳动法律、法规的情况，查阅必要的资料，并对劳动场所进行检查。"《劳动保障监察条例》第 15 条以列举的方式对此做了详细规定：劳动保障行政部门实施劳动保障监察，有权采取下列调查、检查措施：

（1）进入用人单位的劳动场所进行检查；
（2）就调查、检查事项询问有关人员；
（3）要求用人单位提供与调查、检查事项相关的文件资料，并作出解释和说明，必要时可以发出调查询问书；
（4）采取记录、录音、录像、照像或者复制等方式收集有关情况和资料；
（5）委托会计师事务所对用人单位工资支付、缴纳社会保险费的情况进行审计；
（6）法律、法规规定可以由劳动保障行政部门采取的其他调查、检查措施。

劳动保障行政部门对事实清楚、证据确凿、可以当场处理的违反劳动保障法律、法规或者规章的行为有权当场予以纠正。

3. 劳动监察主体的义务

我国劳动法律法规在赋予劳动监察主体职权的同时，也明确规定了其必须履行的义务。我国《劳动法》第 86 条规定："县级以上各级人民政府劳动行政部门监督检查人员执行公务，必须出示证件，秉公执法并遵守有关规定。"《劳动保障监察条例》做了更为具体的规定，如第 12 条规定："劳动保障监察员应当忠于职守，秉公执法，勤政廉洁，保守秘密"（根据《劳动保障监察条例》第 9 条、第 31 条的规定，这里的保守秘密包括为举报人保密，以及不得泄露在履行职责过程中知悉的商业秘密）。第 16 条规定："劳动保障监察员进行调查、检查，不得少于 2 人，并应当佩戴劳动保障监察标志、出示劳动保障监察证件。劳动保障监察员办理的劳动保障监察事项与本人或者其近亲属有直接利害关系的，应当回避。"

11.3.4 劳动监察的形式

我国《劳动保障监察条例》第14条对此做了规定:"劳动保障监察以日常巡视检查、审查用人单位按照要求报送的书面材料以及接受举报投诉等形式进行。"在实践中,我国劳动监察机构采取的监察方式主要有以下几种:

1. 常规巡视检查

常规巡视检查是指劳动行政部门、劳动监察机构及监察人员依职权主动到用人单位及其劳动场所进行监督检查活动,及时发现问题,依法进行处理,预防劳动争议,减少突发事件。常规巡视检查是世界各国劳动监察机构通行的工作方式,其最为突出的特点是主动性和经常性。

2. 举报专查

在我国,各级劳动行政部门的劳动监察机构普遍建立了举报制度,公布举报电话,设立举报信箱,指定专人负责,开展群众举报接待工作。并研究分析群众举报的案件,凡属于违反劳动法规行为的案件,都予以受理并组织查处。同时,上级劳动部门受理群众举报案件,可转下级劳动部门查处,必要时派员参加;下级劳动行政部门应及时将查处结果报告上级劳动行政部门。

3. 劳动年审

劳动年审(亦称劳动年检)是指劳动行政部门的监察机构对所辖区域里的用人单位遵守劳动法律、法规情况每年进行一次全面监督检查。劳动年审的内容是用人单位遵守劳动法律、法规的情况。但每年年审的内容侧重点可能不同。年审主要采取书面审查方式。劳动监察机构对用人单位报送的《劳动年审手册》进行审核。在审核时,主要采取查阅用人单位工资发放表、职工花名册、劳动合同书、招收农村及外来劳动力手续和证卡、社会保险费用缴纳凭证、内部劳动管理制度等方式,如有不够清楚的内容,还可询问用人单位负责人,派监察员到用人单位实地调查,全面掌握用人单位遵守劳动法律法规的基本情况。经审查,用人单位劳动用工行为符合劳动法律、法规、规章的,颁发《劳动年审合格证》;对存在违法行为的,下达《劳动监察指令书》,责令限期改正,经整改后重新审核合格的,再发给《劳动年审合格证》;对逾期不改的,依照劳动法律、法规规定予以处罚。

4. 用人单位劳动规章制度备案审查

按照《劳动法》规定,用人单位应当制定劳动规章制度并接受劳动监察机构的审查。经过对用人单位制定的劳动规章制度的备案审查,如发现有违反劳动法律、法规的,要求其改正。通过开展用人单位劳动规章制度备案审查工作,及时解决"大法"与"小法"的矛盾,纠正用人单位的违法行为。

5. 专项检查或大检查

为了集中解决劳动执法中存在的突出问题,还应根据工作需要组织专项检查和大检查。监察工作应该将经常性检查和突击检查相结合。在一定时间内集中人力对一定范围内的用人单位进行全面检查,可以较快地解决用人单位劳动管理方面的突出问题,提高用人单位的劳动管理水平,创造良好的劳动法律环境。为了搞好专项检查和大检查工作,要努力做好每一环节的工作,如制订方案、组织发动、督促检查、组织自查、限期整改、行政处罚等。

11.3.5 劳动监察的程序

1. 劳动监察管辖

劳动监察管辖,是指各级劳动监察部门之间对劳动法律、法规的执行情况进行监督检查以及对违反劳动法律、法规的行为予以制止和纠正,必要时进行行政处罚的分工和权限划分。

依照国务院《劳动保障监察条例》的规定,劳动保障监察管辖主要有以下几种情形:

地域管辖,是指同级劳动保障行政部门在行使劳动保障监察权上的横向权限划分。《劳动保障监察条例》规定:"对用人单位的劳动保障监察,由用人单位用工所在地的县级或设区的市级劳动保障行政部门管辖。"

级别管辖,是指不同级别的劳动保障行政部门实施劳动保障监察的分工和权限划分,是一种纵向划分。《劳动保障监察条例》对此没有具体规定,而是授权省、自治区、直辖市人民政府对劳动保障监察的管辖制定具体办法。这是对包括级别管辖在内的监察管辖的全面授权规定。

指定管辖。为了妥善处理管辖权的争议,劳动保障行政部门对劳动保障监察管辖发生争议的,报请共同的上一级劳动保障行政部门指定管辖。

移送管辖。劳动保障行政部门对违反劳动保障法律、法规或者规章的行为，应作出处理，如果发现违法案件不属于劳动保障监察范围的，应当及时移送有关部门处理；涉嫌犯罪的，应当及时移送司法机关。

2. 劳动监察的具体程序

劳动监察机关的行政执法行为必须合乎法律规定的程序性要求，这是依法行政的题中应有之义。法律关于劳动监察的程序性规定主要见之于劳动部1995年颁布的《劳动监察程序规定》和《劳动保障监察条例》之中。我国现行的劳动监察程序，可以分为一般执法检查程序和立案检查程序两种。

（1）一般执法检查程序

这是指劳动监察机构尚未发现用人单位有违法行为，只是按照其职权和职责对用人单位执行劳动法律、法规的情况进行例行或常规检查时所必须遵循的程序。这种程序相对比较简单。主要的规则为：劳动监察员执行劳动监察任务时，应由两人以上共同进行，并出示《中华人民共和国劳动监察证》证件，说明身份。未出示证件的，被检查当事人有权拒绝检查。劳动监察员在实施检查前，应当告知被检查当事人检查的依据、目的、内容、要求和方法。检查时应了解用人单位遵守劳动法律法规的情况，并巡视劳动现场。现场检查应制作笔录，笔录应当由劳动监察人员和用人单位法定代表人（或其委托代理人）签名或盖章；用人单位法定代表人拒不签名、盖章的，应注明拒签情况。也可以向用人单位下达询问通知书，用人单位应当按照询问通知书的要求接受询问或者作出书面答复。检查中发现的一般性缺陷可不作立案处理，但应记录检查结果和建议；对重要问题应及时向监察机构汇报并建议立案调查。

（2）立案检查程序

这是指劳动监察机构发现用人单位存在违法行为，立案查处所必须遵循的程序。该程序相对比较复杂，主要包括立案受理、调查取证、处理、处罚、送达等环节。劳动监察机构对用人单位违反劳动法律、法规的行为，根据查清的事实，分别情况，作出如下处理：①对依法应当受到行政处罚的，依法作出行政处罚决定。②对应当改正未改正的，依法责令改正或者作出相应的行政处理决定。③对情节轻微，且已改正，或违法事实不能成立的，撤销立案。④涉嫌犯罪的，应当依法移送司法机关。

3. 劳动监察证据

在行政执法中，调查收集证据是行政主体证明案件事实的基础和前提，直接涉及行政主体最终作出具体行政行为的法律效力。在劳动监察过程中，调查收集证据是劳动监察执法的关键环节。

（1）劳动监察证据的概念

劳动监察证据是指由特定主体依法采用的，用于认定劳动违法案件事实的具有法定形式的证据。它包括以下三层含义：

①证据是由特定主体收集的。所谓特定主体就是指对案件事实负有法定判定义务的机构，如在行政执法过程中就是行政执法部门，而在诉讼过程中就是有关国家司法机关。之所以将这些机构列为证据采用的特定主体，主要是因为这些机构根据法律规定对案件事实具有法定的判定义务，行政执法部门必须对行政执法案件的事实进行判定并依法作出处理，司法机关也同样须对司法案件的有关事实进行判定并依法作出处理。正因为这些机构有法定的判定有关事实的义务，因而也只有它们才有相应的职权去对各种证据进行审查判断并最终采用部分证据材料作为认定案件事实的证据。

②证据是证明案件事实的根据。证据是有特定作用的，即用于证明案件有关事实。这就要求所有证据都是与案件具有某种关联性的，而这些证据的有机结合能够较为完整地反映案件的客观事实真相。

③证据具有法定的形式。并非所有事物都能成为证据，必须具备法定的形式才能成为证明案件事实的证据。

（2）劳动监察证据的种类

证据的种类是指由证据的内涵所决定的证据的外在表现形式。证据的种类主要有：

①书证。书证是以其记载或包含的内容证明案件事实的证据。如用人单位的工资表、考勤记录等。书证是目前在劳动监察执法中采用证据的主要形式。

②物证。物证是指据以证明案件事实真相的一切物品和痕迹。如用于证明存在暴力抗法行为的凶器、血衣等。

③证人证言。证人证言是指知道案件有关事实的人就案件的部分或全部事实所作的陈述。如被收取押金的员工向劳动监察部门所作的有关用人单位收取押金违法事实的陈述就属于证人证言。

④视听资料。视听资料是指采用先进的科学技术，利用录像、录音及电脑

存储信息等形式反映的数据和资料来证明案件事实的证据。如证明用人单位有超时加班行为的录像资料等。

⑤当事人陈述。当事人陈述是指案件当事人对案件的有关事实所作的陈述。比如用人单位就其不存在某项劳动违法行为向劳动监察部门所作的陈述。

⑥鉴定结论。鉴定结论是指鉴定人根据办案部门的指派或接受委托，运用专门的知识和技能对案件需要解决的专门性问题进行鉴定后所作的结论性判断。

⑦勘验笔录、现场笔录。勘验笔录、现场笔录是指办案人员对与案件有关的场所、物品、人身进行勘验、检查时，所作的文字记载，并由勘验、检查人员和在场见证人签字证明的文件。比如劳动监察人员检查用人单位生产场所时对正在加班的人员数量等情况所作的由用人单位代表签字的现场记录。①

本章小结

劳动监察，是指劳动保障监察机构依法对用人单位遵守劳动法律、法规的情况进行监督检查，对其违法行为予以制止、责令改正或给予处罚的行政活动。它的制度价值在于通过国家公权力干预的方式，保证劳动法律、法规得以贯彻落实，从而保护劳动者的合法权益、促进和谐稳定的劳动关系的形成、实现劳动法的立法宗旨和目的。因此，劳动监察在劳动法律制度中发挥着不可或缺的独特作用。我国劳动监察制度始于新中国成立之初，发展至今已形成了较为全面、系统的规范体系。其基本内容包括：劳动监察的主体、对象和内容，劳动监察主体的职权、职责和义务，劳动监察的形式、管辖和具体程序等。劳动监察机构及其人员在实施监察活动时必须严格遵循权力法定、程序正当等法治原则，在法律明确授权的范围内，依照实体法与程序法的规范，严格执法，维护法律的尊严和当事人的合法权益。

关键术语

劳动监察　　劳动监察的基本原则　　劳动监察的主体与客体

---

① 张健明，王宇熹，尹乃春. 劳动标准与劳动监察：政策与实务 [M]. 北京：北京大学出版社，2008：219-220.

劳动监察内容　　劳动监察程序　　劳动监察手段
劳动监察证据　　劳动监察管辖　劳动行政处罚

思考题

1. 我国现行劳动监察制度有哪些特征？
2. 劳动监察行为应遵循哪些基本原则？
3. 劳动监察的主体和客体应该如何界定？
4. 劳动监察的内容有哪些？
5. 劳动监察有哪些程序性要求？

第12章 违反劳动法的法律责任

对于法律的贯彻实施,最重要的是要树立法律的权威,以强制力为后盾,针对各种违法行为确定违法者的法律责任。劳动法与其他法律一样,具有国家强制性。为了保证劳动关系当事人权利、义务的实现,维护劳动关系的和谐与稳定,必须对违反劳动法的行为追究相应的法律责任。

12.1 劳动法责任概述

法律责任是行为者因其违法行为所应承担的不利的法律后果,是法律强制力的体现。劳动法责任是法律责任的一种,它是指违反劳动法的法律责任。劳动法责任一般采用过错责任原则。

12.1.1 劳动法责任的概念

法律责任即违法责任是指法律关系中的主体,由于其违法行为,按照法律规定必须承担的法律后果。其含义有四个方面的内容:

(1) 承担法律责任的是法律关系中的主体,即自然人(中国公民、外国人及无国籍人)或企业法人,也可能是中介组织、临时性组织和政府机关。政府机关违法的法律后果由该机关中实施违法行为的直接负责的主管人员和其他直接责任人承担。

(2) 承担法律责任的核心要件即法律关系主体实施的违

法行为，即有法律事实。没有违法的法律事实，就不存在承担法律责任问题。是否属于违法行为，应以国家法律规定为依据。

（3）法律责任是一种消极的法律后果，即一种法律上的惩罚。

（4）法律责任只能由有权的国家机关依法予以追究。它体现了法律规范具有的国家强制力。

法律责任的基本形式，要根据法律调整和违法行为人所侵害的社会关系的性质、特点以及侵害的程度等多种因素来确定。

劳动法律责任是指企业、个体经济组织、民办非企业单位、国家机关、事业单位、社会团体等用人单位的行政领导人员或劳动者，因违反劳动法律、法规造成或足以造成一定不良后果时所应承担的各种法律责任。劳动关系主体实施违法行为，应承担的法律责任有三类，即民事责任、行政责任和刑事责任。

12.1.2　违反劳动法责任的构成要件

行为人承担违反劳动法规定的法律责任，必须具备四个要件：

1. 行为人具有违反劳动法的行为

违反劳动法的行为是企业、机关、事业、团体等用人单位行政领导人员或劳动者违反《劳动法》、《劳动合同法》或其他单行劳动法律、法规的行为。例如违反《女职工劳动保护规定》、《禁止使用童工规定》、《企业职工奖惩条例》、《集体合同规定》等行为。另外，也包括违反本单位依照劳动法律、法规和政策制定的内部劳动规则、考勤制度、保密制度等合理的规章制度。这些违法行为可以是积极的行为，也可以是消极的不作为。

2. 行为人有主观过错

判断用人单位行政领导人与劳动者有无违反劳动法的行为，主要以其行为有无过错为标准。这种过错的形式有两种：

（1）故意

指责任人员明知自己的行为可能引起危害社会的结果，并且希望或者放任这种结果的发生。

（2）过失

指责任人员应当预见自己的行为可能发生一定的危害，但因为疏忽大意而没有预见，或者是过于自信能够避免危害性的后果的发生而未采取必要措施，致使危害性后果发生。

不论是故意还是过失，有关责任人员都应承担违反劳动法的责任。但是，由于不可抗力、不能预见的原因给国家和劳动者造成不良后果的情况除外。

3. 危害后果

违法行为人的行为造成或足以造成一定的社会危害。如果违法行为显著轻微，不认为具有危害后果。

4. 因果关系

违反劳动法行为与危害后果之间必须有因果关系。也就是说，必须鉴定危害后果是不是由于违法行为所引起的。

劳动法所规定的违法责任，对于保护国家财产和人民生命安全，对于建立、维护适应社会主义市场经济的劳动制度都有着十分重要的意义。在我国，用人单位和劳动者在执行劳动法规方面大多数是好的和比较好的。但是，也有少数人由于法制观念不强，有法不依、执法不严、违法不究的现象时有发生，不仅使国家财产、人民生命和财产、劳动者的合法权益遭受重大损失，而且不利于劳动法的贯彻执行。因此，对于这些违法行为，必须运用法律的武器严肃追究有关责任人员的法律责任，以消除违法现象。

追究违反劳动法的法律责任，必须坚持严肃认真、实事求是的态度，既不能对违反劳动法的有关人员扩大惩处，也不能姑息迁就。一定要进行认真调查研究，查清违反劳动法的性质和原因，根据情节轻重和认错态度，按照有关法规给予恰当处理。

12.2 违反劳动法责任的种类

在我国，对于违反劳动法律、法规的用人单位、劳动者和劳动行政部门的工作人员，一般是进行批评教育，但是，对于违反劳动法规范造成或足以造成国家或集体、个体经济组织一定的财产损失、损害人身安全或健康者，应分别不同情况，根据情节轻重，依法追究相应的法律责任。

依据我国法律，劳动关系及与劳动关系密切联系的其他社会关系主体的违法行为的法律责任种类包括民事责任、行政责任和刑事责任三种。

12.2.1 民事责任

民事责任，也称经济责任，是指用人单位行政管理人员或劳动者实施违反劳动法律、法规所规定的行为，给国家、集体或劳动者个人造成一定的经济损失，依照有关劳动法律、法规应承担的经济补偿或者赔偿责任。在劳动法律关系中，双方当事人又互为民事主体，一方当事人所享有的权利要求另一方履行相应的义务，如果有一方当事人不履行义务或不能完全履行义务，给对方当事人造成损失的，应当承担民事责任。

12.2.2 行政责任

行政责任是指违法行为人依法应当承担的，由有关行政机关或违法行为人所在单位以行政处罚或行政处分的方式予以追究的法律责任。

1. 行政处分

也称纪律处分，指对国家行政管理机关工作人员违反劳动法律、法规、规章，情节轻微，不够追究刑事责任而给予的一种行政制裁。它的种类、权限、程序由国家有关法律、法规规定。例如，根据我国2005年颁布的《中华人民共和国公务员法》第56条的规定，行政处分的形式分为：警告、记过、记大过、降级、撤职、开除六种，针对不同人员和不同的违法行为予以适用。

我国劳动法规定可以给予行政处分的情形主要为：劳动行政部门或有关部门工作人员滥用职权，玩忽职守，徇私舞弊，不构成犯罪的，给予行政处分；其他法律、法规规定的可以给予行政处分的违法行为。如我国《就业促进法》第61条规定："违反本法规定，劳动行政等有关部门及其工作人员滥用职权、玩忽职守、徇私舞弊的，对直接负责的主管人员和其他直接责任人员依法给予处分。"

2. 行政处罚

行政处罚是指劳动行政机关或有关部门对用人单位违反劳动法律、法规、规章而进行的处罚。根据我国《劳动法》、《劳动合同法》、《就业促进法》、劳动部1994年《违反〈中华人民共和国劳动法〉行政处罚办法》、劳动部1996年《劳动行政处罚若干规定》、国务院2004年《劳动保障监察条例》等劳动法律、法规、规章，以及《行政处罚法》，对用人单位实施的行政处罚的形式主要有：

(1) 罚款

指对违法者给予的经济性惩罚。按照《劳动法》规定，可以实施罚款的违法行为主要有：用人单位无特殊原因任意延长工作时间；用人单位劳动安全设施和劳动卫生条件不符合国家规定，未向劳动者提供必要的劳动保护用品；用人单位非法雇用未满16周岁的未成年人；用人单位违反对女职工和未成年工特殊保护规定，侵犯其合法权益；用人单位无理阻挠劳动行政部门、有关部门及其工作人员行使监督检查权，打击报复检举人；用人单位侵犯劳动者合法权益，已在其他法律、法规中规定可以处以罚款的；等等。

罚款的具体办法和数额，由单项法律、法规或地方性法规规定。罚款不能计入成本，应从用人单位留用资金中列支。执行罚款的机关应将罚款全部上缴财政。

(2) 警告

警告是指对违法者予以申诫和谴责的一种处罚，一般适用于情节比较轻微的违法行为，惩罚的程度较轻。警告和责令改正、罚款可以一并适用，也可单独适用。如《劳动保障监察条例》第25条规定："用人单位违反劳动保障法律、法规或者规章延长劳动者工作时间的，由劳动保障行政部门给予警告，责令限期改正，并可以按照受侵害的劳动者每人100元以上500元以下的标准计算，处以罚款。"

(3) 责令改正

责令改正是指对违法者给予的必须立即纠正其违法行为的一种强制性措施。在给予责令改正处罚时，可以并处罚款。按照《劳动法》规定，对用人单位违法行为可处以责令改正者，主要有：用人单位制定的劳动规章制度违反法律、法规的规定，损害劳动者合法权益；用人单位违反规定，随意或强迫劳动者延长工作时间；用人单位劳动安全设施和劳动卫生条件不符合国家规定，未向劳动者提供必要的劳动保护用品；用人单位非法招用未满16周岁的未成年人；用人单位违反对女职工和未成年工特殊保护的规定，侵害其合法权益；用人单位违反提前解除劳动合同的规定，或者故意不订立劳动合同；用人单位无故不缴纳社会保险费等。

(4) 责令停产整顿

责令停产整顿是指对违法者给予一种限定其在一定时间内停止生产以纠正其违法行为的处罚，其特点是必须停止生产。《劳动法》第92条规定的应当适用责令停产整顿处罚者有：用人单位的劳动安全设施和劳动卫生条件不符合国家规定或者未向劳动者提供必要的劳动保护用品和劳动保护设施，情节严重的。

(5) 吊销营业执照或许可证

吊销营业执照是指给予违法者的终止生产经营资格的严厉处罚。它引起的直接法律后果是取消法人资格，停止一切生产经营活动，用人单位随之消亡。《劳动法》第94条规定：用人单位非法招用未满16周岁的未成年人，情节严重的，由工商行政管理部门吊销营业执照。《劳动保障监察条例》第28条规定："职业介绍机构、职业技能培训机构或者职业技能考核鉴定机构违反国家有关职业介绍、职业技能培训或者职业技能考核鉴定的规定的，由劳动保障行政部门责令改正，没收违法所得，并处1万元以上5万元以下的罚款；情节严重的，吊销许可证。"

(6) 没收违法所得

没收违法所得，是指行政机关依法将行为人以违法手段取得的金钱、其他财物等收归国有的一种处罚。如我国《就业促进法》第65条规定："违反本法规定，职业中介机构提供虚假就业信息，为无合法证照的用人单位提供职业中介服务，伪造、涂改、转让职业中介许可证的，由劳动行政部门或者其他主管部门责令改正；有违法所得的，没收违法所得，并处1万元以上5万元以下的罚款；情节严重的，吊销职业中介许可证。"

(7) 行政拘留

行政拘留是公安机关短期限制违反治安管理秩序的行为人人身自由的一种处罚。我国《劳动法》第96条规定：用人单位有下列行为之一，由公安机关对责任人员处以15日以下拘留、罚款或者警告；构成犯罪的，对责任人员依法追究刑事责任：(1) 以暴力、威胁或者非法限制人身自由的手段强迫劳动的；(2) 侮辱、体罚、殴打、非法搜查和拘禁劳动者的。

12.2.3 刑事责任

指用人单位的行政管理人员、劳动者或国家机关工作人员等严重违反劳动法律、法规，造成严重后果，以致触犯刑律、构成犯罪应承担的法律责任。它与行政责任的区别有：

(1) 承担行政责任的是一般违法行为，而追究刑事责任的是犯罪行为；(2) 行政责任是由特定的国家行政机关追究，而刑事责任由国家司法机关追究；(3) 行政责任适用于一般违法，情节轻微，而刑事责任适用于严重违法，情节严重，是最严厉的一种制裁。

追究刑事责任的方式是判处刑罚。刑罚包括主刑和附加刑。主刑分为管制、拘役、有期徒刑、无期徒刑和死刑。附加刑是补充主刑的刑罚方法，可以附加适用。附加刑分为罚金、剥夺政治权利、没收财产。对于犯罪的外国人，也可以独立或附加适用驱逐出境。

对于同一违反劳动法的行为，上述三种责任可以同时并存。例如，《劳动合同法》第95条规定：劳动行政部门和其他有关主管部门及其工作人员玩忽职守、不履行法定职责，或者违法行使职权，给劳动者或者用人单位造成损害的，应当承担赔偿责任；对直接负责的主管人员和其他直接责任人员，依法给予行政处分；构成犯罪的，依法追究刑事责任。

我国劳动法规定应当追究刑事责任的，主要有以下七个方面：

(1) 用人单位对事故隐患不采取措施，致使发生重大事故，造成劳动者生命和财产损失的，对责任人员追究刑事责任；

(2) 用人单位强迫劳动者违章冒险作业，发生重大伤亡事故，造成严重后果的，依法追究刑事责任；

(3) 用人单位以暴力威胁或非法限制人身自由的手段强迫劳动及侮辱、体罚、殴打、搜查劳动者，情节严重，构成犯罪的，依法追究刑事责任；

(4) 用人单位无理阻挠劳动行政部门、有关部门及其工作人员行使监督检查权，打击报复举报人员，构成犯罪的，依法追究刑事责任；

(5) 劳动行政部门或者有关部门的工作人员滥用职权、玩忽职守、徇私舞弊，构成犯罪的，依法追究刑事责任；

(6) 国家工作人员和社会保险基金经办机构的工作人员挪用社会保险基金，构成犯罪的，依法追究刑事责任；

(7) 违反《劳动法》依照其他法律、法规应当依法追究刑事责任的，也要依法追究刑事责任。

12.3　用人单位违反劳动法的法律责任

用人单位违反劳动法的法律责任是指根据劳动法律、法规与劳动者建立劳动关系，并作为劳动法律关系主体组织实施违法行为所应承担的法律后果。在劳动法律关系中，用人单位本身是主体之一，又是管理者，所处地位优于劳动者。因此，在我国《劳动法》、《劳动合同法》及有关法律、法规中对用人单位违反劳动法的法律责任作了一系列规定，主要有以下责任：

12.3.1 用人单位制定的劳动规章制度违反劳动法律、法规规定的法律责任

用人单位有权根据情况和需要，按照国家法律、法规规定，制定单位内部具有普遍约束力、产生法律效力的行为规则、章程、措施和制度。但是，所有内部规章制度都不得与宪法、法律、行政法规相抵触。一旦发现抵触，由有权的劳动行政部门及有关机关予以纠正。具有违法行为的用人单位应承担一定的法律责任：由劳动行政部门给予警告，并责令限期改正，逾期不改的，应给予通报批评；对劳动者造成损害的，应当承担赔偿责任。

12.3.2 用人单位违反工作时间、休息休假法律法规的法律责任

用人单位违反我国《劳动法》及《国务院关于职工工作时间的规定》、《职工带薪年休假条例》等法律法规，由劳动行政部门给予警告，责令改正，并可以处以罚款；必要时，劳动行政部门对责任者可以根据上述法定不同罚则合并给予处罚。例如，用人单位违反劳动保障法律、法规或者规章延长劳动者工作时间，由劳动保障行政部门给予警告，责令限期改正，并可以按照受侵害的劳动者每人100元以上500元以下的标准计算，处以罚款。

12.3.3 用人单位侵害劳动者有关工资报酬合法权益的法律责任

我国《劳动法》第91条规定的对用人单位侵害劳动者有关工资报酬合法权益的法律责任为：由劳动行政部门责令支付劳动者的工资报酬、经济补偿，并可以责令支付赔偿金。例如，克扣或者无故拖欠劳动者工资的；拒不支付劳动者延长工作时间工资报酬的；低于当地最低工资标准支付劳动者工资的；解除劳动合同后，未依法给予劳动者经济补偿的。

有关用人单位侵害劳动者工资报酬合法权益的法律责任的规定，还见之于我国劳动部等有关部委制定的一系列部门规章之中，如原劳动部1994年《工资支付暂行规定》、1995年《对〈工资支付暂行规定〉有关问题的补充规定》；国务院办公厅2003年《关于切实解决建设领域拖欠工程款问题的通

知》、建设部等八部门 2004 年《关于贯彻〈国务院办公厅关于切实解决建设领域拖欠工程款问题的通知〉的实施意见》；原劳动和社会保障部 2000 年《工资集体协商试行办法》、2004 年《最低工资规定》、2004 年《建设领域农民工工资支付管理暂行办法》，等等。

12.3.4 用人单位违反劳动安全卫生法律规范的法律责任

依照我国《劳动法》第 92 条、第 93 条的规定，用人单位违反劳动安全卫生法律规范应承担的法律责任主要有：

（1）用人单位的劳动安全设施和劳动卫生条件不符合国家规定或者未向劳动者提供必要的劳动保护用品和劳动保护设施的，由劳动行政部门或者有关部门责令改正，可以处以罚款；情节严重的，提请县级以上人民政府决定责令停产整顿。

（2）用人单位对事故隐患不采取措施，致使发生重大事故，造成劳动者生命和财产损失的，对责任人员比照《刑法》有关规定追究刑事责任。

（3）用人单位强令劳动者违章冒险作业，发生重大伤亡事故，造成严重后果的，对责任人员依法追究刑事责任。

此外，我国《安全生产法》、《职业病防治法》以及国务院《劳动保障监察条例》也对用人单位违反劳动安全卫生法律规范应当承担的法律责任做出了规定。比如，依照《劳动保障监察条例》第 23 条的规定：用人单位有下列行为之一的，由劳动保障行政部门责令改正，按照受侵害的劳动者每人 1000 元以上 5000 元以下的标准计算，处以罚款：（1）安排女职工从事矿山井下劳动、国家规定的第四级体力劳动强度的劳动或者其他禁忌从事的劳动的；（2）安排女职工在经期从事高处、低温、冷水作业或者国家规定的第三级体力劳动强度的劳动的；（3）安排女职工在怀孕期间从事国家规定的第三级体力劳动强度的劳动或者孕期禁忌从事的劳动的；（4）安排怀孕 7 个月以上的女职工夜班劳动或者延长其工作时间的；（5）女职工生育享受产假少于 90 天的；（6）安排女职工在哺乳未满 1 周岁的婴儿期间从事国家规定的第三级体力劳动强度的劳动或者哺乳期禁忌从事的其他劳动，以及延长其工作时间或者安排其夜班劳动的；（7）安排未成年工从事矿山井下、有毒有害、国家规定的第四级体力劳动强度的劳动或者其他禁忌从事的劳动的；（8）未对未成年工定期进行健康检查的。

12.3.5 用人单位非法招用童工的法律责任

为切实保护未满 16 周岁的未成年人，我国《劳动法》第 94 条规定："用人单位非法招用未满 16 周岁的未成年人的，由劳动行政部门责令改正，处以罚款；情节严重的，由工商行政管理部门吊销营业执照。"除此之外，国务院还于 2002 年 9 月 18 日修订公布新的《禁止使用童工规定》，并于同年 12 月 1 日起施行。对用人单位非法招用童工的行为进一步明确、具体规定了处理办法和应负的行政、民事、刑事责任。

12.3.6 用人单位违反对女职工及未成年人特殊保护规定的法律责任

为保护女职工和未成年人的合法权益，我国《劳动法》第 95 条对追究违法者的法律责任作了专门规定，即用人单位违反本法女职工和未成年人的保护规定，侵害其合法权益的，由劳动行政部门责令改正，处以罚款；对女职工和未成年工造成损害的，应当承担赔偿责任。

12.3.7 用人单位采用非法手段强迫劳动者劳动等方面的法律责任

我国《劳动法》第 96 条规定，用人单位具有以暴力、威胁或者非法限制人身自由的手段强迫劳动，以及侮辱、体罚、殴打、非法搜查和拘禁劳动者行为之一的，由公安机关对责任人员处以 15 日以下拘留、罚款或者警告；构成犯罪的，对责任人员依法追究刑事责任。

12.3.8 用人单位违反社会保险法规的法律责任

我国《劳动法》第 100 条规定："用人单位无故不缴纳社会保险费，由劳动行政部门责令其限期缴纳；逾期不缴的，可以加收滞纳金。"对于滞纳金的标准，《违反〈中华人民共和国劳动法〉行政处罚办法》第 17 条明确规定："……可以按每日加收所欠款额 2‰ 的滞纳金。滞纳金收入并入社会保障基金。"该项规定是为了保证社会保险制度的推行，加收滞纳金不仅有利于直接保护劳动者的合法权益，也有利于我国社会保险制度的实施和完善。

12.3.9　用人单位无理阻挠行政监督的法律责任

我国《劳动法》第101条规定："用人单位无理阻挠劳动行政部门、有关部门及其工作人员行使监督检查权，打击报复举报人员的，由劳动行政部门或者有关部门处以罚款；构成犯罪的，对责任人员依法追究刑事责任。"为使该规定便于实施，《违反〈中华人民共和国劳动法〉行政处罚办法》第18条又作了配套性规定："用人单位无理阻挠劳动行政部门及其劳动监察人员行使监督检查权，或打击报复举报人员的，处以一万元以下罚款。"这些规定对于全面实施监督检查的法律制度具有重要的意义。

12.3.10　用人单位违反劳动合同的法律责任

我国《劳动合同法》详细规定了用人单位违反劳动合同法的法律责任。

(1) 用人单位提供的劳动合同文本未载明本法规定的劳动合同必备条款或者用人单位未将劳动合同文本交付劳动者的，由劳动行政部门责令改正；给劳动者造成损害的，应当承担赔偿责任。

(2) 用人单位自用工之日起超过一个月不满一年未与劳动者订立书面劳动合同的，应当向劳动者每月支付两倍的工资。

用人单位违反本法规定不与劳动者订立无固定期限劳动合同的，自应当订立无固定期限劳动合同之日起向劳动者每月支付两倍的工资。

(3) 用人单位违反本法规定与劳动者约定试用期的，由劳动行政部门责令改正；违法约定的试用期已经履行的，由用人单位以劳动者试用期满月工资为标准，按已经履行的超过法定试用期的期间向劳动者支付赔偿金。

(4) 用人单位违反本法规定，扣押劳动者居民身份证等证件的，由劳动行政部门责令限期退还劳动者本人，并依照有关法律规定给予处罚。用人单位违反本法规定，以担保或者其他名义向劳动者收取财物的，由劳动行政部门责令限期退还劳动者本人，并以每人500元以上2000元以下的标准处以罚款；给劳动者造成损害的，应当承担赔偿责任。劳动者依法解除或者终止劳动合同，用人单位扣押劳动者档案或者其他物品的，依照前述规定处罚。

(5) 用人单位有下列情形之一的，由劳动行政部门责令限期支付劳动报酬、加班费或者经济补偿；劳动报酬低于当地最低工资标准的，应当支付其差额部分；逾期不支付的，责令用人单位按应付金额50%以上100%以下的标准向劳动者加付赔偿金：

①未按照劳动合同的约定或者国家规定及时足额支付劳动者劳动报酬的；
②低于当地最低工资标准支付劳动者工资的；
③安排加班不支付加班费的；
④解除或者终止劳动合同，未依照本法规定向劳动者支付经济补偿的。

(6) 用人单位违反本法规定解除或者终止劳动合同的，应当依照本法第47条规定的经济补偿标准的两倍向劳动者支付赔偿金。

(7) 用人单位违反本法规定未向劳动者出具解除或者终止劳动合同的书面证明，由劳动行政部门责令改正；给劳动者造成损害的，应当承担赔偿责任。

(8) 用人单位招用与其他用人单位尚未解除或者终止劳动合同的劳动者，给其他用人单位造成损失的，应当承担连带赔偿责任。

(9) 对不具备合法经营资格的用人单位的违法犯罪行为，依法追究法律责任；劳动者已经付出劳动的，该单位或者其出资人应当依照本法有关规定向劳动者支付劳动报酬、经济补偿、赔偿金；给劳动者造成损害的，应当承担赔偿责任。

(10) 劳务派遣单位违反本法规定的，由劳动行政部门和其他有关主管部门责令改正；情节严重的，以每人1000元以上5000元以下的标准处以罚款，并由工商行政管理部门吊销营业执照；给被派遣劳动者造成损害的，劳务派遣单位与用工单位承担连带赔偿责任。

(11) 个人承包经营违反本法规定招用劳动者，给劳动者造成损害的，发包的组织与个人承包经营者承担连带赔偿责任。

(12) 由于用人单位的原因订立无效劳动合同，给劳动者造成损害的，用人单位要承担赔偿责任。

12.4 劳动者违反劳动法的法律责任

我国《劳动法》第102条规定：劳动者违反本法规定的条件解除劳动合同或者违反劳动合同中约定的保密事项，对用人单位造成经济损失的，应当依法承担赔偿责任。《劳动合同法》第90条规定：劳动者违反本法规定解除劳动合同，或者违反劳动合同中约定的保密义务或者竞业限制，给用人单位造成损失的，应当承担赔偿责任。其中包含的法律责任有：

12.4.1　劳动者违反劳动法规定的条件解除劳动合同应承担的法律责任

劳动者应遵守劳动合同的解除条件,正确地行使国家法律赋予的劳动合同解除权,以切实地维护劳动合同的严肃性,而不能违反法律规定随意解除劳动合同。劳动者随意解除劳动合同的行为,属违法行为,应当承担由此引起的法律后果。劳动者违法或违约解除劳动合同,给用人单位造成损失的赔偿责任,根据《违反〈劳动法〉有关劳动合同规定的赔偿办法》(1995年5月10日劳动部发布施行)的规定,具体赔偿内容包括:(1)用人单位招收录用其所支付的费用;(2)用人单位为其支付的培训费用,双方另有约定的按约定办理;(3)对生产、经营和工作造成的直接经济损失;(4)劳动合同约定的其他赔偿费用。

12.4.2　劳动者违反劳动合同约定的保密事项的法律责任

保密事项是《劳动法》第19条规定允许协商约定的事项之一,一旦合同生效,即具有法律效力,就受到国家强制力的法律保护,双方当事人不得违反。如果劳动者违反协商约定的保密事项,给用人单位造成经济损失的,应承担经济赔偿责任。违反保密义务损失赔偿额的计算如下:首先按实际损失计算;损失难以计算的,赔偿额为侵权人在侵权期间因侵权所获得的利润,并应当赔偿被侵害人因调查侵权人侵犯其合法权益的行为所支付的合理费用。违反保密义务给用人单位造成重大损失或者后果特别严重的,即构成侵犯商业秘密罪,应当依据刑法的有关规定追究刑事责任。

12.4.3　劳动者违反竞业限制的法律责任

对负有保密义务的劳动者,用人单位可以在劳动合同或者保密协议中与劳动者约定竞业限制条款,并约定在解除或者终止劳动合同后,在竞业限制期限内按月给予劳动者经济补偿。劳动者违反竞业限制约定的,应当按照约定向用人单位支付违约金;劳动合同中没有约定违约金的,应该赔偿损失。需要指出的是,劳动者违反劳动合同中约定的竞业限制义务,并侵犯原用人单位的商业秘密的,会导致违约责任与侵权责任的竞合。依据合同法的规定,因当事人一方的违约行为,侵害对方人身、财产权益的,受害方有权选择依据合同法要求其承担违约责任或者依照其他法律要求其承担侵权责任。这说明，若劳动者违反竞业限制义务同时侵犯商业秘密，只允许受害方追究其中一种责任，而不能同时追究两种责任。

12.4.4 由于劳动者的原因订立无效劳动合同的法律责任

因劳动者的过错订立无效劳动合同的情形主要是指劳动者以欺诈、胁迫的手段或者乘人之危，使用人单位在违背真实意思的情况下订立或者变更劳动合同的情形。《劳动合同法》第86条规定：劳动合同依照本法第26条规定被确认无效，给对方造成损害的，有过错的一方应当承担赔偿责任。由于劳动者的原因订立无效劳动合同，给用人单位造成损害的，劳动者要承担赔偿责任。

12.5 其他主体违反劳动法的法律责任

用人单位和劳动者作为劳动关系的双方当事人，是劳动法规范主要调整的对象，也是法律责任的主要承担者，尤其是用人单位。但除了用人单位和劳动者以外，与劳动关系密切联系的其他社会关系即附随劳动关系中的一些主体，如劳动行政部门及其他相关行政部门、劳动服务部门等都可能因违反劳动法规范而应当承担相应的法律责任。

12.5.1 劳动行政部门及其工作人员违反劳动法的法律责任

劳动行政部门及其工作人员不履行法定职责或者违法行使职权的行为主要有：(1) 玩忽职守；(2) 滥用职权；(3) 徇私舞弊；(4) 挪用社保基金等。所谓玩忽职守，是指行为人不履行或不完全履行其应该履行的法定职责。所谓滥用职权，是指不正当地行使职权或越权行使权力。所谓徇私舞弊，是指利用职务上的便利，以权谋私。所谓挪用社保基金是指利用职务之便，违背专款专用的原则，将自己经手或保管的社保基金挪作他用。

劳动行政部门、有关部门及其工作人员违反劳动法的行为依法应承担民事赔偿责任、行政责任甚至刑事责任：

1. 滥用职权、玩忽职守、徇私舞弊的法律责任

我国《劳动法》第103条规定："劳动行政部门、有关部门的工作人员滥用职权、玩忽职守、徇私舞弊，构成犯罪的，依法追究刑事责任；不构成犯罪的，给予行政处分。"《劳动合同法》也规定：劳动行政部门和其他有关主管部门及其工作人员玩忽职守、不履行法定职责，或者违法行使职权，给劳动者或者用人单位造成损害的，应当承担赔偿责任；对直接负责的主管人员和其他直接责任人员，依法给予行政处分；构成犯罪的，依法追究刑事责任。

例如《劳动合同法》第80条规定：用人单位直接涉及劳动者切身利益的规章制度违反法律、法规规定的，由劳动行政部门责令改正，给予警告。如果劳动监察人员不作为，对用人单位违法的劳动规章制度置若罔闻，未责令用人单位改正的，即属于玩忽职守的行为，应当承担相应的法律责任。《劳动合同法》第92条规定：劳务派遣单位违反本法规定的，由劳动行政部门和其他有关主管部门责令改正；情节严重的，以每人1000元以上5000元以下的标准处以罚款，并由工商行政管理部门吊销营业执照。如果主管部门作出超出5000元以上的罚款决定，就属于滥用职权的行为，应该承担相应的法律责任。《劳动合同法》第84条规定：用人单位违反本法规定，以担保或者其他名义向劳动者收取财物的，由劳动行政部门责令限期退还劳动者本人，并以每人500元以上2000元以下的标准处以罚款。如果工作人员接受用人单位的贿赂，应当罚款而不罚款，或者不适当减轻处罚的，属于徇私舞弊，应该承担相应的法律责任。

2. 挪用社会保险基金的法律责任

我国《劳动法》第104条规定："国家工作人员和社会保险基金经办机构的工作人员挪用社会保险基金，构成犯罪的，依法追究刑事责任。"国家工作人员和社会保险基金办事机构工作人员违反劳动法有关社会保险基金"专款专用"原则的规定，挪用社会保险基金甚至给国家、人民和广大劳动者带来损害的，应承担强制性的法律责任。

12.5.2　劳动服务主体违反劳动法的法律责任

我国2007年《就业促进法》和2004年《劳动保障监察条例》等法律、法规对职业介绍机构、职业技能培训机构和职业技能考核鉴定机构等服务机构的违法行为及其处罚做了明确规定。《劳动保障监察条例》第28条规定:"职业介绍机构、职业技能培训机构或者职业技能考核鉴定机构违反国家有关职业介绍、职业技能培训或者职业技能考核鉴定的规定的,由劳动保障行政部门责令改正,没收违法所得,并处1万元以上5万元以下的罚款;情节严重的,吊销许可证。未经劳动保障行政部门许可,从事职业介绍、职业技能培训或者职业技能考核鉴定的组织或者个人,由劳动保障行政部门、工商行政管理部门依照国家有关无照经营查处取缔的规定查处取缔。"

《就业促进法》在"法律责任"部分以相当大的篇幅(第64~66条)对职业中介机构违反该法规定的行为及其处罚做出了明确规定。内容包括:(1)职业中介机构违反本法规定,未经许可和登记,擅自从事职业中介活动的,由劳动行政部门或者其他主管部门依法予以关闭;有违法所得的,没收违法所得,并处1万元以上5万元以下的罚款。(2)职业中介机构违反本法规定,提供虚假就业信息,为无合法证照的用人单位提供职业中介服务,伪造、涂改、转让职业中介许可证的,由劳动行政部门或者其他主管部门责令改正;有违法所得的,没收违法所得,并处1万元以上5万元以下的罚款;情节严重的,吊销职业中介许可证。(3)职业中介机构违反本法规定,扣押劳动者居民身份证等证件的,由劳动行政部门责令限期退还劳动者,并依照有关法律规定给予处罚;违反本法规定,职业中介机构向劳动者收取押金的,由劳动行政部门责令限期退还劳动者,并以每人500元以上2000元以下的标准处以罚款。

本章小结

法律责任是确保权利得以实现、义务得以履行的保障机制,也是执法的机制,科学合理的责任制度是严格执法的前提和基础。我国劳动法律、法规、规章已确立了较为完备的法律责任制度。可能因违反劳动法而承担法律责任的主体包括劳动关系双方当事人即用人单位和劳动者,以及国家行政机关及其工作人员和职业中介机构等劳动服务机构,其中以用人单位为主要规范和追究对象。用人单位的法律责任除违反劳动合同和集体合同而产生的违约责任以外,大多由法律直接规定;而劳动者的法律责任则以约定责任为主,法律对劳动者法律责任的规定也大大少于用人单位法律责任。国家机关及其工作人员的法律责任是基于其违反劳动法赋予的法定监督、管理职责而产生,承担责任的方式主要是行政责任和刑事责任。劳动服务机构承担法律责任主要是由于其违反了法律规定的主体从业资格及行为规范等，承担的法律责任主要是行政责任。

关键术语

违反劳动法　　法律责任　　民事责任　　行政责任　　刑事责任
责任构成　　责任主体

思考题

1. 违反劳动法法律责任的种类有哪些？
2. 违反劳动法法律责任的构成要件是什么？
3. 用人单位违反劳动法的法律责任主要有哪些？
4. 劳动者违反劳动法的法律责任主要有哪些？
5. 劳动行政部门违反劳动法的法律责任主要有哪些？

下编

社会保障法

社会保障法

下编

第 13 章 社会保障法概述

社会保障是社会稳定和经济发展的重要保障，也是依法治国的重要环节。社会保障制度与社会保障立法有着不可分割的密切联系。社会保障立法既是社会保障的法律形式，也是构建社会保障制度体系的基础和依据。目前，世界上大多数国家社会保障制度的建立和实施已基本纳入了法制化轨道。而中国的社会保障制度经过半个世纪的发展，也已逐步迈入建立社会保障法律体系的轨道。

13.1 社会保障与社会保障法律制度概述

"社会保障"一词来源于英文的"Social Security"，首次为官方使用见于美国 1935 年的《社会保障法》。以后"社会保障"一词在许多国际法律文件和各国法律中频频出现。

13.1.1 社会保障与社会保障法律制度的概念

由于人们认识角度的不同，迄今为止，各国学者和有关国际组织给社会保障下的定义不下十几种。概括地讲，它是指国家为了维护经济发展和社会稳定，通过立法设立的，以国民收入分配和再分配的形式，保证社会成员基本经济生活需要的制度。

社会保障不是自发产生的，而是国家为了整个社会的利益，通过立法强制实施的。因此，社会保障制度从其诞生之日起,就是一种法律制度,它是调整社会保障实施过程中发生的各种权利与义务关系的法律规范的总称。

13.1.2 社会保障法律制度的基本特征

1. 强制性

世界上实行社会保障制度的国家,都选择了通过立法手段来规范这一制度的主要内容,并采取强制措施加以推行。各国在其制定的社会保障法律法规中规定了社会保障制度的各个环节、各个项目以及具体制度,明确了每个社会成员在社会保障方面的权利与义务。如社会保障法规定,在国家法律法规指定的范围内,每一个社会成员都必须依法参加社会保障,同时每一个受保人也必须根据法律规定承担缴纳社会保障费的义务。社会保障法必须具有强制性特征,否则被保障人获得社会帮助的权利难以得到真正实现。

2. 社会性

这首先体现在社会保障责任和义务的社会性方面:社会保障法的适用对象是全体社会成员,法律规定社会保障基金除来源于国家财政支持外,主要应来源于用人单位和劳动者个人,即要依靠全体社会成员的共同努力;其次体现在社会保障经办机构的社会性方面:社会保障法规定,社会保障经办机构应是能够实现政府部分职能的社会性机构,也就是说,其既非只保护本单位职工利益的企业,也非以营利为主要目的的商业性机构。

3. 福利性

社会保障制度是国家和社会为全体社会成员举办的一项社会公益事业,其最终目标是促进社会公平和全社会的发展与进步。所有符合法律规定的资格条件并依法履行了相应义务的劳动者,均享有在其遭遇生、老、病、伤、残、失业、死亡等不幸事件时从国家和社会获得一定物质帮助的权利。这些帮助都是非营利性的,因而具有福利性。

4. 互济性

"人人为我,我为人人",是社会保障法律制度存在和发展的道德基础。社会保障法的互济性贯穿于社会保障基金筹集、管理和支付的全过程中。在我国社会主义制度下，互济性表现得尤为充分。

13.1.3 社会保障法律制度的基本内容

社会保障法是一个多层次的法律体系，一般包括社会保险法、社会救济法、社会优抚法和社会福利法等。

社会保险法律制度，是指国家通过立法建立的，旨在使劳动者在年老、患病、失业、工伤、生育等情况下，能够从国家和社会获得一定物质帮助和补偿的社会保障法律制度。它是社会保障法律制度的核心内容。

在我国现阶段，社会保险法律制度的内容主要包括：

(1) 养老保险法律制度。它是指国家通过立法建立的，旨在使特定社会成员在达到一定年龄、丧失劳动能力、退出社会劳动过程时，能够从国家和社会获得维持基本生活的物质帮助的社会保险法律制度。

(2) 医疗保险法律制度。它是指国家通过立法建立的，旨在使社会成员在因疾病引起经济困难时，能够从国家和社会获得一定经济补贴和医疗服务保障的社会保险法律制度。

(3) 失业保险法律制度。它是指国家通过立法建立的，旨在使劳动者在由于非本人的原因暂时失去工作、中断收入、丧失生计来源时，能够从国家和社会获得物质帮助的社会保险法律制度。

(4) 工伤保险法律制度。它是指国家通过立法建立的，旨在使劳动者在因生产或工作发生受伤、残疾、职业病或死亡，本人及其家属丧失收入来源时，能够从国家和社会获得一定物质帮助的社会保险法律制度。

(5) 生育保险法律制度。它是指国家通过立法建立的，旨在使妇女劳动者在因生育子女而暂时丧失劳动能力时，能够从国家和社会获得必要物质帮助的社会保险法律制度。

社会救济法律制度，是指国家通过立法建立的，旨在使社会成员在遭受自然灾害或者生活发生严重困难时能够获得物质帮助的社会保障法律制度。

社会优抚法律制度，是指国家通过立法建立的，旨在由国家和社会对军人及其家属提供社会优待和物质帮助的社会保障法律制度。

社会福利法律制度，是指国家通过立法建立的，旨在使不同社会成员在分享社会发展成果方面能够获得物质帮助的社会保障法律制度。

13.2 世界各国社会保障法律制度

社会保障法起源于欧洲工业发达国家，现代意义上的社会保障制度是伴随着人类社会从农业社会向工业社会的迈进而产生和发展起来的，它是人类社会和生产力发展到一定阶段的产物，是社会进步的一种表现。

13.2.1 世界各国社会保障法律制度的历史演进

社会保障法的萌芽，始于工业化最早的英国。18世纪，英国的圈地运动经议会批准而合法化之后，国内贫困人口进一步激增，已成为阻碍英国工业化进程的一大因素，同时也成为困扰英国政府的严重社会问题。在这一背景下，英国议会根据1817年和1832年《济贫法》调查委员会的报告，于1834年通过《济贫法修正案》。新《济贫法》认为，救济不是消极行动，为公民提供生存保障是社会应尽的义务，政府应该采取积极的福利措施来落实这项义务，并规定应由经过专门训练的社会工作人员来从事此类工作。新《济贫法》是通过立法确立济贫事业为政府职责的开端，因此具有一定的积极意义。

作为社会保障法律制度基本内容的社会保险法律制度的出台，是社会保障法诞生的标志。世界上第一个建立社会保险法律制度的国家是德国。从19世纪70年代到第一次世界大战前夕，德国境内盛行一种主张劳资合作和社会改良政策的学派，后人称为新历史学派，并被视为社会保险法律制度产生的直接理论基础。该学派认为，在进步的文明社会中，国家的公共职能在不断扩大和增加，国家除了具有维护社会秩序和国家安全的职能外，还必须直接插手于经济和社会生活的管理，并担负起促进"文明和福利"的职责。国家必须采取有效措施，即通过立法，实行包括社会保险、孤寡救济、劳资合作等在内的一系列社会政策措施，自上而下地进行经济和社会改革，以尽快解决德国当时所面临的最危险的社会问题——劳工问题。新历史学派的理论观点受到德国统治者的重视并被采纳，成为德国率先创立社会保险法律制度的理论依据。德国1883年颁布的《劳工疾病保险法》、1884年颁布的《劳工伤害保险法》和1889年颁布的《残疾和老年保险法》于1911年被确定为德意志帝国统一的法律文本，增加《孤儿寡妇保险法》后成为著名的《社会保险法典》，史称"帝国社会保险法典"。此外，1923年德国又颁布了《帝国矿工保险法》，1927年制定了《职业介绍和失业保险法》。

为了缓和阶级对立，英国早在 1802 年就通过了《棉纺厂学徒健康和道德保护法》，把儿童的劳动时间限制在 12 小时以内；1842 年又制定了《矿业法》，禁止妇女下矿劳动。经过 1832 年、1864 年和 1867 年的议会和宪法改革，英国的政治逐步民主化，要求社会改革的呼声日益高涨。1884 年韦伯、萧伯纳等一批资产阶级知识分子在伦敦成立"费边社"，其政治主张被称作费边主义。该学派指出：个人无法控制的环境、老年、伤残、疾病、低额工资以及失业率上升等是导致英国存在高比例贫困人群，尤其是工人处境悲惨的真正原因，而贫困和社会不平等是导致社会不稳定的根源。他们主张以温和的方式实行社会改良，由国家举办各种社会公共福利，以保障工人的基本生活水平，从而缓和劳资矛盾。韦伯在其 1909 年起草的《济贫法委员会少数派报告》中，第一次明确阐明了福利国家的概念和政策，他指出：社会福利应以个人和共同体之间的共同责任为原则。在上述背景下，1895 年，英国保守党领袖巴尔福在选举中明确提出了福利政策主张。1906 年的大选结束了保守党 20 年的统治，自由党出台，成立不久的英国工党也进入议会，一系列社会保障立法随之出台：1908 年颁布了《儿童法》和《养老金法》；1909 年颁布了《劳工介绍法》；1911 年通过了《国民保障法》；1912 年又开始推行《最低工资法》。尤其是在工人阶级的不断斗争下，英国于 1911 年 12 月 16 日颁布了《失业保险法》，在全国范围内最容易失业的行业开始施行。该法规定：16 岁以上的员工均须参加失业保险，均可享受失业救济。此后经过修改，适用范围逐渐扩大。至 1920 年，法律规定：除农民、家庭佣工和机关职员外，受雇人都包括在失业保险适用范围之内。

这一时期，法国政府于 1894 年颁布了《强制退休法》；1898 年颁布了《工伤保险法》；1910 年实行了工业和农业工人强制年金制度；1928 年通过了"社会保障法议案"；1930 年颁布了综合性的《社会保险法》；1950 年颁布了《失业保险法》。意大利于 1893 年实施了强制性工伤保险及老年和残废保险制度。瑞典于 1913 年通过了《国民年金法》；1918 年颁布了《工伤事故保险法》；1926 年颁布《国民保险法》；1934 年颁布《失业保险法》。荷兰于 1901 年、1913 年分别颁布了《工伤保险法》和《疾病保险法》。挪威在 1890 年实施《疾病保险法》；1892 年颁布《养老保险法》；1894 年颁布《工伤保险法》；1906 年建立《失业保险法》。丹麦于 1892 年颁布《疾病保险法》；1898 年颁布《工伤保险法》；1907 年通过《失业保险法》。

美国于 20 世纪 30 年代通过了世界上第一部《社会保障法》，标志着社会保障最终形成一种法律制度。美国是世界上最早实行系统的社会保障制度的国家。1933年3月,富兰克林·罗斯福就任美国总统,为摆脱经济危机、缓和劳资矛盾开始实行"新政",强调国家要干预社会经济生活,应由国家出面实施社会救济、社会保险和社会福利政策。为此,美国国会于1935年8月通过了《社会保障法》,主要内容包括社会保险、公共补助、儿童保健和福利服务等。到20世纪80年代中期,美国的社会保障法案已随着形势的不断发展修改了17次,使之逐渐趋于完善。美国1935年的《社会保障法》,在社会保障立法史上具有划时代的历史意义,它是世界上第一个对社会保障进行全面系统规范的法律。

日本明治维新以后开始步入工业化社会,作为反贫困措施的社会救助和社会保险法规相继出台。1874年制定并颁布的《恤救规则》,可视为日本社会保障立法的萌芽。1875—1884年日本相继推出了一些以军人和官吏为对象的养老保险法规,如《海军退隐令》、《陆军恩给令》和《官吏恩给令》等。20世纪上半叶,日本着手制定并推出了一些医疗保险法规。1922年《健康保险法》问世,并于1927年开始正式实施,它包含了工伤社会保险;适用于企业职工。1938年,对农民和个体工商业者也开始实施医疗社会保险,其标志是推出了《国民健康保险法》。1941年劳动省颁布《养老金保险法》并于1942年正式实施,虽只适用于男性工厂劳动者。但这毕竟标志着日本从此在私营企业中实施了老年社会保险制度。1944年,厚生省接管养老保险事业,在对原法律进行修改的基础上,推出了新的《养老保险法》,其适用范围扩大到了男女劳动者群体。

第二次世界大战以后,社会保障法律制度的发展逐渐走向成熟并在世界范围内普遍推行。

1942年英国经济学家、牛津大学教授威廉·亨利·贝弗里奇发表了20万字的《社会保险与相关服务报告书》,又称《贝弗里奇报告》。该报告指出:为了消除使英国陷于贫困、影响社会进步和经济发展的五种病态,即贫穷、疾病、愚昧、肮脏和懒惰,新的社会福利计划要进行革命性的根本变革,建立一整套以社会保险为核心的社会保障制度。贝弗里奇还为新的社会福利计划提出了一些基本原则:政府应对新的社会福利制度实行统一管理,履行国家的社会保障责任;新的社会福利制度应以保障所有公民的最低生活水平为标准,实施范围应涵盖公民生活中可能遇到的各种生活风险,即"从摇篮到坟墓"的一切生活危险;社会保障的目标应由国家和公民共同协力达成等。贝弗里奇的主张很快被英国政府所采纳。第二次世界大战一结束，英国政府就展开了以实现充分就业和社会福利为目标的一系列立法活动，有关社会保障的法律、法规纷纷出台，其中主要有《国民保险法》（1946年）、《国民健康服务法》（1946年）、《家庭津贴法》（1945年）、《工业伤害法》（1946年）和《国民救济法》（1948年）及为社会保障主管机构专门制定的《国民保险部法》（1944年），这六项立法加上其他有关措施，构成了战后英国社会保障的新法典，形成了英国比较完整的社会保障体系。1948年，英国工党领袖艾德礼宣布：英国已建立"福利国家"。西欧、北欧、北美洲和大洋洲的一些国家，如丹麦、芬兰、瑞士、瑞典、澳大利亚、加拿大等也纷纷效仿英国，相继建立"福利国家"，社会保障法律制度进入充分发展时期。由此可见，《贝弗里奇报告》在西方社会保障理论发展史上具有里程碑式的重要意义，贝弗里奇本人也被誉为"福利国家之父"和"20世纪世界上最有影响的人物之一"。

第二次世界大战结束后，作为战败国的日本，国民陷入极度困苦之中，战前实施的赖以确保国民生活安定的社会保障制度，实际上处于瘫痪境地。几乎有1/3的日本国民需要救济，否则难以生存下去。这样，日本不得不围绕生存权重新开展社会保障活动。从1946年至1953年，日本政府先后颁布并实施了《生活保护法》、《儿童福利法》、《残疾人福利法》、《新生活保护法》、《失业保险法》、《工伤保险法》和《职业安定法》等。1956年制定了新的《国民健康保险法》，规定全国市、町、村必须实行；1959年制定了《国民养老保险法》，规定其适用于全体劳动者。这两项法律使日本全体国民都成了医疗保险和养老保险的适用者。

与发达的欧美各国相比，发展中国家社会保障法律制度的建立起步较晚，水平较低。除少数独立较早、经济发展较快的拉美国家外，绝大多数发展中国家的社会保障法律制度都是第二次世界大战以后建立起来的，并且基本上是通过欧洲殖民者的"输入"建立起来的，因此大多留下了其宗主国的烙印。

前苏联建国后，苏维埃政权即颁布了《关于社会保险的政府通告》，要求企业向一切丧失劳动能力的老、弱、病、残、孤儿、寡母以及失业者提供基本生活保障，一切保险费用均由企业负担。1918年10月，前苏联部长会议批准了《劳动人民社会保险条例》，该条例提出了社会主义社会社会保险的主要原则及各项具体规章制度，并规定要对全体城市劳动者和农民提供普遍的社会保障。20世纪下半叶，原东欧社会主义国家、中国和亚洲其他社会主义国家仿照前苏联模式，纷纷建立起了社会保险体系。

13.2.2 当代世界各国社会保障法律制度的主要类型

由于世界各国的社会制度不同，经济发展水平不等，历史文化传统各异，因而形成了不同类型的社会保障法律制度。按照通常的分类标准，主要分为四种类型：

(1) "传统型"社会保障法律制度。美国、日本等许多发达国家都实行这类制度。它对不同的劳动者适用不同的保障标准，国家、雇主和劳动者三方共同负担社会保障费用，社会保障待遇给付标准与劳动者的收入和社会保障缴费情况密切相关。

(2) "福利型"社会保障法律制度。英国、瑞典、挪威等西欧和北欧部分国家实行这类制度。它将主要来源于国家税收的社会保障基金，通过统一的待遇标准支付给劳动者，以保障他们"从摇篮到坟墓"的各种生活需要。由于该种制度的社会保障待遇水平过高，国家负担沉重，迫使实施这类制度的国家不得不对其进行改革与调整。

(3) "国家型"社会保障法律制度。前苏联、东欧等国和计划经济体制下的中国都曾实行这类制度。它规定社会保障费用完全由国家和用人单位负担，职工个人不需承担缴费义务。这种制度的弊病在于不仅使国家和企业负担过重，不利于企业参与平等的市场竞争和合理流动的劳动力市场的形成，而且也不利于职工个人自我保障意识的确立。

(4) "储蓄型"社会保障法律制度。新加坡、马来西亚等国实行这类制度。它规定由劳资双方按比例缴纳社会保障费，并以职工个人的名义存入个人账户，在职工退休或有其他生活需要时，将该费用连本带息发给职工个人。这种制度的优点在于有利于职工树立自我保障意识，激励他们的劳动积极性，缺点是不能对社会保障基金进行必要的调剂使用，也难以发挥社会保障的互助功能。

13.2.3 世界各国社会保障法律制度的改革与调整

20世纪50~60年代末是西方国家经济高速增长的"黄金"时期。这些国家的社会保障水平也乘风直上，主要表现为保障范围扩大、保障种类增加和津贴水平提高。但自1973年以后，世界经济形势发生了逆转，西方国家在经济增长速度明显下降的同时，失业率和财政赤字却大幅上升，出现了世界性的"滞胀危机"。而此时各国社会保障开支的增长速度均超过了同期经济增长率和财政开支增长率,占国内生产总值的比重也从60年代初的20%左右上升为70年代中期的30%左右,占政府总开支的比重则由50%左右飙升到70%左右。一方面是庞大的社会保障开支,另一方面是严重的"滞胀"危机,这使得20世纪70年代末期的西方各国普遍面临"高福利、高税收、高债务"的窘境。前述各种类型的社会保障法律制度在经济发展的过程中都逐渐显露出了弊端,各国不得不开始对社会保障立法进行反思和重新定位,并在此基础上进行改革。西方各国针对社会保障制度进行的法制改革与调整主要可归纳为两种,即增加社会保障基金收入和紧缩社会保障开支。具体表现在:(1)增加社会保障基金收入:第一,改变了原先社会保障的免税给付办法,开始征收所得税。如法国从1980年开始对养老金征收所得税;比利时从20世纪80年代开始对养老金和残废津贴开征所得税;荷兰从1983年开始对疾病津贴征收所得税。第二,提高社会保障费率。德国、法国、英国、加拿大、荷兰和比利时都不同程度地提高了雇主和个人的社会保障缴费比率。美国至1988年已将社会保险费率提高了30%。(2)紧缩社会保障开支:第一,通过立法,大幅度削减社会保障开支。如英国政府于1977年降低了养老金和失业救济金标准。日本为缓解养老保险基金入不敷出的状况,于20世纪80年代末期通过立法,将领取养老金的年龄从60岁延迟到了65岁。第二,改革医疗保险制度。其主要做法是让患者本人负担一部分医疗费用;缩小免费药品范围;延长领取疾病补贴的等候期等。

13.3 中国社会保障法律制度的发展演变

中国社会保障制度和社会保障立法有自己的道路和成就。新中国成立以后,由我国社会性质所决定,国家对社会保障工作给予了充分的重视,在社会保险、社会福利、社会救济、优抚安置、合作医疗和扶贫救灾等方面,都建立了基本制度,同时也制定发布了大量法律规范。

13.3.1 中国社会保障立法的萌芽

早在新民主主义革命时期,中国共产党就领导工人阶级向当时的国民党政府提出了社会保障的立法要求,并在革命根据地进行了一些社会保障立法实践,制定了一系列社会保障法规和立法建议文件。这些法规和文件可以视为中国社会保障立法的萌芽。

20世纪20年代,为了给国民党政府统治下的广大劳动者争取社会保障权利,中国共产党曾领导了多次斗争,主要斗争形式是召开全国劳动大会。1922年8月,中国劳动组合书记部发动了争取劳动立法运动,拟定了《劳动法案大纲》,在其中第一次提出了实行社会保险的基本主张和要求,如第17条规定:一切保险事业规章之制定,均应有劳动者参加之,从而可保障政府、公共及私人企业或机关中劳动者所受到的损失,其保险费完全由雇主或国家分担之,不得使被保险者担负。中国共产党在1925年5月第二次全国劳动大会通过的《经济斗争决议案》中指出:应实行社会保险制度,使工人于工作伤亡时能得到赔偿;于疾病、失业、老年时能得到救济。在1926年5月1日第三次全国劳动大会通过的《失业问题决议案》中,又提出了失业保障是工人应有权利的观点。1927年6月第四次全国劳动大会通过了《产业工人经济斗争决议案》、《救济失业工人决议案》、《手工业工人经济斗争决议案》、《女工、童工问题决议案》等文件,进一步提出了实行社会保障的许多具体要求,强烈要求政府实行社会保险。如在《产业工人经济斗争决议案》中提出:政府设立劳动保险局,由资本家每月缴纳工资总额的3%作为基金,此外政府从预算中拨出若干,以充做工人失业救济及养老金;企业主要为工人设立诊疗医院,工人死亡时,要按其工资的3倍发给家属作为抚恤金;老年残废者,应从劳动保险金中发给终身养老金等。这些立法大纲和决议案虽然还不是真正法律意义上的规范性文件,但对于建立社会保障法律制度,具有一定的指导意义。

土地革命时期,1930年5月,苏区颁布了《劳动暂行法》,其中包括一些有关社会保障的规定,如长期工遇有疾病死伤者,其医药费、抚恤费应由雇主供给,标准由工会确定;女工产前产后两个月内不做工,工资照发;失业工人由政府设法救济并分给田地及介绍工作等。1931年中华苏维埃共和国临时中央政府颁布了《中华苏维埃共和国宪法大纲》、《中华苏维埃共和国劳动法》(以下简称《劳动法》)、《中国工农红军优待条例》、《红军抚恤条例》、《优待红军家属条例》等,这些法律法规尤其是《劳动法》明确做出了在根据地实行社会保障制度的相关规定。如规定雇主每月拨出工资总额的10%~15%缴纳保险费,作为职工生、老、病、死及伤残的补贴和免费医疗专款,给予职工及其家属以免费医疗帮助;生病或发生其他暂时丧失劳动能力的情况,以及服侍家中病人时,雇主必须保留其原有工作和原有中等工资;年老、残废(包括因工和非因工),可领取残废及老弱优抚金;职工和家属死亡,发给丧葬费;受雇超过6个月的工人死亡,遗属可以享受优抚金;工会会员工作满1年以上（非会员满2年以上），失业后可以享受失业津贴等。1933年4月，苏维埃政府对《劳动法》进行了修改，其中第10章规定：社会保险，对于凡受雇佣的劳动者，不论他在国家企业，或合作社企业，私人企业以及在商店、家庭内服务，不问他工作的性质及工作时间的久暂与付给工资的形式如何，均得施及之。各企业、各机关、各商店及私人雇工中，于付给职工工资之外，支付全部工资总额的5%~20%交纳给社会保险局，作为社会保险基金；保险金不得向被保险人征收，也不得从被保险人的工资内扣除。虽然当时社会保险立法并没有独立出来，只是作为劳动立法的一部分，但毕竟是国家基本法的一部分，取得了最高的法律形式，这是人民政权最早以立法的形式规定社会保障问题。

抗日战争时期，各抗日根据地政府也颁布了一些有关社会保障的法规。1940年10月，陕甘宁边区颁布了《边区战时工厂集体劳动合同暂行准则》，其中有关社会保障的规定有：工人或学徒因病医治或住院者，医药费概由厂方负责；工人或学徒因工受重伤而不能工作者，厂方除负责医药费外，应发给其原工资至病愈时止，并由厂方酌情给予一定的保养费；工人因工受伤丧失全部工作能力者，厂方除发给其半年平均工资外，应按照政府颁布的抚恤条例办理等。1941年晋冀鲁豫边区政府颁布了《边区劳动保护暂行条例》，该条例在医疗、疾病津贴、工伤待遇、残废津贴、丧葬补贴、遗属抚恤和生育待遇等方面做出了明确、具体的规定。

解放战争时期，1948年12月东北行政委员会颁发了《东北公营企业战时暂行劳动保险条例》（简称《东北条例》），并于次年2月颁布了《东北公营企业战时暂行劳动保险条例实施细则》。《东北条例》规定：从1949年4月1日起，首先在铁路、邮电、矿山、军工、军需、电气和纺织七大行业中试行劳动社会保险，至7月1日，扩展到东北地区的全部公营企业。根据条例，职工因工负伤，企业将负担全部医药费，并照发工资；因伤残废，将按其残废程度和致残原因，发给本人工资50%~60%的抚恤金；非因工残废发给救济金，数额为抚恤金的一半；退休养老，按工龄长短每月发给本人工资30%~60%的养老金；职工患病或非因工负伤，免费在本企业医疗所和指定医院治疗，病休3个月以内的，按工龄长短发给本人工资50%~100%的补助金；女职工生育，共给假45天，工资照发；供养直系亲属患病，免费在本企业设立的医疗所治疗。此外，条例还规定了要举办疗养院、休养院、养老院、残废院等集体福利事业。由于该条例的实施，东北地区420个厂矿企业的79.6万名职工获得了社会保险待遇。这是我国第一次在较大范围内实行社会保障制度，为新中国成立后在全国范围内实行社会保障制度和新中国社会保障立法积累了丰富经验、培养了专门人才。同时，从内容上看，该条例是革命根据地和解放区颁布的最为完整和规范的劳动保险法规。因此，《东北条例》在我国劳动保险立法史上具有重要地位，可以说是新中国成立后《中华人民共和国劳动保险条例》的雏形和基础，是我国第一部劳动保险方面专门的单行法律。

13.3.2 新中国社会保障法律制度的历史进程

1. 创立阶段（1949—1957年）

新中国的社会保障立法始于 20 世纪 50 年代初。当时，新中国刚刚成立，国民经济基础相当薄弱，但党和政府非常重视社会保障工作。新中国成立之初通过的、在当时起临时宪法作用的《中国人民政治协商会议共同纲领》遂做出了要在企业中"逐步实行社会保障制度"的规定。我国第一部《宪法》也明确规定："中华人民共和国劳动者在年老、疾病或者丧失劳动能力的时候，有获得物质帮助的权利，国家举办社会保险、社会救济和群众卫生事业，并逐步扩大这些设施，以保证劳动者享有这些权利。"1951 年 2 月，政务院发布了由劳动部和中华全国总工会拟订的《中华人民共和国劳动保险条例》（以下简称《劳保条例》），对职工的生、老、病、伤、残、死等生活待遇、医疗保健和社会福利事业做出了相应规定，初步建立起了企业职工社会保险体系。但由于受经济发展状况的限制，该条例当时只在 100 人以上的国营、公私合营、私营和合作社营的工厂、矿场及其附属单位，以及铁路、航运、邮电等企业和附属单位实行。对暂不实行劳动保险的单位，规定可以采用参照《劳保条例》、由劳资双方进行协商、签订集体合同的办法，使职工不同程度地享受劳动保险待遇。1953 年，在我国经济状况出现好转和经济建设走上正轨的背景下，国家对 1951 年的《劳保条例》进行了修订，扩大了实施范围，提高了保险待遇。如实施范围扩大到所有工厂、矿场、交通事业的基本建设单位和国营建筑公司；退休待遇从本人标准工资的 30%~60% 提高到了 50%~70%；因工残废补助由原来的 5%~20% 提高到 10%~30% 等。1956 年《劳保条例》的实施范围进一步扩大到商业、外贸、粮食、金融、石油、地质、造林等产业和部门，受益职工人数大幅度增加。1956 年，企业职工社会保险制度受益职工达1600 万，占当年国营、公私合营和私营企业职工总数的 94%。《劳保条例》是新中国成立后的第一部综合性的社会保险法规，是保障我国城镇劳动者基本权益的重要法律依据。它构筑了我国"国家保障"与"企业保障"相结合的社会保障基本格局和以劳动保险为中心的社会保障基本框架，奠定了我国社会保障法律制度的基础，在中国社会保障立法史上具有划时代的重要意义。

在建立企业职工社会保险制度的同时，国家也开始着手建立针对国家机关和事业单位职工的社会保险制度。1950年12月，内务部颁发了《革命工作人员伤亡褒恤暂行规定》，对国家机关和事业单位工作人员因工因战伤残、部分或全部丧失劳动能力的保险待遇以及伤亡的丧葬和抚恤做出了规定。1952年6月，政务院颁布了《关于各级人民政府、党派、团体及所属事业单位的国家工作人员实行公费医疗预防的指示》；自7月起，在国家工作人员中推广了药费报销范围更广、医药费完全由国家负担的公费医疗制度；9月又颁布了《各级人民政府工作人员在患病期间待遇暂行办法》，从而在国家工作人员中初步建立起了医疗服务和疾病津贴制度。1954年4月颁发了《关于女工作人员生育假期的规定》，初步建立了女工作人员的生育保险制度。1955年12月国务院发布了《国家机关工作人员退休处理暂行规定》及《国家机关工作人员退职暂行规定》，初步确立了养老保险制度。到1955年底，国家工作人员的社会保险制度初步建立起来，并形成了比较完整的体系。

除社会保险立法外，政府还着手建立了一系列有关社会救济、社会福利及社会优抚的基本制度。在社会救济方面，鉴于当时农村受灾严重和普遍贫困，城市工厂倒闭、大批工人失业等情况，国家于1950年颁布了《救济失业工人暂行办法》；1953年颁布了《农村灾荒救济粮款发放使用办法》；1954年颁布了《关于加强沿海盐民生产救济工作的通知》；1956年颁布了《职工生活困难补助办法》等。在社会福利方面，国家于1956年发布了《关于国家机关和事业、企业单位1956年职工冬季宿舍取暖补贴问题的通知》；1957年发布了《关心职工生活方面若干问题的指示》，并修改颁布了《国务院关于国家机关工作人员福利费掌管使用的暂行规定》等。在社会优抚方面，国家于1950年颁布了5个关于军人优抚的条例，即《革命烈士家属优待暂行条例》、《革命残废军人优待抚恤暂行条例》、《革命军人牺牲、病故褒恤暂行条例》、《革命工作人员伤亡褒恤暂行条例》、《民兵民工伤亡抚恤暂行条例》。

2. 调整阶段（1958—1966年）

在总结新中国成立后8年间社会保障制度、实施情况的基础上，为了适应形势发展，国家在这一阶段对一些不适应经济建设的社会保障制度进行了必要的改革：第一，统一了企业与国家机关工作人员的退休退职制度。1958年2月，国务院公布了《关于工人、职员退休处理暂行规定》，这是我国第一部统一养老保险制度的单独立法，统一的内容包括退休条件、退休待遇、工伤退休和补贴待遇、退休医疗待遇及死亡补贴等。第二，改革了公费医疗和劳保医疗制度。1965年9月，卫生部和财政部联合发出了《关于改进公费医疗管理问题的通知》，对公费医疗制度作了适当改革，如第一次在医疗保险中引进了个人承担挂号费的机制；明确规定营养滋补药品，除经医院领导批准外，一律自费。1966年4月，全国总工会和劳动部联合发布了《关于改进企业职工医疗制度几个问题的通知》，规定职工医疗时所需的挂号费和出诊费，由本人负担；患病和非因工负伤时，服用营养滋补品的费用，由本人负担；工伤和患职业病住院治疗时的膳费，本人承担1/3；享受劳保医疗的直系亲属，挂号费、检查费和化验费等由个人承担。第三，规定了被精简职工的社会保险待遇。在20世纪60年代初期的国民经济调整中，为了减轻企业负担、发展经济，国家精简了一批职工，由于种种原因，这些职工退职后一部分人的生活产生了很大困难。为了解决他们的生活问题，国务院于1965年6月发布了《关于精简退职的老职工生活困难救济问题的通知》，规定1957年底前参加工作，自1961年以后被精简，并领取过一次性退职补助金的职工，凡是现在全部或大部丧失劳动能力、年老体弱或长期患病影响劳动和家庭生活的，由当地民政部门按月发给本人原标准工资40%的救济费；领取救济费后，家庭生活仍有困难的，再按照社会救济标准给予救济；享受救济补贴的职工本人，医疗费用由民政部门补助2/3等。第四，调整了学徒工的社会保险待遇。1958年2月，国务院发布了《关于国营企业、公私合营、合作社营、个体经营的企业和事业单位的学徒的学习期限和生活补贴的暂行规定》，规定了学徒工的学习期限，以及学习期间改为领取生活补贴的办法。

3. 遭受重大挫折阶段（1967—1977年）

十年"文革"使我国社会保障法制建设也像其他各项事业一样遭到了巨大挫折与破坏，处于一片混乱状态。工会、劳动部门和内务部门先后被撤销，社会保险无人管理，社会保险基金的征集、管理和调剂使用制度被迫停止。国家机关、企事业单位职工正常的退休制度被中断，致使全国几百万老、弱、病、残职工办不了退休手续。财政部于1969年2月发布了《关于国营企业财务工作中几项制度的改革意见（草案）》，规定国营企业一律停止提取劳动保险金，使社会保险完全倒退成了企业保险。由此可见，十年"文革"给我国社会保障事业带来了灾难性的影响。

4. 恢复、补充阶段（1978—20 世纪 80 年代初）

"文革"结束后，我国首先恢复了退休制度，建立了离休制度。1978 年 6 月 2 日，国务院颁布了《关于安置老弱病残干部的暂行办法》和《关于工人退休、退职的暂行办法》，将 1958 年统一起来的国家干部和企业职工的退休、退职制度重新分开，实行不同的制度，1981 年 10 月还制定了《关于军队干部退休的暂行规定》。同时，通过颁布《关于老干部离职休养的暂行规定》（1980 年 10 月）、《关于军队干部离休的暂行规定》（1982 年 1 月）和《关于高级专家离休退休若干问题的暂行规定》（1983 年 9 月）等法规，建立了干部及高级专家离休制度。其次，对劳动保险工作进行了恢复和整顿。1980 年 3 月，国家劳动总局和全国总工会联合发布了《关于整顿和加强劳动保险工作的通知》，该通知连同上述有关退休、退职的暂行规定，使得"文革"前的劳动保险制度基本上得以恢复。但是，社会保险基金的社会统筹却一直没有得到恢复。

其他社会保障制度的恢复主要体现在：在医疗保险方面，1977 年 10 月，为加强医疗经费管理，国家颁布了《关于享受公费医疗、劳保医疗人员自费药品范围的规定》，规定了 175 种自费药品。在社会福利方面，1978 年 2 月，财政部和国家劳动总局发布了《关于建立职工上下班交通费补贴制度的通知》，统一了全国职工的上下班交通费补贴制度；1978 年 2 月，财政部和国家劳动总局还颁发了《关于改进职工宿舍冬季取暖补贴问题的意见》，修改了职工冬季取暖补贴办法；1979 年 10 月，国务院颁布了《关于提高主要副食品销价后发给职工副食品价格补贴的几项具体规定》，对各种对象的物价补贴标准和办法做出了规定；1981 年 3 月，国务院颁布了《关于职工探亲待遇的规定》，修改了职工探亲待遇标准。在社会优抚方面，1980 年 6 月制定了《革命烈士褒扬条例》；1983 年 2 月制定了《中国人民解放军志愿兵退出现役安置暂行办法》等。

5. 全面改革、发展阶段（20 世纪 80 年代中期以来）

进入 20 世纪 80 年代中期以后，随着我国经济体制改革的逐步推进，在 1985 年 9 月通过了《中共中央关于制定国民经济和社会发展第七个五年计划的建议》中,第一次明确提出了"社会保障"的概念,将社会保险、社会福利、社会救济和社会优抚等制度,统一纳入了社会保障体系。

1991年,国务院发布了《关于企业职工养老保险制度改革的决定》,实行基本养老保险、企业补充养老保险和职工个人储蓄性养老保险相结合的养老保险制度,基本养老保险费用由国家、企业和个人共同负担,实行社会统筹,先由市、县级统筹再逐步过渡到省级统筹。在失业保险方面,1986年为了配合国营企业劳动合同制,国务院颁布了《国营企业职工待业保险暂行规定》,首次在我国建立了企业职工待业保险制度;1993年国务院修订了该规定,发布了《国有企业职工待业保险规定》,进一步扩大了待业保险的覆盖范围,提出由企业缴费建立待业保险基金,用于保障待业职工的基本生活。

1992年,党的十四大提出我国经济体制改革的目标是建立社会主义市场经济体制。1993年,党的十四届三中全会通过的《中共中央关于建立社会主义市场经济体制若干问题的决定》,把建立社会保障制度作为社会主义市场经济基本框架的五个组成部分之一,明确了我国社会保障体系的基本内容。随后,城镇社会保障制度改革按照党的十四届三中全会确定的目标、任务和基本原则来进行,重点是养老保险、医疗保险和失业保险制度,目标是建立一套适应社会主义市场经济要求的社会保障制度。在养老保险方面,1995年,国务院发布了《关于深化企业职工养老保险制度改革的通知》,基本养老保险实行社会统筹与个人账户相结合的制度模式并在全国试点,费用由企业和个人共同负担。在医疗保险方面,1995年,在江苏省镇江市、江西省九江市进行试点,探索建立社会统筹与个人账户相结合的医疗保险制度;1996年试点扩大到38个城市。在工伤保险方面,1996年,原劳动部发布了《企业职工工伤保险试行办法》,规范了工伤保险的认定条件、待遇标准和管理程序,建立工伤保险基金。1994年,原劳动部颁布了《企业职工生育保险试行办法》,对生育保险的实施范围、统筹层次、基金筹集和待遇支付等进行规范。

1997年以来,我国社会保障改革步伐加快,国务院于1997年发布了《关于建立统一的企业职工基本养老保险制度的决定》,统一了城镇企业职工基本养老保险制度;1998年发布了《关于建立城镇职工基本医疗保险制度的决定》,明确了基本医疗保险制度的模式和改革方向;1999年发布了《失业保险条例》,进一步明确了覆盖范围、筹资办法、缴费比例、享受条件和保障水平。同年,国务院颁布了《城市居民最低生活保障条例》和《社会保险费征缴暂行条例》,进一步规范了城市贫困居民社会救助和社会保险费征缴工作;

2004年颁布了《工伤保险条例》，进一步明确了覆盖范围、筹资办法、缴费比例、享受条件和保障水平。

为配合国企改革，妥善处理分流下岗人员和保障城镇贫困人员基本生活，1998年后逐步建立"一个中心、两个确保、三条保障线"的政策体系。2000年国务院颁布了《关于印发完善城镇社会保障体系试点方案的通知》，并在辽宁省试点，探索社会保障制度从单项制度推进向系统建设转变、以覆盖国有企业为主向以覆盖城镇从业人员转变的经验，3年试点取得了较大的成功。

2004年第十届全国人民代表大会第二次会议通过了宪法修正案，在宪法第14条中增加了一款新内容："国家建立健全同经济发展水平相适应的社会保障制度。"尽管我国宪法中已有社会保障方面的一些相关规定，但如此明确地提出建立健全社会保障制度的任务还是第一次。将"建立健全社会保障制度"写入宪法的重要意义，一是确立了社会保障制度在一个国家中作为基本社会制度的地位与作用；二是明确了国家在这项制度建设中的主导作用和责任；三是表明了作为一项国家基本社会制度，其覆盖的范围应是全体中国公民。因此，宪法内容的这一修改，是中国社会保障事业的重要里程碑，标志着我国对社会保障问题的理论认识达到了一个新的高度，标志着我国的社会保障立法和社会保障事业将进入一个新的发展时期。到2004年年底，以养老保险、医疗保险、失业保险和城市居民最低生活保障制度为主要内容的、适应社会主义市场经济基本要求的社会保障体系框架初步形成。

2005年以来，《中共中央国务院关于推进社会主义新农村建设的若干意见》等文件的出台，标志着我国经济社会进入以人为本、落实科学发展观和统筹城乡发展的时期。在这一大的背景下，我国社会保障制度发展进入统筹城乡、全面覆盖、综合配套、统一管理的阶段。2005年国务院颁布了《关于完善企业职工基本养老保险制度的决定》，实现养老保险覆盖范围由职工向城镇灵活就业人员的拓展，改革养老金计发办法，强化激励约束机制，建立长效机制；2006年，国务院颁布了《国务院关于解决农民工问题的若干意见》，国务院办公厅转发《劳动保障部关于做好被征地农民就业培训和社会保障工作指导意见的通知》，推进农民工和被征地人员社会保障制度建设；2007年国务院颁布了《国务院关于在全国建立农村最低生活保障制度的通知》、《国务院关于开展城镇居民基本医疗保险试点的指导意见》，全国建立兜底性的城乡最低生活保障制度，同时将医疗保险由职业人群拓展到城镇非职业人群。

13.4 中国社会保障法律制度的完善

近年来,我国在社会保障事业的改革和发展方面迈出了较大步伐,取得了较大进展,为经济体制改革的顺利进行和社会的稳定发挥了重要作用。但是中国现行的社会保障法律制度与社会主义市场经济体制建立和发展的客观要求仍存在较大差距,不能为社会保障所面临的严峻形势提供充分、有效的法律支持,还需要不断改革和完善。

13.4.1 中国社会保障立法存在的主要问题

1. 社会保障立法严重滞后

社会保障必须立法先行,这样才能使其运作法制化、规范化。纵观世界各国社会保障制度建立和发展的历史,无一不是立法在先。早在19世纪80年代,德国就由于先后颁布了三部著名法律,而率先成为世界各国社会保障立法的楷模,美国也因于20世纪30年代颁布了世界上第一部比较完整的社会保障成文法典而闻名于世,社会保障法律制度在当代世界各主要发达国家的法律体系中均占有十分重要的法律地位。但我国到目前为止,尚未颁布一部综合性的社会保障法律,专门性法规的建设也相当薄弱。虽然我国的《社会保险法》已于2010年10月28日颁布,并将于2011年7月1日起施行。但社会保障制度中的其他项目,如社会救济、社会福利及社会优抚等的立法还很欠缺,基本上处于立法的空白地带。社会保障国家立法的滞后势必造成社会保障制度在实施过程中缺乏足够的法律依据,只能靠政策规定和行政手段来推行,不能适应社会主义市场经济发展的需要。

2. 社会保障立法层次低

从地位上讲,社会保障法是中国市场经济法律体系中一个重要的独立法律部门,应同其他各部门法一样,由国家最高立法机关——全国人民代表大会或者其常务委员会制定并通过,其效力应仅低于国家根本大法——宪法。但现实中我国社会保障法律渊源却大多是国务院行政法规、有关部委的规章,以及地方性法规、规章,而通过全国人民代表大会或者其常务委员会进行的立法还没有,立法层次和效力较低。目前仅有的几部由全国人大及其常务委员会通过而涉及社会保障问题的法律并非专门为社会保障问题制定，而是与其他方面的内容混合在一起，其中社会保障的内容只处于次要的、附带的地位，如《劳动法》中关于社会保险和福利的规定，只是其中的一章。这种现状显然与社会保障法的地位不相符合，也导致了社会保障立法权威性、统一性和稳定性的严重缺乏。

3. 社会保障立法体系不健全

社会保障法作为一个独立的法律部门应有自己完整的体系。但如上所述，我国至今还没有出台专门的社会保障基本法，那些作为目前社会保障制度主要法律依据的行政法规之间缺少必要的衔接，不能形成配套的法律体系，导致了实践中有许多问题无法可依。同时，由于我国长期以来以"分散立法"的体例来开展社会保障立法工作，导致了政出多门现象，不同地区、不同部门制定的社会保障办法极不统一，使社会保障立法应有的权威性和强制性得不到充分体现。在实践中我国的社会保障管理工作也处于被分割的状态，如劳动和社会保障部（现更名为人力资源和社会保障部——引者注）负责城镇企业职工的各项保险工作；人事部负责机关、事业单位职工的公费医疗；民政部负责农村和城乡社会救济；等等。① 此外，完整的法律规范应包括假定、行为模式和法律后果等要件，缺少这些要件的法律规范无疑是一个有严重缺陷的系统，无法发挥法律规范的强制性作用。在我国已经制定出来的社会保障法规中，缺乏法律责任和制裁措施是普遍现象，这就使得在实践中，当有关社会保障问题的争议或纠纷发生时，仲裁机构和人民法院难以根据有效的法律依据进行仲裁或判决。因此，我国目前的社会保障立法体系是不完整、不健全的，无法保证社会保障制度的有效施行。

4. 社会保障立法保障的范围过窄

现代社会保障应该是一种以全体国民为对象的保障制度，它要求国家以立法的方式保证保障对象的社会化，也就是说，统一的社会保障立法应规定社会保障是全体社会成员都享有的、人人平等的公民权利。但由于目前缺乏统一的法律规范加以保障，我国的社会保障制度覆盖和保障的仍只是一部分社会成员。从各种行政法规的适用范围来看，目前我国各项社会保险覆盖的主要是国

---

① 张文芹．社会保障法律制度刍议 [J]．江苏省社会主义学报，2006（2）：59-61．

有企业及城镇区县以上大集体企业中的职工。区县以下小集体企业、乡镇企业和外商投资企业中方职工的社会保险很不健全；私有企业职工、个体劳动者和广大农民基本上还没有建立社会保险。① 长期以来，我国养老保险制度基本上是在国有企业、部分集体企业和一小部分"三资企业"中实施。失业保险制度则基本上是在国有企业中实施，其他的市场主体如私营企业、个体经济组织、绝大部分"三资"企业和广大农村，均被排除在实施范围之外。据估算，全国只有1/4的劳动者能够享受到社会保障待遇。而且在已享受社会保障的人群中，其享受的待遇还存在很大差异。② 因此，与世界各国"社会保障实施对象是全体公民"的标准相比，我国社会保障立法保障的范围明显过窄且不合理。

5. 社会保障的法律监督和实施机制薄弱

建立健全社会保障的法律监督和实施机制是社会保障法制建设的必然要求。社会保障的法律监督是指为使社会保障的管理符合国家法规要求，从而对社会保障的管理过程和管理结果进行评审和鉴定。中国现行社会保障法律监督机制的薄弱，主要体现在社会保障法律中缺乏对社会保障基金筹集与运营的监督，导致部分负有缴纳社会保障费法定义务并具有缴纳能力的义务人拒缴、欠缴或以各种方式逃避缴费义务。社会保障的实施机制包括行政执法、司法、争议解决的仲裁活动等。实施机制较弱的主要原因在于我国现行社会保障法律中缺乏有关法律责任和制裁措施的规定，结果导致现实中挤占、挪用、截留社会保险基金的违法行为十分突出但却得不到及时和有效的惩治。我国《刑法》第273条虽然对挪用社会救灾、社会救济等款物的行为规定了明确的制裁措施，但却未将社会保险基金列入特定款物的保护范围之内，从而在某种程度上弱化了社会保障的实施机制。

6. 欠缺与WTO的社会保障规则相适应的法律规范

加入WTO，对我国的社会保障法律制度形成严峻挑战。但是，中国目前尚欠缺与WTO的社会保障规则相适应的法律规范。例如，我国入世后，劳动

---

① 张文芹. 社会保障法律制度刍议 [J]. 江苏省社会主义学报，2006 (2)：59-61.
② 俞恒. 对我国社会保障制度的思考 [J]. 科技情报开发与经济，2006 (6)：99-100.

力的国际化流动趋势进一步加快，在我国的外籍劳工能否享受到我国的社会保障待遇以及我国在外资、合资企业中的劳工如何享受规范、完善的社会保障待遇问题等，都是我们要认真研究的重要课题。

上述这些问题的存在必然导致我国现行社会保障法律制度保障程度差，保障水平低，不能适应社会主义市场经济发展的客观需要，必须尽快加以健全和完善。

13.4.2 完善社会保障法律制度的基本原则

1. 尊重基本国情原则

从国内外的经验教训来看，社会保障中的"高福利"政策和"平均主义"原则都不可取，否则将会引发许多难以解决的社会问题和政治问题。尊重基本国情，注重将社会保障水平确定在一个恰当的、与生产力水平相适应的位置上，对我国而言十分重要。尽管经过30多年的改革开放后，我国的国民经济获得了较快发展，综合国力也有了很大提高，但由于人口数量极为庞大，人均国民生产总值很低，经济总体水平较低，这就决定了我国现阶段的社会保障能力和水平不可能很高。因此，我们在设计社会保障法律制度时，必须实事求是地从我国经济发展的实际水平出发，否则该项制度将不仅不能保障人民的基本生活，反而还会影响经济的发展与社会的稳定。同时，由于种种原因，我国各地区之间的经济发展水平极不平衡，大致形成了东部沿海地区经济发展水平较高、中西部地区经济发展水平较低的格局，因此，我们在完善社会保障法律制度时，必须充分考虑到这些实际情况，即在根据全国总体经济发展水平制定出统一的社会保障基本法的基础上，还要结合各地的实际经济发展水平制定相应的地方法规，而不能不顾实际地搞"一刀切"。

2. 权利与义务对等原则

认真总结我国计划经济体制下社会保障法律制度的实施教训，并借鉴国际经验，我们应该充分认识到，要完善社会保障法律制度，坚持权利与义务对等原则十分重要。我国《宪法》第44条规定："国家依照法律规定实行企业事业组织的职工和国家机关工作人员的退休制度。退休人员的生活受到国家和社会的保障。"第45条规定："中华人民共和国公民在年老、疾病或者丧失劳动能力的情况下，有从国家和社会获得物质帮助的权利。"这些法律条款的内容明确了社会保障是我国公民的一项基本权利,但社会保障的受益者不能无条件地享受这项权利,要享受该项权利首先必须履行一定的法律义务,否则不仅不能享受权利,而且还会受到法律的追究与制裁。坚持权利与义务相统一原则,有利于调动多方面的积极性,尤其是有助于增强公民个人在社会保障方面的责任感和参与意识。

3. 国家责任和社会责任原则

在实施社会保障法律制度的国家里,社会保障均是由政府管理的一项社会事务。我国《宪法》第45条,除上述内容外还规定:"国家发展为公民享受这些权利所需要的社会保险、社会救济和医疗卫生事业。国家和社会保障残废军人的生活,抚恤烈士家属,优待军人家属。国家和社会帮助安排盲、聋、哑和其他有残疾的公民的劳动、生活和教育。"即国家在明确规定了社会保障是我国公民享有的一项基本权利的同时,也明确规定了国家和社会应为该制度的施行承担责任。国家应该主动利用其对社会的干预手段,通过立法方式调节利益冲突,只有如此才能建立和完善与社会公共利益相符合的社会保障法律制度。坚持社会责任原则,则主要是为了充分实现社会保障法律制度的互济功能。

4. 公平与效率相统一原则

公平与效率是既相互制约又相互促进的一对矛盾,也是人类社会发展的一个永恒主题。实施社会保障法律制度,在很大程度上是为了实现社会公平。因此,社会保障法律制度必须体现公平性,即其实施范围应包括所有社会成员,其实施目的就是要使所有公民在遇到年老、疾病、工伤、残疾、生育、失业等情况时,依法从国家和社会获得必要的帮助和补偿,以便保障他们的基本生活需求。公平性原则也是社会主义制度本身所要求的。但效率机制又是促进经济发展和社会进步的重要动力机制,因此社会保障法律制度也必须同时体现效率性,即在制定社会保障待遇标准时,不应采取平均主义的做法,而应根据劳动者本人对企业和社会的贡献大小、劳动者的经济收入等情况采取区别对待的办法。这样可以有效地激发劳动者的生产积极性和创造性,鼓励劳动者为企业和社会多做贡献,从而促进社会经济的蓬勃发展。总之,在我国完善社会保障法律制度的过程中,必须坚持公平与效率相统一的原则。只有这样,才能理顺社会保障与经济发展之间的关系,使社会保障法律制度能够为推动国家经济建设发挥更大作用。

13.4.3 完善社会保障法律制度的对策与措施

1. 加快社会保障立法

完善的社会保障法律是社会保障事业发展的根本保证，有无完备的法律规范，是一个国家社会保障制度是否成熟的基本标志。在当今世界的法治国家，法律已成为管理国家和社会事务的主要手段。在已建立较完善社会保障制度的世界各国，该项制度的基本特征都是由国家立法来强制推行。通过立法健全与完善社会保障制度，为社会主义市场经济的建立和发展保驾护航已成为我国的当务之急。当前我国的社会保障立法极不完备，与我国实行"依法治国，建立社会主义法治国家"这一重要治国方略极不相称。因此，为了进一步加大社会保障制度的改革力度，确保社会保障事业健康有序发展，应加快社会保障立法进程。尽管从我国实际情况来看，在短期内制定一部统一的、综合性的社会保障基本法还有一定困难，但抓紧制定一部综合性的社会保障法律，以便从法律上规定社会保障制度的基本原则、基本内容、适用范围以及管理体制等，从而规范整个社会保障制度是切实可行的。

2. 完备社会保障立法体系

社会保障立法是一项复杂的系统工程，在制定综合性社会保障法的同时，应注意出台一些配套的相关法律法规，从而建立健全社会保障立法体系。我国传统的社会保障立法体系采取的是"分散立法"的体例，其特点是立法层次低，主观随意性大。旧体制下诞生和发展起来的中国传统社会保障立法体系与市场经济的发展要求越来越不相适应，我们必须按照市场经济规律重新调整和规范各种社会保障关系。新世纪的我国社会保障立法工作应该制定出科学合理的整体规划，逐步改变我国目前社会保障立法过于分散且稳定性、权威性较差的局面，深入探讨在我国建立"一法统驭，多法并存"的综合性立法模式的必要性和可行性，以便尽快形成以《中华人民共和国社会保障法》为中心的、完备的社会保障立法体系。

3. 扩大社会保障立法的覆盖面

社会保障法律制度作为一个国家一项基本的社会制度，理应把全体国民都纳入其保障范围，确保每一位劳动者均能够享有法定的、平等的社会保障权利。根据我国《宪法》规定，每一个中华人民共和国公民都有依法缴纳社会保障费的义务和享受社会保障待遇的权利。因此，要将扩大社会保障覆盖面作为社会保障改革的目标。在社会保险方面，应逐步将范围扩大到所有与用人单位建立劳动关系的劳动者，包括灵活就业的劳动者，并最终包括一些自我雇佣者和自我服务者。在社会救助方面，应当加大国家财政的开支，建立完善的对贫困居民的救助制度，应进一步放宽救助条件，提高生活困难补助标准，使社会贫困人口都因此而受益。在社会福利方面，要提升社会福利在整个社会保障中的地位和作用，应改革现行的福利体制，重整福利资源，将社会福利制度化、法律化。

对于解决农村养老保障问题，应当根据农村人口多、农民收入普遍偏低，且地区发展不平衡的特点，循序渐进地来推行。就目前而言，在一些经济发达的农村地区，可以通过引导、鼓励措施推行养老金计划，关键是要确定合理的缴费比例，提高养老基金投资回报率，放宽养老金资本市场运作的条件，以吸引更多的参加者，待条件成熟后，逐渐从自愿保险向强制保险过渡。在经济欠发达地区，还是应当以传统的养老模式为主，继续实行农村五保户供应制度，同时强化家庭养老的功能，达到一定经济条件后再实行养老金计划。在农村养老保障问题上，必须强调国家的责任，对实行强制养老金计划的，国家应当通过财政补贴的办法对农民发放养老补贴，以推动农村养老保障制度的实施。对于不具备实行条件实行养老金计划的，国家应加大社会救济的力度，以保障农民基本生存权的实现。

4. 建立一套完善的社会保障基金法律制度

社会保障基金是指依法建立的、用于社会保障事业的专项资金，它直接关系着一个国家的社会保障制度能否顺利实施。因此，建立一套完善的社会保障基金法律制度十分必要。

目前，社会保障基金的支付风险问题已成为我国社会保障制度实施过程中遇到的一个非常突出和棘手的问题。造成这一问题的主要原因在于我国虽已颁布了《社会保险费征缴暂行条例》，但由于没有系统地制定出社会保险费的征缴、管理和使用办法，未通过立法手段强制推行社会保险制度，致使社会保险费难以及时足额征缴上来，导致了社会保障基金的收支不平衡。社会保障基金的征缴是社会保障基金来源的制度保障，需要在立法上对社会保障基金的征缴予以规范,特别是要严厉制裁拖欠和逃避社会保障基金的行为。

在社会保障基金的管理上,既要考虑安全,又要考虑效率,在安全性的前提下,应当尽可能地使社会保障基金增值。要实现安全和效率的目标,需要加强对社会保障基金的监管,同时需要对社会保障基金进行投资运作,可以采取信托投资的方式来管理社会保障基金,使其在法律上成为相对独立的财产。此外,应当采取组合投资的模式进行投资,既可以降低风险,又能保证必要的投资回报率,从而确保社会保障基金的安全和效率。

5. 在社会保障立法中应注意与国际社会保障法律制度接轨

在我国已批准的国际劳工公约中包含许多有关社会保障的内容,我国社会保障立法必须参照这些公约中规定的标准。同时,我国社会保障在立法过程中还应注意与WTO的相关规则相适应。

6. 进一步深入开展社会保障法律制度宣传教育

为进一步提高社会保障系统广大干部依法行政的能力,不断增强广大劳动者的社会保障法律意识,帮助他们切实维护自身的合法权益,我们应进一步面向全社会开展社会保障法律法规的宣传、培训和咨询服务活动,努力营造一个全民在社会保障方面学法、讲法、守法、执法的良好法制环境。

本章小结

社会保障是指国家为了维护经济发展和社会稳定,通过立法设立的,以国民收入分配和再分配的形式,保证社会成员基本经济生活需要的制度。社会保障法是调整社会保障关系的各种法律规范的总称。社会保障法具有强制性、社会性、福利性和互济性等特点。社会保障法一般包括社会保险法、社会救济法、社会优抚法和社会福利法等方面。

社会保障法的萌芽,始于工业化最早的英国,世界上第一个建立社会保险法律制度的国家是德国。美国是世界上最早实行系统的社会保障制度的国家,美国于20世纪30年代通过了世界上第一部《社会保障法》,标志着社会保障最终形成一种法律制度。此后,社会保障法律制度在世界许多国家相继实施,我国的社会保障制度在新民主主义时期就已产生，新中国成立后经历了创立时期、调整时期、停滞时期、恢复时期、到全面改革发展时期，2004年宪法修正案将"建立健全社会保障制度"写入宪法，标志着我国的社会保障立法和社会保障事业进入一个新的发展时期。

当前，我国社会保障事业的改革和发展取得了较大进展，但仍与社会主义市场经济体制建立和发展的客观要求存在较大差距，不能为社会保障所面临的严峻形势提供充分、有效的法律支持，我国的社会保障法律制度还需要依据尊重基本国情原则、权利与义务对等原则、权利与义务对等原则和公平与效率相统一原则，从加快社会保障立法、完备社会保障立法体系、扩大社会保障立法的覆盖面、建立一套完善的社会保障基金法律制度、注意社会保障立法中与国际社会保障法律制度接轨和进一步深入开展社会保障法律制度宣传教育等方面不断改革和完善。

关键术语

社会保障　　社会保障法　　社会保险　　社会救济　　社会福利
社会优抚　　社会公平　　　社会互济　　福利国家

思考题

1. 社会保障的含义是什么？
2. 如何理解社会保障法的特征？
3. 社会保障法的内容有哪些？
4. 当代世界各国社会保障制度的类型主要有哪些？
5. 社会保障法应当实行的基本原则是什么？
6. 如何完善我国社会保障法律制度？

第 14 章 社会保险法总论

社会保险是人类共同经验的产物，起源于欧洲中世纪的共济会，并于19世纪80年代在俾斯麦任德国首相时得以全面法律化和制度化。社会保险旨在为经济弱势群体提供社会安全保障，是包含"社会"与"保险"两种要素的社会机制。其中"社会"的意义突出表现在强制纳保、法定的给付内容以及随收随付的财务制度。"保险"的意义则主要在于风险分摊的功能。与商业保险相比较，社会保险含有社会扶助的性质，其给付虽与保费有一定联系，但更应顾及社会衡平因素。①

社会保险通过政府的组织协调和法律义务的设定，将单位和个人的基本生活保障责任转化为社会性的连带责任，实现了风险单纯的自我承受向风险的社会承受的转化。社会保险以公共福利为追求目标，以国家强制力为后盾，以国家财政为保证，实现对危险事故的个人负担与社会分摊责任的高度统一。②

14.1 社会保险概述

社会保险的宗旨是确保劳动者在遭遇特定风险之时，通过国家和社会提供的物质帮助，使其本人及其家属能维持基本的生活水平。社会保险的目的在于维护整个社会的公平、正义、

---

① 庄汉. 我国社会保险立法的宪法分析 [J]. 法学评论（双月刊）2009 (5): 3.
② 徐卫东. 论社会保险法的社会性特征 [J]. 吉林大学社会科学学报，1995 (6): 36.

稳定、和谐以及公民的尊严。我国《宪法》第45条规定："中华人民共和国公民在年老、疾病或者丧失劳动能力的情况下，有从国家和社会获得物质帮助的权利。国家发展为公民享受这些权利所需要的社会保险、社会救济和医疗卫生事业。"《中华人民共和国社会保险法》第1条规定的立法宗旨是："维护公民参加社会保险和享受社会保险待遇的合法权益，使公民共享发展成果，促进社会和谐稳定"①。

14.1.1 社会保险的概念

社会保险是指国家通过立法强制征收保险费用，当劳动者因遭遇年老、疾病、伤残、失业、生育等风险而暂时或永久性失去劳动能力而不能获得劳动报酬时，由国家或社会向其提供物质帮助或服务的一种社会保障制度。②

社会保险是基于劳动者可能面临的各种风险而设计的保障制度。劳动者在法律规定的特殊情形下以社会保险的方式获得国家和社会提供的物质帮助，是宪法赋予劳动者的一项基本权利，也是国家对全体劳动者应负的责任。在现代社会，是否有完善的社会保险制度，是衡量一个国家文明程度的重要标志。

14.1.2 社会保险的特点

1. 强制性

社会保险区别于商业保险的重要特点是其强制性，不论投保人和保险人的意愿如何，而由国家法律直接作出规定。社会保险的强制性表现在：一是社会保险关系的建立具有强制性，凡属于法律规定范围内的劳动者都必须无条件地参加社会保险，没有任何选择余地；二是社会保险费用的缴纳具有强制性，社会保险当事人的缴费义务必须履行，缴费项目和缴费标准都由法律、法规、规章统一规定；三是社会保险待遇给付的条件具有强制性，该条件亦由立法机关统一规定。

2. 共济性

社会风险应由全体社会成员共同承担，个人、用人单位、国家都应承担社

---

① 《中华人民共和国社会保险法》于2010年10月28日通过，自2011年7月1日起施行。

② 李炳安. 劳动和社会保障法 [M]. 厦门：厦门大学出版社，2010：312.

会保险责任。保险基金实行社会统筹,并依据调剂原则集中使用资金,解决不同情况下劳动者特定的基本生活需要,各种事件对于劳动者所造成的经济损失,通过互助共济获得帮助。

劳动者寿命、健康状况、伤残与否、是否丧失劳动能力不以人们意志为转移,并且不可能完全等同。而社会保险的目的是相同的,即保障劳动者的基本生活需要。

3. 补偿性

劳动者通过劳动创造的价值或财富,除了一部分表现为劳动报酬返还给劳动者之外,另一部分作为社会的各项扣除,纳入了政府收入的范畴。劳动者在向社会提供劳动力的同时,按照国家规定将报酬的一定比例作为劳动保险基金缴纳,在劳动者因老、病、伤、失业和丧失劳动能力的情况下,依照国家规定给予返还,其享有的社会保险待遇,直接体现了社会保险补偿性。

14.1.3 社会保险的分类

社会保险按照不同的标准,可以作多种分类,主要有:

(1) 根据保险的社会风险性及保险待遇的性质,社会保险分为养老保险、医疗保险、失业保险、工伤保险、生育保险。

(2) 按照参加保险的主体范围,社会保险分为用人单位内部保险(即职工在职期间的劳动保险)、用人单位外部保险(养老、待业保险)。

(3) 按照缴纳费用的负担方式,社会保险分为雇员责任保险、雇主责任保险和政府责任保险。

(4) 按照提供保险待遇的形式,分为现金补贴保险和实物补贴保险。

(5) 按照保险金的时间长短,分为短期保险和长期保险。

我国把社会保险分为:养老保险、医疗保险、失业保险、工伤保险、生育保险等五大险种。

14.2 社会保险法概述

社会保险法是为了规范社会保险关系,维护社会保险参加人的合法权益,使公民共享发展成果,促进社会和谐稳定,根据宪法而制定的法律法规。

14.2.1 社会保险法的概念

社会保险法是调整社会保险法律关系的法律规范的总称,是国家通过立法强制征集专门资金,用于保障劳动者在丧失劳动能力或丧失劳动机会时基本生活需求的一种物质帮助制度。

社会保险法对社会保险的项目体系、实施范围、实施对象、经费来源、待遇标准、发放办法等内容作出法律规定,并且明确社会保险机构的性质与职能、社会保险的组织形式与地位、社会保险的管理与监督等事项。它通过规范参加、组织、管理、经办、监督社会保险过程中发生的各种社会关系,来明确社会保险各方当事人的权利义务关系。

14.2.2 社会保险法的调整对象

社会保险法调整的社会关系主要为:

(1) 社会保险管理机关与管理相对人之间的关系。社会保险管理是社会保险管理机关制定社会保险政策,监督社会保险法律、法规的执行,处理社会保险争议的活动。在我国,国务院社会保险行政部门负责全国的社会保险管理工作。县级以上地方人民政府社会保险行政部门负责本行政区域的社会保险管理工作。社会保险管理机关在进行管理过程中,形成了三个方面的管理关系:一是与社会保险经办机构的行政管理关系;二是与用人单位的行政管理关系;三是与被保险人的行政管理关系。

(2) 社会保险经办机构与用人单位和劳动者之间的关系。社会保险的基础工作是由社会保险经办机构来完成的,如社会保险费的收缴、基金的管理、待遇的发放以及退休、失业人员的服务管理等方面的工作,都是由社会保险经办机构承担或由其组织承担。社会保险经办机构与用人单位和劳动者之间的关系是社会保险关系中最为普遍和经常的关系。我国当前的社会保险经办机构由劳动保障行政部门按照国务院有关规定设立,受劳动保障行政部门管理,在法律性质上属于相对独立的、事业性的、非营利性的法人机构。①

(3) 社会保险监督机构与社会保险管理和经办机构、用人单位和劳动者之间的关系。社会保险监督的主要内容:社会保险法律的执行情况,重点是社会保险的收支、经办和运营的情况。

---

① 林嘉.劳动法和社会保障法 [M].北京:中国人民大学出版社,2009:321.

14.2.3 社会保险法律渊源

法律渊源是指被承认具有法的效力的法的表现形式,所以,社会保险法律渊源就是社会保险法的表现形式,它告诉我们调整社会保险法律关系的法律规范存在于哪些规范性文件之中。在我国,社会保险法律渊源主要有:

1. 宪法

宪法是社会保险立法的基本依据,其本身包含对社会保险的规定。如《宪法》第44条、第45条分别规定:"国家依照法律规定实行企业事业组织的职工和国家机关工作人员的退休制度。退休人员的生活受到国家和社会的保障。""中华人民共和国公民在年老、疾病或丧失劳动能力的情况下,有从国家和社会获得物质帮助的权利。国家发展为公民享受这些权利所需要的社会保险、社会救济和医疗卫生事业。"

2. 法律

这里是指由全国人民代表大会或者其常务委员会制定的有关社会保险的规范性文件。它包括专门的社会保险法律和其他法律中包含的有关社会保险的规定。《社会保险法》作为基本法,对社会保险的项目、待遇标准、基金筹措和运营、管理体制、监督检查、法律责任等做出了明确规定。其他法律也有相关规定,如我国1994年颁布的《劳动法》第9章对"社会保险和福利"作了专门规定。

3. 行政法规

行政法规是指由国务院制定的关于社会保险的规范性文件。其效力低于宪法和法律。国务院发布的社会保险法规有:《失业保险条例》、《社会保险费征缴暂行条例》等。

4. 部门规章

部门规章是指由国务院有关部委和具有行政管理职能的直属机构制定的规范性文件。目前我国社会保险法律渊源体系中,属于这个层次的规范性文件数量较多。如劳动和社会保障部颁布的社会保险规章有:《失业保险金申领发放暂行办法》、《企业职工工伤保险暂行办法》、《企业职工生育保险试行办法》等。

5. 地方性法规和地方政府规章

我国幅员广阔，各地社会保险的实际情况存在很大差异，在遵循国家统一立法基本原则的前提下，各省、自治区、直辖市和较大的市人大及其常委会和人民政府制定了适合本地区的社会保险法规和规章。如北京市和深圳经济特区分别制定的社会保险法规和规章。

6. 国际条约

第二次世界大战以后，出现了社会保障国际化的趋势。一些国际组织——主要是国际劳工组织、联合国等，制定了一系列社会保障法律文件，包括社会保险方面的国际条约。按照条约应当遵守的原则，我国缔结或参加的有关社会保险的国际条约，也是我国的法律渊源之一。

14.2.4 社会保险法的作用

1. 社会保险能发挥社会稳定器的作用

公民个人及其家庭生活安定是整个社会稳定的基础。社会成员的老、弱、病、残、孕等情况下丧失劳动能力，是在任何时代和任何社会制度下都无法避免的客观现象。当风险或事故发生时，许多社会成员因灾害事故损失和丧失收入而难以维持基本的生活。社会保险可以分散风险及提供经济补偿，在社会成员遇到这种情况时给予适当的补偿以保障其基本生活水平，从而维护了社会生活秩序的安定。

2. 社会保险有利于保证社会劳动力再生产顺利进行

社会保险能够维持劳动力的再生产，保证了劳动力再生产的正常进行。劳动者在劳动过程中必然会遇到各种意外事件，如疾病、伤残、失业等。这样就会使劳动者失去正常收入，造成劳动力再生产过程的停顿。而社会保险在劳动者遇到上述风险事故时给予必要的经济补偿和生活保障，使劳动力得以恢复。

3. 社会保险有利于实现社会公平

由于人们在文化水平、劳动能力等方面的差异，就会造成收入上的差距。

社会保险可以通过强制征收保险费，聚集成保险基金，对收入较低或失去收入来源的劳动者给予补助，提高其生活水平，在一定程度上实现社会的公平分配。

4. 社会保险有利于推动社会进步

保险具有互助性的特点，社会保险更能体现出互助合作、同舟共济的精神。建立社会保险制度，解除了劳动者的后顾之忧，调动了劳动者的积极性，增强了用人单位对劳动者的凝聚力，提高了社会经济效益。同时，社会保险能够促进劳动力的合理流动，充分发挥市场对劳动力资源的配置作用。

14.3 社会保险法的原则

社会保险法的原则是指导社会保险立法和司法的基本准则，在社会保险法中居于统帅的地位。

14.3.1 公平原则

公平原则是在社会保险基金的给付和具体纠纷的处理上应当遵循的基本原则。公平原则要求社会保险体系中每一个成员承受的负担与其自身的经济状况保持一致；而相同社会经济区域条件下的投保人所获得的基本保障也应当是相同的，不论其最初缴纳的保险费用的多少。在出现社会保险纠纷时，应以此项公平原则作为处理事务的指导精神。社会保险实际上是收入的再分配，使收入在不同年龄、健康状况、时期以及就业机会的人们之间发生转移，虽然它在缩小贫富差距上的作用不尽如人意，但却可以改善整个社会的福利状况，符合实质公平的要求。

14.3.2 强制投保原则

社会保险制度的建立和运转必须有法律的强制力作保障，强制投保体现了国家对社会保险关系的直接干预，同时也是社会保险的本质属性所决定的。这是因为社会保险的保费与给付之间并不具备个别对价关系，不能任由当事人依据契约自由原则自愿订立：一方面，受到利益的驱使，很难保证雇主自愿为其雇员加入社会保险并承担相应的保险费用；另一方面，尽管参加社会保险的直接受益者是广大劳动者，但劳动者的个体差异很大，其具体情况纷繁复杂，使其自愿地加入社会保险体系并按期如实地缴纳社会保险费用在实践推广中也非常困难。因此，在社会保险的参与和费用的缴纳等方面必须实行强制性原则，形成风险分摊的共同体，这样才可能产生社会再分配的效果，才能够保证社会保险的推广和运作。

14.3.3 社会保险权利与义务相统一原则

社会保险在实质上不是超越劳动者自身行为以外的恩赐，它需要每个劳动者的积极参与和投入。社会保险权作为劳动者基本人权的内容，主要体现在劳动者的生存权的保障上。同时，社会保险也需要劳动者承担义务，即劳动者必须已经付出劳动或为将来劳动、生存能力的恢复作必要准备，以回报社会。社会保险通过国家立法强制实行，国家法律法规规定单位与劳动者缴纳保险费的义务，劳动者在履行规定义务的前提下享有社会保险待遇的权利。因此，一方面要尽可能使全体劳动者都成为被保险对象，另一方面要求被保险人、用人单位和国家三方共同出资，在保险金领取时，除工伤保险和生育保险待遇外，其他几项都以被保险人缴纳一定费用为法定条件。只有坚持社会保险权利与义务相统一的原则，才能处理好公平与效率、保障与激励的关系。

14.3.4 社会保险一体化和社会化相统一原则

社会保险一体化即统一社会保险的项目、统一社会保险或基本社会保险的标准、统一社会保险的管理与实施机制等。实行社会保险一体化原则有利于实现劳动者的自由流动和劳动力资源的合理配置。社会保险社会化要求扩大社会保险的覆盖范围，鼓励劳动者积极参与监督社会保险制度的实施；同时实行社会保险管理的社会化，即把原来的各部门、各单位分散管理的形式逐步转为统一的社会化管理，将用人单位承担的社会保险方面的事务性工作转为社会化服务，逐步健全社会统一的社会化服务组织。

14.3.5 维持基本生活原则

这一原则来源于社会保险产生的基本原因：在允许的范围内，通过经济补偿的方式最大限度地弥补被保险人的损失，尽可能使被保险人的财产恢复到事故发生前的状态。社会保险制度建立的目的是保证遇到风险的劳动者基本生活的维持，对劳动者生存权利的保障和对社会秩序的稳定。社会保险所提供的物质帮助的对象是广大劳动者，并以提供普遍的社会经济补偿为目标，高标准的社会保险会造成国家财政与社会负担过重，势必使社会资金向非生产性领域倾斜，导致投入社会再生产的资金减少，社会财富的源泉在于劳动者的劳动，也正是基于此，社会保险水平的具体保障范围和程度会受到社会生产力的制约，社会保险水平过高或过低，都会阻碍社会生产力的发展。因此在制度上一般会对保障费用支付标准、保障项目设置进行控制。

14.3.6 国家最后保证原则

国家最后保证是指社会保险是以国家的信用与预算为依赖的，当社会保险基金不足以给付时，由国家先行支付。我国保险法第65条规定，通过预算实现社会保险基金的收支平衡；县级以上人民政府应在社会保险基金不敷支出时，给予补助。尽管世界各国社会保险基金的筹集方式不尽相同，有雇主、被保险人及政府三方负担，被保险人和政府共同负担，政府全部负担等模式，但政府都被赋予了社会保险最后保证人的角色，这是社会保险强制性的合理性与合法性的基础。因为国家也是社会劳动的受益者，社会发展的共同成果很大一部分是全体社会劳动者辛勤劳动的产物，当劳动者的基本生活出现危机时，国家应当贯彻执行劳动政策和社会政策，作为保障的后盾，承担起保险的责任，以利于社会发展和安定。换言之，如果国家不能充当社会保险的最后保证人，那么基本社会保险是不保险的、也是不可持久的。

14.3.7 多层次保险原则

我国社会保险还实行多层次保险原则，即实行国家基本保险、企业补充保险和个人储蓄性保险相结合的原则。我国《劳动法》第72条、第75条规定，用人单位和劳动者必须依照国家有关规定参加社会保险，缴纳社会保险费。国家鼓励用人单位根据本单位实际情况为劳动者建立补充保险。分为三个层次：一是国家基本保险：以社会保险基金为主渠道，社会保险基金按照保险类型确定资金来源，逐步实行社会统筹；二是企业补充保险：国家鼓励用人单位根据本单位实际情况为劳动者建立补充保险；三是个人储蓄性保险：国家提倡劳动者个人进行储蓄性保险。以此来满足不同劳动者的保险需求，均衡国家、雇主与劳动者的权利与义务，保证社会保险的平稳运行。

14.3.8 效率与公平相结合原则

社会保障是一种社会互济与自我保障相结合的制度，因此必须坚持效率与公平相结合的原则，使社会保障待遇既有主要体现国民收入再分配和社会公平的大致相同的基本待遇部分，也要有主要体现劳动者劳动贡献大小的部分，使社会保障制度既能激励劳动者勤奋工作，不断提高劳动生产率，促进经济发展，又能依靠社会互济弥补自我保障的不足，保证低收入阶层，困难人群和特殊人群基本标准的生活水平，保持社会公平，维护社会安定。

14.3.9 保险基金征用法定原则

保险基金征用法定原则包含两层基本含义：一是保险基金的征收法定；二是保险基金的用途法定。保费征收法定原则的基本内容是，社会保险费用征收的种类和费率的确定都必须依照法律的规定，任何社会保险机构和其他机构不得未经法律授权而擅自改变。一方面，如果对保费征收的权限不加以严格限制，就可能出现保险费率和种类变动失控，加重投保人负担，促成社会不安因素。另一方面，社会保险基金的管理机构必须按照法律规定的用途对基金进行妥善的管理和运用。通过对保险基金征用进行严格的法律限制，可以更好地防止相关机构对权力的滥用，切实保障劳动者的合法权益和社会保险制度的正常运作。只有保证社会保险基金按照法定用途使用，社会保险才能正常运行。

14.4　社会保险法律关系

社会保险法律关系是社会保险法律规范在调整人们行为的过程中所形成的权利义务关系。作为法律关系，社会保险法律关系与其他法律关系一样，主要有以下要素：

14.4.1　社会保险法律关系的主体及其权利和义务

1. 保险人

保险人，是指依法收取社会保险费，并按照规定支付保险待遇的主体。在我国，保险人称为社会保险经办机构，是指依法经办社会保险业务的主体。

保险人的主要职责有：（1）基金收缴。依法收缴社会保险费，督促投保人和被保险人按时足额缴纳社会保险费。（2）基金管理。依法编制社会保险基金预算、决算草案，编报社会保险财务、会计和统计报表，建立健全内部的审计制度。(3) 社会保险待遇的给付。按照法律规定的项目和标准支付被保险人的各项社会保险待遇。(4) 建立健全社会保险的档案和个人账户，依法保障社会保险档案的安全与完整，及时办理被保险人社会保险关系和个人账户的接转手续。(5) 向保险人和被保险人提供社会保险方面的咨询和查询服务，组织推动对被保险人的社会化管理服务工作。

2. 投保人

投保人，是为被保险人的利益投保社会保险的主体。投保人一般为用人单位。

投保人的主要义务是按照法律规定为被保险人办理社会保险手续；按时、足额向保险人缴纳社会保险费，这是社会保险费的主要来源，因而对社会保险法律度的正常运行和实施具有特别重要的意义；接受保险人的监督检查。

投保人的主要权利是向保险人查验本单位的缴费记录；要求其提供社会保险的政策咨询；监督保险人的社会保险工作；就与本单位有关的社会保险争议按照法律规定程序请求解决。

3. 被保险人

被保险人，是对社会保险具有直接保险利益的主体。一般为在受保行业中就业的劳动者。

被保险人的主要义务是按照规定缴纳社会保险费。

合格的被保险人的主要权利：按照规定领取社会保险待遇；查询本人有关的社会保险缴费记录；要求保险人提供社会保险的政策咨询及其他服务；监督保险人的社会保险工作；就与本人有关的社会保险争议通过法律程序求得解决。

4. 受益人

受益人，是基于被保险人的一定关系而享有一定保险利益的主体。受益人一般只限于法定范围的被保险人的直系亲属。受益人享有的保险利益，是在被保险人所得保险待遇以外，或者被保险人死亡后，按法定项目和标准获得物质帮助。受益人享受的待遇标准一般要低于被保险人享有的待遇标准。受益人的受益权实际上是被保险人权利的延伸和扩展。劳动者及其家庭：是社会保险的直接受益对象，劳动者本人也要承担一定的缴纳社会保险费的责任。

5. 管理人

管理人，是依法负有管理职责的社会保险行政管理部门。管理人的主要职责是负责对社会保险工作的组织、管理、监督和指导，研究制定社会保险的政策和发展规划，指导社会保险经办机构的工作，组织实施社会保险的各项制度。

6. 监督人

监督人，是指依法负有监督职责的机构。社会保险监督人既有专门设立的社会保险监督机构，也包括负有监督职责的社会保险行政主管部门。社会保险监督机构的职责主要是监督社会保险法律、法规、政策的执行和社会保险基金的运营。社会保险监督机构有了解权、建议权和处置权。社会保险监督机构有权了解下列情况：社会保险法律、法规和政策执行情况；社会保险经办机构内部制度建设的情况；社会保险基金收支情况；社会保险基金的投资运营情况；社会保险待遇的给付情况。社会保险监督机构有权对社会保险经办机构的工作提出改进意见和建议。对于社会保险经办机构的违法行为，社会保险监督机构有权依法处置或者提交有关部门处理。

7. 国家或政府

国家直接参与社会保险活动，并对社会保险的运行和实施给予财政上的支持，从而成为社会保险法制系统中的特殊主体。

14.4.2 社会保险法律关系的客体

社会保险法律关系的客体，是社会保险法律关系主体的权利和义务所指向的对象，可以是资金、物质和服务行为。例如，养老保险中需要缴纳的养老保险费和应当支付的养老保险金；失业保险中的失业保险金、就业服务项目；医疗保险中的医疗津贴、医疗服务行为等。

14.4.3 社会保险法律关系的产生、变更和消灭

1. 社会保险法律关系产生、变更和消灭的概念

社会保险法律关系的产生，是指主体间依照社会保险法律规定建立社会保险法律关系，从而产生一定的权利和义务。如劳动者被辞退，依据失业保险法

律有关规定，办理失业登记后，与经办失业保险的机构产生了失业保险法律关系。

社会保险法律关系的变更，是指主体间已建立的社会保险法律关系，依照法律规定，变更其内容，从而引起权利义务内容和范围的变动。例如，被保险人工作单位变换，个人账户养老保险金缴费记录发生变化。

社会保险法律关系的消灭，是指主体间的社会保险法律关系依法解除或终止。例如，某劳动者失业后，领取了24个月的失业保险金的期限届满后，与失业保险经办机构的失业保险法律关系即消灭。

2. 社会保险法律事实

社会保险法律事实是指社会保险法律规定的，能引起社会保险法律关系产生、变更、消灭的客观情况。社会保险法律规定是产生、变更、消灭社会保险关系的前提，社会保险法律事实是引起社会保险法律关系产生、变更、消灭的原因和条件。

3. 社会保险法律事实的种类

社会保险法律事实按照其发生是否以行为人的意志为转移划分为行为和事件两大类。

行为是指以行为人的意志为转移，并能引起社会保险法律关系产生、变更、消灭的法律事实。行为可分为合法行为和违法行为。合法行为是指符合国家法律规定或国家法律所认可，能产生预期的积极法律后果的行为；非法行为是指违反法律规定，行为人必须承担消极法律后果的行为。

14.5 社会保险基金法律制度

社会保险基金法律制度是规范筹集社会保险专项资金的有关法律、法规规定的制度，它是社会保险法律制度的重要组成部分。

14.5.1 社会保险基金概述

1. 社会保险基金概念

社会保险基金是指在法律的强制规定下，通过向劳动者及其所在用人单位征缴社会保险费，或由国家财政直接拨款而筹集的专项资金。社会保险基金是国家为举办社会保险事业而筹集的，用于支付劳动者因暂时或永久丧失劳动能力或劳动机会时所享受的保险金和津贴的资金。社会保险基金按照保险类型确定资金来源，逐步实行社会统筹。用人单位和劳动者必须依法参加社会保险，缴纳社会保险费。

2. 社会保险基金的性质

（1）社会保险基金具有专款专用的性质。以化解风险为目的，只能按照特定范围、特定标准用于劳动者的养老、医疗、失业、工伤、生育等项目的支出，而不能挪作他用，更不能弥补政府的财政赤字，甚至不得查封、冻结和扣划。①

（2）强制性。基金的筹集以法律规定的强制性方式进行，其支付、管理和运营严格遵循法律规定。任何企业与个人都不得违反法律规定，都不能逃避缴纳社会保险费的责任。

（3）补偿性。社会保险基金作为对劳动者因年老、失业、患病、工伤，生育而减少劳动收入时给予的经济补偿，它的基本性质是补偿基金，属于补偿性扣除。当然社会保险基金的补偿有十分明显的再分配功能，它利用统筹机制在单位与单位之间、被保险人之间（强者与弱者之间）实现互济互助的社会补偿。

（4）储备性。社会保险基金是社会对劳动者整体的负债：对统筹和个人账户两部分的社会保险基金来说，都是表面的资产，对政府而言它只是等量的负债；统筹社会保险基金的盈余虽具备滚存积累的形态，但只是会计意义上的"储蓄"。个人行为有不可避免的短视，所以为保证每个劳动者在退休、失业等情况下的基本生活需要，政府需要在一定范围内将劳动者用于远期消费的一部分收入以某种形式集中起来，在遇到约定风险时支付给他们，使劳动者获得基本的生活保障。

3. 社会保险基金的类别

（1）按照保险项目分类。可分为养老保险基金、医疗保险基金、失业保

---

① 2000年2月18日，最高人民法院颁布实施《关于在审理和执行民事、经济纠纷案件时不得查封、冻结和扣划社会保险基金的通知》。

险基金、工伤保险基金、生育保险基金。

（2）按照社会保险筹集方式分类。可分为社会统筹和个人账户模式，前者主要体现为社会成员横向之间的收入调剂和风险分担，后者主要体现为职工一生收入的纵向调剂和风险分担。

（3）按照是否有基金积累分类。可分为现收现付制和基金积累制，具体包括：现收现付制社会统筹形成的社会保险基金；个人账户储存基金制形成的社会保险基金；社会统筹部分基金积累制；社会统筹和个人账户相结合部分基金积累制。

（4）按照基金所有权分类。可分为公共基金、个人基金和机构基金。公共基金即公共所有，来源有财政拨款、按法律规定由雇主或雇员缴纳的社会保险费（税）、社会捐赠、国际赠款；个人基金是归个人所有的非财政性社会资金，但不同于银行存款和各种有价证券的资金。它是按照法律、法规、规章缴纳记在个人账户用于专门用途的基金；机构基金是用人单位为其职工建立的福利性社会保险基金，所有权归集体或部分地归集体，按照国家政策和单位规章对符合条件的职工给予补贴的资金。

14.5.2 社会保险基金筹资模式

社会保险基金筹资模式是指筹措社会保险专项基金的方式、方法。社会保险基金筹资模式从不同方面可以做多种划分。概括目前国际上通行的做法，主要有四种模式：

1. 现收现付社会统筹制模式

由社会保险机构为退休人员需支付退休养老金的总额进行社会筹资，即由单位和在职职工个人或全部由单位按工资总额的一定比例缴纳保险费。以支定收，不留积累，养老保险的负担是代际之间进行转移，即由在职职工一代人负担已退休职工一代人的养老费用，在职职工本人则由下一代人负担。此模式的主要特点：费率调整灵活；社会共济性强，易于操作；不存在基金受通货膨胀和利率波动的威胁；具有通过再分配达到公平为主导的特性。

2. 社会统筹部分基金积累制模式

该模式是在社会统筹筹资框架内建立部分基金积累，一方面对已经退休者的养老金继续实行现收现付，一方面为应付退休高峰期预筹部分积累基金，实行"以支定收,略有结余,留有部分积累"的原则,在现行统筹率的基础上适当增加几个百分点,作为长期统筹调剂使用的积累基金。

3. 个人账户储存基金制模式

该模式是从职工开始参加工作起,按工资总额的一定比例由单位和个人缴纳保险费,记入个人账户,作为长期储存积累增值的基金,其所有权归个人。职工到法定退休年龄,按个人账户积累总额(包括保险费本金和利息)以养老年金方式逐月发给个人。此模式的主要特点是将自我保障融入社会保险,激励机制强,透明度高,有利于监督管理,能形成预筹基金,长期积累增值,个人为将来长远保障,具有以效率为主导的特性。

4. 社会统筹和个人账户相结合部分基金积累制模式

其核心是引进了个人账户储存基金制的机理,积累基金建筑在个人账户的基础上,同时又保持了社会统筹互助调剂的机制。单位缴纳的保险费大部分统筹调剂用于支付已退休人员的费用,职工个人缴纳的全部保险费和单位缴纳统筹保险费的一部分一起进入职工个人账户。这种模式由于建立了养老金个人账户,具有激励机制和监督机制,同时也保留了社会统筹互济的优点,集聚了个人账户储存基金制和现收现付社会统筹制两者的优点,防止和克服了两者的弱点和可能出现的问题。从理论上看这种模式是优点大于缺点,是我国养老保险改革中探索的一种新型模式。

14.5.3 社会保险基金投资

1. 社会保险基金投资方式

社会保险基金投资方式包括银行存款;购买国库券和其他各种债券;参与股票经营;投资基金;抵押贷款;投资不动产。

(1) 银行存款。银行存款也是一种投资,而且一般认为这种投资是无风险投资。这种投资的收益率比较低。银行活期存款可随时存取,短期定期存款方式也比较灵活,因此这种投资除期限较长的存款外,几乎具有完全的资产流动性。社会保险基金中随时可能有支付需要的周转金和意外准备金,以及其他暂时不用的资金,可以选择活期存款和短期存款方式。如果银行长期定期存款利率足以抵消通货膨胀的贬值影响,社会保险基金的积累金大部分也可进行这种方式的储蓄。为了体现国家对社会保险事业的支持和资助,规定对存入银行的社会保险基金给予优惠利率,特别是在通货膨胀水平比较高的时候,对存入银行的社会保险基金给予保值补贴,甚至一定的增值补贴,以保证存入银行的基金不致贬值。

(2) 国库券及其他各种债券。国库券由国家政府发行,国家财政作担保,利率比同期银行储蓄存款高,因此被认为是一种风险小、收益高的投资工具。债券的流动性与证券交易市场的发展程度有关。目前我国证券交易市场还不完善,债券交易还受区域的限制,因此债券流动性不是很强。

(3) 股票。股票是最能够抵制通货膨胀对资产贬值影响的投资方式之一,其收益与风险并存。目前我国不允许社会保险基金投资股票,主要是从安全性考虑。

(4) 投资基金。投资基金是由基金公司或其他发起人向投资者发行受益凭证,将大众手中零散资金集中起来,委托具有专业知识和投资经验的专家进行管理运作,并由良好信誉的金融机构充当所募集资金的信托人或保管人。基金经理人将通过多样化投资组合,努力降低风险,谋求资金长期、稳定的增值。

(5) 抵押贷款。抵押贷款一方面风险比较小,因为借方有财产作借款抵押,另一方面收益相对较高,因而可作为社会保险基金投资的一种方式。当前资金短缺是中国金融市场存在的普遍现象,社会保险基金进入金融市场无疑能在一定程度上缓解这一状况。从社会保险基金投资的社会效益角度出发,保险基金应当把国有企业和关系国计民生的行业、企业作为贷款对象。

(6) 不动产投资。联系到我国职工住房的现状和住房制度改革的紧迫性,社会保险基金投资不动产应以住宅建设投资为主。社会保险基金管理机构可以利用基金投资建造职工住宅,在取得适当收益的前提下将住宅出售或出租给被保险人。

2. 社会保险基金运营的原则

社会保险基金本身的特殊性,决定了其投资运营必须贯彻以下几个原则:

(1) 安全性原则。即必须保障投资本金及时、足额收回。这是社会保险基金投资必须遵循的一个最基本的原则。由于我国正处于经济转轨时期,基金投资的安全问题十分突出。为此,必须根据基金性质与收益需要,预测可控风险和收益标准,严格按照标准、程序进行基金投资运营。

（2）收益性原则。即在确保基金安全的前提下，力求获得一定的收益。这是基金保值增值的基本要求。社会保险基金投资不能为追求高额利润而冒很大的风险，但也不能为了投资安全而不考虑收益，而是要在安全性原则的前提下，设法获得理想的投资收益。只有当基金投资收益率高于通货膨胀率时，基金才能真正实现增值。

（3）流动性原则。流动性是指基金将投资资产转变为现金的难易程度和速度。基金投资的流动性原则，要求投资基金在不发生损失或资产转让成本低于资金拆借成本的条件下可以随时变现，以满足随时可能支付的需要。基金作为具有专项用途的资金，主要用于支付与社会保险待遇有关的费用，必须切实保证能够及时支付。为此，基金投资时应有妥善的计划、精确的计算，根据各种保险金支付需要，确定变现的额度和资金融通的灵活性。如果投资冻结于某个项目的固定用途而不能变现，就无法应付支付的需要，违背了基金投资的宗旨。

我国《社会保险法》对社会保险基金的投资运营问题做了原则性规定：社会保险基金按照统筹层次设立预算。在保障安全的前提下，通过投资运营实现保值增值，投资运营的具体办法由国务院规定。

14.5.4 社会保险基金的支付

1. 社会保险基金支付的概念

社会保险基金支付指按照社会保险法规定的条件、标准和方式，由社会保险机构将资金给付给被保险人，以保障其基本生活需要。社会保险基金支付是社会保险目的和功能得以真正实现的关键环节。

社会保险基金的支付应该符合专款专用的原则，其具体用途可以分为两类：一是社会保险待遇支出；二是社会保险事业管理费支出。

2. 社会保险基金的支付水平

社会保险水平与生产力水平相适应是社会保险制度的一项重要原则。我国在确定社会保险基金支付水平立法基准时，应考虑从我国国情出发，不应确定过高的支付水平标准：养老保险可考虑兼顾劳动期间的工资水平与最低生活需要两种因素；养老保险以外的各种社会保险待遇应从基本生存需要出发确定支付水平标准；应当确立随物价上涨而相应调整待遇水平的原则，以及随经济增长相应调整待遇水平的原则。

3. 社会保险基金的支付条件

（1）年龄：保险金发放对象必须符合法定的年龄界限方可领受社会保险金。此项条件适用于养老、遗属抚恤及家庭津贴等项目；（2）性别：多数国家在退休年龄的规定上男女有别。而生育保险金则无例外地发放给女性劳动者或受益人；（3）保险金受益人的身份：被保险人；（4）所在劳动部门或职业性质不同也影响待遇标准；（5）工龄与就业年限：与保险金给付成正比关系；（6）投保年限和缴纳保险费的数额；（7）居住年限；（8）供养亲属的人数：供养亲属的人数越多，所给付的家庭补助金也越多；（9）工资以外的其他收入情况：在进行投保人收入调查时，发现受保人有工资以外的其他收入，应在给付社会保险待遇时予以考虑。

4. 社会保险基金的支付方式

（1）从社会保险基金的支付周期看，可以分为定期给付和一次性给付两种形式。长期性保险往往采取定期给付形式，短期性保险往往采取一次性给付形式；（2）从社会保险基金的支付对象来看，可分为被保险人本人享受和法定供养亲属享受两种形式。一般情况下，被保险人本人享受社会保险基金给付的待遇，但在丧葬补助费、抚恤费、家属医疗等方面，给付对象是法定供养亲属；（3）从社会保险基金的支付标准来看，可分为工资比例制和均一制。工资比例制又称"工资相关制"，其保险给付标准是以被保险人在停止工作前某一时期的平均工资收入或某一时点上的绝对工资收入为基数，根据被保险人的资格条件不同，乘以一定的百分比而确定的。均一制又称绝对金额制，不与工资挂钩，而根据规定的某些统一资格条件（如缴费期限、数量、就业年限等）确定同一的绝对数额标准付给社会保险金。

14.5.5 社会保险基金监管法律制度

社会保险基金是社会保险的物质基础，对于社会保险基金监管的制度性设计和安排，是社会保险法律制度的重要组成部分。

1. 社会保险基金监管的概念

社会保险基金监管是指由国家行政监管机构、专职监督部门等为防范和化解风险,根据国家法规和政策规定,对社会保险基金征收、管理、支出和运营实施的监督检查。

2. 社会保险基金监管的内容

社会保险行政部门、社会保险费征收机构、社会保险经办机构和财政部门、审计机关对属于本部门负责的社会保险基金监管工作,拟定社会保险基金监督、审计办法和内部审计规则,综合协调社会保险基金管理政策,检查社会保险基金预算执行情况并实施监督审计;拟定社会保险基金运营机构和补充保险承办机构资格认定标准,认定社会保险基金运营机构和补充保险承办机构资格并实施监督;监督社会保险经办机构及社会保险基金使用单位执行社会保险政策和国家财务会计制度情况;建立并管理社会保险基金监督举报系统,受理投诉举报,会同纪检部门查处基金管理中的重大违纪案件。

3. 我国社会保险基金监管体系

目前,我国已经初步形成了以劳动保障部门行政监管为主,财政监督、审计监督、内部控制以及法律监督、社会监督有机配合的社会保险基金监管体系。

(1) 劳动保障部门行政监管

根据国务院规定,劳动和社会保障部是中央社会保险基金监管机构,负责组织实施各项社会保险基金监督管理工作,具有制定基金监督管理制度和社会保险经办机构管理规则、制定基金运营准入的资格标准、认定基金运营机构资格、监管基金运营、查处基金管理重大违规违纪案件等项职责。各级劳动保障部门社会保险基金监管机构构成了我国社会保险基金监管体系的主体。

(2) 财政监督

财政部门对社会保险基金实施财务监督,保证基金的财务收支按规定有序进行。

(3) 审计监督

审计部门要定期或不定期地对基金财务收支,包括基金会计凭证和账簿报表进行审计,发现问题及时处理。

(4) 内部控制

内部控制是基金监督管理的基础环节。管理运营基金的各级社会保险经办机构和有关运营机构，必须加强基金规章制度建设，健全内部审计稽核制度，实现自我约束。

(5) 人民代表大会监督

人民代表大会依照法律规定，对社会保险基金的运行情况进行监督检查。有关政府部门必须认真听取人民代表大会的意见和建议，严肃地对待和处理检查出来的问题。

(6) 社会监督

社会保险基金是政府建立的专项资金，是广大人民群众的"保命钱"。公众有权了解各项基金的收支、结余情况。各级社会保险经办机构要定期或不定期地向社会公布基金收支和结余报告，自觉接受公众、团体和组织的社会监督。

14.6 社会保险法律责任

社会保险法律责任是指社会保险法律关系主体违反社会保险法律、法规、规章应当承担的不利后果。社会保险法律责任制度是社会保险法律规范得以切实贯彻落实的保障。社会保险法律责任包括行政责任、刑事责任和民事责任。

14.6.1 社会保险行政法律责任

社会保险行政法律责任，是指保险行为主体因违反保险法律、法规及规章，而依法由国家保险监督管理机构及其授权的组织或违法行为人所在单位以行政处罚或行政处分的方式予以追究的法律责任。行政法律责任包括行政处分和行政处罚两种。

按照《公务员法》的规定，行政处分的方式主要有：警告、记过、记大过、降级、撤职、开除。社会保险行政处分主要针对社会保险经办机构直接负责的主管人员和其他直接责任人员以及社会保险行政管理机关工作人员的非法行为。比如社会保险经办机构及其工作人员若有下列行为之一，直接负责的主管人员和其他直接责任人员就应当受到处分：未按照规定履行参加社会保险法定职责；未按照规定将社会保险基金存入财政专户；克扣或者拒不按时支付社会保险待遇；丢失或者篡改缴费记录、领取社会保险待遇记录等社会保险数据、权益记录；泄露用人单位或者个人信息；有违反社会保险法律、法规的其他行为。社会保险费征收机构擅自更改社会保险费缴费基数、费率，导致少收或者多收社会保险费的，由有关主管部门责令其追缴应缴的社会保险费或者退还不应缴纳的社会保险费；对直接负责的主管人员和其他直接责任人员依法给予处分。挪用社会保险基金的，由社会保险行政部门、财政部门、审计机关责令追回被挪用的资金；有违法所得的，没收违法所得；对直接负责的主管人员和其他直接责任人员依法给予处分。此外，国家机关工作人员在社会保险管理、监督工作中滥用职权、玩忽职守、徇私舞弊的，依法给予处分。

社会保险行政处罚的方式主要有：责令改正；限期补缴；加收滞纳金；责令退还社会保险金；没收违法所得；罚款；吊销执业资格。具体内容包括：用人单位不办理社会保险登记的，由社会保险行政部门责令限期改正；逾期不改正的，对用人单位处应缴社会保险费数额 1 倍以上 3 倍以下的罚款，对其直接负责的主管人员和其他直接责任人员处 500 元以上 3000 元以下的罚款；用人单位不按期缴纳或者少缴社会保险费的，由有关主管部门责令限期补缴欠缴数额，并自欠缴之日起，按日加收 5‰ 的滞纳金；逾期仍不缴纳的，处欠缴数额 2 倍以上 5 倍以下的罚款；以欺诈、伪造证明材料或者其他手段骗取社会保险基金支出的，由社会保险行政部门责令退回骗取的社会保险金，处骗取金额 2 倍以上 5 倍以下的罚款；属于社会保险服务机构的，解除服务协议；直接负责的主管人员和其他直接责任人员有执业资格的，吊销其执业资格；以欺诈、伪造证明材料或者其他手段骗取社会保险待遇的，由社会保险行政部门责令退回骗取的社会保险金，处骗取金额 2 倍以上 5 倍以下的罚款。

14.6.2 社会保险刑事法律责任

对上述违反法律规定的行为，构成犯罪的，依法追究有关主体的刑事责任。

所谓社会保险犯罪，是指社会保险多方主体在投保、索保、承保、理赔、保险代理、保险经纪、保险评估及保险监管等过程中，违反社会保险法及我国《刑法》的规定，破坏社会保险正常运行与管理秩序情节严重、构成犯罪的行为。

依照我国《刑法》的规定，社会保险犯罪主要涉及下列具体罪名：（1）擅自设立金融机构罪(《刑法》第174条)；（2）公司、企业人员受贿罪(《刑法》第184条)；（3）挪用资金罪(《刑法》第185条)；（4）中介组织、人员提供虚假证明文件罪(《刑法》第229条)；（5）中介组织人员出具证明文件重大失实罪(《刑法》第229条第3款)；（6）职务侵占罪(《刑法》第183、271条)；（7）保险诈骗罪(《刑法》第198条)；（8）非法经营罪(《刑法》第225条)；（9）诈骗罪(《刑法》第266条)；（10）贪污罪(《刑法》第382条)；（11）挪用公款罪(《刑法》第384条)；（12）受贿罪(《刑法》第385条)；（13）滥用职权罪、玩忽职守罪(《刑法》第397条)。

14.6.3　社会保险民事法律责任

社会保险民事责任主要是赔偿责任。如社会保险经办机构及其工作人员有未按照规定履行参加社会保险法定职责、未按照规定将社会保险基金存入财政专户、克扣或者拒不按时支付社会保险待遇、丢失或者篡改缴费记录、领取社会保险待遇记录等社会保险数据、权益记录、泄露用人单位或者个人信息等行为，除社会保险行政部门责令其改正、对直接负责的主管人员和其他直接责任人员依法给予处分以外，如果给社会保险基金、用人单位或者个人造成了损失，依法应当承担赔偿责任。

个人与所在用人单位发生社会保险争议的，可以依法申请仲裁、提起诉讼，要求违约或侵权责任人承担相应的民事责任。比较特殊的是在用人单位侵害个人社会保险权益的，个人具有追究责任的选择权，即既可以提起民事诉讼，也可以要求社会保险行政部门或者社会保险费征收机构依法处理。

本章小结

　　社会保险是基于劳动者可能面临的各种风险而设计的保障制度。劳动者在法律规定的特殊情形下以社会保险的方式获得国家和社会提供的物质帮助，是宪法赋予劳动者的一项基本权利，也是国家对全体劳动者应负的责任。社会保险具有社会性、强制性、共济性和补偿性的特点。社会保险法的目的与作用是规范社会保险关系，维护社会保险参加人的合法权益，使公民共享发展成果，促进社会和谐稳定。社会保险法的制定和实施必须遵循公平原则、强制投保原则、权利与义务相一致原则等一系列基本原则。社会保险法律关系是社会保险法律规范在调整人们行为的过程中所形成的权利义务关系，其具有多方法律关系的特性。社会保险基金是社会保险的物质基础，社会保险基金法律制度是规范筹集社会保险专项资金的制度，在社会保险法律制度中具有重要的地位。社会保险基金监管是社会保险系统的"免疫系统"，关系到社会保险能否安全有效地运作，对社会保险基金监管的法律制度必须做出周密的设计和安排。根据法律法规的规定，社会保险法律责任包括行政法律责任、民事赔偿责任和刑事责任。

关键术语

社会保险　　社会保险法　　社会保险法作用　　社会保险法原则
社会保险法律关系　　社会保险法律责任　　社会保险基金

思考题

1. 社会保险有哪些特点？
2. 社会保险法有什么作用？
3. 社会保险法的基本原则有哪些？
4. 社会保险法律关系的主体及其权利和义务如何？
5. 社会保险基金的法律制度有哪些？
6. 违反社会保险法应承担哪些法律责任？

第15章 社会保险法分论

随着社会经济与公民权利保障的发展，自20世纪50年代以来世界许多国家建立了完善的社会保险体系，其包含的项目均与劳动者在生命周期中可能发生的年老、疾病、伤残、失业等风险紧密相连。中华人民共和国社会保险始于1952年2月政务院公布《劳动保护条例》，经历了曲折的发展历程。改革开放以来，逐步建立起了以城镇职工为主同时包括农村劳动者在内的社会保险制度体系。主要项目有社会统筹与个人账户相结合的基本养老保险、社会统筹与个人账户相结合的基本医疗保险、失业保险、工伤保险、生育保险、重大疾病和补充医疗保险等制度。

15.1 养老保险法律制度

养老保险是国家向劳动者提供的一种收入补偿和物质帮助，是为了预防人们因达到退休年龄退出工作岗位而失去生活来源，面临生存危机而设立的社会保险。步入老年是人生必经之路，由此便决定了该制度的独特地位和重要性，它往往被列为五大社会保险之首，是社会保险乃至社会保障制度中最为核心的内容。养老保险制度的基本内容包括养老保险的覆盖范围、制度模式、享受条件、待遇标准、基金筹集、管理体制等方面。

15.1.1 养老保险概述

1. 养老保险的概念

养老保险也称老年保险,是国家和社会根据一定的法律、法规,为解决劳动者在达到国家规定的解除劳动义务的劳动年龄界限,或因年老丧失劳动能力退出劳动岗位后的基本生活而建立的一项社会保险制度。

2. 养老保险的特征

养老保险除了具有强制性与社会性这些社会保险的共性外,还具有独特性:

(1) 养老保险具有共济性。养老保险社会覆盖面广、影响大、享受人多且时间较长、费用支出庞大,养老保险费用来源,由国家、单位和个人三方或单位和个人双方共同负担,并实现广泛的社会互济。

(2) 养老保险具有社会经济权利属性。养老保险保护的基本对象是劳动者,即从事一定的社会劳动并取得社会报酬的人,保障其年老时退出劳动后的基本生活,实现老有所养,对于在职的劳动者而言是一种期待权,只有符合法定的退休条件后,才享受养老的现实权利。只有少数国家在普遍养老金制度中包括非雇佣者,但前提条件是按规定缴纳养老保险费。

(3) 养老保险因以国家为最后责任人而具有可预期性。现代养老保险制度使得国家通过一系列制度承担公民养老的主要责任,养老保险以养老保险基金为物质基础,以国家为最后责任人,因此具有稳定性和可预测性。[①] 政府是养老保障管理主体,甚至部分国家还是养老保障的供应主体。国家(政府)的主要职责包括:制定政策和监督政策的实施;制定相关法律和监督法律的实施,以建立稳定的财务和金融体制;监督公共和私营经办机构。

15.1.2 养老保险的类型

世界各国的养老保险制度有三种类型,可概括为投保资助型(也叫传统型)养老保险、强制储蓄型养老保险(也称公积金模式)和国家统筹型养老保险。

---

① 参见刘青. 明确赡养义务的个人与国家责任 [J]. 唯实 2009 (3): 78-82.

1. 投保资助型养老保险制度

传统型的养老保险制度又称为自保公助模式，最早为德国俾斯麦政府于 1889 年颁布养老保险法所创设，后被美国、日本等国家所采纳。该类型养老保险将个人领取养老金的权利与缴费义务联系在一起，即个人缴费是领取养老金的前提，养老金水平与个人收入挂钩，基本养老金按退休前雇员历年指数化月平均工资和不同档次的替代率来计算，并定期自动调整。除基本养老金外，国家还通过税收、利息等方面的优惠政策，鼓励企业实行补充养老保险，基本上也实行多层次的养老保险制度。

2. 国家统筹型养老保险制度

国家统筹型养老保险又分为两种：

一种类型是福利国家普遍采取的，又称为福利型养老保险，最早为英国创设，目前适用该类型的国家还包括瑞典、挪威、澳大利亚、加拿大等。

该制度的特点是实行完全的"现收现付"制度，并按"支付确定"的方式来确定养老金水平。养老保险费全部来源于政府税收，个人不需缴费。享受养老金的对象不仅仅为劳动者，还包括社会全体成员。养老金保障水平相对较低，通常只能保障最低生活水平而不是基本生活水平，如澳大利亚养老金待遇水平只相当于平均工资的 25%。为了解决基本养老金水平较低的问题，提倡企业实行职业年金制度，以弥补基本养老金的不足。

该制度的优点在于运作简单易行，通过收入再分配的方式，对老年人提供基本生活保障，以抵消市场经济带来的负面影响。该制度缺陷是政府的负担过重，由于政府财政收入的相当一部分用于社会保障支出，为了维持如此庞大的社会保障支出，政府必须采取高税收政策，这样又加重了企业和纳税人的负担。同时，社会成员普遍享受养老保险待遇，缺乏对个人的激励机制，只强调公平而忽视效率。

国家统筹型的另一种类型由前苏联首创，其理论基础为列宁的国家保险理论，后为东欧各国、蒙古、朝鲜以及我国改革以前所采用。目前采用这种模式的国家越来越少。

该类型与福利国家的养老保险制度一样，都是由国家来包揽养老保险活动和筹集资金，实行统一的保险待遇水平，劳动者个人无须缴费，退休后可享受退休金。但与前一种类型不同的是,适用的对象并非全体社会成员,而是劳动者,养老金也只有一个层次,未建立多层次的养老保险,一般也不定期调整养老金水平。

3. 强制储蓄型养老保险制度

强制储蓄型主要有新加坡模式和智利模式两种。

新加坡模式是一种公积金模式。该模式的主要特点是强调自我保障,建立个人公积金账户,由劳动者于在职期间与其雇主共同缴纳养老保险费,劳动者在退休后完全从个人账户领取养老金,国家不再以任何形式支付养老金。个人账户的基金在劳动者退休后可以一次性连本带息领取,也可以分期分批领取。国家对个人账户的基金通过中央公积金局统一进行管理和运营投资。除新加坡外,东南亚、非洲等一些发展中国家也采取了该模式。

智利模式作为另一种强制储蓄类型,也强调自我保障,也采取了个人账户的模式,但与新加坡模式不同的是,个人账户的管理完全实行私有化,即将个人账户交由自负盈亏的私营养老保险公司,规定了最大化回报率,同时实行养老金最低保险制度。该模式于20世纪80年代在智利推出后,也被拉美一些国家所效仿。

强制储蓄型的养老保险模式最大的特点是强调效率,但忽视公平,难以体现社会保险的保障功能。

15.1.3 我国养老保险模式

我国根据中国的具体国情,创造性地实施了"社会统筹与个人账户相结合"的基本养老保险改革模式,由三个部分(或层次)组成:第一部分是基本养老保险,第二部分是企业补充养老保险,第三部分是个人储蓄性养老保险。

1. 基本养老保险

基本养老保险是按国家统一的法规政策强制建立和实施的社会保险制度。企业和职工依法缴纳养老保险费,在职工达到国家规定的退休年龄或因其他原因而退出劳动岗位并办理退休手续后,社会保险经办机构向退休职工支付基本养老保险金(也称"退休金")。

基本养老金由基础养老金和个人账户养老金组成。未来基本养老保险目标替代率确定为58.5%。① 基本养老金主要目的在于保障广大退休人员的晚年基本生活。

2. 企业补充养老保险

企业补充养老保险是指由企业根据自身经济实力，在国家规定的实施政策和实施条件下为本企业职工所建立的一种辅助性的养老保险。企业补充养老保险由国家宏观指导、企业内部决策执行。单位实行补充养老保险，应选择经劳动保障行政部门认定的机构经办。企业补充养老保险的资金筹集方式有现收现付制、部分积累制和完全积累制三种，可由企业完全承担，或由企业和员工双方共同承担，承担比例由劳资双方协议确定。企业内部一般都设有由劳资双方组成的董事会，负责企业补充养老保险事宜。

企业补充养老保险与基本养老保险既有区别又有联系。其区别主要体现在两种养老保险的层次和功能上的不同。其联系主要体现在两种养老保险的政策和水平相互联系、密不可分。

3. 个人储蓄性养老保险

职工个人储蓄性养老保险是我国多层次养老保险体系的一个组成部分，是由职工自愿参加、自愿选择经办机构的一种补充保险形式。由社会保险机构经办的职工个人储蓄性养老保险，由社会保险主管部门制定具体办法，职工个人根据自己的工资收入情况，按规定缴纳个人储蓄性养老保险费，记入当地社会保险机构在有关银行开设的养老保险个人账户，并应按不低于或高于同期城乡居民储蓄存款利率计息，以提倡和鼓励职工个人参加储蓄性养老保险，所得利息记入个人账户，本息一并归职工个人所有。

职工达到法定退休年龄经批准退休后，凭个人账户将储蓄性养老保险金一次总付或分次支付给本人。职工跨地区流动，个人账户的储蓄性养老保险金应随之转移。职工未到退休年龄而死亡，记入个人账户的储蓄性养老保险金应由其指定人或法定继承人继承。

---

① "基本养老保险目标替代率"是指退休后养老金的平均水平与在职期间的平均收入间的比率。

15.1.4 我国基本养老保险内容

1. 覆盖范围

根据我国社会保险法，职工应当参加基本养老保险，由用人单位和职工共同缴纳基本养老保险费。无雇工的个体工商户、未在用人单位参加基本养老保险的非全日制从业人员以及其他灵活就业人员可以参加基本养老保险，由个人缴纳基本养老保险费。公务员和参照公务员法管理的工作人员养老保险的办法由国务院规定。

2. 基本养老保险费的筹集

基本养老保险费由企业和职工共同负担，企业依法缴纳基本养老保险费，缴费比例一般为企业工资总额的20%左右，企业缴费部分不再划入个人账户，全部纳入社会统筹基金，并以省（自治区、直辖市）为单位进行调剂。养老保险社会统筹基金纳入财政专户，实行收支两条线管理，严禁截留、挤占、挪用。职工缴费比例为本人缴费工资的8%，并全部记入个人账户。基本养老保险基金出现支付不足时，政府给予补贴。未参保集体企业城镇户籍人员，个人可一次性补缴15年的基本养老保险费，参加基本养老保险；未参保集体企业2010年12月31日前已达到或超过法定退休年龄的城镇户籍人员，个人可一次性补缴15年的基本养老保险费，参加基本养老保险；未参保集体企业2010年12月31日尚未达到法定退休年龄的城镇户籍人员，按规定正常参保缴费，达到法定退休年龄时累计缴费不足15年的，可以缴费至满15年，按规定享受养老保险待遇。

3. 基本养老保险个人账户

个人账户储存额的多少，取决于个人缴费额和个人账户基金收益，并由社会保险经办机构定期公布。个人账户基金只能用于职工养老、不得提前支取。职工跨统筹范围流动时，个人账户随同转移。职工或退休人员死亡，个人账户可以继承。个人账户基金由省级社会保险经办机构统一管理，按国家规定存入银行，全部用于购买国债，收益率要高于银行同期存款利率。

4. 领取基本养老金的条件

职工按月领取基本养老金的条件，一是达到法定退休年龄，并已办理退休手续；二是所在单位和个人依法参加养老保险并履行了养老保险缴费义务；三是个人缴费年限至少满15年。目前我国的企业职工法定退休年龄为：（1）男职工60岁；从事管理和科研工作的女职工55岁；从事生产和工勤辅助工作的女职工50岁。（2）从事井下、高空、高温、特别繁重体力劳动或者其他有害身体健康的工作，男性年满55周岁、女性年满45周岁，连续工龄满10年的；（3）男性年满50周岁，女性年满45周岁，连续工龄满10年，经医院证明，并经劳动鉴定委员会确认，完全丧失劳动能力的；（4）因工致残，经医疗证明，并经劳动鉴定委员会确认，完全丧失劳动能力的。

5. 基本养老保险待遇

基本养老金由基础养老金和个人账户养老金组成。职工达到法定退休年龄且个人缴费满15年的，基础养老金月标准为省（自治区、直辖市）或市（地）上年度职工月平均工资的20%计发，参保人员每多缴一年增发一个百分点，上不封顶；个人缴费不满15年的，不发给基础养老金，个人账户全部储存额一次支付给本人。基础养老金由社会统筹基金支付；个人账户养老金由个人账户基金支付，月发放标准为本人账户储存额除以120。个人账户基金用完后，由社会统筹基金支付。已经离退休的人员，按国家原来的规定发给养老金。1997年统一全国企业职工基本养老保险制度前参加工作的人员，其退休后在发给基础养老金和个人账户养老金的基础上，再发给过渡性养老金。

基本养老金领取者死亡后，其遗属按国家有关规定领取丧葬补助金，丧葬补助金由基本养老保险社会统筹基金支付。

国家建立基本养老金正常调整机制。根据职工平均工资增长、物价上涨情况，适时提高基本养老保险待遇水平。

个人跨统筹地区就业的，其基本养老保险关系随本人转移，缴费年限累计计算。个人达到法定退休年龄时，基本养老金分段计算、统一支付。具体办法由国务院规定。

6. 新型农村社会养老保险制度

（1）新型农村社会养老保险是指在基本模式上实行社会统筹与个人账户

相结合,在筹资方式上实行个人缴费、集体补助、政府补贴相结合的社会养老保险制度。①

(2) 筹资方式。新型农村社会养老保险与原来的农村养老保险最主要的区别就是筹资方式上增加了政府补贴。个人缴费,缴费标准目前设为每年100元、200元、300元、400元、500元5个档次,地方可以根据实际情况增设缴费档次;集体补助,有条件的村集体应当对参保人缴费给予补助,补助标准由村民委员会召开村民会议民主确定,鼓励其他经济组织、社会公益组织、个人为参保人缴费提供资助;政府补贴,政府对符合领取条件的参保人全额支付新农保基础养老金。

(3) 新型农村社会养老保险待遇由基础养老金和个人账户养老金组成。参加新型农村社会养老保险的农村居民,符合国家规定条件的,按月领取新型农村社会养老保险待遇。基础养老金。目前中央确定的基础养老金标准为每人每月55元,地方政府可以根据实际情况提高基础养老金标准;个人账户养老金。个人缴费,集体补助及其他经济组织、社会公益组织、个人对参保人缴费的资助,地方政府对参保人的缴费补贴,全部计入个人账户。个人账户储存额参考央行一年期存款利率计息。个人账户养老金的月计发标准为个人账户全部储存额除以139,与现行城镇职工基本养老保险个人账户养老金计发系数相同。参保人死亡的,个人账户中的资金余额,除政府补贴外,可以依法继承;政府补贴余额用于继续支付其他参保人的养老金。

(4) 养老金待遇领取条件。年满60周岁、未享受城镇职工基本养老保险待遇的农村有户籍的老年人,可以按月领取养老金。新农保制度实施时,已年满60周岁、未享受城镇职工基本养老保险待遇的,不用缴费,可以按月领取基础养老金,但其符合参保条件的子女应当参保缴费;距领取年龄不足15年的,应按年缴费,也允许补缴,累计缴费不超过15年;距领取年龄超过15年的,应按年缴费,累计缴费不少于15年。

7. 城镇居民社会养老

我国社会保险法第22条规定:"国家建立和完善城镇居民社会养老保险制度。省、自治区、直辖市人民政府根据实际情况,可以将城镇居民社会养

---

① 2009年9月,国务院出台《关于开展新型农村社会养老保险试点的指导意见》,引导农村居民普遍参保。

保险和新型农村社会养老保险合并实施。"城镇居民社会养老保险是一些地方探索建立的由城镇非就业居民参加的一项社会养老保险制度。在制度模式上也是实行个人账户与基础养老金相结合，筹资方式实行个人缴费、集体补助与政府补贴相结合。目前城镇居民社会养老保险还不是一项成熟的社会保险制度，没有全国统一的制度安排。

15.2 医疗保险法律制度

医疗保险制度是一个国家或地区按照保险原则为解决有关公民防病治病问题而筹集、分配和使用医疗保险基金的制度，它是社会保险制度的重要组成部分。

15.2.1 医疗保险概述

1. 医疗保险的概念

医疗保险指根据立法规定，由国家或社会通过社会保险机构对法定范围内的人群，提供医疗服务或经济补偿、保障其基本医疗需求而建立的一种社会保险制度。

2. 医疗保险的特征

（1）医疗保险待遇支付形式的间接实物补偿性。参保人员只有患病或受伤后才可享受医疗保险。尽管医疗保险是通过支付费用，补偿参保人员的经济损失来实现保障的，但参保人员最终获得的医疗给付的补偿形式，是医疗服务，而非现金。

（2）医疗保险待遇补偿方式的非定额补偿性。参保人员患病后就医机会均等，不受其经济和社会地位影响。但由于病情不同，每个参保人员所获得的经济补偿额并不相等，往往与享受者所缴纳的保险费无紧密关系，而与实际病情需要关系更大。因此，医疗保险对每个参保人员一般依据伤病的实际情况确定补偿金额，不采用定额补偿。这与其他社会保险项目实行定额现金给付，而对其最终用途没有明确限定的做法是明显不同的。

（3）疾病风险具有不可避免性、随机性和不可预知性。罹患疾病是人不可避免的，由于疾病的发生时间、类型、严重程度具有随机性和不可预测性，医疗保险提供的补偿也只能是短期的、经常性的，不像其他社会保险项目，如养老保险或生育保险那样，是长期的、可预测的或一次性的。因此，在法律规定范围内的群体，无论患病与否，必须一律参加医疗保险，以有效分担不可预期的疾病风险、提高全社会的医疗保障能力。

（4）医疗服务消费具有不确定性和被动性。患者患病时每个人的实际医疗费用无法事先确定，支付多少不仅取决于疾病的实际情况，还有医疗处置手段、医疗服务提供者的行为甚至可能的道德风险等对医疗费用产生的影响。患者的医疗消费却是被动的，患者很难真正通过市场手段来选择医疗服务的内容和数量，也没有能力主动控制医疗费用的支出。

（5）医疗保险多方主体法律关系的复杂性。医疗保险涉及政府、用人单位、医疗机构、社会保险机构、医疗机构和患者个人等多方之间复杂的权利义务关系。

15.2.2 医疗保险的模式

1. 国家（政府）医疗保险模式

国家（政府）医疗保险模式是指政府直接举办医疗保险事业，通过税收形式筹措医疗保险基金，采取预算拨款给国立医疗机构的形式，向本国居民直接提供免费（或低收费）医疗服务。英国、加拿大、瑞典等国家都实行此类保险制度。

国家医疗保险模式的特点是由政府直接管理医疗保险事业，覆盖的对象一般是本国的全体公民，政府收税后拨款给公立医院，医院直接向居民提供免费（或低价收费）服务，企业和个人基本没有经济负担。因此政府可以根据其投入量来控制医疗费用的总量；由于免费向居民提供医疗服务，因而可以保障居民能够公平地获得基本的医疗服务，使他们的健康有了保证。同时，鼓励发展非政府保险项目的商业性补充医疗保险。凡非政府保险项目均可由雇主自由投资，其所属雇员均可免费享受补充医疗保险项目。该模式的缺陷是由于医疗服务的高度计划性，通常导致卫生资源的配置效率较低，医疗机构在运行上缺乏活力，医疗机构的服务提供效率也较低，往往居民对医疗服务的需求不能够得到满足，且供需双方都缺乏费用意识，存在着不必要的医疗支出。

2. 社会医疗保险模式

社会医疗保险也称为投保资助型医疗保险模式，是国家通过立法的形式强制实施的，国家通过税收、预算、企业与劳动者以现金缴纳的形式建立医疗保险基金，当参保劳动者及其家属因病受伤或生育需要医治时，由社会提供医疗服务和物质帮助的一种社会保险方式。德国是世界上第一个建立该模式医疗保险制度的国家，目前，世界上有一百多个国家和地区实行了这种模式的医疗保险制度。

社会医疗保险的特点是采用多方筹资的方式，资金主要来源于雇主和雇员缴纳，按单位工资总额和个人收入的一定比例进行筹措，政府酌情给予补贴，实质上是个人收入的再分配，或者说个人所得的横向转移，高收入者一部分收入向低收入者转移，健康者的一部分收入向多病者转移，实现社会共济与稳定的目标。保险金的再分配与被保险者所缴纳的保险费多少无关，无论收入多少都能得到治疗。参保人的配偶和子女可不付保险费而同样享受医疗保险待遇。由于是通过法律强制实施，因而筹资能够得到保证。政府并不直接出面管理社会医疗保险，而是由社会机构来执行。问题是随着人口老龄化速度的加快，年轻人与健康者为老年人支付的医疗费用逐渐增多，社会负担将会逐渐加重，而采用现收现付财务模式一般没有基金积累，不能解决医疗费用负担的代际转移问题。

3. 商业医疗保险模式

商业医疗保险是将医疗保险作为特殊商品，由保险公司按市场法则自由经营，由投保人自愿选择保险项目，并自愿交纳相应的医疗保险费的一种医疗保险项目。在医疗保险市场上，卖方是营利或非营利的医疗保险公司；买方既可以是企业、社会团体，也可以是政府或个人。商业医疗保险的资金主要来源于参保者个人及其雇主缴纳的保险费，政府财政一般不出资或补贴。美国是实施商业医疗保险的典型代表。

这种模式的特点是参保自由，灵活多样，政府仅负担老人和穷人等特殊群体的医疗保障。卫生服务机构以私立为主，大多数公民通过自愿参加商业性医疗保险获得卫生服务。经过多年的发展，美国已形成了以个人商业医疗保险为主，社会性的医疗保险为辅的多元化的医疗保险体系。但是，这种以营利为目的的制度，往往拒绝接受健康条件差、收入低的群体参保，因而公平性较差；

同时，造成卫生总费用失控。①

4. 储蓄医疗保险模式

储蓄医疗保险是强制储蓄保险的一种形式，它通过立法强制劳动者或劳资双方缴费，以雇员的名义建立保健储蓄账户（即个人账户），用于支付个人及家庭成员的医疗费用。储蓄医疗保险制度这种模式以新加坡为代表，属于公积金制度的一个部分。

这种模式的特点在于：筹集医疗保险基金是根据法律规定，强制性地把个人消费的一部分以储蓄个人公积金的方式转化为医疗保健基金；它以个人责任为基础、政府分担部分费用，国家设立中央公积金，在强调个人责任的同时，又发挥社会共济、风险分担的作用；实施保健基金计划，由政府拨款建立保健信托基金，扶助贫困国民医疗保健费用的支付。该模式能比较有效地促使人们审慎地利用医疗服务，避免对医疗服务的过度利用，从而减少浪费，控制医疗费用的增长，也由于采取储蓄为基础的做法，使得每一代人的医疗保健费用问题由本代人来解决，从而避免出现医疗费用的代际转移问题。

15.2.3 我国基本医疗保险制度

我国基本医疗保险体系包括城镇职工基本医疗保险、城镇居民基本医疗保险和新型农村合作医疗"三大支柱"，以实行大病统筹为主起步，分别从制度上覆盖城镇就业人口、城镇非就业人口和农村居民。基本医疗保险以低水平、广覆盖、保基本、多层次、可持续、社会化服务为基本原则，主要通过建立国家、雇主、家庭和个人责任明确、合理分担的多渠道筹资机制，实行基本医疗保障基金和个人共同分担的医疗费用共付机制，实现社会互助共济，满足城乡居民的基本医疗保障需求。

1. 城镇职工基本医疗保险制度

城镇职工基本医疗保险，是针对城镇所有用人单位和职工，以强制参保为原则的一项基本医疗保险制度。目前城镇职工基本医疗保险较为成熟，形成了

---

① 2010年3月23日，美国总统奥巴马签署了医疗保险改革法案。在此之前，全美约4600万人没有医保，医疗保险改革法案将使其中3200万人获保，从而使美国的医疗保险覆盖率从85%升至95%，美国朝着全民医保迈出了一大步。

以基本医疗保险为主体、补充医疗保险、公务员医疗补助、大额医疗补助和社会医疗救助的多层次医疗保障体系。同时鼓励有能力的单位和个人参加商业医疗保险，这种"双保险"可使参保人医疗费用得到更多的补充，切实保障劳动者不同层次的医疗需求。

（1）基本原则。一是统账结合，实行社会统筹和个人账户相结合的原则。二是属地管理，所有单位（包括中央、军队和省属单位）及其职工都要按属地管理原则参加所在统筹地区的基本医疗保险，原则上以地级以上行政区为统筹单位，也可以县（市）为统筹单位，京津沪原则上在全市范围内实行统筹。铁路、电力、远洋运输等跨地区生产流动性较大的企业及其职工，可以相对集中的方式异地参加统筹地区的基本医疗保险。

（2）覆盖范围。城镇所有用人单位，包括企业（国有企业、集体企业、外商投资企业、私营企业等）、机关、事业单位、社会团体、民办非企业单位及其职工（包括在职职工和退休人员），都要按照国家规定共同缴纳基本医疗保险费。无雇工的个体工商户、未在用人单位参加职工基本医疗保险的非全日制从业人员以及其他灵活就业人员，可以参加职工基本医疗保险，由个人按照国家规定缴纳基本医疗保险费。

（3）筹资标准。基本医疗保险费由用人单位和职工共同缴纳。用人单位缴费率控制在职工工资总额的6%左右，在职职工缴费率为本人工资的2%。国有企业下岗职工的基本医疗保险费，由再就业服务中心按当地职工平均工资的60%为基数代职工缴纳，并享受相应的医疗保险待遇。退休人员个人不缴费。具体缴费比例由各统筹地区根据实际情况确定。

（4）统筹基金与个人账户相结合的存取标准。城镇职工基本医疗保险基金由统筹基金和个人账户构成。职工个人缴费全部计入个人账户；用人单位缴费，30%左右划入个人账户，其余部分作为社会医疗统筹基金。个人账户收入主要支付门诊费用、住院费用中个人自负部分以及在定点药店购药费用。个人账户归个人使用，个人账户的本金和利息归个人所有，但只能用于支付本人的医疗费。统筹基金和个人账户按照各自的支付范围，分别核算，不得互相挤占。

统筹基金按照"以收定支，收支平衡"的原则，确定起付标准和最高支付限额，用于支付住院医疗和部分门诊大病费用。统筹基金起付标准以下的医疗费用由个人账户支付，不足部分由个人自付；参保人员发生的符合规定的医疗费用超过起付标准（一般为当地职工年平均工资的10%，即起付线）、在最高支付限额（一般为当地职工年平均工资的4倍左右，即封顶线）之内的部分，主要由统筹基金支付，但个人也要负担一定的比例；超过最高支付限额以上的医疗费用，不再由统筹基金支付，而是通过企业补充医疗保险、商业医疗保险等途径解决。

（5）医疗保险管理制度。基金管理。城镇职工基本医疗保险基金纳入社会保障基金财政专户统一管理，专款专用，不得挤占挪用。劳动保障部门所属的社会保险经办机构负责基本医疗保险金的筹集、管理和支付。社会保险经办机构的事业经费由各级财政预算安排，不得从基金中提取。

医疗服务管理。城镇职工基本医疗保险可以支付的医疗服务项目范围，由劳动保障部门会同其他部门制定相关标准和办法。主要包括基本医疗保险药品目录、诊疗项目、医疗服务设施标准，简称三个目录。参保人员在三个目录规定的医疗服务项目范围内发生的医疗费用，由基本医疗保险基金按规定支付。

就医管理。城镇职工基本医疗保险实行定点医疗机构和定点药店管理。劳动保障行政部门确定定点资格，由社会保险经办机构同定点机构签订协议，明确各自权利和义务。职工在定点医疗机构就医发生的费用，可以按基本医疗保险的规定支付。职工可以选择若干包括社区、基层医疗机构在内的定点医疗机构就医、购药，也可以持处方在若干定点药店购药。

结算管理。统筹基金支付的费用一般由社会保险经办机构与医疗服务机构直接结算，具体结算办法由各统筹地区确定。目前，各地实行有按服务项目付费、按服务单元付费、按人头付费、总额预付制、按病种付费等多种结算方式。参保人员医疗费用中应当由基本医疗保险基金支付的部分，由社会保险经办机构与医疗机构、药品经营单位直接结算。社会保险行政部门和卫生行政部门应当建立异地就医医疗费用结算制度，方便参保人员享受基本医疗保险待遇。

（6）多层次的补充医疗保险。以基本医疗保险为主体，包括大额医疗补助和企业补充医疗保险以及社会医疗救助在内的多层次医疗保障体系雏形初步建立。

大额医疗费用补助：为了解决最高支付限额以上的医疗费用，各地普遍采取了职工大额医疗费用补助的办法，补助资金由单位和/或职工个人一般按每年60~100元的定额缴纳。资金由社会保险经办机构管理。补助资金按一定比例支付职工超出最高支付限额以上部分的医疗费用。

企业补充医疗保险：国家允许效益好的企业为职工建立企业补充医疗保

险，企业补充医疗保险费在工资总额4%以内的部分列入成本，税前列支。

（7）特殊群体的医疗保险。离休人员、老红军、二等乙级以上革命伤残军人的医疗保险待遇不变，医疗费用实报实销按原资金渠道解决，支付确有困难的，同级人民政府帮助解决。退休人员参加基本医疗保险，个人不缴纳基本医疗保险费；对退休人员个人账户的计入金额和个人负担医疗费的比例给予适当照顾，现役军人享受军人免费医疗制度。

2. 城镇居民基本医疗保险

城镇居民基本医疗保险制度，是以大病统筹为主，针对城镇非从业居民的一项基本医疗保险制度。

（1）基本原则。一是低水平起步。随着经济发展和群众收入水平的提高，可以逐步提高筹资水平、保障标准和财政补助标准。二是坚持个人缴费和政府补贴相结合的筹资方式，以个人缴费为主，政府给予适当补贴。三是明确中央和地方政府责任。中央定原则和政策，保证全国社会保障体系的统一。四是坚持统筹协调。统筹考虑各种保障制度和政策的衔接，统筹考虑地区之间的平衡，统筹考虑新制度的出台对其他人群的影响，统筹考虑医疗保障体制和医药卫生体制的配套改革。

（2）覆盖范围。城镇中不属于城镇职工基本医疗保险制度覆盖范围的中小学阶段的学生（包括职业高中、中专、技校学生）、少年儿童和其他非从业城镇居民，都可自愿参加城镇居民基本医疗保险。大学生的医疗保障问题教育部、劳动保障部、财政部进行了专题研究，基本思路是参加城镇居民基本医疗保险，具体政策待进一步调研后报国务院批准。

（3）筹资标准。对城镇居民基本医疗保险，没有规定全国统一的筹资标准。城镇居民基本医疗保险只建立统筹基金，不建立个人账户，基金主要用于住院医疗和部分门诊大病费用。由各地根据低水平起步的原则和本地经济发展水平，并考虑居民家庭和财政负担的能力合理确定。从许多地区实践和测算的平均数值看，要保证基金支付比例在50%以上，筹资水平大体在城镇居民家庭人均可支配收入的2%左右。由于未成年人和成年人医疗消费需求的差异很大，因而筹资水平也不同。

（4）政府补助。为了引导和帮助广大城镇居民缴费参保，城镇居民基本医疗保险实行了政府补助的政策。政府对所有参保居民给予不少于人均40元/年的补助，并对城镇低保家庭的未成年人再给予不少于人均10元/年的补助，对城镇低保对象（成年人）、低收入家庭60岁以上老年人和丧失劳动能力的重度残疾等特殊困难群体的参保缴费再给予不少于人均60元/年的补助。补助资金由中央财政和地方财政分担：中央财政对中西部地区所有参保居民普遍补助20元，对未成年的困难城镇居民再补助5元，对成年困难城镇居民再补助30元；对东部地区，中央财政参照新型农村合作医疗的补助办法给予适当补助。从2008年起，政府对参保居民的人均补助标准将由40元提高到80元，其中，中央财政对中西部地区的人均补助标准由20元提高到40元，对东部地区的补助标准也参照新农合的补助办法相应提高。

（5）管理制度。原则上与城镇职工基本医疗保险的规定一致，由劳动保障部门所属的医疗保险经办机构统一管理，居民参保实行属地管理。但有一些区别：在支付政策上，城镇居民基本医疗保险只建立统筹基金，不建立个人账户，基金主要用于支付住院医疗和部分门诊大病费用。基金支付比例原则上低于城镇职工医保而高于新农合，一般可以在50%~60%。有条件的地方，也可以探索门诊普通疾病医疗费用统筹的保障办法。即划出部分资金，专项用于支付一般门诊费用。在基金管理上，城镇居民基本医疗保险基金同样要纳入社会保障基金财政专户统一管理，但要单独列账。在医疗服务管理上，与城镇职工基本医疗保险基本相同，但在服务项目管理上要补充少儿特殊用药，在就医管理上要增加儿童医院为定点医疗机构。

3. 新型农村合作医疗制度

新型农村合作医疗制度是由政府组织、引导、支持，农民自愿参加，个人、集体和政府多方筹资，以大病统筹为主的农民医疗互助共济制度。农民以家庭为单位自愿参加新型农村合作医疗，按时足额缴纳合作医疗经费。

（1）覆盖范围。所有农村居民都可以家庭为单位自愿参加新型农村合作医疗，按时足额缴纳合作医疗经费。

（2）筹资标准。新型农村合作医疗的筹资水平约为年人均55元，原则上农民个人每年每人缴费不低于10元，经济发达地区可在农民自愿的基础上相应提高缴费标准。鼓励有条件的乡村集体经济组织对本地新型农村合作医疗给予适当扶持。

（3）政府补助。政府对所有参合农民给予不低于年人均40元的补助，其中中央财政对中西部除市区以外参加新型农村合作医疗的农民每年每人补助20元，地方财政的资助额要不低于20元。中央财政对东部省份也按中西部地区一定比例给予补助。2008年起,财政补助对参保农民的补助标准将提高一倍。

(4) 统筹层次。新型农村合作医疗一般采取以县(市)为单位进行统筹。条件不具备的地方,起步阶段可采取以乡(镇)为单位进行统筹,逐步向县(市)统筹过渡。

(5) 管理制度。新型农村合作医疗主要补助参合农民的大额医疗费用或住院医疗费用。其中,住院费用的支付水平约为35%。有条件的地方,可实行大额医疗费用补助与小额医疗费用补助结合的办法。各县(市)确定支付范围、支付标准和额度。鼓励参合农民充分利用乡镇以下医疗机构的服务。新农合现由卫生行政部门所属的"农合办"管理资金的筹集和支付。

15.3 失业保险法律制度

失业是指具有劳动能力和劳动愿望的劳动者没有工作或正在找工作的状态。失业保险是对因失业而没有生活来源或暂时中断生活来源的劳动者在法定期间内提供物质帮助和再就业服务的制度,它有利于失业人员的生存保障,有利于社会的和谐稳定,也有利于劳动力资源的优化配置。

15.3.1 失业保险概述

1. 失业保险概念

失业保险,是国家和社会为有劳动能力也有劳动意愿,但暂时失去工作或新生劳动力中尚未找到工作、又没有其他收入来源的人提供基本生活保障,并通过职业培训、职业介绍等手段帮助其实现就业或再就业的社会保险制度。失业保险具有保障失业者基本生活的功能,对社会起到一定的稳定作用,是社会保险体系中的重要组成部分。

失业社会保险最早起源于比利时,为自愿性的保险,类似现在的失业救助。以立法形式确立的失业保险,首创于英国1911年的国民保险法中的失业保险,以后被大多数国家所采用,它分强制保险和任意保险。前者,由国家以法律的形式规定多种条件,如缴纳保险费的次数、非自愿失业等,对符合条件的失业者支付一定数额的保险金;后者,一般由公共团体对失业人员支付一定数额的保险金。失业保险法一般包括以下内容:失业保险的适用范围、享受条件、资金来源、待遇标准、管理机构及处理劳动争议的法律程序等。我国社会保险法第44~52条规定了失业保险的基本内容。

2. 失业保险的特征

作为社会保险的一个重要组成部分,失业保险具有其本身的特征:

(1) 特定权利性。享受失业保险不是以劳动者丧失劳动能力为前提条件,而是以职工就业后因各种原因而失去职业、中断收入为前提条件,它的对象只能是法定的失业职工,只要符合条件,都有享受失业保险待遇的权利。

(2) 基本保障性。失业保险是以保障失业职工的基本生活需要为标准,其标准与社会经济发展状况、基金统筹情况相适应而不断调整。

(3) 再就业目的性。失业保险不是单纯的经济救济和帮助,更重要的是通过职业培训、职业介绍、提高失业人员的竞争能力,为他们谋求职业创造条件,以便重新走上就业岗位。

(4) 短期性。失业保险属于短期保险待遇,超过一定期限,如还没有找到工作,就改为社会救济。

15.3.2 失业保险的内容

1. 失业保险的覆盖范围

随着社会保障事业的推进,各国的失业保险制度也在不断发展,其覆盖范围也由职工逐步扩大到公务员、季节工、临时工、农民工等。但由于受到一个国家或地区的经济发展水平、价值取向和历史传统等方面的影响,各国的失业保险覆盖范围也不尽相同。

我国社会保险法与《失业保险条例》将城镇所有企业、事业单位及其职工都纳入了失业保险的范围,并且规定各省级人民政府可以确定社会团体及其专职人员、民办非企业单位及其职工、城镇有雇工的个体工商户及其雇工可否纳入失业保险范围。目前,公务员和参照公务员法管理的工作人员未纳入失业保险范围。

2. 失业人员

失业人员,是指在规定的劳动年龄内、具有劳动能力、在调查期内无业并以某种方式寻找工作的人员。具体包括:16岁以上各类学校毕业或肄业的学生中、初次寻找工作但尚未找到工作者；企业宣告破产后尚未找到工作的人员；被企业终止、解除劳动合同后，尚未找到工作的人员；辞去原单位工作后尚未找到工作的人员；符合失业人员定义的其他人员。

失业人员中不包括：正在就读的学生和待学人员；在各种经济类型单位中从事临时性工作并获得劳动报酬的人员；已达到国家规定退休年龄而无业的人员；未达到退休年龄但已办理退休（含离休）、退职手续而无业的人员；个体劳动者及帮工；家务劳动者；尚有劳动能力但需特殊安排的残疾人；自愿失业人员及其他不符合失业人员定义的人员。

3. 失业保险基金

失业保险基金是在国家法律或政府行政强制的保证下，从社会多方面集中的用于化解失业风险、限于特定投资、给予符合领取条件的失业者物资补偿的资金。

（1）资金来源。失业保险基金一般采取五种方式筹集：一是由雇主和雇员双方负担；二是由雇主和国家双方负担；三是由雇员和国家双方负担；四是由国家、雇员和雇主三方负担；五是全部由雇主负担。全部由雇主负担失业保险所需资金的国家，主要采取征收保险税的办法。目前只有个别国家采用，大多数国家采取的是征缴费用、建立基金的方式。

我国失业保险制度建立以来，一直实行基金制，在基金来源上由下列各项构成：一是城镇企业事业单位及其职工缴纳的失业保险费。二是失业保险基金的利息。三是财政补贴。四是依法纳入失业保险基金的其他资金。实践证明，基金制与我国经济发展水平是相适应的，可以为失业保险提供稳定的资金来源。

（2）缴费比例。各国失业保险的缴费比例不尽相同，如我国现行的失业保险的缴费比例是城镇企业事业单位按照本单位工资总额的2%缴纳，职工按照本人工资的1%缴纳。城镇企业事业单位招用的农民合同制工人本人不缴纳失业保险费。单位工资总额是指单位在一定时期内直接支付给本单位全部职工的劳动报酬总额，包括计时工资、计件工资、奖金、津贴和补贴、加班加点工资以及特殊情况下支付的工资。个人工资是指由单位支付的劳动报酬，包括计时工资或计件工资、奖金、津贴和补贴、加班工资等，不包括其他来源的收入。

4. 领取失业保险待遇的条件

领取失业保险金应具备如下条件：

(1) 失业者必须在失业前参加了失业保险并履行了相应的缴费义务且达到规定最低期限。我国规定这个最低期限是所在单位和本人已按规定履行缴费义务满1年。

(2) 非因本人意愿中断就业的。"非因本人意愿中断就业"是指下列人员：终止劳动合同的；被用人单位解除劳动合同的；被用人单位开除、除名和辞退的；因用人单位用工不当而依法与用人单位解除劳动合同的；自动离职而无充分理由者、因本人过失而被解除合同者，则不属于非自愿失业。

(3) 已办理失业登记，并有求职要求。办理失业登记是为了掌握失业人员的基本情况，是为了确认其资格；失业者在失业后有就业的愿望并在失业后到职业介绍机构或失业保险机构进行求职登记、办理相关手续、接受职业培训或职业介绍。这是失业人员应尽的义务。

(4) 处于法定劳动年龄并具有劳动能力。各国都对法定劳动年龄做了明确规定，我国规定是男性16~60岁，女性16~55岁。未达到法定劳动年龄者即使有过非法就业的经历，也无权享受失业保险待遇；超过法定劳动年龄仍继续工作的劳动者，应享受养老保险，但不享受失业保险。

只有同时满足以上条件的失业人员及时到失业保险经办机构办理失业保险金申领登记，经审核确认后，自办理登记之日起，按规定的数额和享受期限，按月领取失业保险金，并享受其他失业保险待遇。同时，失业人员在领取失业保险金期间符合城市居民最低生活保障条件的，按照规定享受城市居民最低生活保障待遇。国有企业下岗职工与再就业服务中心解除协议后，未实现再就业的，可申请享受失业保险待遇和城市居民最低生活保障待遇。

15.3.3 失业保险待遇

1. 失业保险的支出项目

国家规定失业保险各项待遇支出可分为直接享受和间接享受两种。直接享受的待遇包括：按照失业前连续工作时间领取的不同期限的失业保险金，领取失业保险金期间的医疗补助金，领取失业保险金期间死亡的失业人员的丧葬补助金，供养配偶、直系亲属的抚恤费、救济费，为解决失业职工生活困难补助费等。失业保险金的标准由省级人民政府按照低于当地最低工资标准、高于城市居民最低生活保障标准的原则确定。医疗补助金的标准由省级人民政府规定，一般包括每月随失业保险金一同发放的门诊费和按规定比例报销的医疗费两部分。丧葬补助金和抚恤金的标准应参照当地职工的规定办理，一次性发放，如果死亡失业人员的遗属同时符合领取多个险种的丧葬补助金的条件时，只能自主选择一项保险基金的丧葬补助金。间接享受的待遇包括：职业培训费、扶持生产自救费、职业介绍费以及失业职工管理费等，可以给予补贴。职业培训和职业介绍补贴是为了鼓励和帮助失业人员尽快实现再就业而从失业保险基金中支付的费用，一般说来职业介绍的补贴支付给职业介绍机构，由他们为失业人员免费介绍职业，而职业培训的补贴的支付办法则不同，有些是直接发给失业人员、有些则是失业人员培训后报销，还有的是对培训失业人员的培训机构进行补贴。

2. 领取失业保险待遇的期限

失业保险待遇根据失业人员失业前所在单位和本人累计缴费时间长短计算。具体规定为：累计缴费时间满1年不足5年的，领取失业保险金的期限最长为12个月；累计缴费时间满5年不足10年的，领取失业保险金的期限最长为18个月；累计缴费时间10年以上的，领取失业保险金的期限最长为24个月。确定累计缴费时间的原则：一是实行个人缴费前，按国家规定计算的工龄视同缴费年限，与《失业保险条例》发布后的缴费年限合并计算。二是失业人员重新就业后再次失业的，缴费时间重新计算，但领取失业保险金的期限可以与前次失业应领取而尚未领取的失业保险金的期限合并计算，最长不得超过24个月。

3. 失业保险金停止支付的各种情况

依据我国社会保险法，停止领取失业保险金有5种情形：重新就业的；应征服兵役的；移居境外的；享受基本养老保险待遇的；无正当理由，拒不接受当地人民政府指定部门或者机构介绍的适当工作或者提供的培训的。

4. 失业保险金的领取

失业保险金的领取遵循以下程序：一是用人单位应当及时为失业人员出具终止或者解除劳动关系的证明，告知其按照规定享受失业保险待遇的权利，并将失业人员的名单自终止或者解除劳动关系之日起 7 日内报社会保险经办机构备案。二是失业人员拿到本单位出具的终止或者解除劳动关系的证明后，应当先到当地规定的失业登记管理机构进行失业登记。之后，就可以到受理其原所在单位失业保险业务的经办机构办理失业保险金申领手续。失业人员应在终止或者解除劳动合同之日起 60 日内申领失业保险金。申领失业保险金时需要携带以下证明材料：本人身份证明，所在单位出具的终止或者解除劳动合同的证明，失业登记及求职证明，省级劳动保障行政部门规定的其他材料。三是领取失业保险金。失业人员在办理申领手续后的 10 日内，就会被经办机构告知审核结果。符合条件的，到经办机构取得单证，再凭单证到指定银行领取失业保险金。

5. 失业保险关系的迁转

（1）企业事业单位失业保险关系的迁转。失业保险实行属地管理，企业事业单位应参加单位所在地的失业保险统筹。企业事业单位成建制跨统筹地区转移的，企业事业单位应当向原受理其失业保险业务的经办机构提出申请，由经办机构审核后开具转移证明，注明职工人数、参加失业保险有关情况等，由迁入地经办机构负责接续其失业保险关系。

（2）个人失业保险关系的迁转。分为两种情况：第一，职工失业保险关系的迁转。职工在职期间，个人跨统筹地区调动工作的，由转出地经办机构出具迁转证明，转入地经办机构负责接受，并为其办理继续参保的手续。在转出地工作期间的累计缴费年限应当与转入地工作期间的缴费年限合并计算，其已在转出地缴纳的失业保险费不划转。第二，失业人员失业保险关系的迁转。失业人员失业保险关系跨省、自治区、直辖市迁转的，迁出地经办机构应为其开具迁转证明，将所需费用随失业保险关系一并划转至迁入地经办机构，失业人员到迁入地经办机构领取失业保险金。划转的费用包括：失业保险金、医疗补助金和职业培训、职业介绍补贴，其中医疗补助金、职业培训和职业介绍补贴按失业人员应享受失业保险金总额的一半计算。在省、自治区范围内跨统筹地区迁转的，失业保险费用的处理由省级劳动保障行政部门规定。

15.4 工伤保险法律制度

工伤保险是社会保险制度中的重要组成部分。劳动者的工伤保险权利是由国家宪法和劳动法给予根本保障的。我国社会保险法第33～43条规定了工伤保险的基本内容。这一基本法以国家法律的形式保障了工伤者及其亲属享受工伤保险待遇的权利。其与其他工伤保险的一系列法规、规章，共同构建了我国工伤保险制度。

15.4.1 工伤保险法律概述

1. 工伤保险概念及参保范围

工伤保险又称职业伤害保险或工伤赔偿，是指劳动者因工伤致残或死亡，造成暂行或永久丧失劳动能力时，劳动者及其遗属有权根据法律从国家或者社会获得物质帮助的社会保险制度。

我国社会保险法规定的职工参保范围包括：（1）企业，包括法人企业和非法人企业。（2）有雇工的个体工商户，即雇佣二至七名学徒或者帮工、在工商行政管理部门登记的自然人。（3）事业单位、社会团体、基金会和民办非企业单位。需要说明的是：由于工伤保险实行雇主责任制，由用人单位单方缴费，个人不缴费，因此未将灵活就业人员纳入工伤保险的覆盖范围。

2. 工伤保险的特征

工伤保险作为社会保险的一个分支，有其不同于其他险种的固有特征：

（1）工伤保险费由雇主单方承担，雇员无需缴费。工伤保险制度实质是以社会资本赔付工伤职工，这也是工伤保险区别于其他社会保险项目的一个最突出的特征，雇主必须按照法律的规定向社会保险机构缴纳工伤保险费建立工伤保险基金，社会保险机构向工伤伤残者及工亡者遗属支付补偿费用，个人不需要缴纳保险费。由雇主单方缴纳保险费，是基于雇主是危险制造者和利益享有者而采取的一种公平均衡。我国社会保险法第33条规定"工伤保险实行用人单位单方缴费制度，用人单位为本单位职工缴纳工伤保险费，职工不缴纳工伤保险费，职工在受到工伤事故伤害时由工伤保险基金为其支付相应的工伤保险待遇"。

（2）补偿、预防和康复相结合。工伤保险赔偿由法律直接确定赔偿项目及标准，用于弥补劳动者损失、兼顾劳动者劳动能力的康复，以不影响劳动者及其家属基本生活水平为准。工伤保险不但要保障劳动者的基本生活，还要根据其伤残程度提供经济补偿，其医疗待遇也比非因工负伤、患病的医疗待遇要高,它是对伤残、死亡者全过程的保障。工伤社会保险除了长期保障伤残人员的生活外,还要根据其伤残情况补偿因工受伤的经济损失,并对各级伤残者进行一次性的补偿。

(3) 工伤保险的福利性。工伤社会保险的福利性体现在对伤残者、死亡者遗属全过程、长期的保障及工伤保险众多补偿项目。它要解决医疗期的工资、工伤医疗费、伤残待遇,死亡职工的丧葬、抚恤及供养直系亲属的生活待遇。在医疗期,除免费医疗外,还有工伤津贴、伙食补贴、护理津贴等。伤残者还有医疗职业康复、伤残重建、生活辅助器具、转业培训与就业等待遇。工伤社会保险给付条件最宽,享受工伤待遇不受年龄、工龄条件的限制,凡是因工伤残的,均给予相应待遇。

3. 工伤保险的原则

(1)"无过失补偿"原则。劳动者因工作遭受事故伤害或患职业病,不管用人单位主观上有无过错,雇主和企业均有义务承担劳动者的工伤补偿责任,不受企业的破产或停业的影响;或即使雇员自身对工伤的发生有过失,也不能减少对雇员的补偿,不能适用民事侵权行为中"过失相抵"的原则。工伤保险津贴的给付以受伤害者在工伤事故发生之前的工资收入、家庭负担、伤残程度和受伤害性质等作为考虑的标准,不因责任问题而影响本人及其家属的正常经济生活,也不因需要查清事故的原因和责任,而延误伤残职工或工亡职工遗属迫切需要的经济补偿。当然无过错补偿是以被伤害劳动者的直接经济损失为限额,而不包括间接经济损失。

(2) 因工伤残与非因工伤残区别对待原则。由于职业伤害与工作或职业有着直接的关系,因此,工伤保险待遇水平要明显高于因病或非因工伤亡的医疗待遇,而且享受条件也不受到年龄、性别、缴费期限等条件的限制。对因工和非因工的区分是建立工伤保险的前提和出发点。从1925年到1964年,国际劳工大会通过了许多公约和建议书,例如《工人事故赔偿公约》、《工人赔偿最低限度建议书》、《工人职业病赔偿公约》,以及1983年通过的《残疾人职业康复和就业公约》等。对工伤保险,许多国家有专项立法和法规给予保障。对非因工伤残的社会保险,则无单独立法,非因工伤残期间的保险待遇,往往视同疾病对待,叫做"病伤社会保险",带有福利和救济的性质。非因工伤残社会保险的残废年金部分,在计算基础、计算方法、家属补助金等方面,多视同养老、遗属年金对待。

(3) 工伤免责条款无效原则。工伤赔偿责任的给付不受当事人合意的限制，如果双方当事人事先约定劳动者受到工伤，用人单位不承担法律责任或约定用人单位可以低于法定标准承担工伤法律责任，均属无效约定。

15.4.2 工伤保险费率

国家根据不同行业的工伤风险程度确定行业的差别费率，并根据使用工伤保险基金、工伤发生率等情况在每个行业内确定费率档次。行业差别费率和行业内费率档次由国务院社会保险行政部门制定，报国务院批准后公布施行。

社会保险经办机构根据用人单位使用工伤保险基金、工伤发生率和所属行业费率档次等情况，确定用人单位缴费费率。

1. 行业差别费率

由于各行业在产业结构、生产类型、生产技术条件、管理水平等方面存在差异，表现出不同的职业伤害风险，为了体现保险费用公平负担，促使事故多的行业改进生产条件、提高生产技术、搞好安全生产，有必要实行差别费率制度。

按照《关于工伤保险费率问题的通知》，我国国民经济行业分为三类，分别确定不同的费率，平均缴费率原则上控制在职工工资总额的1%左右。一类行业属于风险较小行业，如金融保险、商业、餐饮业、邮电、广播等，基准费率为0.5%左右；二类行业为中等风险行业，如农林水利、一般制造业，基准费率为1%；三类行业为风险较大行业，如石油开采加工、矿山开采加工等，基准费率为2%左右。

2. 用人单位内部浮动费率

在三类行业中，一类行业不浮动，二类和三类行业的用人单位可实行浮动费率，参考因素是用人单位工伤保险费使用、工伤发生率、职业病危害程度等因素，一至三年浮动一次。具体浮动办法是，在行业基准费率的基础上，可上下各浮动两档。上浮第一档为本行业基准费率的120%，第二档为150%；下浮第一档为本行业基准费率的80%，第二档为50%。

3. 用人单位缴费费率的确定

由社保经办机构首先确定用人单位所属行业种类和基准费率，再根据用人单位使用工伤保险基金、工伤发生率的情况确定用人单位内部的浮动费率档次，计算得出用人单位的缴费费率。

工伤发生率是指用人单位在某一段时间内，本单位职工发生工伤事故或者职业病的比例。工伤发生率越高、工伤保险基金使用越多，用人单位缴费就越多；工伤发生率越低、工伤保险基金使用越少，用人单位缴费越少。

4. 工伤保险缴费基数和费率

（1）缴费基数。用人单位应当以本单位职工工资总额为缴费基数来缴纳工伤保险费。"本单位职工工资总额"，是指用人单位直接支付给本单位全部职工的劳动报酬总额，有两点需要强调：一是支付的对象是全部职工，包括农民工、临时工等建立了劳动关系的各种用工形式、用工期限的所有劳动者；二是工资的构成是劳动报酬总额，包括计时工资、计件工资、奖金、津贴和补贴、加班加点工资以及特殊情况下支付的工资。

（2）缴费费率。工伤保险缴费费率按照本法第三十四条的规定来确定。全国各行业工伤保险的费率幅度为0.5%~2.0%，原则上控制在1%左右。

15.4.3 工伤认定

1. 工伤的概念和范围

（1）工伤又称为"职业伤害"、"工作伤害"，指劳动者在从事职业活动或者与职业责任有关的活动时所遭受的事故伤害和职业病伤害。

职业病，是指企业、事业单位和个体经济组织的劳动者在职业活动中，因接触粉尘、放射性物质和其他有毒、有害物质等因素而引起的疾病。

关于"工伤"的概念，1921年国际劳工大会通过的公约中对"工伤"的定义："由于工作直接或间接引起的事故为工伤。"1964年第48届国际劳工大会也规定了工伤应将职业病和上下班交通事故包括在内。因此，当前国际上比较规范、通行的"工伤"定义包括两个方面的内容，即由工作引起并在工作过程中发生的事故伤害和职业病伤害。

我国现行的关于工伤认定的主要法律依据有《工伤保险条例》、《工伤认定办法》、《职业病防治法》、1987年11月由卫生部和劳动人事部等颁发的《职业病范围和职业病患者处理办法的规定》，以及2002年4月卫生部、劳动和社会保障部发布的《职业病目录》等。

（2）工伤的范围

应当认定为工伤的七种情形：在工作时间和工作场所内，因工作原因受到事故伤害的；工作时间前后在工作场所内，从事与工作有关的预备性或者收尾性工作受到事故伤害的；在工作时间和工作场所内，因履行工作职责受到暴力等意外伤害的；患职业病的；因工外出期间，由于工作原因受到伤害或者发生事故下落不明的；在上下班途中，受到机动车事故伤害的；法律、行政法规规定应当认定为工伤的其他情形。

视同工伤的三种情形：在工作时间和工作岗位，突发疾病死亡或者在48小时之内经抢救无效死亡的；在抢险救灾等维护国家利益、公共利益活动中受到伤害的；职工原在军队服役，因战、因公负伤致残，已取得革命伤残军人证，到用人单位后旧伤复发的。

职工因下列情形之一导致本人在工作中伤亡的，不认定为工伤：故意犯罪；醉酒或者吸毒；自残或者自杀；法律、行政法规规定的其他情形。

职业病包括如下10类：尘肺、职业性放射性疾病、职业中毒、物理因素所致职业病、生物因素所致职业病、职业性皮肤病、职业性眼病、职业性耳鼻喉口腔疾病、职业性肿瘤以及其他职业病，共115种。①

2. 工伤的认定

（1）工伤认定的概念。工伤认定是劳动行政部门依据法律的授权对职工因事故伤害（或者患职业病）是否属于工伤或者视同工伤给予定性的行政确认行为。

（2）工伤认定应当遵循的原则包括：工伤保险应以承担起社会责任作为工伤认定的出发点，只要没有证据否定其是工伤，在排除其他非工伤的情形下，就应认定为工伤；"因工作原因"为认定为工伤的核心②；认定为工伤的情形在把握时应主要考虑是否因工作原因，视同工伤的情形在把握时应严格掌握法律的规定，在作出不得认定为工伤的决定时应有充分的证据。

（3）工伤认定的程序。工伤认定申请。申请工伤认定的主体和时限为：

---

① 具体内容请参见卫生部、劳动和社会保障部2002年4月发布的《职业病目录》。

② 工作原因。因工作原因受到事故伤害，是指职工为履行工作职责、完成工作任务而受到事故伤害，这是最为普遍的工伤情形。工作时间、工作地点和工作原因是工伤认定的三个基本要素，即"三工原则"。

职工所在单位应当自事故伤害发生之日或者被诊断、鉴定为职业病之日起30日内，向统筹地区劳动保障行政部门提出工伤认定申请。用人单位未按规定提出工伤认定申请的，工伤职工或者其直系亲属、工会组织在事故伤害发生之日或者被诊断、鉴定为职业病之日起1年内，可以直接向用人单位所在地统筹地区劳动保障行政部门提出工伤认定申请。

申请工伤认定时应提交的材料包括：工伤认定申请表；与用人单位存在劳动关系（包括事实劳动关系）的证明材料；医疗诊断证明或者职业病诊断证明书（或者职业病诊断鉴定书）。

工伤认定受理后，职工或者直系亲属认为是工伤，用人单位不认为是工伤的，由用人单位承担举证责任。

劳动保障行政部门应当自受理工伤认定申请之日起60日内作出工伤认定的决定，并书面通知申请工伤认定的职工或者其直系亲属和该职工所在单位。

认定决定应当自作出之日起20日内以书面方式送达；送达对象包括工伤职工或其直系亲属和该职工所在单位，并抄送社会保险经办机构。

15.4.4 劳动能力鉴定

劳动能力鉴定，是指劳动者因遭受工伤事故或患职业病，经治疗伤情相对稳定后，由劳动能力鉴定委员会对其劳动功能障碍程度和生活自理障碍程度进行等级鉴定的制度。劳动能力鉴定是工伤保险制度不可或缺的组成部分，是工伤职工享受工伤保险待遇的必经程序，是给予其保险待遇的前提和基础，也是确定工伤保险待遇标准的主要依据。

1. 劳动能力鉴定机构

我国劳动能力鉴定机构分为两级：设区的市级劳动能力鉴定委员会和省、自治区、直辖市劳动能力鉴定委员会，分别由省、自治区、直辖市和设区的市级劳动保障行政部门、人事行政部门、卫生行政部门、工会组织、经办机构代表以及用人单位代表组成。劳动能力鉴定委员会建立医疗卫生专家库。列入专家库的医疗卫生专业技术人员应当具备下列条件：具有医疗卫生高级专业技术职务任职资格；掌握劳动能力鉴定的相关知识；具有良好的职业品德。

2. 劳动能力鉴定程序

劳动能力鉴定由用人单位、工伤职工或者其直系亲属向设区的市级劳动能力鉴定委员会提出申请,并提供工伤认定决定和职工工伤医疗的有关资料。设区的市级劳动能力鉴定委员会收到劳动能力鉴定申请后,应当从其建立的医疗卫生专家库中随机抽取3名或者5名相关专家组成专家组,由专家组提出鉴定意见。设区的市级劳动能力鉴定委员会根据专家组的鉴定意见作出工伤职工劳动能力鉴定结论;必要时,可以委托具备资格的医疗机构协助进行有关的诊断。设区的市级劳动能力鉴定委员会应当自收到劳动能力鉴定申请之日起60日内作出劳动能力鉴定结论,必要时,作出劳动能力鉴定结论的期限可以延长30日。劳动能力鉴定结论应当及时送达申请鉴定的单位和个人。申请鉴定的单位或者个人对设区的市级劳动能力鉴定委员会作出的鉴定结论不服的,可以在收到该鉴定结论之日起15日内向省、自治区、直辖市劳动能力鉴定委员会提出再次鉴定申请。省、自治区、直辖市劳动能力鉴定委员会作出的劳动能力鉴定结论为最终结论。自劳动能力鉴定结论作出之日起1年后,工伤职工或者其直系亲属、所在单位或者经办机构认为伤残情况发生变化的,可以申请劳动能力复查鉴定。

3. 劳动能力鉴定的标准

《工伤保险条例》第22条规定:劳动能力鉴定是指劳动功能障碍程度和生活自理障碍程度的等级鉴定。劳动功能障碍分为十个伤残等级,最重的为一级,最轻的为十级。生活自理障碍分为三个等级:生活完全不能自理、生活大部分不能自理和生活部分不能自理。劳动能力鉴定标准由国务院劳动保障行政部门会同国务院卫生行政部门等部门制定。[①]

15.4.5 工伤保险待遇分担

工伤保险待遇的规定,不同国家、不同地区差别较大,随着时代的发展,也在不断变化。我国有关职工工伤保险待遇包括三类:一是从工伤保险基金中支付的项目;二是由用人单位支付的项目;三是其他承担情形。

1. 从工伤保险基金中支付的项目

主要有九种项目:治疗工伤的医疗费用和康复费用;住院伙食补助费;到

---

① 具体内容请参见2006年11月国家质量监督检验检疫总局、国家标准化管理委员会发布、2007年5月1日起实施的《劳动能力鉴定职工工伤与职业病致残等级》标准(GB/T16180—2006)。

统筹地区以外就医的交通食宿费；安装配置伤残辅助器具所需费用；生活不能自理的，经劳动能力鉴定委员会确认的生活护理费；一次性伤残补助金和一至四级伤残职工按月领取的伤残津贴；终止或者解除劳动合同时，应当享受的一次性医疗补助金；因工死亡的，其遗属领取的丧葬补助金、供养亲属抚恤金和因工死亡补助金；劳动能力鉴定费。具体为以下内容：

（1）工伤医疗康复类待遇

①治疗工伤的医疗费用和康复费用，包括治疗工伤所需的挂号费、医疗费、药费、住院费等费用和进行康复性治疗的费用。但应注意以下事项：首先，职工治疗工伤应当在签订服务协议的医疗机构就医，情况紧急时可以先到就近的医疗机构急救；其次，治疗工伤的费用应符合工伤保险诊疗项目目录、工伤保险药品目录和工伤保险住院服务标准；最后，工伤职工治疗非工伤引发的疾病，不享受工伤医疗待遇，按照基本医疗保险的相关规定处理。②住院伙食补助费和异地就医的交通食宿费。职工治疗工伤需要住院的，由工伤保险基金按照规定发给住院伙食补助费；经医疗机构出具证明，报经办机构同意，工伤职工到统筹地区以外就医的，所需交通、食宿费由工伤保险基金负担。③护理费。生活不能自理的，经劳动能力鉴定委员会确认的生活护理费，由工伤保险基金负担。生活护理费按照生活完全不能自理、生活大部分不能自理或者生活部分不能自理三个不同等级支付，其标准分别为统筹地区上年度职工月平均工资的50%、40%和30%。④劳动能力鉴定费。劳动能力鉴定是职工配置辅助器具、享受生活护理费、延长停工留薪期、享受伤残待遇等的重要前提和必经程序，因此产生的劳动能力鉴定费也由工伤保险基金负担。

（2）辅助器具配置待遇

工伤职工因日常生活或就业需要，经劳动能力鉴定委员会确认，可以安装矫形器、义肢、义眼、义齿和配置轮椅等辅助器具，所需费用按照国家规定的标准从工伤保险基金支付。

（3）伤残待遇

①一次性医疗补助金。职工因工致残被鉴定为五级至十级伤残的，该职工与用人单位解除或者终止劳动关系后，由工伤保险基金支付一次性医疗补助金。②一次性伤残补助金。职工因工致残并经劳动能力鉴定委员会评定伤残等级的，按照伤残等级，从工伤保险基金中向职工支付一次性伤残补助金，其数额为规定月数的本人工资（指工伤职工因工作遭受事故伤害或者患职业病前12个月的平均月缴费工资），并且是一次性支付。一次性伤残补助金根据伤残

级别不同，分别为7~27个月的本人工资，一级伤残为27个月本人工资，二级伤残为25个月，三级伤残为23个月，四级伤残为21个月，五级伤残为18个月，六级为16个月，七级为13个月，八级为11个月，九级为9个月，十级为7个月。

③伤残津贴。工伤保险基金需要负担一至四级伤残职工按月领取的伤残津贴，一至四级伤残又称为完全丧失劳动能力，对该类工伤职工，与用人单位保留劳动关系，退出工作岗位，由工伤保险基金按月支付伤残津贴，具体标准为：一级伤残为本人工资的90%，二级伤残为85%，三级为80%，四级为75%。伤残津贴实际数额低于当地最低工资标准的，由工伤保险基金补足差额。

关于伤残津贴和养老保险的关系，工伤职工达到退休年龄并办理退休手续后，符合领取基本养老保险待遇条件的，停发伤残津贴，按照国家有关规定享受基本养老保险待遇。基本养老保险待遇低于伤残津贴的，由工伤保险基金补足差额。关于伤残津贴和医疗保险的关系，职工因工致残被鉴定为一至四级伤残的，由用人单位和职工个人以伤残津贴为基数，继续缴纳基本医疗保险费。

（4）死亡待遇

①丧葬补助金。职工因工死亡的，伤残职工在停工留薪期内因工导致死亡的，一至四级伤残职工在停工留薪期满后死亡的，其近亲属按照规定从工伤保险基金中领取丧葬补助金。丧葬补助金是安葬工亡职工、处理后事的必需费用。丧葬补助金按6个月的统筹地区上年度职工月平均工资的标准计发，计发对象是工亡职工的近亲属，一般包括：配偶、父母、子女、兄弟姐妹、祖父母、外祖父母、孙子女、外孙子女。②供养亲属抚恤金。按照因公死亡职工生前本人工资的一定比例计发，计发对象是由工亡职工生前提供主要生活来源、无劳动能力的亲属。具体标准为：配偶每月40%，其他亲属每人每月30%，孤寡老人或者孤儿每人每月在上述标准的基础上增加10%。核定的各供养亲属的抚恤金之和不应高于工亡职工生前的工资。该项待遇为长期待遇，一旦供养亲属具备、恢复能力或者死亡的，供养亲属抚恤金即停止发放。③因工死亡补助金。标准为按照上一年度全国城镇居民人均可支配收入的20倍计发，发放对象为工亡职工的近亲属，当有数个近亲属时，对于工伤职工生前对其尽了较多照顾义务的近亲属，应当予以照顾。

关于几种死亡待遇之间的关系需明确以下事项：首先，伤残职工在停工留薪期内因工伤导致死亡的，其近亲属仅享受丧葬补助金；其次，一级至四级伤残职工在停工留薪期满后死亡的，其近亲属可以享受丧葬补助金、供养亲属抚恤金；最后，职工死亡同时符合领取基本养老保险丧葬补助金、工伤保险丧葬补助金和失业保险丧葬补助金条件的，其遗属只能择一领取，不能同时享受。

2. 由用人单位支付的项目

主要有三种项目：治疗工伤期间的工资福利；五级、六级伤残职工按月领取的伤残津贴；终止或者解除劳动合同时，应当享受的一次性伤残就业补助金。

（1）治疗工伤期间的工资福利

职工因工作遭受事故伤害或者患职业病需要暂停工作接受工伤医疗的，在停工留薪期内，除享受工伤医疗待遇外，原工资福利待遇不变，由所在用人单位按月支付。停工留薪期应当根据伤情的具体情况来确定，一般不超过12个月。停工留薪期的长短，由已签订服务协议的治疗工伤的医疗机构提出意见，经劳动能力鉴定委员会确认。伤情严重或者情况特殊需要延长治疗期限的，经设区的市级劳动能力鉴定委员会确认，可以适当延长，但延长不得超过12个月。工伤职工评定伤残等级后，停发原有的工资待遇，按照有关规定享受伤残待遇。

（2）五级、六级伤残职工伤残津贴

五级、六级伤残，一般称为大部分丧失劳动能力，对于该类工伤职工，保留其与用人单位的劳动关系，由用人单位安排适当工作，难以安排的，由用人单位按月发给伤残津贴，具体标准为：五级伤残为本人工资的70%，六级为60%，并由用人单位按照规定为其缴纳各项社会保险费。伤残津贴实际金额低于当地最低工资标准的，由用人单位补足差额。

（3）一次性伤残就业补助金

职工因工致残被鉴定为五级、六级伤残的，经工伤职工本人提出，该职工可以与用人单位解除或者终止劳动关系，由用人单位支付一次性伤残就业补助金；职工因工致残被鉴定为七至十级伤残的，劳动合同期满终止，或者职工本人提出解除劳动合同的，由用人单位支付一次性伤残就业补助金。

3. 其他承担情形

（1）伤残津贴与养老保险待遇的衔接

①工伤职工符合领取基本养老金条件的，停发伤残津贴，享受基本养老保

险待遇。基本养老保险待遇低于伤残津贴的,从工伤保险基金中补足差额。②伤残津贴与养老保险待遇的衔接,是对伤残等级为一至四级的工伤职工和五级、六级伤残职工中用人单位难以为其安排工作的工伤职工而言的。从功能区分来说,工伤保险保障的是工伤职工退休前的生活,而养老保险则保障他们退休后的生活。③工伤职工被鉴定为一至四级伤残后,只需继续缴纳基本医疗保险费,不再缴纳基本养老保险费,故缴费年限一般较短,对于基本养老保险待遇低于伤残津贴的差额部分,由工伤保险基金补足。对于五级、六级伤残的工伤职工,用人单位应当为其继续缴纳社会保险费,工伤职工继续参加各项社会保险,其中也包括基本养老保险,因此,这部分工伤职工达到退休年龄后理应按照基本养老保险制度的规定,领取基本养老保险待遇,停发伤残津贴。由于该部分工伤职工以伤残津贴为缴费基数缴纳基本养老保险,缴费一般比较少,相应养老保险待遇较低,若其退休后享受的基本养老保险待遇低于伤残津贴的,则由工伤保险基金补足差额。

(2) 未依法缴纳工伤保险费的情形

①用人单位支付工伤保险待遇的责任。职工发生工伤后,若因用人单位未参保导致不能从工伤保险基金中享受工伤保险待遇,则由用人单位向其支付工伤保险待遇。②工伤保险先行支付制度。工伤保险先行支付制度,是指在工伤事故发生后,用人单位拒不支付或者无力支付未参保职工的工伤保险待遇时,由工伤保险基金先行支付,再由社保经办机构向用人单位追偿的制度。③工伤保险待遇的追偿。社保经办机构责令用人单位限期偿还工伤保险待遇,除需补缴欠缴数额外,自欠缴之日起,按日加收万分之五的滞纳金。逾期仍未偿还的,由有关行政部门处欠缴数额一倍以上三倍以下的罚款。社保经办机构可以向银行和其他金融机构查询其存款账户;并可以申请县级以上有关行政部门作出划拨的决定,书面通知其开户银行或者其他金融机构划拨应偿还的工伤保险待遇。用人单位账户余额少于应偿数额的,社保经办机构可以要求该用人单位提供担保,签订延期偿还协议。用人单位不偿还且未提供担保的,社保经办机构可以申请人民法院扣押、查封其价值相当于应偿数额的财产,以拍卖所得抵缴工伤保险待遇。

(3) 第三人侵权造成工伤的情形

第三人的原因造成工伤,第三人不支付工伤医疗费用或者无法确定第三人的,由工伤保险基金先行支付。工伤保险基金先行支付后,有权向第三人追偿。

4. 停止享受工伤保险待遇的情形

工伤职工有下列情形之一的,停止享受工伤保险待遇:丧失享受待遇条件的;拒不接受劳动能力鉴定的;拒绝治疗的。

(1) 丧失享受待遇条件。工伤职工在享受工伤保险待遇期间情况发生变化,不再具备享受工伤保险待遇的条件,如劳动能力得以完全恢复的、生活已能够完全自理的、伤残等级有所变化的,即应当停止享受相应的工伤保险待遇。此外,工亡职工的亲属,在某些情形下,也会丧失享受有关待遇的条件,如享受抚恤金的工亡职工的子女达到了一定的年龄或就业的,受供养亲属死亡的,就会导致其丧失享受供养亲属抚恤金的待遇。(2) 拒不接受劳动能力鉴定的。劳动能力鉴定结论是确定不同程度的补偿、合理调换工作岗位和恢复工作等的科学依据。如果工伤职工无正当理由,拒不接受劳动能力鉴定,一方面工伤保险待遇无法确定,另一方面也表明这些工伤职工并不愿意接受工伤保险制度提供的帮助,鉴于此,就不应再享受工伤保险待遇。(3) 拒绝治疗。工伤职工有积极配合医疗救治的义务,若无正当理由拒绝治疗,就有悖于工伤保险促进职业康复的宗旨,拒绝治疗的不得再继续享受工伤保险待遇。

15.5 生育保险法律制度

为了人类的繁衍与社会生产力的再生产,国家必须制定专门的生育保险制度,以保护女性劳动者,保障她们在生育期间得到必要的经济补偿和医疗保健,弥补其由于家庭的生育计划和劳动时间产生冲突,给自己和家庭产生的经济损失。计划生育是我国的一项基本国策,鼓励计划生育也体现在社会保障的政策之中,其与生育保险紧密关联。

15.5.1 生育保险概述

1. 生育保险概念

生育保险是国家通过立法,对怀孕和分娩的妇女劳动者暂时中断劳动时,由国家和社会提供生活保障和物质帮助的一种社会保险制度。其宗旨在于通过向职业妇女提供生育津贴、医疗服务和产假,帮助他们恢复劳动能力,重返工作岗位。我国生育保险的主要法律依据包括:《中华人民共和国社会保险法》、

《中华人民共和国劳动法》、《企业职工生育保险试行办法》、《女职工劳动保护规定》等。

2. 生育保险的主要特点

（1）享受生育保险的对象主要是女职工，因而待遇享受人群相对比较窄。随着社会进步和经济发展，有些地区允许在女职工生育后，给予配偶一定假期以照顾妻子，并发给假期工资；还有些地区为男职工的配偶提供经济补助。

（2）待遇享受条件各国不一致。有些国家要求享受者有参保记录、工作年限、本国公民身份等方面的要求。我国生育保险要求享受对象必须是合法婚姻者，即必须符合法定结婚年龄、按婚姻法规定办理了合法手续，并符合国家计划生育政策等。

（3）无论女职工将来的妊娠后果如何，均可以按照规定得到补偿。也就是说无论胎儿存活与否，产妇均享受有关待遇，并包括流产、引产以及胎儿和产妇发生意外等情况。

（4）生育期间的医疗服务主要以保健、咨询、检查为主，与医疗保险提供的医疗服务以治疗为主有所不同。生育期间的医疗服务侧重于指导孕妇处理好工作与修养、保健与锻炼的关系，使她们能够顺利度过生育期。分娩属于自然现象，正常情况下不需要特殊治疗。

（5）产假有固定要求。产假要根据生育期安排，分产前和产后。产前假期不能提前或推迟使用。产假也必须在生育期间享受，不能积攒到其他时间享用。

（6）生育保险待遇有一定的福利色彩。生育期间的经济补偿高于养老、医疗等保险。生育保险提供的生育津贴，一般为生育女职工的原工资水平。另外，在我国职工个人不缴纳生育保险费，而是由参保单位按照其工资总额的一定比例缴纳。

3. 生育保险的作用

生育保险是为了维护女职工的基本权益，减少和解决女职工在孕产期以及流产期间因生理特点造成的特殊困难，使她们在生育和流产期间得到必要的经济收入和医疗照顾，保障她们及时恢复健康，回到工作岗位。其主要作用有以下几个方面：

（1）实行生育保险是对妇女生育价值的认可。妇女生育是社会发展的需要,她们为家庭传宗接代的同时,也为对社会劳动力的生产与再生产付出了努力,应当得到社会的补偿。在市场经济条件下,实行生育费用社会统筹和社会化管理服务,对于均衡企业负担、改善妇女就业环境、切实保障女职工生育期间的基本权益,发挥了重要作用。因此对妇女生育权益的保护,被大多数国家接受和给予政策上支持。目前世界上有130多个国家通过立法保护妇女生育的合法权益。

(2) 实行生育保险是对女职工基本生活的保障。女职工在生育期间离开工作岗位,不能正常工作。国家通过制定相关政策保障她们离开工作岗位期间享受有关待遇。其中包括生育津贴、医疗服务以及孕期不能坚持正常工作时,给予的特殊保护政策。在生活保障和健康保障两方面为孕妇的顺利分娩创造了有利条件。

(3) 实行生育保险是提高人口素质的需要。妇女生育体力消耗大,需要充分休息和补充营养。生育保险为她们提供了基本工资,使她们的生活水平没有因为离开工作岗位而降低,同时为她们提供医疗服务项目,包括产期检查,为产期保健指导等,为胎儿的正常生长进行监测。对于在妊娠期间患病或接触有毒有害物质的妇女,做必要的检查。如发现畸形儿,可以及早中止妊娠。对于在孕期出现异常现象的妇女,进行重点保护和治疗。这些医疗服务促进了计划生育、优生优育,保证了胎儿的正常生长,提高了人口质量。

15.5.2 生育保险参保范围和缴费

1. 生育保险的覆盖范围

目前,我国生育保险实行两种制度并存:一是新中国成立初期延续下来的传统生育保险制度,其法律依据是1988年的《女职工劳动保护规定》以及劳动部《关于女职工生育待遇若干问题的通知》,覆盖范围包括国家机关、人民团体、企业和事业单位,由女职工所在单位负担生育女职工的产假工资和生育医疗费;二是生育保险社会统筹制度,根据劳动部《企业职工生育保险试行办法》规定,覆盖范围包括城镇企业及其职工,参加生育保险社会统筹的用人单位,应向当地社保经办机构缴纳生育保险费,职工个人不缴费。参保单位女职工生育或流产后,其生育津贴和生育医疗费以及女职工生育出院后,因生育引起疾病的医疗费由生育保险基金支付。

2. 生育保险费的缴纳

生育保险根据"以支定收，收支基本平衡"的原则筹集资金，由企业按照其工资总额的一定比例向社保经办机构缴纳生育保险费，建立生育保险基金。生育保险费的提取比例由当地政府根据计划内生育人数和生育津贴、生育医疗费等项费用确定，并可根据费用支出情况适时调整，但最高不得超过工资总额的1%。企业缴纳的生育保险费作为期间费用处理，列入企业管理费用。

15.5.3 生育保险待遇

通常生育保险提供的范围、条件和标准主要根据本国的经济实力而确定。生育保险提供的生活保障和物质帮助一般由现金补助和实物供给两部分组成。现金补助主要是指给予生育妇女发放的生育津贴，有些国家还包括一次性现金补助或家庭津贴；实物供给主要是指提供必要的医疗保健、医疗服务以及孕妇、婴儿需要的生活用品等。我国社会保险法规定用人单位已经缴纳生育保险费的，其职工享受生育保险待遇；职工未就业配偶按照国家规定享受生育医疗费用待遇。所需资金从生育保险基金中支付。

1. 享受生育保险待遇的范围

享受生育保险待遇的范围包括参保的职工以及参保职工的未就业配偶。

2. 生育保险待遇的内容

（1）生育医疗费用，包括女职工因怀孕、生育发生的检查费、接生费、手术费、住院费、药费和计划生育手术费。

（2）生育津贴，是指根据国家法律、法规规定对职业妇女因生育而离开工作岗位期间，给予的生活费用。在实行生育保险社会统筹的地区，由生育保险基金按本单位上年度职工月平均工资的标准支付，支付期限一般与产假期限相一致，不少于90天。

本章小结

美国总统罗斯福说过，民主社会有四种自由是不能随意被剥夺的，即：言论自由、信仰自由、免于匮乏的自由和免于恐惧的自由。《公民权利和政治权利国际公约》在序言部分开宗明义地阐明各国缔约的目的,就是为了"实现自由人类享有公民及政治自由和免于恐惧和匮乏的自由的理想"。社会保险就是实现公民"免于匮乏的自由"的保证,在物质上保障"不具备特权等级身份的国民能过上像人一样的生活",这是国家(政府)对公民的承诺,也是公民的基本权利。二战以来世界各国社会保险所包含的项目、保障的对象及保障水平,是与各个国家的政治、经济和社会文化紧密结合在一起的,但是给全体公民提供尽可能广泛的保障是各国政府共同的目标。在我国,社会保险包括基本养老保险、失业保险、基本医疗保险、工伤保险和生育保险5个项目。国家依法建立社会保险制度,设立社会保险基金,使劳动者在年老、失业、疾病、工伤、生育时获得帮助和经济补偿,保障他们的基本生活和基本医疗。社会保险是国家对劳动者履行的责任,它具有强制性、保障性、福利性和普遍性等特点,对于保障广大劳动者的合法权益,维护社会安定,促进社会经济发展具有重要作用。

关键术语

社会保险　养老保险　医疗保险　失业保险　工伤保险
生育保险

思考题

1. 试比较基本养老保险与企业补充养老保险的区别。
2. 试评析几种不同类型养老保险制度的优劣。
3. 医疗保险有哪些主要特点?
4. 医疗保险应遵守哪些原则?
5. 失业保险的领取条件是什么?
6. 工伤保险应遵守哪些原则?
7. 如何理解工伤的范围?
8. 国家规定的生育待遇主要有哪些?

第16章 社会救助法

社会救助是国家和社会对由于各种原因而陷入生存危机或不能维持最低生活水平的个人或家庭提供物质帮助，以使其摆脱困境、维持生存的一项社会保障制度。它植根于人类固有的同情、怜悯等道德情感，是人类善良本性的发扬光大和集中体现，因而是合乎正义的制度设计，也是社会文明进步的标志之一。其具体制度包括：最低生活保障制度、专项救助制度、自然灾害救助制度、临时救助制度。

16.1 社会救助概述

社会救助，在我国又称为社会救济，是指国家和社会对由于各种原因而陷入生存困境的公民，给予财物接济和生活扶助，以保障其最低生活需要的制度。其模式有官方救助、民间救助、官方和民间结合救助，我国应选择后一种模式。

16.1.1 社会救助的概念

社会救助是国家和社会对老弱病残和生活困难的低收入者及遭受紧急患难或非常灾害的个人或家庭，通过国民收入的再分配，依据法律法规和政策给予多种救济和提供社会福利服务的制度。社会救助的目的在于"消除贫困和保护那些因残疾、疾病或年老而没有劳动能力的人的尊严"①。

社会救助的主要特征如下：

1. 社会救助目的保障性

社会救助的目的在于由国家或社会提供一定程度的经济保障来防止社会成员遭遇到不可预测的和社会保障制度所不允许的生活水平的降低。其根本目的不在于提高公民的生活质量和福利，而是帮助社会群体中已经陷入生活困境的社会成员维持生存，并使他们摆脱目前所处的生活困境。

2. 社会救助对象的特定性

社会救助行为的实施具有一定的选择性，只针对那些依靠自身努力难以满足其基本生存需求的公民。具体而言包括以下几类群体：收入低于当地贫困线应享受最低生活保障的群体；需要有关政府主管部门根据需要在教育、医疗、住房等方面给予专项救助的群体；因自然灾害需要救助的群体；因交通事故或其他原因需要得到临时救助的群体等。

3. 社会救助行为的单向性

社会救助行为是一种单方具体行政行为，体现为政府或社会组织单方向特定群体提供帮助的行政行为，体现的是一种直接的单项的利益赋予关系，不要求救助对象履行一定的法律义务，同时这种单向性还体现为行政主体的单方面意思表示就能决定该项行为是否成立。

4. 社会救助行为的可诉性

社会救助实际上是《宪法》规定的公民从国家和社会获得物质帮助权的体现，我国《宪法》第45条第1款规定：中华人民共和国公民在年老、疾病或者丧失劳动能力的情况下，有从国家和社会获得物质帮助的权利。这种物质帮助的权利随着社会发展与进步越来越多地成为一种法律上的权利，而不仅仅是宪法上的权利。公民与相应的行政机关之间形成了一定的权利与义务的关系。当特定的公民依法向行政机关要求物质给付而行政机关拒绝或者拖延履行

---

① [英]内维尔·哈里斯. 社会保障法 [M]. 李西霞，李凌译. 北京：北京大学出版社，2006：7.

这一法定义务时，公民可依法请求行政救济。

16.1.2 社会救助的模式

1. 民间救助

民间救助，是指建立在慈善伦理基础上的，以社会捐献为财产来源的，由民间公益团体或机构对生存困难者提供的救助。其主要特征如下：（1）非政府性，即民间性。无论是民营企业志愿者，NGO志愿者，还是公民个人志愿者，他们都是以民间的形式出现的，其立场既不代表国家也不代表政府。（2）公共利益性。民间救助以公共利益为目标，其救助活动具有公共利益性。救助者自愿把自己的营利所得大量捐赠于慈善公益事业，将提供公益和公共服务当做其主要目标，回报社会。尊重生命，救助弱者，主张和维护社会公共利益正是社会救助法追求的价值所在。（3）无偿性。在自然灾害和紧急突发事件面前，志愿者为奉献社会、关爱他人而实施灾害救助服务，不追求物质报酬。因为他们大多具有自我实现需要和被尊重的需要等高层次的追求。从法律层面看，志愿者的救助活动属志愿者单务行为，与被救助者之间不存在权利义务的对等关系。（4）随意性（不固定性）。救助者的救助行动，带有明显的个体特征，动机复杂、成分多元，救助服务的随意性是客观存在的。

2. 官方救助

官方救助，也称为政府救助，是指由政府直接组织的以政府财政支出为主要财产来源的对依靠自身努力难以满足其生存基本需求的公民给予的物质帮助与服务。其主要特点有：（1）政府是救助活动的主导者与实施者。（2）救助的财产来源由政府纳入财政预算，由财政拨付。比如，《中华人民共和国社会救助法（草案）》第8条规定了救助资金的来源：社会救助所需资金，由地方各级人民政府列入财政预算，专项管理，专款专用；对财政困难的地区和遭受特大自然灾害的地区，中央财政按照规定给予适当补助。（3）救助的对象和标准由法律规定。《社会救助法（草案）》第3条规定：本法所称社会救助，是指国家和社会对依靠自身努力难以满足其生存基本需求的公民给予的物质帮助和服务。社会救助以居民最低生活保障为基本内容，并根据实际情况实施专项救助、自然灾害救助、临时救助以及国家确定的其他救助。这条规定明确指出了救助的对象与救助的类型。

3. 官方与民间结合救助

官方与民间结合救助，是指由官方救助与民间救助相互补充而构成的对依靠自身努力难以满足其生存基本需求的公民给予的物质帮助与服务。其主要特点有：(1) 救助的主体：既有政府主办的救助机构，如国家民政部门等，也有民间的公益团体的救助机构；(2) 救助的资金来源：既有政府的财政拨付也有民间的无偿捐献；(3) 救助活动的实施方式：救助活动可由政府和民间分别实施，也可由政府与民间联合实施，从目前各个国家的救助实践看，其主要表现为由国家领导下的政府与民间联合实施救助活动。

4. 中国社会救助的模式

尽管目前我国还没有正式颁布社会救助法，但从《社会救助法（草案）》看，根据我国的具体国情，我国的救助模式为上述的第三种模式，即官方与民间结合救助。其具体表现为：(1) 在救助的主体上，该草案第2条规定：国家建立社会救助制度，承担为公民提供社会救助的基本责任，为开展社会救助提供必要的物质条件和组织保障。第5条规定：国务院民政部门主管全国的社会救助工作，国务院财政、教育行政、卫生行政、住房城乡建设、人力资源社会保障等部门依照各自的职责负责相应的社会救助工作。县级以上地方各级人民政府民政、财政、教育行政、卫生行政、住房城乡建设、人力资源和社会保障等部门依照各自的职责负责本行政区域相应的社会救助管理工作。(2) 在资金的来源上，该草案第8条规定：社会救助所需资金，由地方各级人民政府列入财政预算，专项管理，专款专用；对财政困难的地区和遭受特大自然灾害的地区，中央财政按照规定给予适当补助。第9条规定：国家提倡和鼓励社会组织和个人为社会救助事业捐赠资金和物资，鼓励社会工作者、志愿者等参与社会救助工作。

从《社会救助法（草案）》的规定可以明显看出，我国的救助法选择的是官方与民间结合的救助模式，国家之所以作出这样的选择，是由我国特殊的国情所决定的。目前的中国依然是一个发展中国家，尽管政府近年来做了大量的工作解决人民的贫困问题，但我国人口基数太大，特别是西部地区，依然存在庞大的需要救助的群体，单靠民间的力量根本解决不了社会的贫困等问题，必须由政府来承担这项艰巨的任务。而且救助活动既可以激发社会成员的道德热情，培养社会主义的道德价值观，又可以减轻政府的负担，因此，应鼓励民间组织的积极参与。从草案条文看，立法者正是基于上述考虑而采取了政府主导下的官方与民间结合的救助模式。

16.1.3 社会救助的原则

根据世界各国的立法实践与《社会救助法（草案）》，社会救助法律制度的创制与实施应遵循以下原则：生存权与保障基本生活；与经济社会发展水平相适应，与其他社会保障制度相衔接；鼓励劳动自救；公开、公平、公正、及时等，现分述如下：

1. 生存权与保障基本生活原则

生存权是指在一定的社会关系中和历史条件下，人们应当享有的维持正常生活所必需的基本条件的权利。它不仅指个人的生命在生理意义上得到延续的权利，而且指一个国家、民族及其人民在社会意义上的生存得到保障的权利；不仅包含人们的生命安全和基本自由不受侵犯、人格尊严不受凌辱，还包括人们赖以生存的财产不受掠夺、人们的基本生活水平和健康水平得到保障和不断提高。1991年中国政府发表的《中国的人权状况》白皮书，强调"生存权是中国人民的首要人权"，我国自从1991年颁布第一部人权状况白皮书以来，在历次的人权报告中都把生存权放在优先发展的地位。

优先保障公民的生存权，也就是要保障公民的基本生活。它的意义体现为：（1）从人权角度出发，没有比生存危机更可怕的危机，也没有比起码的生活保障权益更重要的权益，维护这一群体起码的生活权益，这应当是我国最廉价又最有效的社会保障制度安排；（2）最低生活保障的投入会变成困难群体的即期消费，进而刺激社会生产、扩大社会就业，这是这一制度产生的直接经济效益；（3）它在解除最低收入阶层生存危机和增进低收入群体福利的同时，虽然不能完全实现社会公平，但却直接地缩小着社会不公，让贫富差距控制在社会可以接受的范围内，缓和了贫富对抗，维护着社会稳定，这是这一制度的巨大社会效果与政治效能。

在社会救助的法律制度中，生存权与保障公民基本生活的原则主要体现在以下几个方面：一是公民生存权的保障义务由国家履行，如我国《社会救助法（草案）》第2条明确规定：国家建立社会救助制度，承担为公民提供社会救助的基本责任，为开展社会救助提供必要的物质条件和组织保障；二是国家制定了与其经济发展相一致的生存标准，该草案第12条规定：居民最低生活保障标准，由直辖市或者设区的市级人民政府参考上年度当地居民人均食品消费指标，并适当考虑必需的衣物、水电燃煤（燃气）等因素制定，在本行政区域内公布执行；三是国家有保障公民生存权的具体措施，比如，草案第20条规定：符合专项救助标准的家庭住房困难的，县级人民政府应当按照规定通过提供廉租住房、住房租赁补贴、经济适用住房等方式予以保障，在寒冷地区还应当给予冬季取暖补助。

2. 与经济社会发展水平相适应原则

2004年3月14日通过的《中华人民共和国宪法修正案（五）》明确提出，"国家建立健全同经济发展水平相适应的社会保障制度"。一个国家的社会救助制度必须与这个国家的经济发展水平相适应，可以说，国家的救助程度应与国家的经济发展水平呈正相关的关系。国家不能为了实现所谓的福利国家而超越现在的经济发展水平实施社会救助制度，同样国家也不能让救助制度滞后于国家的经济发展水平。西方国家的经济发展经验表明，与经济发展水平相适应的社会保障制度能促进经济发展，为经济发展提供强有力的支撑，而与经济发展水平不相适应的社会保障制度则不能促进经济发展，甚至会阻碍经济的发展。

如何才能实现社会救助制度与经济社会发展水平相适应呢？其中的关键是要科学制订与经济发展水平相适应的社会救助体系的衡量标准，这个标准应该包括两个方面：（1）社会救助总支出占国内生产总值（GDP）的比重；（2）财政用于社会救助的支出占财政总支出的比重。只要达到这两个标准，我们可以说这个国家的救助制度基本上与该国的经济发展水平相适应。

3. 鼓励劳动自救原则

尽管国家是救助制度的主导者与实施者，国家应该提供社会救助所需要的全部的资金与物品，但这不等于说，被救助者可以无所作为，消极地等待，恰恰相反，被救助者应该积极作为，通过"生产自救"、"以工代赈"、"科技扶贫"等积极方式，把政府的救助与自力更生结合起来，使受助者能感到自己获得的救助是一种劳动报酬，维护其自尊心和自信心，同时使受助者彻底摆脱困境，走上正常发展的生活道路。

4. 公开、公平、公正、及时原则

为了保障公民对国家救助事务的知情权、参与权和监督权，进一步推行依法行政，改进工作作风，提高办事效能，社会救助应该贯彻公开、公平、公正、及时原则。除法律规定免于公开的事项外，凡各级政府直接从事的社会救助事务和掌握的社会救助信息，均予以公开。公开内容要全面真实，公开方式要及时便捷，办事结果要公平公正，做到方便群众知情、方便群众办事、方便群众监督，提高办事效率，提供优质服务。为了贯彻公开、公平、公正、及时原则，我国《社会救助法（草案）》第 7 条规定：县级以上人民政府民政部门应当建立和完善社会救助信息系统，会同有关部门完善社会救助信息和居民收入、家庭财产信息共享机制。

16.2 社会救助制度

我国现行的社会救助制度具体包括：居民最低生活保障制度、专项救助制度、自然灾害救助制度、临时救助制度。

16.2.1 居民最低生活保障制度

1. 居民最低生活保障制度概述

最低生活保障制度是政府和社会为生活在法定最低收入标准之下的社会成员提供满足其基本生活需要的物质帮助的救助制度，是社会保障体系的一项重要内容。我国的居民最低生活保障制度是政府对家庭人均收入低于最低生活保障标准的贫困人口进行救助的一种新型社会救助制度。居民最低生活保障制度具有以下特点：

（1）居民最低生活保障制度是实现公民基本权利的具体体现

自 16 世纪欧洲启蒙运动以来，人的生存权构成了政治思想理论中的核心话语，保障每个公民的最低生活需求成为各个国家政府的基本职责。尽管西方国家的资本主义经历了从放任到管制的历程，但建立福利国家成为他们的基本共识与追求，多数国家建立起较完备的法律保障体系，真正实现公民的这项基本人权。1999 年 9 月，国务院发布《城市居民最低生活保障条例》，规定了城市居民享受最低生活保障的条件，明确了各级人民政府的责任和资金来源的渠

道,以及制定最低生活保障标准的原则和权限,我国城市居民最低生活保障工作开始进入规范化、法制化管理轨道。在《城市居民最低生活保障条例》的引导下,我国城市居民最低生活保障制度不断发展完善,逐步形成一个比较完备的制度体系,其目的是为了公民基本权利的实现。

(2) 居民最低生活保障制度的目标是帮助公民走出现实生活困境

居民最低生活保障制度是公民基本权利的体现,是保障公民的生活水平达到最低的标准,公民是否贫困是获得最低生活保障的前提条件。因此,居民最低生活保障制度的目标是帮助生活等方面陷入困境的公民走出困境,达到当地最低的生活标准,具有暂时的帮助性,而不是使该公民走上致富的道路。只要受困者已经走出困境,就无权要求再得到政府的帮助。从目前我国的实践看,城市居民最低生活保障制度实施以来,我国已初步建立起覆盖全国城市生活困难居民的最低生活保障网,为保障居民基本生活、促进经济和社会的持续发展发挥了重要作用。截至 1999 年 9 月,全国所有城市和县人民政府所在地,已全部建立了城市居民最低生活保障制度。目前,各地已普遍将保障资金列入了财政预算。原来实行财政和企事业单位分担的地方也已全部转为由财政统一负担保障资金。截至 2008 年年底,共有 1044.8 万户、2236.1 万城镇居民得到了最低生活保障,农村低保对象 1186.2 万户、2573.5 万人,全国已有 508.8 万人纳入五保供养范围。

2. 居民最低生活保障制度的主要内容

(1) 居民最低生活保障制度的救助对象

我国《社会救助法(草案)》第 10 条规定:对共同生活的家庭成员人均收入低于当地居民最低生活保障标准且家庭财产状况符合所在省、自治区、直辖市人民政府有关规定的家庭,由县级人民政府民政部门给予最低生活保障。从草案看,对于最低生活保障制度救助的对象,没有采取城市居民与农村村民的二分法,而是统一以"家庭成员人均收入低于当地居民最低生活保障标准"来划分,这体现了立法者的前瞻意识,因为目前我国的城乡建设一体化进程正在迅速地推进。

(2) 居民最低生活保障标准的界定

居民最低生活保障制度的核心问题之一就是如何界定最低生活的标准。按照我国《社会救助法(草案)》第 12 条规定:居民最低生活保障标准,由直辖市或者设区的市级人民政府参考上年度当地居民人均食品消费指标,并适当考虑必需的衣物、水电燃煤（燃气）等因素制定，在本行政区域内公布执行。居民最低生活保障标准由设区的市级人民政府制定的，在公布执行前应当报所在的省、自治区人民政府备案。居民最低生活保障标准应当根据经济社会发展水平定期调整。

（3）居民最低生活保障的管理

最低生活保障制度涉及面非常广泛，参与部门多，工作难度很大，所以必须建立其完善的管理体制，以便该项工作能得到顺利的推行。《社会救助法（草案）》对此作出了明确规定：县级以上地方各级人民政府民政、财政、教育行政、卫生行政、住房城乡建设、人力资源社会保障等部门依照各自的职责负责本行政区域相应的社会救助管理工作。村（居）民委员会或者其他社会组织接受民政部门以及其他社会救助管理部门的委托，协助做好社会救助的申请、调查和审核工作。从上述规定与目前的具体实践看，我国采取的管理体制为：民政部门主管，其他部门协助。

3. 实施居民最低生活保障制度的工作程序

根据国务院《城市居民最低生活保障条例》及《社会救助法（草案）》的规定，实施居民最低生活保障制度的工作程序包括申请、调查、审核审批动态管理以及行政复议和行政诉讼几个方面。

（1）申请

申请居民最低生活保障待遇，由户主向户籍所在地的乡、镇人民政府或者城市街道办事处提出，申请者应该出具身份证明、收入证明等材料，填写相关表格。

（2）调查

主管部门除应审核申请者提供的上述材料外，县级人民政府民政部门可以通过入户调查、邻里访问以及信函索证等方式对申请人的家庭收入、财产状况和实际生活水平进行调查核实。必要时，可以查询申请人在银行或者其他金融机构存款或者持有有价证券等情况，申请人以及有关单位、组织或者个人应当配合调查，如实提供相关情况。

（3）审核和审批

县级人民政府民政部门经审查，对符合享受居民最低生活保障待遇的家庭，应当区分下列不同情况批准其享受城市居民最低生活保障待遇：对符合条件者给予批准，对不符合享受城市居民最低生活保障待遇条件的，应当书面通知申请人，并说明理由。管理审批机关应当自接到申请人提出申请之日起的30日内办结审批手续。

(4) 保障金的发放

享受居民最低生活保障待遇的家庭，由乡、镇人民政府或者城市街道办事处每月按标准发给最低生活保障金或者实物券，也可以给付实物。

(5) 保障待遇的变动

享受居民最低生活保障待遇的家庭收入和财产状况发生变化的，户主应当及时告知当地民政部门。民政部门应当对取得居民最低生活保障待遇的家庭的收入和财产状况进行核查，及时办理增发、减发或者停发居民最低生活保障待遇的手续。

16.2.2 专项救助制度

1. 专项救助制度概述

对于贫困家庭来说，除了国家通过实施最低生活保障制度使他们能吃饱、穿暖以外，还有几项开支是必需的，如子女的教育费用、医疗费用、住房开支等，这些费用单靠一般的资助不能解决，因此必须在实现居民最低生活保障的基础上，建立各种形式的专项救助制度。这也是目前世界各国的通常做法，比如日本《生活保护法》规定了丧葬扶助，"对于生活困难的家庭在处理丧事时的补助。范围包括检验尸体、搬运埋葬、收骨及其他丧葬所必需的开支"。为此，《社会救助法（草案）》第3章明确规定了专项救助制度。专项救助制度的特点为：

(1) 受救助对象的特定性。尽管专项救助制度与最低生活保障制度的对象具有很多相似之处，如受救助者都是困难群体等，但他们之间还是存在一定的差别，接受专项救助的对象除生活贫困外，法律上对其还有特别的要求，如《社会救助法（草案）》第16条规定，接受专项救助的对象必须是共同生活的家庭成员人均收入低于当地居民最低生活保障标准2倍且家庭财产状况符合所在省、自治区、直辖市人民政府有关规定的家庭。

(2) 受救助类别的法定性。公民在生活中可能遇到各种各样的困难，但国家并非对各项困难都给予救助，只是有选择地对较大的、可能完全影响公民基本生活的困难给予救助。为此，《社会救助法（草案）》第16条规定三类：教育救助、医疗救助与住房救助。至于其他的困难，都不属于专项救助的范围。

2. 专项救助制度的内容

（1）教育救助

①教育救助的对象。《教育部、财政部、国务院扶贫开发领导小组办公室关于落实和完善中小学贫困学生助学金制度的通知》等文件中要求"各省、市、县（区）在认真调研基础上结合城镇、农村学校的特点，采取科学方法界定贫困学生及助学金的发放标准"。但我国大部分欠发达地区并没有明确界定需要救助的贫困生的概念，也没有明确助学金的发放标准，因此，对贫困生的救助各省、市、县（区）都是按自己的标准进行，基本上把需要救助的贫困生归为以下几类：其一，孤儿；其二，残疾儿童；其三，单亲困难家庭子女；其四，家庭成员残疾、重病造成的贫困家庭子女；其五，天灾造成的贫困家庭子女；其六，属于城市"三无"对象（无劳动能力、无生活来源、无法定扶养义务人或虽有法定扶养义务人但扶养义务人无扶养能力）。

②教育救助的形式。《社会救助法（草案）》第18条的规定很笼统：符合专项救助标准的家庭子女，在义务教育阶段，县级以上地方人民政府应当免费提供教科书，补助寄宿生生活费；在中等、高等教育阶段，按照国家有关规定提供助学金等救助，有关教育机构可以酌情减免学费。从目前教育救助的实践看，具体做法：中央政府对贫困生的救助措施主要有："国家义务教育贫困生助学金"，但并不是每个县市都会受到此项目的救助；"免费教科书计划"，这项计划是按照学生人数15%的贫困率下拨的，因此每个县市都从中受惠。另外，从2004年开始，欠发达地区的各省财政对全省贫困生实施"两免一补"进行配套性财政补贴。根据《教育部、财政部、国务院扶贫开发领导小组办公室关于落实和完善中小学生贫困学生助学金制度的通知》规定，"各地都应设立中小学贫困生助学金专款"。

（2）医疗救助

①救助对象。《社会救助法（草案）》第16条把医疗救助的对象界定为：一是参加城镇居民基本医疗保险或者新型农村合作医疗支付参保费用有困难者；二是城镇职工基本医疗保险、城镇居民基本医疗保险、新型农村合作医疗报销后个人负担医疗费用数额较大者。

②救助形式。《社会救助法（草案）》第16条根据救助对象的不同，把救助的形式分为两类：一是参加城镇居民基本医疗保险或者新型农村合作医疗支

付参保费用有困难的，统筹地区人民政府应当给予帮助；二是对经城镇职工基本医疗保险、城镇居民基本医疗保险、新型农村合作医疗报销后个人负担医疗费用数额较大的，可以给予适当补助。

③救助标准。医疗救助的标准由地方民政部门会同卫生、劳动保障、财政等部门制定。对于特别困难的人员，可适当提高补助标准，重大疾病分段累计救助。各地因具体情况不同而有所差别。

（3）住房救助

①救助对象。申请住房居住的对象应当符合一定的条件：家庭收入、住房标准、户籍及居住时间、人口及相互关系等。因各地的经济发展水平不同，申请的条件有较大的差异，以南京市为例，2001年《南京市城镇居民低收入家庭住房保障试行办法》本办法所称最低收入住房困难家庭（以下简称保障对象）是指人均收入低于政府规定的最低生活保障标准（不含，2001年市区为人均月收入200元），且享受最低生活保障连续6个月（含）以上，人均住房使用面积8平方米（不含）以下，具有市区常住户口的居民家庭。

②救助形式。《社会救助法（草案）》第20条根据救助对象的不同，把救助的形式分为四类：符合专项救助标准的家庭住房困难的，县级人民政府应当按照规定通过提供廉租住房、住房租赁补贴、经济适用住房等方式予以保障，在寒冷地区还应当给予冬季取暖补助。

③救助标准。住房保障水平应以满足基本住房需要为原则，根据当地的财政承受能力和居民住房状况合理确定。2001年《南京市城镇居民低收入家庭住房保障试行办法》规定：保障对象经申请批准后，政府按人均住房使用面积8平方米、每平方米每月补助20元的标准向保障对象计发房租补贴。其中无房的按8平方米全额计发，有房未达标准的按原住房面积与8平方米的差额计发。房租补贴原则上由区房改办通过银行支付给房屋出租人。经区房改办批准，也可直接发给保障对象。

16.2.3 自然灾害救助制度

1. 自然灾害救助概述

根据国务院办公厅2007年印发的《国家综合减灾"十一五"规划》，中国70%以上的城市、50%以上的人口分布在气象、地震、地质和海洋等自然灾害严重的地区。近15年来，中国平均每年因各类自然灾害造成约3亿人

(次)受灾,倒塌房屋约300万间,紧急转移安置人口约800万,直接经济损失近2000亿元。可以说,自然灾害的严重性成为制约中国经济和社会发展的重要因素。因此,灾害发生后,如何迅速采取救助行动,处理灾情,降低伤害,并帮助灾民完成复建,是国家的基本职责。借鉴和吸收我国传统社会有益的防灾救灾经验对完善灾后救助制度、增强灾害救助能力、促进灾后重建具有重要的现实意义。

(1)自然灾害救助概念

自然灾害救助是指政府在灾害发生后依法为灾民提供一定的物质帮助,以保障其基本生活的制度。详言之,即在自然灾害发生以后,各级人民政府对基本生活因自然灾害受到影响的人员提供资金、物资、服务等方面的救助,保障其吃、穿、住、医等基本需求。与其他社会救助相比较,自然灾害救助的特点为:

①紧急性。自然灾害的发生具有突发性,社会成员很难事先得到预报,没有机会采取相应的防范措施,灾难发生后,社会成员大都在毫无防范的情况下在极短时间内陷入极度困境中。

②灾害严重,往往需要举全国之力进行救助。自然灾害与一般的事故造成的损失相比,表现为损失范围广,损失大,对自然灾害造成损失的救助非一般的个人所能承担。

(2)自然灾害救助原则

①贯彻以人为本,最大限度地保护人民群众的生命和财产安全。灾难发生后,人民群众的生活会陷入极度困难之中,政府必须全面履行自己的职责,保障人民群众的基本生活。

②在救助的管理模式上,贯彻"分级管理、各司其责"的原则。根据目前我国的行政管理体制,灾害救助工作主要由民政部门负责,但灾害的自然特点决定了仅仅依靠民政部门的力量是远远不够的,救助的过程涉及粮食、卫生、运输、物资、外交等部门。可见,自然灾害的救助管理必须通过民政部门为主、多部门参与、中央政府与地方政府相结合的方式来进行。

③鼓励群众自力更生、生产自救原则。自然灾害的范围广、损失重,仅仅依靠政府的力量还是不够的。要充分发动群众,鼓励群众自力更生进行生产自救,迅速恢复生产。同时,要充分发挥基层群众自治组织和公益性社会团体的作用。

④统筹规划、重点安排的原则。中国领土面积广大,自然灾害频繁发生,

在实施救助的过程中，中央用于特大自然灾害的救灾资金、物资等，应该统筹规划，优先安排重灾区，适当照顾边疆少数民族和贫困地区，在这方面，国家通过对四川的汶川大地震救助积累了丰富的经验。

2. 自然灾害救助的主要规定

根据2006年1月国务院发布的《国家自然灾害救助应急预案》及《社会救助法（草案）》的规定，自然灾害救助主要内容有以下几点：

(1) 灾害预警预报

某一省（区、市）行政区域内，发生水旱灾害，台风、冰雹、雪、沙尘暴等气象灾害，山体崩塌、滑坡、泥石流等地质灾害，风暴潮、海啸等海洋灾害，森林草原火灾和重大生物灾害等自然灾害，一次灾害过程出现下列情况之一的：因灾死亡30人以上；因灾紧急转移安置群众10万人以上；因灾倒塌房屋1万间以上。发生5级以上破坏性地震，造成20人以上人员死亡或紧急转移安置群众10万人以上或房屋倒塌和严重损坏1万间以上。根据灾情预警，国家和有关（省、区）应做好应急准备或采取应急措施。

(2) 灾情核定

①部门会商核定。各级民政部门协调农业、水利、国土资源、地震、气象、统计等部门进行综合分析、会商，核定灾情。②民政、地震等有关部门组织专家评估小组，通过全面调查、抽样调查、典型调查和专项调查等形式对灾情进行专家评估，核实灾情。

(3) 灾后救助

①县级以上地方人民政府应当在自然灾害预警和自然灾害发生后，紧急疏散、转移、抢救和安置受灾人员，并为其提供食品、饮水、医疗、衣被、临时住所、日常生活用具、心理抚慰等应急救助。

②自然灾害的危害消除后，受灾地区的各级人民政府应当帮助受灾人员恢复重建因自然灾害倒损的居民住房。恢复重建应当做到因地制宜，科学规划设计，保证建设质量，达到防灾要求。

③在自然灾害发生后的当年冬季、第二年春季以及其他困难时期，受灾地区的各级人民政府应当保障受灾人员的基本生活，提供食品、饮水、取暖、衣被、住所和医疗等临时生活困难救助。

16.2.4 临时救助制度

除了上述的居民最低生活保障救助、专项救助、自然灾害救助以外，公民在生活中还有可能遇到一些意外，需要政府给予救助，使其走出困境。《社会救助法（草案）》列举了 2 项此类救助。

（1）对因交通事故等意外事件或者其他特殊原因，导致基本生活暂时出现较大困难的家庭，由县级以上人民政府民政部门给予资金、物资、服务等临时救助。

（2）对生活无着落的流浪乞讨人员实行临时救助，依照城市生活无着落的流浪乞讨人员救助管理办法》有关规定办理。

16.3 社会救助法存在的问题及其完善

我国自 20 世纪 90 年代开展现代社会救助制度以来，社会救助对解贫帮困作出了巨大贡献。但由于社会救助涉及对象的广泛性、救助范围的复杂性、救助体系的庞大性和社会政策的多变性，我国社会救助目前迫切需要一部《社会救助法》加以保障。因此全国人大法制办在多年立法调研基础上，于 2008 年 8 月 15 日向社会公众公布了《中华人民共和国社会救助法（草案）》征求意见稿，并对我国社会救助立法原则、管理体制等都作了相应规定。但从该草案整体的内容和目前我国社会救助的实践看，尚存在一些问题，需要通过立法予以完善。

1. 整个草案条文粗略，很难操作

要实现社会救助的有效性，必须制定内容完整、规定翔实、便于操作的社会救助法典。从颁布的草案看，条文过于简练，整个法律呈现为"宪法式"的原则性规定，忽略了社会救助的复杂性和多样化，这也是中国立法中的通病。这必然会造成两种结果，其一，整个法律无助于公民基本权利的实现，使该法律徒具空文，没有实现当初的立法目的；其二，由于法律条文过于简单，这就为"副法"——法律解释的恣意膨胀预留了空间，"副法"恣意膨胀为部门追求利益最大化，甚至权力寻租、腐败等提供了有利条件。社会救助法是基本法、是"主法"，是对现行救助制度的概括和总结，也是对未来社会救助发展的规划和预设，需要的已不是拾漏补缺式的粗放型立法，而是应尽量地避免

抽象和虚化，在平衡各方利益的同时，更加注重细节和可操作性。

2. 法律规定缺乏前瞻性，具有明显的滞后性

根据该《社会救助法（草案）》第 13 条规定："申请居民最低生活保障待遇，由户主向户籍所在地的乡、镇人民政府或者城市街道办事处提出，经审核后报县级人民政府民政部门批准。"可见我国社会救助申请的主体限于户籍所在地的本地居民，这种规定显然受到我国户籍制度樊篱约束。众所周知，我国户籍制度本身弊端很多，社会救助在这种制度下对于人户一致的居民来说没有任何影响，但对人户不一致的居民影响是很大的。而且，随着我国政治经济改革的进一步深入，必然要改革户籍制度，打破以户籍作为实现公民各种权利的条件。因此，该草案把户籍作为申请救助的依据明显具有滞后性，因此社会救助法应当对人户不一致的救助申请加以明确，并规定居民在某地连续居住满一定年限以上，应享有与当地常住居民同等待遇的申请救助。

3. 公民权利救济程序简略，使公民的救助权的实现不能得到充分保障

尽管《社会救助法（草案）》第 32 条明确规定：申请人或者救助对象对于社会救助管理部门或者相关机构做出的不予救助或者调整、停止救助的决定或者行政处罚不服的，可以依法申请行政复议；对复议结果不服的，可以依法提起行政诉讼。但这种规定显得非常的粗略。由于社会救助法治的薄弱和实践操作的不规范，社会救助实践中，符合条件的人群得不到救助、擅自降低救助标准，救助款物被挪用、未有效保护救助对象隐私等侵权行为时有发生，受助对象的基本权利得不到保障，人格尊严得不到有效保护。因此，社会救助法必须完善权利救济制度，建立规范和操作简便的公权救济程序，即完善行政救济程序，明确社会救助中行政监察、行政裁决及行政复议等的方式和程序；完善司法救济程序，明确规定受助对象对救助监管机构的监管行为不服的可提起行政诉讼；完善法律援助制度和国家赔偿制度，确实尊重受助对象的基本权利并保障其权利的实现。

4. 公民参与性低，不利于社会救助目标的实现

尽管我国的社会救助采取国家与民间结合的模式，但从整个草案看，仅仅规定了：国家提倡和鼓励社会组织和个人为社会救助事业捐赠资金和物资，鼓励社会工作者、志愿者等参与社会救助工作。随着公民社会的逐步形成，政府

在社会救助中完全"包干到底"的核心地位开始动摇，社会组织和民众将成为我国未来社会救助事业的基本力量，其在社会救助中扮演的角色和所发挥的职能，毫不逊色于政府的公权救助。发展社会救助性民间组织是解决困难群体问题，实现全面建设小康社会的战略选择。因此，要加快立法进程，倡导并规范社会组织和民众等中间力量参与社会救助，积极引导和规范第三部门、私营营利机构、志愿者及普通公民参与社会救助，调动各社会阶层的积极性，各尽其力。"社会救助法应明确规定，政府可通过制定优惠或鼓励政策、救助服务转包、财政资金补贴、允许设立私立救助基金会、税收优惠、建立规范的志愿者管理和服务制度等方式，大力支持和规范社会组织和公民的救助活动。"[①]

5. 监督力度不够

没有监督的权力必然走向腐败，同理，没有监督的制度，没有强有力的监督机制，绝不会发挥应有的作用，从目前看，"社会救助由于缺乏统一的法律规定，关于监督主体、监督程序、监督措施、法律责任等规定几乎是一片空白。即使现行的单行法律规范中有一些关于监督的规定，也是凌乱、分散，不能形成强有力的监督体系"[②]。从公布的《社会救助法（草案）》看，对于社会救助如何实施强有力的监督也缺乏详细的规定。

本章小结

社会救助，在我国又称为社会救济，是指国家和社会对由于各种原因而陷入生存困境的公民，给予财物接济和生活扶助，以保障其最低生活需要的制度。社会救助法的立法与实践是一个国家公民生存权利是否能得到充分实现的标志，我国是社会主义国家，理应比资本主义国家更加关注社会救助问题，这是社会主义制度优越性的具体体现。本章以国家最新颁布的《中华人民共和国社会救助法（草案）》为基本依据，参阅了国内外学者的最新研究成果，论述了社会救助的概念、特征及其主要的救助原则、救助模式的选择；阐述了我国主要的社会救助制度：居民最低生

---

① 朱勋克，余友根."社会救助法"亟待解决的若干问题 [J]. 长沙民政职业技术学院学报，2007（3）：36.

② 林莉红，孔繁华. 社会救助法研究 [M]. 北京：法律出版社，2008：187.

活保障制度；专项救助制度；自然灾害救助制度；临时救助制度。在本章的结尾对我国救助法草案进行评析并指出其应该完善的路径。

关键术语

社会救助　　居民最低生活保障制度　　专项救助制度
自然灾害救助制度　　临时救助制度

思考题

1. 试论我国社会救助的模式选择。
2. 居民最低生活保障制度的基本内容有哪些？
3. 专项救助的主要项目有哪些？
4. 简述我国自然灾害救助制度的主要规定。
5. 简要评析《中华人民共和国社会救助法（草案）》。

第17章 社会优抚法

社会优抚是指国家和社会依据法律和政策，对军人及其家属实行优待和抚恤的社会保障制度。我国现行的优抚制度包括抚恤制度与安置制度。社会优抚体现了党和国家对军人这个为国家和人民作出了特殊贡献并肩负着特殊使命的群体的关怀和爱护，是社会对他们无私奉献和牺牲的一种回馈和补偿，体现了社会的公平和正义，有利于密切军政军民关系、促进军队建设、巩固国防，对推动国家经济发展和保持社会稳定，也有着重要的意义。唯其如此，该制度受到世界各国的普遍重视，成为社会保障制度的重要组成部分。

17.1 社会优抚概述

社会优抚作为以军人及其家属为对象的社会保障制度，与社会保险、社会救助和社会福利相比具有一系列独有的特点，正是这些特点决定了它具有无可替代的地位，发挥着与众不同的作用。

17.1.1 社会优抚的含义

优抚是优待和抚恤的简称。社会优抚是指国家和社会依据有关法律、法规和政策的精神和规定，对以军人及其家属为主体的优抚对象实行优待、抚恤和抚慰的一项社会保障制度，也是兑现物质照顾和精神抚慰的一项特殊社会工作。其具有以下特征：

1. 优抚对象的特殊性

根据我国《军人抚恤优待条例》的规定，中国人民解放军现役军人、服现役或者退出现役的残疾军人以及复员军人、退伍军人、烈士遗属、因公牺牲军人遗属、病故军人遗属、现役军人家属统称为优抚对象，按规定享受抚恤优待。我国优抚体制中的重点保障对象包括："三属"（指烈士遗属、因公牺牲军人遗属、病故军人遗属）、"三红"（指在乡退伍红军老战士、西路红军老战士和红军失散人员）、残疾军人、复员军人（指1954年10月31日之前入伍，后经批准从部队复员的人员）和带病回乡退伍军人（指在服现役期间患病，尚未达到评定残疾等级条件并有军队医院证明，从部队退伍的人员）。据统计，截至2008年9月，我国现有优抚对象3900万人。全国共有享受国家抚恤补助的烈属、残疾军人、在乡退伍红军老战士、在乡复员军人、带病回乡退伍军人等重点优抚对象468万人。

2. 优抚作用的多重性

（1）促进国防和军队建设。优抚工作是提高军队战斗力、激发官兵习武热情、积蓄强大后备力量的基本依靠。实践证明，做好优抚工作，有利于提高军人的社会地位，鼓舞部队士气，抚慰军人家属，解除军队的后顾之忧，促进国防和军队建设。（2）有利于维护改革发展稳定大局。做好优抚工作，就能保障优抚对象的根本权益，调动他们参与国家建设的积极性，没有他们的支持，就不会有改革的顺利进行；没有他们的小康，就不会有全社会的小康；没有他们的安居，就不会有全社会的稳定。（3）推动社会主义精神文明建设。做好优抚工作，充分挖掘"红色资源"的潜能，有利于引导人民群众特别是广大青少年树立正确的世界观、人生观、价值观，弘扬爱国主义和革命英雄主义精神，加强公民道德修养和行为规范，促进全社会的精神文明建设。

3. 优抚内容的综合性

社会优抚不同于单纯的社会救助，也不同于单纯的社会保险或社会福利，而是兼具三种项目的特点。对专业军人的安置、对其家属的抚恤具有社会保险的性质；对特别困难的相关人员的扶持生产、帮困济贫等具有社会救助的性质；对军人及其家属的优待，又具有社会福利的性质。①

17.1.2 我国现行社会优抚的法律渊源和政策依据

我国《宪法》第45条规定：国家和社会保障残废军人的生活，抚恤烈士家属，优待军人家属。这条规定构成了我国社会优抚制度的宪法渊源；1984年5月31日全国六届人大二次会议通过的《兵役法》第十章规定了"现役军人的优待和退出现役的安置"，这是我国社会优抚制度的普通法律渊源。我国社会优抚立法主要表现为法规、规章和其他的规范性文件，主要有：1980年4月29日国务院通过的《革命烈士褒扬条例》；1988年7月18日，国务院颁布《军人抚恤优待条例》，2004年10月1日起，修改后的新条例正式实施。1982年2月，民政部批准《革命伤残军人休养院管理工作暂行办法（草案）》、《复员军人慢性病疗养院管理工作暂行办法（草案）》在全国试行；1989年4月15日，民政部颁发《革命伤残军人评定伤残等级的条件》；1989年11月26日，民政部转发总政治部、总后勤部制定的《军队评定伤残等级工作管理办法》；1997年，民政部发布《公安机关人民警察抚恤办法》等。

以上关于社会优抚方面的法律制度，构成了我国优抚制度的宪法、法律、规章三个层级的法律渊源和政策依据，推动了社会优抚工作法制化、制度化的进程。中央、省（自治区、直辖市）、县（市、区）三级逐步建立了比较完备的优抚管理制度。

17.2 社会优抚制度

我国现行的社会优抚制度，优抚对象主要包括军烈属、伤残军人及其家属、退伍军人等，内容包括死亡抚恤、伤残抚恤和优待。此外，在我国，根据《公安机关人民警察抚恤办法》，人民警察也享受类似于军人的优待和抚恤。

17.2.1 抚恤制度

抚恤是指国家对因公受伤或致残的军人，或因公牺牲以及病故军人的家属进行安慰并给以物质帮助，它是我国优抚制度的核心内容。

---

① 成志刚. 社会保障导论［M］. 长沙：湖南大学出版社，2003：120.

1. 军人抚恤优待制度

(1) 军人抚恤优待对象

根据2004年10月1日起实施的《军人抚恤优待条例》第2条的规定，军人抚恤优待对象为：中国人民解放军现役军人（以下简称现役军人）、服现役或者退出现役的残疾军人以及复员军人、退伍军人、烈士遗属、因公牺牲军人遗属、病故军人遗属、现役军人家属。中国人民武装警察部队也适用该条例的规定。因参战伤亡的民兵、民工的抚恤，因参加军事演习、军事训练和执行军事勤务伤亡的预备役人员、民兵、民工以及其他人员的抚恤，参照本条例的有关规定办理。

(2) 军人抚恤优待原则

军人的抚恤优待，实行国家和社会相结合的方针，保障军人的抚恤优待与国民经济和社会发展相适应，保障抚恤优待对象的生活不低于当地的平均生活水平。

(3) 军人抚恤优待主管机关

国务院民政部门主管全国军人抚恤优待工作；县级以上地方人民政府民政部门主管本行政区域内的军人抚恤优待工作。国家机关、社会团体、企业事业单位应当依法履行各自的军人抚恤优待责任和义务。

(4) 死亡抚恤

①一次性抚恤。一次性抚恤发放对象：一次性抚恤金发给烈士、因公牺牲军人、病故军人的父母（抚养人）、配偶、子女；没有父母（抚养人）、配偶、子女的，发给未满18周岁的兄弟姐妹和已满18周岁但无生活费来源且由该军人生前供养的兄弟姐妹。一次性抚恤金标准为：现役军人死亡，根据其死亡性质和死亡时的月工资标准，由县级人民政府民政部门发给其遗属一次性抚恤金，标准为：烈士，80个月工资；因公牺牲，40个月工资；病故，20个月工资。月工资或者津贴低于排职少尉军官工资标准的，按照排职少尉军官工资标准发给其遗属一次性抚恤金。

获得荣誉称号或者立功的烈士、因公牺牲军人、病故军人，其遗属在应当享受的一次性抚恤金的基础上，由县级人民政府民政部门按照下列比例增发一次性抚恤金：获得中央军事委员会授予荣誉称号的，增发35%；获得军队军区级单位授予荣誉称号的，增发30%；立一等功的，增发25%；立二等功的，增发15%；立三等功的，增发5%。多次获得荣誉称号或者立功的烈士、因公牺牲军人、病故军人，其遗属由县级人民政府民政部门按照其中最高等级奖励的增发比例，增发一次性抚恤金。

②定期抚恤金。定期抚恤金的发放对象：对符合下列条件之一的烈士遗属、因公牺牲军人遗属、病故军人遗属，发给定期抚恤金：一是父母（抚养人）、配偶无劳动能力、无生活费来源，或者收入水平低于当地居民平均生活水平的；二是子女未满18周岁或者已满18周岁但因上学或者残疾无生活费来源的；三是兄弟姐妹未满18周岁或者已满18周岁但因上学无生活费来源且由该军人生前供养的。对符合享受定期抚恤金条件的遗属，由县级人民政府民政部门发给《定期抚恤金领取证》。

定期抚恤金的标准：定期抚恤金标准应当参照全国城乡居民家庭人均收入水平确定。定期抚恤金的标准及其调整办法，由国务院民政部门会同国务院财政部门规定。县级以上地方人民政府对依靠定期抚恤金生活仍有困难的烈士遗属、因公牺牲军人遗属、病故军人遗属，可以增发抚恤金或者采取其他方式予以补助，保障其生活不低于当地的平均生活水平。

享受定期抚恤金的烈士遗属、因公牺牲军人遗属、病故军人遗属死亡的，增发6个月其原享受的定期抚恤金，作为丧葬补助费，同时注销其领取定期抚恤金的证件。

③特别抚恤金。对生前作出特殊贡献的烈士、因公牺牲军人、病故军人，除按照《军人抚恤优待条例》规定发给其遗属一次性抚恤金外，军队可以按照有关规定发给其遗属一次性特别抚恤金。

(5) 伤残抚恤

现役军人残疾被认定为因战致残、因公致残或者因病致残的，依照《军人抚恤优待条例》的规定享受伤残抚恤。我国对革命伤残军人实行终身抚恤。

现役军人残疾须经法定机关进行伤残性质确定和等级评定，具体内容如下：

伤残性质确定：因《军人抚恤优待条例》第8条第2款规定的情形之一导致残疾的，认定为因战致残；因第9条第1款规定的情形之一导致残疾的，认定为因公致残；义务兵和初级士官因第9条第1款第3项、第4项规定情形以外的疾病导致残疾的，认定为因病致残。

残疾的等级：根据劳动功能障碍程度和生活自理障碍程度确定，由重到轻分为一级至十级。残疾等级的具体评定标准由国务院民政部门、劳动保障部门、卫生部门会同军队有关部门规定。因公致残，残疾等级被评定为一级至十级的,享受抚恤;因病致残,残疾等级被评定为一级至六级的,享受抚恤。

伤残等级的评定权限:义务兵和初级士官的残疾,由军队军级以上单位卫生部门认定和评定;现役军官、文职干部和中级以上士官的残疾,由军队军区级以上单位卫生部门认定和评定;退出现役的军人和移交政府安置的军队离休、退休干部需要认定残疾性质和评定残疾等级的,由省级人民政府民政部门认定和评定。评定残疾等级,应当依据医疗卫生专家小组出具的残疾等级医学鉴定意见。残疾军人由认定残疾性质和评定残疾等级的机关发给《中华人民共和国残疾军人证》。

伤残抚恤金的标准:残疾军人的抚恤金标准应当参照全国职工平均工资水平确定。残疾抚恤金的标准以及一级至十级残疾军人享受残疾抚恤金的具体办法,由国务院民政部门会同国务院财政部门规定。

县级以上地方人民政府对依靠残疾抚恤金生活仍有困难的残疾军人,可以增发残疾抚恤金或者采取其他方式予以补助,保障其生活不低于当地的平均生活水平。

①供养。退出现役的一级至四级残疾军人,由国家供养终身;其中,对需要长年医疗或者独身一人不便分散安置的,经省级人民政府民政部门批准,可以集中供养。

②善后。退出现役的因战、因公致残的残疾军人因旧伤复发死亡的,由县级人民政府民政部门按照因公牺牲军人的抚恤金标准发给其遗属一次性抚恤金,其遗属享受因公牺牲军人遗属抚恤待遇。

退出现役的因战、因公、因病致残的残疾军人因病死亡的,对其遗属增发12个月的残疾抚恤金,作为丧葬补助费;其中,因战、因公致残的一级至四级残疾军人因病死亡的,其遗属享受病故军人遗属抚恤待遇。

(6) 优待

①现役军人及家属的优待。义务兵服现役期间,其家庭由当地人民政府发给优待金或者给予其他优待,优待标准不低于当地平均生活水平。义务兵和初级士官入伍前是国家机关、社会团体、企业事业单位职工(含合同制人员)的,退出现役后,允许复工复职,并享受不低于本单位同岗位(工种)、同工龄职工的各项待遇;服现役期间,其家属继续享受该单位职工家属的有关福利待遇。义务兵和初级士官入伍前的承包地(山、林)等,应当保留;服现役期间,除依照国家有关规定和承包合同的约定缴纳有关税费外,免除其他负担。义务兵从部队发出的平信,免费邮递。

现役军人凭有效证件、残疾军人凭《中华人民共和国残疾军人证》优先购票乘坐境内运行的火车、轮船、长途公共汽车以及民航班机；残疾军人享受减收正常票价50%的优待。

现役军人凭有效证件乘坐市内公共汽车、电车和轨道交通工具享受优待，具体办法由有关城市人民政府规定。残疾军人凭《中华人民共和国残疾军人证》免费乘坐市内公共汽车、电车和轨道交通工具。

现役军人、残疾军人凭有效证件参观游览公园、博物馆、名胜古迹享受优待，具体办法由公园、博物馆、名胜古迹管理单位所在地的县级以上地方人民政府规定。

②对死亡军人家属和伤残军人的优待。残疾军人、复员军人、带病回乡退伍军人以及烈士遗属、因公牺牲军人遗属、病故军人遗属享受医疗优惠待遇。具体办法由省、自治区、直辖市人民政府规定。烈士、因公牺牲军人、病故军人的子女、兄弟姐妹，本人自愿应征并且符合征兵条件的，优先批准服现役。残疾军人、烈士子女、因公牺牲军人子女、一级至四级残疾军人的子女，驻边疆国境的县（市）、沙漠区、国家确定的边远地区中的三类地区和军队确定的特、一、二类岛屿部队现役军人的子女报考普通高中、中等职业学校、高等学校，在与其他考生同等条件下优先录取；接受学历教育的，在同等条件下优先享受国家规定的各项助学政策。现役军人子女的入学、入托，在同等条件下优先接收。具体办法由国务院民政部门会同国务院教育部门规定。

残疾军人、复员军人、带病回乡退伍军人、烈士遗属、因公牺牲军人遗属、病故军人遗属承租、购买住房依照有关规定享受优先、优惠待遇。居住农村的抚恤优待对象住房困难的，由地方人民政府帮助解决。具体办法由省、自治区、直辖市人民政府规定。

经军队师（旅）级以上单位政治机关批准随军的现役军官家属、文职干部家属、士官家属，由驻军所在地的公安机关办理落户手续。随军前是国家机关、社会团体、企业事业单位职工的，驻军所在地人民政府劳动保障部门、人事部门应当接收和妥善安置；随军前没有工作单位的，驻军所在地人民政府应当根据本人的实际情况作出相应安置；对自谋职业的，按照国家有关规定减免有关费用。

驻边疆国境的县（市）、沙漠区、国家确定的边远地区中的三类地区和军队确定的特、一、二类岛屿部队的现役军官、文职干部、士官，其符合随军条件无法随军的家属，所在地人民政府应当妥善安置，保障其生活不低于当地的平均生活水平。

2. 人民警察抚恤制度

公安部、民政部于 1996 年 11 月 19 日颁发了《公安机关人民警察抚恤办法》，其规定与《军人抚恤优待条例》相比，基本内容一致。

公安机关未列入行政编制的人民警察，铁路、交通、民航、林业系统公安机关人民警察的伤亡抚恤，按本办法执行，其抚恤费由所在单位按规定发放。

公安机关边防、消防、警卫等现役编制人民警察伤亡抚恤待遇，按《军人抚恤优待条例》和有关政策规定执行。

对伤亡人民警察及其家属的优待，由各省、自治区、直辖市人民政府根据本地区实际情况制定具体办法。

17.2.2 我国社会优抚存在的问题及其完善

1. 我国社会优抚存在的问题

总体而言，我国基本建构起覆盖全国的社会优抚保障体系，形成了有中国特色的社会优抚的法律制度框架。特别是近年来，国家加大财政投入的力度，为优抚对象提供了较为全面的政治、经济、文化方面的服务。但我们也应清醒地看到，由于我国正处于社会的转型时期，各种社会矛盾极为突出，在社会优抚方面也有一定程度的反映，使我国的社会优抚工作存在一定的问题，具体表现在以下几个方面：

（1）社会优抚立法尚不完备

目前社会优抚法律制度，除在宪法、兵役法、国防法中有个别条文体现外，其主要内容规定在《军人抚恤优待条例》中，而这只是一种条例性的规定，没有上升到国家法律保障的高度，致使立法的层级不高，势必影响到法的实施效力。

（2）优抚对象范围较小

优抚安置的对象只包括军烈属、伤残军人及其家属、退伍军人等，而没有包括为他人、国家利益、社会利益挺身而出，以致负伤、致残、甚至英勇献身的见义勇为者和在特殊岗位上做出巨大贡献的英雄模范人物。

（3）优抚对象保障水平偏低

社会优抚法律制度的立法本意和宗旨是想通过优抚、抚恤和安置等措施，确保优抚对象不低于当地群众平均生活水平,而这项制度在实际执行中的情况却没能达到这个目标。以残疾抚恤金为例,2005 年全国职工平均年工资水平为 16240 元,当年残疾抚恤金最高标准为 11200 元。2006 年全国职工平均年工资水平为 21001 元,残疾抚恤金相应调整为 14560 元。因此,军人的抚恤优待远没达到《军人抚恤优待条例》确定的标准。

(4) 优抚保障资金来源形式单一,尚未建立正常的增长机制

死亡抚恤金、伤残抚恤金主要靠财政拨款;优待金的来源有群众统筹和财政拨款两种渠道。尽管《军人抚恤优待条例》确定了抚恤优待与国民经济的发展相适应,抚恤优待标准与人民的生活水平同步提高的原则,但这实际上很难真正实现,只能根据财政拨款和群众统筹的具体情况,适当提高一点幅度,随意性很大。

2. 我国社会优抚制度的完善

(1) 加强社会优抚立法工作,完善社会优抚立法

清理单行法规和政策,使社会优抚立法由行政法规向法律发展,尽快由全国人大常委会制定出一部《社会优抚法》,对优抚安置的对象、享受优抚、优待的具体标准、优抚安置基金的筹集与运营、管理机构的职能分工以及法律责任等问题做出统一规定,以使我国的优抚安置制度在法制化的轨道上迅速发展,为广大的优抚安置对象提供切实的保障。

(2) 扩大优抚安置的对象范围

应在坚持对军烈属、伤残军人、退伍军人等优抚对象进行优抚的基础上,把见义勇为者、特殊岗位上做出巨大贡献者、为公共利益做出特殊贡献者也列入优抚的对象范围,从而有利于社会主义的物质文明与精神文明建设,形成良好的社会风气。

(3) 明确规定社会优抚拨款占国家财政支出的比例,加大财政投入

社会优抚经费也应有个合理比例,以便体现社会发展与经济增长的关系;此外,还应建立一个抚恤补助标准正常增长的调整机制,制定一个动态的与城乡人民生活水平的提高相适应的增长比例,减少随意性,以确保他们的生活水平不低于当地居民的平均生活水平。

(4) 加快优抚保障的社会化进程

国家在加大社会优抚财政投入的同时,应引导条件较好的事业组织、个人参与社会优抚,使大量的社会组织及民间机构也能为社会优抚工作做出贡献,

减轻国家财政负担,弥补优抚经费不足。

17.3 安置制度

安置是指国家帮助退出现役的军人解决就业问题的制度。抚恤与安置构成了目前我国优抚制度的主要内容。我国现行的安置制度,具体包括军人退役安置、转业安置及军队离退休安置制度。

17.3.1 我国现行安置制度

我国政府历来重视军人安置工作,从安置的方式上看,经历了从计划经济向市场经济的转变,经过不断的实践与探索,到目前为止,基本形成了以退役军人就业制度和军队干部离退休制度为基本内容的社会保障制度。其主要制度规定在2001年1月19日中共中央、国务院、中央军委颁布的《军队转业干部安置暂行办法》等规范性文件中。

1. 退役军人就业制度

(1) 转业

退出现役的军官和文职干部由国家机关、事业和企业单位参照其原在部队的所任职务,分配适当工作,称之为转业。按照《军队转业干部安置暂行办法》第12条的规定,担任团级以下职务(含处级以下部队文职干部和享受相当待遇的专业技术干部,下同)的军队干部,有下列情形之一的,列入军队干部转业安置计划:一是达到平时服现役最高年龄的;二是受军队编制员额限制不能调整使用的;三是因身体状况不能坚持军队正常工作但能够适应地方工作的;四是其他原因需要退出现役作转业安置的。

①安置原则。军队转业干部安置工作,坚持为经济社会发展和军队建设服务的方针,贯彻妥善安置、合理使用、人尽其才、各得其所的原则。

②安置方式。国家对军队转业干部实行计划分配和自主择业相结合的方式安置。计划分配的军队转业干部由党委、政府负责安排工作和职务;自主择业的军队转业干部由政府协助就业、发给退役金。《军队转业干部安置暂行办法》第22条规定:担任师级职务的军队转业干部或者担任营级以下职务(含科级以下文职干部和享受相当待遇的专业技术干部,下同)且军龄不满20年的军队转业干部,由党委、政府采取计划分配的方式安置。担任团级职务的军

队转业干部或者担任营级职务且军龄满20年的军队转业干部，可以选择计划分配或者自主择业的方式安置。

③安置地点。军队转业干部一般由其原籍或者入伍时所在省（自治区、直辖市）安置，也可以到配偶随军前或者结婚时常住户口所在地安置。配偶已随军的军队转业干部，具备下列条件之一的，可以到配偶常住户口所在地安置：一是配偶取得北京市常住户口满4年的；二是配偶取得上海市常住户口满3年的；三是配偶取得天津市、重庆市和省会（自治区首府）城市、副省级城市常住户口满2年的；四是配偶取得其他城市常住户口的。父母身边无子女或者配偶为独生子女的军队转业干部，可以到其父母或者配偶父母常住户口所在地安置。未婚的军队转业干部可以到其父母常住户口所在地安置。父母双方或者一方为军人且长期在边远艰苦地区工作的军队转业干部，可以到父母原籍、入伍地或者父母离退休安置地安置。军队转业干部具备下列条件之一的，可以到配偶常住户口所在地安置，也可以到其父母或者配偶父母、本人子女常住户口所在地安置：一是自主择业的；二是在边远艰苦地区或者从事飞行、舰艇工作满10年的；三是战时获三等功、平时获二等功以上奖励的；四是因战因公致残的。

夫妇同为军队干部且同时转业的，可以到任何一方的原籍或者入伍地安置，也可以到符合配偶随军条件的一方所在地安置；一方转业，留队一方符合配偶随军条件的，转业一方可以到留队一方所在地安置。因国家重点工程、重点建设项目、新建扩建单位以及其他工作需要的军队转业干部，经接收单位所在省（自治区、直辖市）军队转业干部安置工作主管部门批准，可以跨省（自治区、直辖市）安置。符合安置地吸引人才特殊政策规定条件的军队转业干部，可以到该地区安置。

④工作分配与职务安排。计划分配的军队转业干部，党委政府应当根据其德才条件和在军队的职务等级、贡献、专长安排工作和职务。担任师级领导职务或者担任团级领导职务且任职满最低年限的军队转业干部，一般安排相应的领导职务。接收师、团级职务军队转业干部人数较多、安排领导职务确有困难的地区，可以安排相应的非领导职务。其他担任师、团级职务或者担任营级领导职务且任职满最低年限的军队转业干部，参照上述规定，合理安排。

对计划分配到事业单位的军队转业干部，参照其军队职务等级安排相应的管理或者专业技术工作岗位，并给予3年适应期。企业接收军队转业干部，由军队转业干部安置工作主管部门编制计划，根据军队转业干部本人志愿进行分配，企业安排管理或者专业技术工作岗位，并给予2年适应期。军队转业干部可以按照有关规定与用人单位签订无固定期限或者有固定期限劳动、聘用合同，用人单位不得违约解聘、辞退或者解除劳动、聘用合同。

对自主择业的军队转业干部，安置地政府应当采取提供政策咨询、组织就业培训、拓宽就业渠道、向用人单位推荐、纳入人才市场等措施，为其就业创造条件。党和国家机关、团体、企业事业单位在社会上招聘录用人员时，对适合军队转业干部工作的岗位，应当优先录用、聘用自主择业的军队转业干部。对从事个体经营或者创办经济实体的自主择业的军队转业干部，安置地政府应当在政策上给予扶持，金融、工商、税务等部门，应当视情况提供低息贷款，及时核发营业执照，按照社会再就业人员的有关规定减免营业税、所得税等税费。

⑤退役金。自主择业的军队转业干部，由安置地政府逐月发给退役金。团级职务和军龄满20年的营级职务军队转业干部的月退役金，按照本人转业时安置地同职务等级军队干部月职务、军衔（级别）工资和军队统一规定的津贴补贴为计发基数80%的数额与基础、军龄工资的全额之和计发。军龄满20年以上的，从第21年起，军龄每增加一年，增发月退役金计发基数的1%。

自主择业的军队转业干部，按照下列条件和标准增发退役金：荣立三等功、二等功、一等功或者被大军区级以上单位授予荣誉称号的，分别增发月退役金计发基数的5%、10%、15%。符合其中两项以上的，按照最高的一项标准增发。在边远艰苦地区或者从事飞行、舰艇工作满10年、15年、20年以上的，分别增发月退役金计发基数的5%、10%、15%。符合其中两项以上的，按照最高的一项标准增发。本办法第38条和本条各项规定的标准合并计算后，月退役金数额不得超过本人转业时安置地同职务等级军队干部月职务、军衔、基础、军龄工资和军队统一规定的津贴补贴之和。

⑥家属安置。军队转业干部随调配偶的工作，安置地党委、政府应当参照本人职务等级和从事的职业合理安排，与军队转业干部同时接收安置，发出报到通知。调入调出单位相应增减工资总额。对安排到实行合同制、聘任制企业事业单位的军队转业干部随调配偶，应当给予2年适应期。适应期内，非本人原因不得擅自违约解聘、辞退或者解除劳动、聘用合同。

军队转业干部随迁配偶、子女符合就业条件的，安置地政府应当提供就业指导和服务，帮助其实现就业；对从事个体经营或者创办经济实体的，应当在政策上给予扶持，并按照国家和安置地促进就业的有关规定减免税费。

军队转业干部配偶和未参加工作的子女可以随调随迁，各地公安部门凭军队转业干部安置工作主管部门的通知及时办理迁移-落户手续。随迁子女需要转学、入学的，由安置地教育行政管理部门负责安排；报考各类院校时，在与其他考生同等条件下优先录取。军队转业干部身边无子女的，可以随调一名已经工作的子女及其配偶。各地在办理军队转业干部及其随调随迁配偶、子女的工作安排、落户和转学、入学事宜时，不得收取国家政策规定以外的费用。

（2）复员

军队干部和士官退出现役，不保留公职人员身份，回原籍或入伍地重新就业，称之为复员。军队干部复员时，由所在部队按照规定标准发给复员费、安家费、生活补助费等，复员回农村的干部，发给回乡生产补助费。

（3）退役士官的安置

退出现役的士官符合下列条件之一的，作复员安置：一是服现役满第一期或者第二期规定年限的；二是符合转业或者退休条件，本人要求复员并经批准的。退出现役的士官符合下列条件之一的，作转业安置：一是服现役满10年的；二是服现役期间荣获二等功以上奖励的；三是服现役期间因战、因公致残被评为二等、三等伤残等级的；四是服现役未满10年，符合本办法第2条第4项情况的；五是符合退休条件，地方需要和本人自愿转业的。

退出现役的士官符合下列条件之一的，作退休安置：一是年满55岁的；二是服现役满30年的；三是服现役期间因战、因公致残，被评为特等、一等伤残等级的；四是服现役期间因病基本丧失工作能力，并经驻军医院诊断证明，军以上卫生部门鉴定确认的。士官服现役未满本期规定年限，严重违反纪律或者无正当理由坚持要求退出现役的，经批准，可按义务兵作退伍处理；家居城镇的，人民政府不负责安排工作。

（4）退役义务兵安置

根据1997年12月12日国务院发布的《退伍义务兵安置条例》的规定：退伍义务兵安置工作必须贯彻从哪里来、回哪里去的原则和妥善安置、各得其所的方针。退伍义务兵原是农业户口的，在服役期间荣立二等功（含二等功，下同）以上的，应当安排工作；对有一定专长的，应当向有关部门推荐录用；各用人单位向农村招收工人时，在同等条件下应当优先录用退伍义务兵。对在服役期间荣立三等功、超期服役的退伍义务兵和女性退伍义务兵，应当给予适当照顾。原是城镇户口的退伍义务兵，服役前没有参加工作的，由国家统一分配工作，实行按系统分配任务、包干安置办法，各接收单位必须妥善安排。

2. 军队干部离退休制度

（1）离休

1982年1月4日解放军总政治部作出的《关于军队干部离职休养的暂行规定》是军队干部离休制度的基本依据。该规定具体规定了干部离休后的政治经济文化生活方面的待遇。

（2）退休

《关于军队干部退休的暂行规定》（1981年10月13日）及总政治部、民政部的实施细则是现行军队干部退休的主要制度依据。军队干部退休年龄和条件按照《现役军官法》、《文职干部暂行条例》、《中国人民解放军士官退出现役安置暂行办法》等规定执行。

17.3.2 我国安置制度存在的问题及其完善路径

1. 我国安置制度存在的问题

改革开放以来，我国的部队退役人员的安置工作取得了丰硕的成果，但随着人事制度改革的深入及市场经济条件的变化，现行的安置制度已经无法适应新形势的要求，存在许多问题，主要表现在：

（1）法律法规不配套、不统一

我国现行安置依据的是《兵役法》、《现役军官法》、《退伍义务兵安置条例》等，这些法律与条例的规定带有很浓厚的行政性色彩。《公司法》、《企业法》、《劳动法》等法律规定企业有用工自主权，这就使企业劳动用工自主权与政府指令性分配退役士兵产生了冲突。实践中不少企业拒绝接收退役士兵，即使接收了，也对退役士兵进行刁难，给退役士兵安置工作带来很多麻烦。转业军人的安置工作也存在类似的问题。

（2）安置渠道越来越窄

首先是整个社会就业形势严峻，城镇就业压力加大。不少国有企业相继改组改制，裁员减负，一些国有企业甚至严重亏损，面临破产。各级党政机关和事业单位进行机构精简。这两个原来接受安置对象的主渠道接受能力逐年下降；其次是退伍、转业军人与社会对人才的需求有一定差距，而部分退伍、转业军人对工作要求的期望值过高，脱离实际等，这些因素造成政府每年的安置任务无法顺利完成。

(3) 安置不平等

城镇户口与农村户口的退役义务兵的安置政策存在很大差距。城市户口义务兵退役后由地方民政部门负责安排工作；而农村户口义务兵只是说"回原地安置"、"妥善安排生产和生活"而不是"安置工作"。农村户口义务兵只有荣获二等功以上奖励的，才能按照城镇退役义务兵安置规定安排工作。对于转业军人而言，不平等的现象也很突出，主要是安置工作中所凸显的腐败问题，有门路的安排部门好，而没有门路的只能到待遇较差的部门。

2. 完善我国退役军人安置工作的路径选择

(1) 制定统一的《军人退役安置法》

清理单行法规和政策，使安置立法由行政法规向法律发展，尽快由全国人大常委会制定出一部《军人退役安置法》，使《军人退役安置法》与《公司法》等在用人制度上统一与协调起来，消除其中的冲突部分，并在《军人退役安置法》中对安置问题作出更为详细与全面的规定，使我国军人退役安置工作真正做到有法可依。

(2) 安置工作应该做到计划与市场相结合

我国正在进行市场经济的建设，如果国家一味地依靠行政命令的方式来推进退役军人的安置工作，势必与市场经济的特征相违背，但完全依靠市场来解决安置问题也必然导致更多新的矛盾，较可行的方法是要把行政计划与市场统一起来。就目前而言，主要是加快安置工作的社会化进程，让更多的社会主体参与到安置工作中来，同时要鼓励与提倡自主创业、自谋职业、双向选择，让退役士兵更快地适应新的社会生活。

(3) 贯彻平等原则，打破身份、户籍制度的限制，实行安置信息公开

在安置工作中切实贯彻平等原则，打破身份、户籍的限制，打破城乡二元化的安置体例，坚持城乡一体化的安置原则。对义务兵退役后是否安置工作不应该区分是城市户口还是农村户口，而应该根据个人在服役时的成绩、表现、技术专长以及其他服役情况，由负责安置的部门在其辖区范围内统一安置。在对转业干部的安置中，要建立起防腐机制，规范安置制度，实行安置信息公开，让安置工作在阳光下进行，让正义以人人看得见的方式实现。

本章小结

社会优抚是国家依据法定的形式对现役军人、退役军人及其

家属提供优待、抚恤和安置，以确保其生活水平不低于所在地的平均生活水平的一项褒扬性和优待性的特殊社会保障制度。其功能突出表现为以下几个方面：社会优抚是国家稳定与发展的保证；社会优抚能极大地激发社会成员贡献社会、献身社会的热情；社会优抚是经济发展的有力保障。社会优抚的对象主要包括：现役军人、革命伤残军人、复员退伍军人、革命烈士家属、因公牺牲军人、病故军人家属、现役军人家属等。社会优抚内容包括以下几项：(1) 死亡抚恤；(2) 伤残抚恤；(3) 社会优待；(4) 退役安置等。本章主要对以上各项制度进行详细的论述，并指出我国相关制度存在的问题及其完善的路径选择。军人属于特殊的社会群体，他们肩负着保护国家安全的重要职责，维护军人及其家属的利益，不仅涉及其军人及其家庭的个体权利，更牵涉国家和社会的大局。不论从人道主义角度出发，还是从国家和社会利益角度出发，建立与完善社会优抚制度都是非常必要的。我国现行的社会优抚制度是社会主义制度优越性的具体体现，但也存在着一定程度的缺陷，需要在立法、执法与司法等方面进行完善。

关键术语

社会优抚　　抚恤　　优待　　安置　　退伍军人　　转业军人
烈士家属　　退役义务兵

思考题

1. 我国社会优抚的对象有哪些？
2. 我国社会优抚的基本内容有哪些？
3. 当前我国优抚制度存在哪些问题？如何完善？
4. 当前我国退役军人安置制度存在哪些问题？如何完善？
5. 谈谈《退役军人安置法》的立法重点。

第18章 社会福利法

社会福利,作为与社会保险、社会救助等并列的一种社会保障制度,是指国家和社会为维持和提高公民的生活质量而提供一定物质帮助,以满足公民的共同和特殊生活需要的制度。社会福利与物质基础紧密相连,福利水平受到经济发展水平的影响和制约。科学、合理的福利制度对于激发社会活力、促进生产力发展、维护社会稳定具有重要意义。我国现行的福利制度具体包括:职业福利制度;妇女、儿童和老人福利制度;残疾人福利制度;住房福利制度等。

18.1 社会福利概述

社会福利是国家对公民提供的一种服务政策和服务措施,其目的不仅在于满足社会成员的基本生活需要,而且在于提高其物质和精神生活水平,使之得到更多、更高层次的生活享受。社会福利具有一系列区别于社会保险等社会保障形式的特点。

18.1.1 社会福利的概念

社会福利是一个多元、模糊而又复杂的概念,理论界往往回避给出一个定义。原因之一是:社会福利的产品、对象、功能或目标等属性往往不确定、不清晰,并且经常处于变化之中。对于社会福利概念,虽然目前学术界仁者见仁,智者见智,还没有一个统一而权威的规范性界定,但一般认为,社会福利有广义和狭义两种理解。

广义的社会福利涵盖了社会保障，凡是国家和社会为国民提供的旨在保障国民的基本生活和改善、提高生活水平的服务措施，都属于社会福利的范畴。在西方福利国家，几乎把工作酬金以外直接或间接地用于全体社会成员的所有开销，统统称为社会福利，这些国家建立了"从摇篮到坟墓"的庞大的社会福利体系，这是典型的广义理解的社会福利。而狭义的社会福利是社会保障的组成部分，它是与社会保险、社会救助、社会优抚相并列的一种社会保障制度。

我国是从狭义的角度来界定社会福利的，认为社会福利是指国家和社会按照法律或政策规定，根据经济发展程度，在保障全体公民享受基本权利的基础上，为不断提高公民的物质文化生活水平和生活质量，而提供资金和服务的一种社会保障制度。我国社会福利，从享受福利的对象看，既包括以全体社会成员为对象的公共福利，也包括与职业有关的职业福利，还包括以社会特定群体为对象的专门性福利，如儿童、老人和残疾人等。从内容上看，范围十分广泛，不仅包括生活、教育、医疗方面的福利待遇，而且包括交通、文娱、体育等方面的待遇。

18.1.2　社会福利的主要特征

1. 社会福利的功利性

国家的统治职能和社会职能是一个有机的整体，国家加强其社会职能，不断提高国民的物质文化生活，有利于缓和阶级矛盾。从国家的社会职能上看，社会福利是社会矛盾的调节器和减压阀，无论是资本主义国家，还是社会主义国家，每一项社会福利政策的出台总是带有明显的功利主义色彩，总是以缓和某些突出的社会矛盾为终极目标。

2. 社会福利的普遍性

社会福利不是为少数人享有，而是为全体公民所享有，或是为满足一定条件的所有公民享有，其服务的对象主要是社会公众中需要给予特别帮助、救助、援助的人。

3. 社会福利的单向性

社会福利的利益投向呈单向性和一维性，即不要求被服务对象缴纳费用，只要公民在立法和政策划定的范围之内，就能按规定得到应该享受的福利服务。

4. 社会福利的无偿性

社会福利较社会保险而言是较高层次的社会保障制度，它是在国家财力允许的范围内，在既定的生活水平的基础上，尽力提高被服务对象的生活质量。社会福利以国家举办、财政投入、政府管理为主，鼓励多渠道投资，社会各界资助。

5. 社会福利的分级管理性

社会福利机关一般按行政区划设置，划分服务范围和服务对象，实行分级管理。

18.2 职业福利制度

职工享受职业福利是我国宪法和法律赋予的权利。《宪法》第 42 条第 2 款规定："国家通过各种途径，创造劳动就业条件，加强劳动保护，改善劳动条件，并在发展生产的基础上，提高劳动报酬和福利待遇。"我国《劳动法》第 76 条规定："国家发展社会福利事业，兴建公共福利设施，为劳动者休息、休养和疗养提供条件。用人单位应当创造条件，改善集体福利，提高劳动者的福利待遇。"

18.2.1 职业福利的概念

职业福利是指基于职业关系，行业和单位在工资和社会保险之外，以职工为对象而提供的各种福利设施和福利项目的总称。它以保证职工一定的生活水平和尽可能提高职工生活质量为目的。

职业福利按其"社会化"程度可以划分为两个层次：一是国家通过一定的法律手段和途径确立的在某些行业和企业中普遍实行的制度，如职工探亲假制度、与职业关联的特殊津贴制度；二是单位在完成国家应税项目任务的前提下,力所能及、自主地为职工提供的福利。

18.2.2 职业福利的特征

1. 职业性

职业福利与职业有关,以劳动者实现就业,成为用人单位内部职工为前提。一些行业给本行业、本系统内的职工提供的福利待遇更与特定的职业特点有关,比如给予接触放射性物质或从事有污染性工作的职工以保健补贴。

2. 均等性

职业福利一般遵循平等性和普遍性原则对本行业或本单位职工提供,满足职工在参加生产劳动或在工作过程中产生的某些共同需要的福利待遇应一视同仁地惠及单位的每一位职工,而满足职工在参加生产劳动或在工作过程中产生的某些特殊需要的福利待遇应惠及具有此特殊需要的每一位职工。当然,企业可能会在给予福利待遇的水平上考虑职工为本企业效力的时间长短和贡献的大小。

3. 差别性

职业福利由单位提供,必然受制于单位本身的经济效益和经济实力,因此,不同单位的福利项目、水平和享受范围等存在很大的差别。

18.2.3 职业福利的功能

1. 吸引优秀员工

生产者是生产力中最关键、最活跃的因素。充分激发作为生产者的员工特别是优秀员工的生产积极性,是企业在市场经济中立于不败之地的法宝。现在许多企业家认识到,良好的福利待遇有时比高工资更能吸引优秀员工。

2. 提高员工的凝聚力和向心力

组织的高层管理者以人为本的经营思想,急职工之所急,想职工之所想,忧职工之所忧,可以解除员工的后顾之忧,使员工产生由衷的工作满意感,激发员工自觉为企业目标而奋斗的动力,自觉与组织荣辱与共。

3. 提高企业经济效益

良好的福利可以让员工得到更多物质享受的同时，增强其主人翁责任感，大大激发其工作的积极性和创造性，从而提高企业经济效益，不断为企业创造出更多的财富，使企业在市场经济的大浪中不断壮大，实现可持续发展的良性循环。

18.2.4 职业福利的内容

职业福利的内容可分为三类：

（1）福利设施。包括职工食堂、职工宿舍、托儿所、幼儿园、浴室、理发室、休息室等生活福利设施，以及文化室、俱乐部、职工图书馆、健身房、泳池、运动场、歌舞厅等文化、康乐设施和场所。

（2）福利津贴。一般以现金形式提供，是职工工资收入以外的收入。

（3）福利服务。福利服务内容相当广泛，包括与上述各项设施相关的各项服务，也包括诸如接送上下班，接送女职工子弟上学，提供健康检查等特别服务。

（4）住房福利。多年来，我国城市职工住房实行国家统包政策，即由国家无偿分配住房给职工。近年来，我国对住房制度进行改革，停止住房实物分配，各单位将原来用于建房、购房的资金转化为住房补贴，一次性或逐月发给职工，从而实现住房福利的社会化。同时国家建立住房公积金制度。

18.3 妇女、儿童和老人福利制度

妇女、儿童和老人在社会中处于弱者的地位，国家的立法理应对他们的生活帮助进行政策性的倾斜，所以各个国家纷纷建立起针对他们的福利制度。

18.3.1 妇女福利制度

1. 妇女福利的概念

妇女福利是根据妇女的生理心理特点及可能受到的歧视和侵害设立的由国家和社会为保障妇女的利益而提供的福利服务。基于妇女特殊的生理特征，国

家理应在法律与制度上给予特殊保护。

2. 现行妇女福利制度

（1）女职工劳动保护制度

有关女职工劳动权益的保护主要规定在《女职工劳动保护规定》（1988年）中，各省、市、自治区都制定了《〈女职工劳动保护规定〉的实施办法或细则》。其中主要规定有：①不得在女职工怀孕期、产期、哺乳期降低其基本工资，或者解除劳动合同；②禁止安排女职工从事矿山井下、国家规定的第四级体力劳动强度的劳动和其他女职工禁忌从事的劳动；③女职工在月经期间，所在单位不得安排其从事高空、低温、冷水和国家规定的第三级体力劳动强度的劳动；④女职工在怀孕期间，所在单位不得安排其从事国家规定的第三级体力劳动强度的劳动和孕期禁忌从事的劳动，不得在正常劳动日以外延长劳动时间；对不能胜任原劳动的，应当根据医务部门的证明，予以减轻劳动量或者安排其他劳动等，《女职工劳动保护规定》对女职工的产假等也做出了明确的规定。

（2）女职工保健制度

《母婴保健法》（1994）和《女职工保健规定》（1993年11月26日）对女职工保健制度做了较为具体的规定。各单位分管女职工保健工作的行政领导负责组织本单位医疗卫生、劳动、人事部门和工会、妇联组织及有关人员共同实施。县（含城市区）以上的各级妇幼保健机构，负责对管辖范围内的各单位实施本规定进行业务指导。各单位的医疗卫生部门应负责本单位女职工保健工作。女职工人数在1000人以下的厂矿应设兼职妇女保健人员；女职工人数在1000人以上的厂矿，在职工医院的妇产科或妇幼保健站中应有专人负责女职工保健工作。女职工保健具体包括：月经期保健、婚前保健、孕前保健、孕期保健、产后保健、哺乳期保健、更年期保健等。

（3）女职工生育待遇

1988年劳动部《关于女职工生育待遇若干问题的通知》具体规定了女职工的生育待遇：女职工怀孕不满四个月流产时，应当根据医务部门的意见，给予15天至30天的产假；怀孕满四个月以上流产时，给予42天产假。产假期间，工资照发；女职工怀孕，在本单位的医疗机构或者指定的医疗机构检查和分娩时，其检查费、接生费、手术费、住院费和药费由所在单位负担，费用由原医疗经费渠道开支；女职工产假期满，因身体原因仍不能工作的，经过医务部门证明后,其超过产假期间的待遇,按照职工患病的有关规定处理。

18.3.2 儿童福利制度

1. 禁止使用童工制度

2002年9月18日国务院第63次常务会议通过的《禁止使用童工规定》中明确规定:国家机关、社会团体、企业事业单位、民办非企业单位、个体工商户在内的用人单位,均不得招用不满16周岁的未成年人,也就是童工;同时禁止任何单位或个人为不满16周岁的未成年人介绍就业,禁止不满16周岁的未成年人开业从事个体经营活动。不满16周岁的未成年人的父母或其他监护人有义务保障其不被用人单位非法招用,用人单位在招用人员时也须核查被招用人员的身份证,县级以上各级人民政府劳动保障行政部门、公安、工商行政管理、教育、卫生等行政部门以及工会、共青团、妇联等群众组织负有相关义务。对于使用童工的单位规定了相应的处罚措施。

2. 未成年工特殊保护制度

国家对未成年工的保护主要规定在《劳动法》第七章中,主要规定有:未成年工是指年满十六周岁未满十八周岁的劳动者。不得安排未成年工从事矿山井下、有毒有害、国家规定的第四级体力劳动强度的劳动和其他禁忌从事的劳动;用人单位应当对未成年工定期进行健康检查。

3. 未成年人教育福利制度

《中华人民共和国义务教育法》、《义务教育法实施细则》对儿童教育有关的福利方面做了详细的规定。

(1) 国家实行九年义务教育制度。凡年满六周岁的儿童,其父母或者其他法定监护人应当送其入学接受并完成义务教育;条件不具备的地区的儿童,可以推迟到七周岁。实施义务教育,不收学费、杂费。

(2) 县级以上地方人民政府根据本行政区域内居住的适龄儿童、少年的数量和分布状况等因素,按照国家有关规定,制定、调整学校设置规划。

(3) 国家将义务教育全面纳入财政保障范围,义务教育经费由国务院和地方各级人民政府依照本法规定予以保障。

4. 未成年人保护和福利制度

2007年6月1日起施行的《中华人民共和国未成年人保护法》有关儿童福利方面的规定有：

（1）父母或者其他监护人应当创造良好、和睦的家庭环境，依法履行对未成年人的监护职责和抚养义务。

（2）各级人民政府应当建立和改善适合未成年人文化生活需要的活动场所设施，鼓励社会力量兴办适合未成年人的活动场所，并加强管理；爱国主义教育基地、图书馆、青少年宫、儿童活动中心应当对未成年人免费开放；博物馆、纪念馆、科技馆、展览馆、美术馆、文化馆以及影剧院、体育场馆、动物园、公园等场所，应当按照有关规定对未成年人免费或者优惠开放。

（3）地方各级人民政府应当积极发展托幼事业，办好托儿所、幼儿园，支持社会组织和个人依法兴办哺乳室、托儿所、幼儿园；县级以上人民政府及其民政部门应当根据需要设立救助场所，对流浪乞讨等生活无着落未成年人实施救助，承担临时监护责任。

（4）卫生部门和学校应当对未成年人进行卫生保健和营养指导，提供必要的卫生保健条件，做好疾病预防工作。

18.3.3 老人福利制度

1996年10月1日起施行的《中华人民共和国老年人权益保障法》规定：国家和社会应当采取措施，健全对老年人的社会保障制度，逐步改善保障老年人生活、健康以及参与社会发展的条件，实现老有所养、老有所医、老有所为、老有所学、老有所乐，全面保障老年人的权益。

（1）老有所养。老年人养老主要依靠家庭，家庭成员应当关心和照料老年人。赡养人应当履行对老年人经济上供养、生活上照料和精神上慰藉的义务，照顾老年人的特殊需要；赡养人是指老年人的子女以及其他依法负有赡养义务的人；赡养人的配偶应当协助赡养人履行赡养义务；赡养人对患病的老年人应当提供医疗费用和护理。

（2）老有所医。国家建立多种形式的医疗保险制度，保障老年人的基本医疗需要。有关部门制定医疗保险办法，应当对老年人给予照顾。老年人依法享有的医疗待遇必须得到保障。老年人患病，本人和赡养人确实无力支付医疗费用的，当地人民政府根据情况可以给予适当帮助，并可以提倡社会救助。

(3）老有所为。国家应当为老年人参与社会主义物质文明和精神文明建设创造条件。根据社会需要和可能，鼓励老年人在自愿和量力的情况下从事社会活动。

(4）老有所学。老年人有继续受教育的权利。国家发展老年教育，鼓励社会办好各类老年学校。各级人民政府对老年教育应当加强领导，统一规划。

(5）老有所乐。国家和社会采取措施，开展适合老年人的群众性文化、体育、娱乐活动，丰富老年人的精神文化生活。

18.4 我国残疾人福利制度

残疾人属于社会的弱势群体，目前世界各个国家普遍通过立法的方式对残疾人的福利做出规定，我国现行的残疾人保护法对残疾人的康复、教育、就业、文化生活、福利等五个方面全面做出规定。2008年7月1日起施行的《中华人民共和国残疾人保障法》具体规定了残疾人康复、教育、就业、文化生活等对残疾人全面保护的制度。

18.4.1 康复

各级人民政府鼓励和扶持社会力量兴办残疾人康复机构。地方各级人民政府和有关部门，应当组织和指导城乡社区服务组织、医疗预防保健机构、残疾人组织、残疾人家庭和其他社会力量，开展社区康复工作。残疾人教育机构、福利性单位和其他为残疾人服务的机构，应当创造条件，开展康复训练活动。残疾人在专业人员的指导和有关工作人员、志愿工作者及亲属的帮助下，应当努力进行功能、自理能力和劳动技能的训练。

18.4.2 教育

各级人民政府对接受义务教育的残疾学生、贫困残疾人家庭的学生提供免费教科书，并给予寄宿生活费等费用补助；对接受义务教育以外其他教育的残疾学生、贫困残疾人家庭的学生按照国家有关规定给予资助；残疾人教育应当根据残疾人的身心特性和需要实施。

18.4.3 就业

(1）就业方针：残疾人劳动就业，实行集中与分散相结合的方针，采取优惠政策和扶持保护措施，通过多渠道、多层次、多种形式，使残疾人劳动就业逐步普及、稳定、合理。政府和社会举办残疾人福利企业、盲人按摩机构和其他福利性单位，集中安排残疾人就业。

（2）就业渠道：国家实行按比例安排残疾人就业制度。国家机关、社会团体、企业事业单位、民办非企业单位应当按照规定的比例安排残疾人就业，并为其选择适当的工种和岗位。达不到规定比例的，按照国家有关规定履行保障残疾人就业义务。国家鼓励用人单位超过规定比例安排残疾人就业。

（3）就业扶持：国家对安排残疾人就业达到、超过规定比例或者集中安排残疾人就业的用人单位和从事个体经营的残疾人，依法给予税收优惠，并在生产、经营、技术、资金、物资、场地等方面给予扶持。国家对从事个体经营的残疾人，免除行政事业性收费。对申请从事个体经营的残疾人，有关部门应当优先核发营业执照。

18.4.4 文化生活

（1）指导原则。各级人民政府和有关部门鼓励、帮助残疾人参加各种文化、体育、娱乐活动，积极创造条件，丰富残疾人精神文化生活。

（2）措施。政府和社会采取下列措施，丰富残疾人的精神文化生活：①通过广播、电影、电视、报刊、图书、网络等形式，及时宣传报道残疾人的工作、生活等情况，为残疾人服务；②组织和扶持盲文读物、盲人有声读物及其他残疾人读物的编写和出版，根据盲人的实际需要，在公共图书馆设立盲文读物、盲人有声读物图书室；等等。

18.4.5 福利

（1）供养：地方各级人民政府对无劳动能力、无扶养人或者扶养人不具有扶养能力、无生活来源的残疾人，按照规定予以供养。

（2）社会保险：残疾人及其所在单位应当按照国家有关规定参加社会保险。残疾人所在城乡基层群众性自治组织、残疾人家庭，应当鼓励、帮助残疾人参加社会保险。对生活确有困难的残疾人，按照国家有关规定给予社会保险补贴。

（3）特别照顾：县级以上人民政府对残疾人搭乘公共交通工具，应当根据实际情况给予便利和优惠。

18.5 住房福利制度

我国现行住房福利制度包括住房公积金制度、经济适用房制度、廉租住房制度等。

18.5.1 住房公积金制度

1. 住房公积金制度概念

根据2002年3月24日公布的《国务院关于修改〈住房公积金管理条例〉的决定》规定，住房公积金，是指国家机关、国有企业、城镇集体企业、外商投资企业、城镇私营企业及其他城镇企业、事业单位、民办非企业单位、社会团体（以下统称单位）及其在职职工缴存的长期住房储金。职工个人缴存的住房公积金和职工所在单位为职工缴存的住房公积金，属于职工个人所有。

2. 住房公积金管理制度的主要内容

（1）管理原则

住房公积金的管理实行住房公积金管理委员会决策、住房公积金管理中心运作、银行专户存储、财政监督的原则。

（2）机构

住房公积金管理机构包括：住房公积金管理委员会和住房公积金管理中心。

（3）住房公积金的缴存

①缴存主体。包括用人单位和劳动者。其中用人单位包括：国家机关、国有企业、城镇集体企业、外商投资企业、城镇私营企业及其他城镇企业、事业单位、民办非企业单位、社会团体。

②缴存额及缴存比例。职工住房公积金的月缴存额为职工本人上一年度月平均工资乘以职工住房公积金缴存比例。单位为职工缴存的住房公积金的月缴存额为职工本人上一年度月平均工资乘以单位住房公积金缴存比例。职工和单位住房公积金的缴存比例均不得低于职工上一年度月平均工资的5%；有条件的城市，可以适当提高缴存比例。

（4）住房公积金的提取和使用。职工有下列情形之一的，可以提取职工住房公积金账户内的存储余额：一是购买、建造、翻建、大修自住住房的；二是离休、退休的；三是完全丧失劳动能力，并与单位终止劳动关系的；四是出境定居的；五是偿还购房贷款本息的；六是房租超出家庭工资收入的规定比例的。依照前款第二、三、四项规定，提取职工住房公积金的，应当同时注销职工住房公积金账户。职工死亡或者被宣告死亡的，职工的继承人、受遗赠人可以提取职工住房公积金账户内的存储余额；无继承人也无受遗赠人的，职工住房公积金账户内的存储余额纳入住房公积金的增值收益。

18.5.2 经济适用住房制度

1. 经济适用住房的概念

根据2002年11月17日国家计委、建设部发布的《经济适用住房价格管理办法》的规定：经济适用住房，是指纳入政府经济适用住房建设计划，建设用地实行行政划拨，享受政府提供的优惠政策，向城镇中低收入家庭供应的普通居民住房。经济适用住房建设用地以划拨方式供应。经济适用住房建设用地应纳入当地年度土地供应计划，在申报年度用地指标时单独列出，确保优先供应。

2. 经济适用住房的供应对象

城市低收入家庭申请购买经济适用住房应同时符合下列条件：（1）具有当地城镇户口；（2）家庭收入符合市、县人民政府划定的低收入家庭收入标准；（3）无房或现住房面积低于市、县人民政府规定的住房困难标准。经济适用住房供应对象的家庭收入标准和住房困难标准，由市、县人民政府根据当地商品住房价格、居民家庭可支配收入、居住水平和家庭人口结构等因素确定，实行动态管理，每年向社会公布一次。

3. 经济适用住房的价格管理

经济适用住房价格实行政府指导价。制定经济适用住房价格，应当与城镇中低收入家庭经济承受能力相适应，以保本微利为原则，与同一区域内的普通商品住房价格保持合理差价，切实体现政府给予的各项优惠政策。经济适用住房基准价格由开发成本、税金和利润三部分构成。

4. 已购经济适用住房上市销售管理制度

经济适用住房购房人拥有有限产权。购买经济适用住房不满 5 年，不得直接上市交易，购房人因特殊原因确需转让经济适用住房的，由政府按照原价格并考虑折旧和物价水平等因素进行回购。购买经济适用住房满 5 年，购房人上市转让经济适用住房的，应按照届时同地段普通商品住房与经济适用住房差价的一定比例向政府交纳土地收益等相关价款，具体交纳比例由市、县人民政府确定，政府可优先回购；购房人也可以按照政府所定的标准向政府交纳土地收益等相关价款后，取得完全产权。上述规定应在经济适用住房购买合同中予以载明，并明确相关违约责任。

18.5.3 廉租住房制度

1. 廉租住房概念

根据 1994 年建设部发布的《城镇廉租住房管理办法》规定：城镇廉租住房是指政府或者单位在住房领域实施社会保障职能，向具有城镇居民常住户口的最低收入住房困难家庭提供的租金相对低廉的普通住房。

2. 廉租住房制度的主要内容

（1）城镇最低收入家庭廉租住房保障方式

2004 年 3 月 1 日起施行的《城镇最低收入家庭廉租住房管理办法》规定：城镇最低收入家庭廉租住房保障方式应当以发放租赁住房补贴为主，实物配租、租金核减为辅。租赁住房补贴，是指市、县人民政府向符合条件的申请对象发放补贴，由其到市场上租赁住房。实物配租，是指市、县人民政府向符合条件的申请对象直接提供住房，并按照廉租住房租金标准收取租金。租金核减，是指产权单位按照当地市、县人民政府的规定，在一定时期内对现已承租公有住房的城镇最低收入家庭给予租金减免。

（2）城镇最低收入家庭廉租住房资金的来源

城镇最低收入家庭廉租住房资金的来源，实行财政预算安排为主、多种渠道筹措的原则，主要包括：①市、县财政预算安排的资金；②住房公积金增值收益中按规定提取的城市廉租住房补充资金；③社会捐赠的资金；④其他渠道筹集的资金。

(3) 实物配租的廉租住房来源

实物配租的廉租住房来源主要包括：①政府出资收购的住房；②社会捐赠的住房；③腾空的公有住房；④政府出资建设的廉租住房；⑤其他渠道筹集的住房。实物配租的廉租住房来源应当以收购现有旧住房为主，限制集中兴建廉租住房。实物配租应面向孤、老、病、残等特殊困难家庭及其他急需救助的家庭。

(4) 廉租住房的申请与审核

申请廉租住房的最低收入家庭，应当由户主按照规定程序提出书面申请。市、县人民政府房地产行政主管部门收到申请后，应在15日内完成审核。经审核符合条件的，应当予以公示，公示期限为15日。经公示无异议或者异议不成立的，予以登记，并将登记结果予以公示。经公示有异议的，房地产行政主管部门应在10日内完成核实，经核实异议成立的，不予登记。对不予登记的，应当书面通知申请人，说明不予登记的理由。

(5) 廉租资格的取消

享受廉租住房保障的承租人有下列行为之一的，由房地产行政主管部门收回其承租的廉租住房，或者停止发放租赁补贴，或者停止租金核减：①将承租的廉租住房转借、转租的；②擅自改变房屋用途的；③连续6个月以上未在廉租住房居住的；④未如实申报家庭收入、家庭人口及住房状况的；⑤家庭人均收入连续一年以上超出当地廉租住房政策确定的收入标准的；⑥因家庭人数减少或住房面积增加，人均住房面积超出当地廉租住房政策确定的住房标准的。

18.6 我国传统社会福利制度的主要弊端及改革

总体而言，我国现行的社会福利制度与我国政治、经济、文化发展水平是相适应的，但我们也要清醒地看到，随着市场经济的建立和发展以及现代化进程的迅猛推进，我国的福利制度也暴露出一些弊端，需要进行全面的改革。

18.6.1 我国传统社会福利制度的主要弊端

随着生产力和社会经济的发展，特别是20世纪80年代开始的经济体制改革带来了社会结构的巨大变化，传统福利制度日益暴露出一系列越来越不适应社会发展的弊端：

(1) 传统社会福利制度不适应市场经济发展的需要。市场经济必然要求国有企业成为自主经营、自负盈亏的经济实体。企业尤其是一些老企业，由于背负沉重的职工福利负担，所以难以与新生企业公平竞争，面临破产风险。职工所在的企业一旦破产，职工及其家庭能够获得的福利待遇将没有了着落，生活将陷入困境。

（2）传统社会福利阻碍了劳动力的合理流动，市场经济所需要的统一劳动力市场难以形成。传统的企业福利待遇将企业与职工紧紧地连在一起，例如单位分配的住房、职工子弟就读的子弟学校等，实质上让企业与职工之间形成了较为严重的人身依附关系，这种社会福利模式成为了社会经济发展的绊脚石。

（3）传统"寡"而"均"的福利待遇，不但没有发挥它激励劳动者积极性的功能，反而助长了人们依赖心理和吃"大锅饭"的心理，影响企业的生产效率的提高，不利于企业的可持续发展。

（4）传统社会福利制度重身份，造成了社会的不公平。随着城镇化的加快，农村人口涌入城镇，进入不同所有制企业和单位就业。由于他们无形中被贴上了"农民"的标签，享受不到他们应当享受到的社会福利待遇。可见，在市场经济下，传统福利制度不但不能适应不同社会成员的需求，而且直接对企业的发展，最终也对整个经济的发展产生负面影响，也会酿成社会不稳定因素，因此改革传统的福利制度势在必行。

18.6.2　我国传统社会福利制度的改革

（1）社会福利事业逐步从"官办"转向以社会举办为主的多元化模式。1993年以后，民政部陆续发布了《国家级福利院评定标准》、《社会福利企业规划》、《民政事业发展"九五"计划和2010年远景目标纲要》、《社会福利机构管理暂行办法》等规范性文件。从这些规章可以看出，无论是社会福利院和社会福利企业的发展、福利资金的筹集，还是残疾人就业、社会福利机构的管理等，民政部门作为我国福利事业的主管机构，将把我国的社会福利事业逐步从官方举办引向社会举办，并按福利需求设立福利项目。民政福利的社会化不仅使民政福利走出封闭，而且提高了民政福利机构的效率。据有关部门统计：到20世纪90年代末，官办福利企业占福利企业总数从65%下降到14%，社会办的福利企业从35%上升到86%，就业的残疾人数占到福利企业就业残疾人总数的84%。

（2）企业职工福利逐步社会化。随着改革的深入，通过实行承包责任制，将企业的福利设施对外开放。到了20世纪90年代，在大力发展第三产业的社会背景下，绝大多数企业和单位打破过去封闭运行的模式，成立了面向社会、有偿服务的劳动服务公司，并逐渐与原单位脱钩，成为独立的经济实体并参与市场竞争。例如，绝大多数的房修公司、托儿所、幼儿园、理发店等都是从原来的企业或单位剥离出去、自负盈亏的经济实体。

（3）在保持城镇福利与乡村福利分立格局的同时，通过加大政府对乡村福利的投入与组织，促进农村经济的发展，提高乡村福利水平，逐步缩小城乡福利差距。

本章小结

社会福利是指国家和社会按照法律或政策规定，根据经济发展程度，在保障全体公民享受基本权利的基础上，为不断提高公民的物质文化生活水平和生活质量，而提供资金和服务的一种社会保障制度。"保障公民之生存权为社会保障的出发点和归宿点。"① 社会保障法是保护公民生存权利的法。社会福利制度作为一项独特的社会保障制度，它的优劣是一个国家公民生存权和自由权能否得到充分实现的标志。我国现行的福利制度具体包括：职业福利制度；妇女、儿童和老人福利制度；残疾人福利制度；住房福利制度。其价值目标追求结果公平，同时兼顾效率，在制度的设计上注重对公平与效率的平衡。总体而言，我国现行的社会福利制度与我国政治、经济、文化发展水平是相适应的，但我们也要清醒地看到，随着市场经济的建立和发展，随着我国现代化进程的迅猛推进，我国的福利制度也暴露出一些弊端，需要进行全面的改革。

关键术语

社会福利　　职业福利　　妇女、儿童和老人福利　　残疾人福利
住房福利　　住房公积金制度　　经济适用房制度　　廉租住房制度

---

① 王全兴.经济法基础理论专题研究［M］.北京：中国检察出版社，2002：724.

思考题

1. 社会福利的主要特征有哪些？
2. 我国儿童福利制度的基本内容有哪些？
3. 我国残疾人福利制度的基本内容有哪些？
4. 我国住房福利制度的基本内容有哪些？
5. 我国传统社会福利制度有哪些主要弊端？
6. 你认为我国社会福利制度应从哪些方面进行改革？

主要参考文献

1. 王全兴. 劳动法 [M]. 北京：法律出版社，2008.
2. 王全兴. 经济法基础理论专题研究 [M]. 北京：中国检察出版社，2002.
3. 王全兴. 劳动法学 [M]. 北京：人民法院出版社，2005.
4. 黎建飞. 劳动与社会保障法教程 [M]. 北京：中国人民大学出版社，2010.
5. 黎建飞. 劳动合同法热点、难点、疑点问题全解 [M]. 北京：中国法制出版社，2007.
6. 黎建飞. 劳动法的理论与实践 [M]. 北京：中国人民大学出版社，2004.
7. 黎建飞. 社会保障法 [M]. 北京：中国人民大学出版社，2008.
8. 林嘉. 劳动法和社会保障法 [M]. 北京：中国人民大学出版社，2009.
9. 李炳安. 劳动和社会保障法 [M]. 厦门：厦门大学出版社，2010.
10. 贾俊玲. 劳动法学 [M]. 北京：北京大学出版社，2009.
11. 贾俊玲. 劳动法与社会保障法学 [M]. 北京：中国劳动社会保障出版社，2006.
12. 郭捷. 劳动法学 [M]. 北京：中国政法大学出版社，2007.
13. 郑尚元，李海明，扈春海. 劳动和社会保障法学 [M]. 北京：中国政法大学出版社，2008.
14. 郑尚元. 劳动法学 [M]. 北京：中国政法大学出版社，2004.
15. 关怀，郑爱青. 劳动合同法及其实施条例解读 [M]. 北京：人民法院出版社，2009．

16. 关怀．劳动法与社会保障法［M］．北京：当代世界出版社，2004．

17. 信春鹰．中华人民共和国劳动合同法释义［M］．北京：法律出版社，2007．

18. 杨燕绥．新劳动法概论［M］．北京：清华大学出版社，2008．

19. 杨燕绥．劳动和社会保障法［M］．北京：中国劳动社会保障出版社，2005．

20. 杨燕绥．社会保险法［M］．北京：中国人民大学出版社，2005．

21. 劳动和社会保障部．中华人民共和国劳动合同法讲座［M］．北京：中国劳动社会保障出版社，2007．

22. 杨景宇，李飞．中华人民共和国劳动合同法释义［M］．北京：中国人事出版社，2007．

23. 赖达清．劳动法学［M］．北京：中国检察出版社，2001．

24. 曾咏梅．劳动法学［M］．武汉：武汉大学出版社，2005．

25. 孟燕华．职业安全卫生法律基础与实践［M］．北京：中国劳动出版社，2007．

26. 姜颖．劳动争议处理教程［M］．北京：法律出版社，2003．

27. 常凯．劳动关系·劳动者·劳权：当代中国的劳动问题［M］．北京：中国劳动出版社，1995．

28. 张世诚．中华人民共和国劳动争议调解仲裁法解读［M］．北京：法律出版社，2008．

29. 石晶，周翔．劳动争议处理及其应对策略［M］．北京：中国民主法制出版社，2009．

30. 张健明，王宇熹，尹乃春．劳动标准与劳动监察：政策与实务［M］．北京：北京大学出版社，2008．

31. 郑成功．社会保障学［M］．北京：中国劳动社会保障出版社，2005．

32. 周沛．社会福利体系研究［M］．北京：中国劳动社会保障出版社，2007．

33. 种明钊．社会保障法律制度研究［M］．北京：法律出版社，2000．

34. 陈佳贵．中国社会保障发展报告（1997—2001）［M］．北京：社会科学文献出版社，2001．

35. 宋晓梧. 中国社会保障体制改革与发展报告 [M]. 北京：中国人民大学出版社，2001.

36. 李珍. 社会保障理论 [M]. 北京：中国劳动社会保障出版社，2001.

37. 侯文若，孔泾源. 社会保险 [M]. 北京：中国人民大学出版社，2002.

38. 姚先国，柴效武. 公共部门人力资源管理 [M]. 武汉：武汉大学出版社，2004.

39. 李援.《中华人民共和国就业促进法》释义及实用指南 [M]. 北京：中国民主法制出版社，2007.

40. 高言，李军. 劳动法理解适用与案例评析 [M]. 北京：人民法院出版社，1996.

41. 马原. 劳动法条文精释 [M]. 北京：人民法院出版社，2003.

42. [英] 内维尔·哈里斯. 社会保障法 [M]. 李西霞，李凌译. 北京：北京大学出版社，2006.

43. 林莉红，孔繁华. 社会救助法研究 [M]. 北京：法律出版社，2008.

44. 成志刚. 社会保障导论 [M]. 长沙：湖南大学出版社，2003.

45. 夏勇. 走向权利的时代 [M]. 北京：中国政法大学出版社，1995.

46. [日] 马渡淳一郎. 劳动市场法的改革 [M]. 田思路译. 北京：清华大学出版社，2006.

47. 沈同仙. 劳动法学 [M]. 北京：北京大学出版社，2009.

48. 陈信勇. 劳动与社会保障法 [M]. 杭州：浙江大学出版社，2007.

49. 蒋月. 社会保障法 [M]. 厦门：厦门大学出版社，2004.

50. [英] 罗伯特·伊斯特. 社会保障法 [M]. 周长征等译. 北京：中国劳动社会保障出版社，2003.

51. 陈荣鑫. 劳动和社会保障法常见案例解析 [M]. 长沙：湖南人民出版社，2004.

52. 王益英. 外国劳动法和社会保障法 [M]. 北京：中国人民大学出版社，2001.

53. 张京萍. 社会保障法 [M]. 北京：中国劳动社会保障出版社，2005.

54. 侯文若. 社会保险 [M]. 北京：中国人民大学出版社，2006.

55. 社会保险研究所. 贝弗里奇报告 [M]. 北京：中国劳动社会保障出

版社，2008.

56. 张洪涛．社会保险案例分析［M］．北京：中国人民大学出版社，2008.

57. 孙树菡．社会保险学［M］．北京：中国人民大学出版社，2008.

58. 谢建华．社会保险法学［M］．北京：北京大学出版社，2005.

59. 陈信勇．中国社会保险制度研究［M］．杭州：浙江大学出版社，2010.

60. ［法］乔治·多里翁，［法］安德烈·吉奥内．社会保险［M］．北京：商务印书馆，1998.

61. 张文显．法理学［M］．北京：中共中央党校出版社，2002.

62. ［美］E. 博登海默．法理学法律哲学与法律方法［M］．邓正来译．北京：中国政法大学出版社，2004.

63. 沈宗灵．现代西方法理学［M］．北京：北京大学出版社，1992.

64. 沈宗灵．法理学［M］．北京：北京大学出版社，2003.

65. 劳动法（英汉对照）/最新不列颠法律袖珍读本［M］．甘勇译．武汉：武汉大学出版社，2003.

66. 董保华．试论劳动法律关系的客体［J］．法商研究，1998（5）.

67. 楚风华、张剑虹．职业安全卫生立法的国际比较及其启示［J］．甘肃社会科学，2007（5）；

68. 郭捷．论劳动职业安全权及其法律保护［J］．法学家，2007（2）.

69. 庄林冲．劳动监察：功能定位与法律规范［D］．江苏：南京师范大学，2007-8-10.

70. 翟玉娟．中国劳动监察的困境与挑战［J］．行政与法，2008（8）.

71. 王天玉．少数民族就业促进问题研究：兼议《就业促进法》的实施［J］．社科纵横，2008（6）.

72. 王贵平．适度提高职工劳动报酬在初次分配中的比例，http：//www. sxgh. org. cn/ particular. aspx？id=7824&parentID=34.

73. 朱勋克，余友根．《社会救助法》亟待解决的若干问题［J］．长沙民政职业技术学院学报，2007（3）.

74. 张文芹．社会保障法律制度刍议［J］．江苏省社会主义学报，2006（2）.

75. 俞恒. 对我国社会保障制度的思考［J］. 科技情报开发与经济，2006 (6).

76. 杜爱萍. 未成年工特殊保护的理论与实践［J］. 云南师范大学学报，2008 (1).

后　　记

　　劳动法和社会保障法又称弱者保护法，是保障劳动者和需要扶助的人之权益的法律。随着市场经济体制的建立和完善，随着法治国家建设与和谐社会构建的全面展开，其作为社会稳定器和安全网的重要地位日益凸显。国家加快了劳动法和社会保障法的立法步伐，法学研究者的目光更多地投向了这个领域，劳动和社会保障法学也已成为高等院校法学学科新近增补的主干课程。然而，无论是与国外相比，还是与其他法律部门相比，我国的劳动法和社会保障法都显得薄弱，立法层次不高、法律体系不健全。在此背景之下，学科研究和教育也不发达，尤其是社会保障法学，尚处于起步阶段。我们希望通过本书的出版，为我国的劳动和社会保障法制建设、法学研究和法学教育贡献自己的绵薄之力。感谢武汉大学出版社使我们的愿望得以实现，感谢出版策划人舒刚先生为本书出版付出的辛勤劳动！

　　在本书的编撰过程中，我们借鉴、吸纳了学界同仁的诸多研究成果，在此一并致以诚挚的谢意！

　　本书得以顺利完稿并出版，是全书作者精诚合作、共同努力的结果。其写作分工如下：孙霞（第1章）；卜泳生（第2章）；凌金坤（第3章）；梁三利（第4、8章）；茆明（第5章）；黄辉明（第6、12章）；杨颐（第7章）；潘彦红（第9章）；郭明（第10章）；王睿倩（第11章）；孔慧（第13章）；刘青（第14、15章）；孙曙生（第16、17、18章）。

　　全书由孙霞设计整体框架和写作思路，由孙霞、凌金坤统稿、修改和审定。

　　受时间和能力所限，书中疏漏之处在所难免，祈望同仁不吝赐教！

编著者

2010年8月于南京

高等学校劳动与社会保障创新规划教材

- **社会保障概论**
- 劳动经济学
- 人力资源管理
- **劳动法与社会保障法**
- 政府部门绩效管理
- 薪酬管理
- 人员素质测评
- 社会政策
- 医疗保险学

欢迎广大教师和读者就系列教材的内容、结构、设计以及使用情况等，提出您宝贵的意见、建议和要求，我们将继续提供优质的售后服务。

联系人：舒 刚（公共管理类图书专业策划人）
电 话：134 0715 4673
E-mail：sukermpa@yahoo.com.cn

 武汉大学出版社（全国优秀出版社）